中华中医昆仑

第七集

当代中医药发展研究中心　编

主编　张镜源

中国中医药出版社

·北京·

图书在版编目(CIP)数据

中华中医昆仑．第7集/张镜源主编．—北京：中国中医药出版社，2012.11

ISBN 978-7-5132-0897-0

Ⅰ.①中…　Ⅱ.①张…　Ⅲ.①中医师-生平事迹-中国-近现代　Ⅳ.①K826.2

中国版本图书馆CIP数据核字(2012)第098075号

中国中医药出版社出版
北京市朝阳区北三环东路28号易亨大厦16层
邮政编码　100013
传真　010 64405750
山东鸿杰印务集团有限公司印刷
各地新华书店经销

*

开本710×1000　1/16　印张28.75　字数356千字
2012年11月第1版　2012年11月第1次印刷
书　号　ISBN 978-7-5132-0897-0

*

定价　128.00元
网址　www.cptcm.com

社长热线　010 64405720
购书热线　010 64065415　010 64065413
书店网址　csln.net/qksd/
新浪官方微博　http://e.weibo.com/cptcm

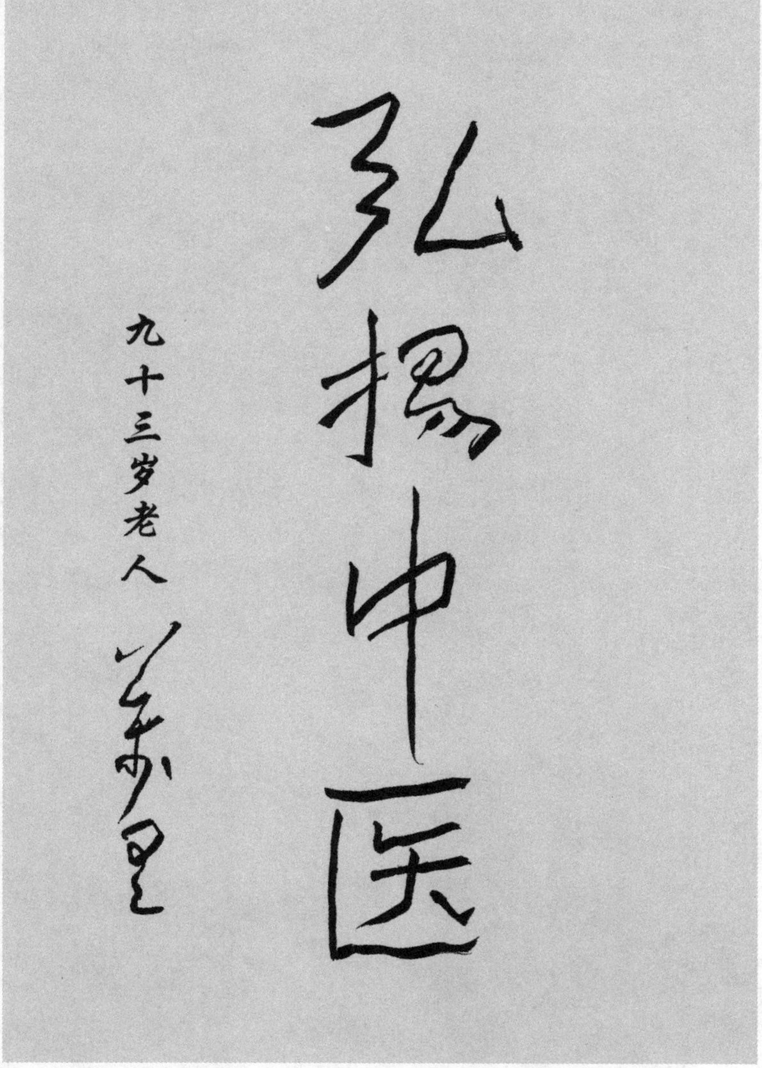

中华人民共和国第七届全国人民代表大会常务委员会
委员长万里于2009年7月29日为《中华中医昆仑》丛书题词

《中华中医昆仑》丛书编委会

内容提要

《中华中医昆仑》是为我国近百年来150位著名中医药专家编辑出版的传记丛书，全书共15集，500余万字。这是一部具有历史、学术、文化、实用、典藏价值的传世著作，有重要的现实意义和深远的历史意义。特别是对于广大中医师坚定中医信念，培养医风医德，提高医术水平具有十分重要的启迪和教育意义。

第七集记载了关幼波、王为兰、任应秋、罗元恺、祝谌予、杨医亚、郭士魁、何时希、耿鉴庭、俞慎初等10人的生平事迹、学术思想、医术专长、医风医德、养生之道和突出贡献。

简 介

当代中医药发展研究中心，是国家中医药管理局作为业务主管单位，民政部批准成立的民办非企业社会组织。业务范围是：组织研究攻克疑难病症，探讨研发中药及保健新产品，学术交流，专业培训，国际合作，书刊编辑，展览展示，咨询服务。

张镜源，山东海阳市人，现任当代中医药发展研究中心理事长、主任。曾担任国务院副秘书长等职，曾在陈毅、万里、谭震林、叶飞、张彦五位领导身边做秘书工作。离休后，立志在有生之年为中医药事业做些有益之事。在多方支持下，带领全体编审、工作人员用了三年时间，为中华近现代百年来150位著名中医药学家编撰出版了这部弘扬中医文化的大型传记丛书《中华中医昆仑》。以此献给数千年来为中华民族的繁衍昌盛和体魄康健作出不可磨灭贡献的中医伟业。

前言

中医药是中华民族的伟大创造，是世界医学宝库中的夺目瑰宝。数千年来，为中华民族的繁衍昌盛作出了巨大的不可磨灭的贡献。至今，它仍是中国医药卫生事业不可分割的重要组成部分，在维护民族体魄康健、促进经济社会发展中发挥着不可替代的作用。

中医药学，是中华传统文化和科技文明的结晶，是勤劳聪慧的中华儿女在几千年生产生活实践中，在与疾病作斗争的过程中，创造的独具特色的医学科学奇迹。它有着浓郁的民族特色、深厚的文化底蕴和严谨的哲学内涵。经过一代又一代中医药人、一辈又一辈名医大家的实践探索、薪火传承、总结完善、创新发展，逐步形成了系统的理论体系、独特的诊疗方法、丰富的医学内容、实用的制药技术。具有疗效确切、用药安全、应诊灵活、普适简廉和预防保健作用显著的巨大优势，在世界医学之林独树一帜，为人类的文明进步与医疗保健事业，已经并正在作出积极的贡献。

为了弘扬中华民族传统文化，彰显中医药学家的丰功伟绩，当代中医药发展研究中心与中国文学艺术界联合会、国家中医药管理局新闻办公室、中华中医药学会、中国中医科学院、北京中医药大学、世界中医药学会联合会、中国中医药出版社精诚合作，在国家中医药管理局的关怀和指导下，为中华近现代百年来贡献卓著、深受敬仰的150位中医药学家，编撰出版了这部大型传记丛书《中华中医昆仑》。丛书以传主姓名为卷名，生年为卷次，每卷3万字，10卷为1集，共15集；采用评传体裁，记载他们的生平事迹、医术专长、学术思想、传承教育、医风医德、养生之道和突出贡献，使这些宝贵的医学成就和精神财富发扬光大，千古流芳。

丛书取名《中华中医昆仑》。昆仑山，被尊为“万山之祖”，柱西北而瞰东南，立中国而凭世界，凌驾乾坤、巍然屹立。以其高峻豪迈、绵延起伏的磅礴气势，寓意中华中医药学历史悠久、博大精深和永不衰竭；以其挺拔雄伟、高耸入云的恢弘气魄，彪炳一代中医药学家的丰功伟绩、杰出贡献和不朽勋业。

丛书入选传主，从全国范围推荐遴选，遍及中医药界各个领域。有临床家、理论家、药学家、教育家、医史文献学家；有名师亲授、世医家教、学派传人、院校毕业和自学成才者；有师徒并驾、父子齐名和伉俪联袂者。他们学术造诣深厚、诊疗技术精湛、临床经验丰富、学科地位崇高、科研成果丰硕、医风医德高尚、国内外影响较大，从医学理论到临床实践，为中医药事业的传承和发展作出了突出贡献，是近现代百年来中华中医药界的杰出代表。

丛书的出版，对于弘扬中华文化，振兴中医药事业，造就中医药人才，普及中医药知识，具有重要的现实意义和深远的历史意义。这是一项开创性工作，填补了我国为著名中医药学家大规模撰写传记的空白；也是一项抢救性工作，因入选传主已仙逝过半，许多亲历、亲见、亲闻的史料日见散逸，将之收集整理、编撰成书，功垂后世、利国利民；更是一项承前启后的工作，总结传主经验，传承中医药伟业，继往开来，光耀世界医学之林。这部医文结合，富蕴历史性、学术性、文学性和实用性的鸿篇巨制，对医疗、卫生、科研、教育及全球关注中华中医药文化的各界人士，都有重要的参考和阅读价值。

丛书的编撰出版，是一项巨大的中医药文化建设工程，在策划、撰写、编辑、出版过程中，自始至终得到了国家有关领导、政府部门及社会各界人士的关怀和支持。国家中医药管理局高度重视，并组织专家对全书进行终审；数百名专家、学者亲临指导，参与规划；有关省、市、自治区卫生厅、局、中医局（处）给予大力帮助；传主及其亲属、弟子热情支持、密切配合；撰稿人深情满怀、辛勤笔耕；编审专家尽心竭力、精工细琢；关爱中医药事业的企业家热心公益、慷慨资助；全体工作人员不辞辛劳、无私奉献，这一切使丛书得以顺利出版。对此，我们深表谢意。

由于时间紧迫和资料搜集困难，加之水平有限，难免有疏误之处，敬请广大读者批评指正。

中华中医药学，历史悠久，浩浩汤汤，发端于远古，奔向于未来。百年对于历史，不过是短暂的瞬间；百人对于万众，不过是沧海一粟。然本丛书所记载的百年百人，则无疑是波澜壮阔的中医药发展史上辉煌的篇章和光芒闪烁的璀璨星辰。

张镜源

2011年6月

目录

吴幼波卷

关幼波（1913—2005）

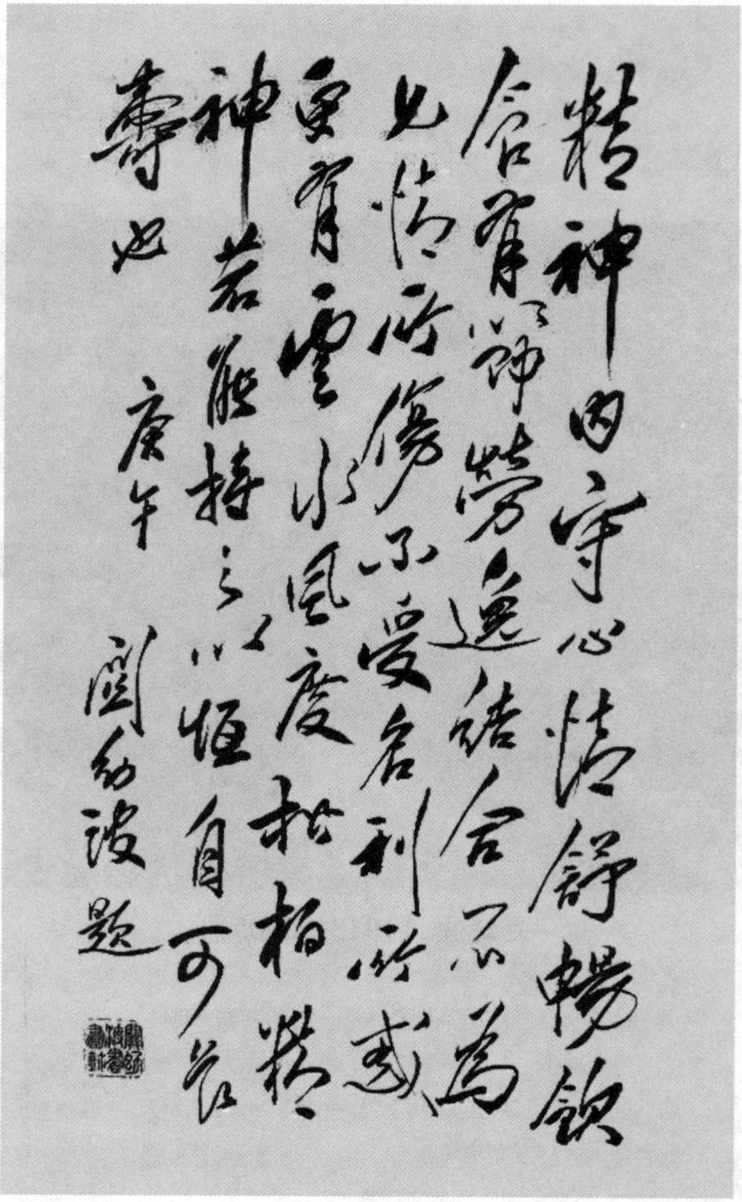

关幼波手迹

明者通晓也，达者通达也。医不在“名”而在“明”，不做沽名钓誉之辈，要做明白医生，不仅要做通晓医理之医，更要做通晓医德之儒。

——关幼波

关幼波（1913—2005），名关霖，北京清河人。出身中医世家，著名中医药学家，擅治肝病，人称“治肝圣手”。曾任安定门联合诊所所长，北京中医医院内科主任、副院长、顾问，首都医科大学中医药学院教授，北京市中医药学会理事长，北京中医药发展基金会会长，中华医学会第十一届理事会理事，全国中医药学会副会长等职。1990年由人事部、卫生部、国家中医药管理局确定为首批全国老中医药专家学术经验继承工作指导老师。1991年由国务院授予“有突出贡献的专家”称号，享受国务院政府特殊津贴。

关幼波热爱中医药事业，医德高尚，医术精湛，在几十年的医疗生涯中，对于中医学术、气血辨证及痰瘀学说，均有独到创见。在学术上，坚持整体观念，强调“治病必求其本”。他重视人体内在因素，认为疾病的发生不外“邪”、“正”相争的过程，邪是外因，是条件；正是内因，是根本。治病贵在明辨邪正关系，调动人体正气（内因），以祛邪（外因）外出。在治疗肝炎中，急性肝炎多为正气未虚，以祛邪为主，祛邪以扶正；慢性肝炎多属正虚，以扶正为主，祛邪为辅；慢性乙型肝炎，以扶正为主，佐以解毒祛邪；肝硬化腹水，以扶正为本、为常法，以逐水为标、为权变。

关幼波主张辨证论治，重视“气血”，提倡“十纲辨证”（八纲加气血），认为气血的病理变化是疾病发生、发展与转归的基本病理机制。于是，他提出十纲辨证学说。长期以来，八纲辨证一直是作为中医总纲来一统其他各种辨证施治的。他从医疗实践中认识到，八纲辨证是对人体一系列病理变化的总概括，是个抽象的概念，而决定脏腑组织功能活动的物质基础及其功能活动的是气血；气血决定着疾病发生的根本原因、发展与转归的基本病机。阴阳为八纲之首，是辨别疾病性质的总纲领，而气血则是八纲的实质。八纲通过气血与人体的脏腑、经络、组织的具体实质性病理变化联系起来。八纲作为客观物质的外在表现，必须通过气血落实到实际的病变上。因而他明确倡导“十纲辨证”，弥补了八纲辨证之不足。

关幼波承袭并丰富和发展了痰瘀学说。他认为，痰有狭义和广义之分。狭义之痰，一般指咯吐的痰；广义之痰，即脏腑的一切废物之统称。因此，在治痰上，他提出四个法则：见痰休治痰，辨证求根源；治痰必治气，气顺则痰消；治痰要治血，血活则痰化；怪病责之痰，施治法多端。对于狭义之痰，则采用化痰、消痰、涤痰三大法则。对于治瘀，关幼波提出四项原则，即：见瘀休治瘀，辨证求根源；治瘀要治气，气畅瘀也祛；治瘀必化痰，痰化血亦治；急则治其标，固本更重要。

关幼波的学术著作主要有《关幼波临床经验选》、《关幼波肝病杂病论》、《肝病防治问答》等。他开发了中医诊疗专家系统，其与同道研制的肝炎辨证施治电子计算机程序于 1981 年荣获北京市科技成果一等奖。

承袭祖志 达儒明医

关幼波祖上第七代为清康熙廉吏施仕伦（号称施公）的贴身护卫关太，人称大刀关太。后累官至京城九门提督。康熙赏地几处，清河为其中一处。关太之后，代代习武。关幼波祖父关茂，不仅刀法精湛，熟悉各路刀棍拳脚，而且酷爱兵书，更喜爱医书。众所周知，习武者往往与中医药结下不解之缘，不仅要会治刀伤、棍伤，还要懂脏腑经络，会治内伤。由此，关茂习武之余，不时翻翻医书。关幼波之父关万恒自幼聪敏，除继承父亲刀棍拳脚功夫外，尤喜经书、医书。关茂去世后，家道中落，关万恒年近30岁时，只身流荡京城。一日，在前门一家书店喜见《本草纲目》，爱不释手，但囊空如洗，连喝豆汁的三枚铜钱都付不起，哪能有钱买书？失望而归。后结交大将军福贝子之后人卡拉瑾多罗贝勒和御医之子宇文化生，于是，关万恒进入宫内，一边教卡拉武功，一边跟宇文之父在宫内做御医。

光绪丙午年（1906年），宇文化生之父涉嫌珍妃案，被罢黜回乡，宇文化生被通缉。关万恒也被迫出宫，落脚玄帝庙，除每日教书外，刻苦钻研中医药书籍。恰巧他的一个学生患肝腹水，关万恒为其调治，一个多月后，学生病愈，左邻右舍求医者越来越多，于是正式挂牌，并起医号“月波”。不久，关月波的名字逐渐响彻京城。关月波对肝病研究日益加深。治肝病出神入化，主要理论在于“善于明辨”。经其治愈的山东道台送匾，辞曰：“儒乃达儒，医是明医。”倒念为：“医明是医，儒达乃儒。”横念为：“儒医乃是，达明儒医。”此匾颇耐人寻味，也道出了关月波行医的最高境界——明医。明，通达晓畅之意。一个医生不光要有名声，更要有真实本领，必须真正通晓医理。

“善于明辨”在于治病求本，以扶正为主，叫做见水不治水，见血不治血，健脾益气以扶正，气旺中州运，无形胜有形，即以无形之气，胜有形之血水。这种理论由关月波首先提出，并运用在医疗实践中。治病求本，辨证与辨病相结合的思想对于后来关幼波形成自己独特治肝的气血学说产生了重要影响。他的治肝治瘀的十纲辨证说即是秉承其父的医学理论而不断完善、逐渐形成的。

1912年清宣统皇帝退位，民国成立，关月波的医馆仍诊务繁忙。第二年，1913年4月初，清明节前两天，关月波夫人临产，一个婴儿伴着润泽万物的细雨降生，他就是当代“治肝圣手”关幼波。关月波给孩子起名为“霦”。霦者，玉光色也。他希望这个孩子能够为社会书写出灿烂的中医华章。这里有一段有趣的故事，看出关家望子成龙的心情：在关霦周岁时御医之后宇文化生前来祝贺，试探关霦的将来去向，命人拿来书本、钱币、毛笔、脂粉，任其抓取。不料小关霦一把抓住一支毛笔，看见父亲关月波手中的药方，又一手径直抓过来，拿着笔在上面画来画去。宇文化生惊异地点点头：“此子将来定是杏林名医啊！”关幼波后来果然继承父业，一生杏林耕耘，为我国中医药发展，尤其是肝病防治积累了丰富的临床经验，在继承的基础上创建了新的医学理论。

1919年，关月波迁到距玄帝庙不远的芦草园胡同。生活安定以后，关月波立即安排几个孩子读书。小儿子关霦伶俐可爱，性情温和，很有些才气。关月波自感今后自己的中医事业后继有人了，不由踌躇满志，展纸提笔，大书三个字：乐道堂。意谓乐于医道也。后又请人镌刻成匾，挂在堂屋，自励自乐。这道匾就成为后来关幼波继承父志的座右铭。

关霦所习课业以启蒙《三字经》为主，继之以“四书五经”、儒家的仁义礼智信等，这为他一生行医、治病救人奠定了坚实的基础。

有一次，父亲让关霈二哥抄方。二哥漫不经心，把“橘红”抄成了“菊红”。父亲勃然大怒，把方子往桌子上一拍，给了他一巴掌。这一巴掌把二哥打到了张北，从此不敢回家。站在旁边的关幼波吓得毕恭毕敬地听父亲教诲：“我们行医的，最忌的就是马马虎虎，一味药开不对，就会给病人添病，甚至丧命。记住，病人的命运就掌握在大夫手里，失职就等于害人。今后你替你哥抄方，不能有半点差错！”这一幕，关幼波时时牢记，经常反省。他一生严肃、严谨的行医之风范，就是从父亲那里直接继承并发扬的。

1940 年，父亲关月波病危，临终之前，抱病抽查了关幼波的三个脉案，见儿子为病人所开药方，甚合己意，便用微弱的声音说：“你饿不死了！”父亲病故后，关幼波获得中医师合格证书，又在以汪逢春会长为首举办的中医师学会讲习所学习一年，考试合格。而立之年的关霈正式挂牌行医，改医号关幼波。

智胆折肱　扶危救厄

父亲去世后，关幼波从芦草园搬到前门外大席胡同“广福客店”。这家客店 40 多间房，几十家挤在一起，什么人都有。关幼波和老母亲、妻子王淑贞及孩子一家人住在大门口的一间小房子里。

那时的北平，每日物价飞涨。关幼波的挂号费 5 角钱，头天能买 3 斤玉米面，第二天只能买 1 斤，第三天就只能买半斤了。

面对国破家亡、同胞身处水深火热之中，关幼波看病经常不收出诊费。“治病、救人”，他脑子里想的是如何把病人治好，把同胞从痛苦中解救出来。

1943 年 8 月，北平流行霍乱。霍乱又称“霍列拉”。瘟疫肆虐，迅速蔓延。据当时的北平《新民报》报道，因霍乱而死的人数已近2000人。有的霍乱患者走在路上就突然倒地而死。当时，疫防队只要发现一个霍乱病人，就将其全家烧死，整条街道也被封闭，甚至有的人还活着就被埋了。就在这时，前门外与大席胡同相距不远的小席胡同有一个人得了霍乱，胡同里的甲长立即找到关幼波，说："小席胡同的那个病人您得赶快报上去，要不然您可就……"关幼波知道他的话是什么意思。根据当时日本人的规定，凡是医生发现霍乱病人而不报，诊所停业，本人还得被判3年徒刑。但一个中国人的良心使关幼波冷静下来，决定冒着风险保下这一家人。他说："让我看看，万一不是霍乱，不是坑害了人家一家人吗？"妻子和母亲都害怕他受到牵连，劝他："让你报，你就报吧，要是日本人知道了，咱们全家可就都完了。再说，这胡同里什么人都有，你爱国，他就兴许是汉奸……""别说了，这事儿我自有办法，我不能昧着良心办事。就是得了霍乱，也不是不能治。"他匆匆来到那一家门口，里面已聚了几个人，有管事儿的，还有管段的巡警，正准备拉病人出去烧。关幼波忙拨开众人，走进屋内。只见病人30多岁，身高马大，却佝偻着身子，已被人从床上抬到门板上。病人面如土色，两眼深陷，四肢痉挛，手指干瘪，紧抠住门环。关幼波心里明白，这就是瘪螺病，也就是日本人说的"霍列拉"。甲长赶过来问："怎么样，关大夫，拉出去吧。""这哪是霍乱哪，是普通的肠炎，几剂药就好。你们甭管了，我跟日本人说。"关幼波这么一说，众人也都信以为真，自行散去。关幼波早已准备好了一张方子，交给病人的妻子："快，快去抓药，不好，再找我。"病人妻子、父母闻声已泪如雨下，立即跪倒在地，连连磕头道："关大夫，您救了我们全家人！您要再晚来一会儿，我们全都得被活活烧死！"关幼波一一扶起道："快请起，照顾病人要紧，他的衣物一律烧掉，你们要与他隔离，所使用的碗筷要用开水消毒。我再给你们开个方子，都吃，预防一下。"一个月以后，这个曾要被烧死的病人带领全家登门拜谢。关幼波笑着答道："这有什么可谢的。治病救人是医生的本分，我们都是中国人，见死不救，枉为人哪！"关幼波的民族自尊、爱国爱民之心，于此可见一斑。

那件事过去不久，一天，日本兵巡逻队的马蹄声刚过，一阵急促的敲门声。关幼波紧张而小声地问："谁？"门外一个陌生的声音："我，关大夫快开门！"

关幼波犹豫了一下，妻子王淑贞赶过来要保护他，被他轻轻拉开，悄悄走到门口，又低声问了一句："你到底是谁？"门外的人趴在门缝说："关大夫，您别怕，我是请您看病的。"

关幼波慢慢打开一点门缝，一看，门外一辆洋车，来人是位拉洋车的车夫，便问道："看什么病？"

车夫焦急地说："关大夫，快，您救救我老婆吧。产后还没出满月，就病得动不了了。"

关幼波立即问："您住哪儿？""大蒋家胡同。"

关幼波二话没说，抓起诊包就跟着车夫出了院儿。妻子淑贞在身后连连嘱咐要小心呀！

到了车夫家，关幼波一进门，见一位年轻妇女，脸色通红，气短乏力地躺在床上，时出虚汗，那床上除了一床棉被和枕头什么也没有。他又扫视了一下屋子：一口水缸，一张快散架的桌子。桌子上方的墙上贴了一幅年画，旁边又挂了张月份牌，在3月5日这一页的上边插了一张纸，一眼看出是张当票。桌子下边，有一把用铁丝绑着的椅子。回头一看，一只缺了角的炉子立在门口，屋里充满了煤烟气。

关幼波侧坐床边，为妇女把脉，"虚数"；又看舌苔，定为产后热，立开佩兰、藿香等11味药，芳香化浊。方子开毕，交给车夫，嘱咐马上去抓药。车夫接过方子，急忙从方桌的抽屉里翻出一块银元递给关幼波，说是出诊费。不等车夫说完，关幼波轻轻推开："快拿去抓药，这一块钱是您刚刚当来的，我怎么能要？"

车夫惊愕地看着关幼波半天才出口："您，您是怎么知道的？"

关幼波一笑："您那月份牌上插的当票，不就是这个吗？快去买药吧。"说完，站起身，手拿诊包迈步出门。

车夫的妻子在床上直作揖，连声说："好大夫，好大夫！"

车夫快步追出来，拉住关幼波说："关大夫，您的脚不好，请上车，我送您回去。"

关幼波拍了拍车夫的肩膀："快去抓药，救人要紧，我走着回去就行了。"说完，头也不回地走了。

车夫愣愣地看着左脚走路不平的关大夫远去的背影，手里捏着药方和那块银元，不知不觉脸上已挂上了两行泪水。

关幼波走路不平，是因为他左脚有残疾。那是他在十几岁时和张君秋一块儿踢球，一个法国兵执意要参加，在关幼波带球的过程中，被那法国兵扬起一脚，跺在他的脚腕子上。关幼波一阵剧痛，站不起来，骨折了，但当时找不到骨科医生，又不敢跟父亲说，耽误了医治时机，从此，左脚落下终生残疾。虽然脚有残疾，但他后来行医中从未把自己看成是残疾人，依然虎虎如风地工作、生活。

日本投降的第二年，大席胡同冷落得只剩下几户人家。有钱人都南逃了，广福客店却依然如故，这里的住户都是穷人，无处可去。

胡同口的小杂货铺也关张了。店主斑白的头发上又添了一层霜。他的病女儿如今已发烧好几个月了。

原来水葱般的漂亮姑娘，现在变得人不人，鬼不鬼。粉白的圆脸盘瘦成了嘬腮；一双水灵灵的大眼睛如今呆滞无神，像深陷下去的两个黑窟窿；浑身皮包骨，十七八岁的高挑身材，麻秆一般，一走三晃，称一称不过七八十斤。

她爹带她跑了几个大医院，都诊断说是中毒性痢疾，但都给她退不了烧。有人说是日本人留下的霍列拉病菌传染的，只有等死。

姑娘的妈妈一着急命归西天，40多岁的爸爸看上去像60多岁，典卖完了小杂货铺，一心想把这唯一的闺女治活。

有人说："老倔头，你为何不找关大夫？"

老倔头一拍脑门："唉呀！我都急糊涂了，怎么把关大夫忘了！那年就是关大夫把小席胡同那个霍列拉救活了的。"

关幼波在广福客店换了房子。从那间小屋搬到靠街门的两间南屋。里屋住人，外屋看病，比以前宽敞多了。

关幼波刚送走一位病人，老倔头就带着闺女来了。

一进门，关幼波一看，早已断出七八成，多半是霍乱一类的病。

听老倔头说女儿的病情，关幼波给姑娘把脉。脉沉弦滑，舌苔黄白，又根据病人口述便血黏液、腹胀、恶心、饮食欠佳、月经量少，辨证为脾胃虚弱，湿热结滞。治以清热利湿、导滞和中为主。遂提笔开了一剂药：白头翁、酒军、川连、白芍、当归、牡丹皮、秦皮、青陈皮、生甘草、厚朴、藿香、薏苡仁等。因高烧未退，外加羚羊角等。

当天抓药，一剂药服下，高烧速退。姑娘精神已感充沛。第二剂药服下，便血渐止，基本成形。饮食增加，不再恶心。几天后，面染红色，走路不再摇晃。

老倔头忙向玄帝庙进香，祷告神灵，让活菩萨关大夫长寿。

一周以后，他带了些礼品，带着闺女登门道谢。进屋一看，病人很多，而且关幼波面朝病人背朝门，老倔头一句话没说，把礼品放在门桌上，冲关幼波的后背鞠了个躬，又让闺女鞠了个躬，转身出来了。

关幼波给几位病人看完病，见门桌上放了份礼品，却不知何人所送。

一晃50年过去了，关幼波治过千千万万病人，可这份礼品的事却一直记在心上。

有一次，关幼波外出义诊，报纸宣传了一番。第二天，一对老年夫妇开着自己的车来了。一进门，那妇女先给关幼波磕了个头，关幼波不知何故，正待张口，那妇女道："关老，您不会记得我，但我却终生记住您的恩德。50多年前，您在大席胡同看病，我是您的街坊，得了中毒性痢疾，是您把我救活了。昨儿个，我从报上看到您在义诊，专程和我爱人开车来看您。我爸爸临终前一再嘱咐我，只要富裕了，一定重重报答您。那时只给您送了点小礼品。唉，穷啊！现在，我应当……"说到这儿，关幼波突然想起那份放在门桌上的礼品，点点头，微微一笑道："好了就好，好了就好！"

随着关幼波治愈的病人增加，来访的病人越来越多。每天下班后，回到家，常常是接待病人的时间。

这天也不例外，来了一男一女，30多岁，看样子是农民。他们一进门，看见关幼波，就跪下了。

关幼波慌忙站起身说："快起来，快起来，怎么回事呀？"

男的说："关老，我谢谢您了，要不是您，我活不到今天。"

女的抢过来说："您救活了我丈夫，就是救了俺们一家人哪！"

关幼波治过的病人太多，根本记不起这个病人的情况了，忙问什么时候来看病的。

男的控制不住自己的眼泪，讲了事情的经过。

原来他们是张家口的农民。一年前，男的得了肝硬化腹水，肚子胀得鼓鼓的，去医院看，大夫都摇头，让他家里人准备后事。他是全家仅有的劳动力，几亩薄田没人种，怎么活下去。妻子守在奄奄一息的丈夫身旁，哭得死去活来。邻居都来看，劝也无济于事，就陪着抹眼泪。可巧，一个刚从北京看病回去的邻居知道了，跑来说，哭有什么用，赶快到北京，找北京中医医院的关幼波大夫，那可是个神医，治肝病最拿手。

乡亲们又帮忙给他七凑八凑，凑足了路费。几个人自告奋勇就用门板抬着他上了路。到了北京中医医院，可巧关幼波已下班，打听清了住址后，他们来到了关幼波的家。

一见关幼波，妇女先磕头说："我男人活不了了，您救救他吧。"

关幼波扶起妇女，给病人诊脉，开方，那妇女掏出了仅有的钱。

关幼波轻轻推回道："你们太困难了，我不收你们的诊费，快去抓药，救人要紧！"

一年以后，病人腹水全消，肝硬化痊愈，而且能下地干活了。

这年，他们收了不少土豆，此次来就是带了土豆感谢关幼波的。

妇女说："关大夫您是俺们的救命恩人，俺们没有钱，今年地里收了土豆，给您带来两袋，表表我们的心意吧。"

关幼波走出门，看见院子里果然放着两袋土豆，奔波几百里，送来鲜土豆，不收就不近情理了。他欣然接受，一再感谢。

博采众长　因明而名

关幼波认为：行医不仅要明医理，更要明人心，明人情。他常说，医乃明医，儒乃达儒。"明医"非"名医"。他教导学生要淡泊名利，做一个明白事理、掌握心理、精通医理的医生。

1951 年，关幼波联合了一些有名望的中医，成立了科室齐全的"安定门联合诊所"，第二年，他推举的所长病故，大家又推举他当了所长。

关幼波之所以被称为"明医"，在于他的深究医理。他不在乎那个"名"字，而在乎这个"明"字。博采众长，是他医道医术不断提高的关键。因此，他没有门户之见。尽管他父亲关月波倾向经方，他却综合了经方与时方，针对病人的病情，提出自己新的观点，为了治病，不断革新自己。

当时，北京有“四大名医”：萧龙友、孔伯华、施今墨、汪逢春。施今墨在东珠市口的同和堂，每天下午四点到六点挂号，晚上六点到八点空缺，但没人敢出诊。关幼波知道了，毫不犹豫地说：“没人出诊，我出诊！”其实，他并非为了看多少病人，主要是想借此机会多向前辈学点儿本事。于是，每天不到六点他就去了，为的是看病人抓药的方子。一天，一位中年妇女刚从施今墨那儿开了方，准备抓药。关幼波过去问她：“您吃这药感觉如何？”那妇女连连点头：“好，好多了。原来偏头疼几个月了，去过很多医院，吃了不少药，都不管事，人家施大夫的药真灵。”关幼波要过方子，看了看，上面开了旋覆花、生赭石等15味药。他暗暗记住，知道此病人久病脾虚湿蕴，痰热上扰。因此，治疗以养血平肝、散风化痰为主。而其中既用旋覆花，又用生赭石，这是父亲开药时不曾用过的。他暗自思忖：父亲用药非常讲究，君臣佐使各司其职。而施今墨方中连用旋覆花、生赭石，以增强平肝行气化痰之效力，合用起来更好。自此，他在处方时就采用了施今墨大夫的这种用药法。

中华人民共和国成立后，国家建立的北京中医医院汇集了一大批中医专家，如：皮外科专家赵炳南、房之萱；内科专家郗霈龄、秦厚生、许公岩；血液病专家宗维新；肾病专家姚正平；风湿病专家王为兰、王大经；妇科专家刘奉五、李鼎铭；儿科专家祁振华、冯泉福；等等。关幼波与这批专家是亲密合作的同事，又都是无话不说的好朋友。在与他们交往当中，关幼波向他们学习了大量的临床经验。用关幼波的话说：“我一眼就能看出他们辨证和用药妙在什么地方。”这一点为关幼波以后成为肝病专家和治疗各种内、外、妇、儿科疑难杂症专家，奠定了坚实的基础。

张仲景在《伤寒论》序言里说：“感往昔之沦丧，伤横夭之莫救，乃勤求古训，博采众方。”这对医生来说，的确是求“明”之根本。张仲景总结了历代病患的渊源，提出“进不能爱人知人，退不能爱身知己……蒙蒙昧昧，蠢若游魂”的混沌状态必须改变。只有懂得了病源才能知其病理，一个医生懂了病理才会对症下药，使病人“以保身长全，以养其生”。这是张仲景从“沦丧”与“横夭”的感伤中得出的教训。关幼波深知其理，对张仲景的感慨很有体会，故能“勤求古训，博采众方”，求的是个“明”字。孔伯华别号“石膏孔”，因他擅用石膏。在《本草纲目》生石膏条载：“辛，微寒，无毒……可除时气头痛身热，三焦大热，皮肤热，肠胃中结气，解肌发汗等。治伤寒头痛如裂，壮热皮如火燥等。”关幼波想，为什么孔伯华敢用石膏，因他深知石膏这味药的属性，在这一点上，他是明医。为什么别的大夫不敢用，就是他们还不能深明其理，被它的“白虎”威力吓住了。一位60余岁的老年妇女求医到关幼波处，自述全头痛，每天持续8~9个小时，心中烦乱，痛苦难忍，睡眠不实，纳食不香。关幼波首开生石膏30g，这就是向孔伯华学习的结果，敢用“白虎”，“制火邪清肺气”，疗效甚佳。关幼波打破“文人相轻”、“同行是冤家”的旧习，主动向当时所能接触到的前辈和同行学习、探讨医术。后来，他年近90岁高龄时，对此还一再表示：“我把这些老大夫的经验归纳起来，再结合我本身的经验，才会不断提高我的医术水平。”

1956年，北京中医医院成立。关幼波是首批调入的中年大夫，擅治肝病。第二年，担任内科主任。关幼波除看病外，在改善医生的服务态度上还花了不少心思。医德医风不仅直接关系到大夫和医院的形象，更重要的是影响医治的疗效。所以，他非常重视医护人员工作作风的改进。他常教导弟子们的一句话是：“即使你给病人治不好病，也不能添病。”为此，他还编了顺口溜，如：“听见楼梯脚步声，缓慢轻重不平衡；急忙上前来搀扶，定是病人难行动。”他说：当大夫的要随时随地运用四诊，做到眼观六路，耳听八方，以便诊断。又如“年迈体胖手扶杖，走起路来来回晃；急忙上前量血压，也许有病在心脏。”这是四诊中的望诊，对于诊病有先入为主之用。同时，他还要求医护人员要主动一些，配合好挂号、检查、抓药等各项工作，遇到紧急情况就不会误事儿。要特别注意危急病人。他说：“面色苍白嘴唇干，胡须哆嗦两肩扇。通知大夫快快看，急救设备要齐全。”当护士的就必须走在前面。他说：“要成个明医，不仅要懂病理，更要了解病人。”在他的精心管理下，内科门诊有条不紊，医生看病热情认真，广得患者好评，多次获得院里的表彰和奖励。

关幼波治肝最好，被美誉为“治肝圣手”。他辨证施治的理论精深，能从整体出发，用辨证施治的方法，很快找到病之本，因而，下药如神。他不仅治肝病疗效好，还治好了许多难治之症。关幼波认为，辨证施治的要点在于“善乎明辨”，并提出了辨证施治的三结合：一是辨证与辨病相结合；二是辨证与辨症相结合；三是微观辨证与宏观辨证相结合。

所谓辨证与辨病相结合，是关幼波在博采中医各家之长，同时又吸取西医之长，致力于发展中西医结合事业的结果。例如，脂肪肝，中医没有这个病名。关幼波针对本病的特征，根据中医的病因病机，辨证与辨病相结合，明确提出以“痰湿证”进行治疗，取得显著效果。淋巴肉芽肿一病，既不同于中医的“瘰病”，又不同于“瘿瘤”，根据中医的病因病机，不外气、痰与瘀血相互凝聚而致，在治疗中以理气活血、化瘀软坚为主，结合病情进行治疗，收效显著。又如对肝吸虫病，采用辨证与辨病相结合，整体治疗，同时伍以明矾、鸦胆子粉的治疗方法，疗效显著。

所谓辨证与辨症相结合，是关幼波辨证的经验总结。从中医的现状来看，一病多名、一名多病的现象普遍存在。如黄疸病，又名黄瘅。《金匮要略》有谷疸、酒疸、女劳疸、黑疸之分；宋《圣济总录》有九疸三十六黄之分。鼓胀一病，有水蛊、蛊胀、蜘蛛蛊、单腹胀等，又可分为气臌、血臌、水臌、虫臌等。由于一病多名，一名多病，造成了病、证、症的混乱，难于适应现代临床的需要。辨证的目的在于论治，关幼波赞同清代徐大椿“症者，病之所见也”的观点，重视患者的症状与体征，采用辨证与辨症（客观指征）相结合进行施治。如对慢性肝炎的治疗，肝功能反复波动，临床表现多种多样，有的以实证为主，有的表现为虚证，有的虚中夹实，湿热未清，正虚邪实，病情复杂。加上个体差异性，病情轻重及阶段性的不同，如果简单固定几个证型，就不能充分发挥中医辨证施治的特点。他根据中医的基本理论，抓住疾病各个阶段的主要矛盾来确定治疗方案，拟定了10种证型。而这10种证型，又非固定不变。10种证型的症状，既可单独存在，也可兼夹而至、前后交错或相互转化。他重视患者症状体征的变化，根据症状的表现进行辨证施治，因而，掌握了原则性，也有了灵活性。

所谓的微观辨证与宏观辨证相结合，是说在肝病治疗中，除了宏观辨证施治外，还应针对生化检测指标，与微观辨证相结合。关幼波针对黄疸指数增高多属于湿热毒邪蕴于血分、谷丙转氨酶增高多为湿热毒邪较重、麝香草酚浊度增高在急性期多为热盛于湿且入于血分、慢性期多为肝肾阴血虚损、澳抗阳性多为正虚余毒未清等病因，分别辅以相应治疗。又如重症肝炎合并肝昏迷，病情凶险，死亡率高，除了应密切观察黄疸、体温、神志的变化外，还应密切注意生化指标的微观检测。如胆酶分离，血氨、凝血酶原等的变化，以尽早明确诊断，并结合宏观辨证，属于热盛者重用清热解毒之品。一旦出现早期肝昏迷，则应用中西医结合救治。对于已现脱证者，当慎用或禁用开窍药，以扶正固脱为要。

根据辨证施治三结合的方法，关幼波在临床治疗中，判断准确，大胆施治，挽救了许许多多危重病人的生命。1976年潭柘寺曾设有一所肝病疗养院。每个月关幼波去一次，专门解决一些疑难病。有一天，他从潭柘寺回来，路过首钢，在首钢医院病房，看见躺着一位中年妇女，头发蓬乱，面如敷纸。这位妇女是个农民，丈夫是首钢工人。她刚生完小孩儿不到三个月，就忽然间病危了。医院的诊断是肝坏死、肾功能衰竭，已无药可施。病人眼看就要断气了。关幼波听后，要给这位妇女诊脉。站在他身后的两个徒弟，一个是西学中的，一个是学中医的。这两人同时拽他的白大褂，意思是这个人已经没治了，您再给看，如果死在您手上会说不清。关幼波心里明白徒弟们的意思。但一个大夫的责任感驱使他要把这个妇女救活。可有把握吗？他借着昏暗的灯光，又仔细看了看这个妇女，她的眼角和嘴角都在往外流血，而且高烧不退，阴道也流血不止。她爱人怀里抱着那三个月的孩子，手里还领着一个小姑娘，五尺高的汉子站在那儿哭，孩子也哭，好不凄惨！关幼波站在病人面前，展开了激烈的思想斗争。这种病危的人，多么需要医生挽救她呀！只要一甩手说句"我治不了"，就可以不负一点儿责任，别人也说不出什么，因为医院已经判了死刑。如果一开药，吃了，人死在这儿，那可就是自己的责任了。再加上后面两个徒弟不停地拽他的白大褂。治还是不治，关幼波左右为难。然而，从父亲身上继承下来的治病救人的医德医风还是促使他下了最后的决心：我不能对一个病人放弃治疗，哪怕还有一线生机，都要尽最大努力，把病人从病魔的手中夺回来！于是，他决定马上施诊，向死神宣战！

关幼波给这位妇女诊脉，其脉微弱。按照中医理论，祛邪必先扶正。他马上给她开了一剂独参汤。病到要死的时候，人参是起作用的。而正气已绝之时，必须用人参维持正气。于是，他让人熬了几钱人参水，又开了个方子。果然，病人吃了两剂药后，奇迹出现了：久已昏迷的病人完全清醒过来！眼角和嘴角不再出血，阴道出血也被止住，烧退了。关幼波乘胜追击，又开了几剂药，病人逐渐康复了。在这些药中，关幼波根据父亲的经验，处方时用了羚羊角。病人和家属感激得热泪纵横，那妇女几次看望关幼波，称关幼波是再生父母。关幼波每次回忆起这件事，都非常有感触。他总是以此为诫，对弟子们说："这个病例，对我们是个教育。一个大夫，对任何一个患者，都要认真负责到底，绝不能随便放弃治疗。我们这是和死神夺命啊，要不然，要我们这些医生干什么呢！"

某次，北京护国寺中医医院里来了一位女病人，挂了副院长王慧英的号。王慧英接待了这位40多岁的妇女。患者是从香港来的，得的是梗阻性黄疸病。来北京之前，她跑遍了香港，中西医全看了，都没效果。因她母亲住在北京，就带女儿先去了某大医院，经过各种检查和治疗，仍无效果。此时病人全身黄疸，瘦得皮包骨头，已失去了活下去的信心。她想自杀，但看到老母，还有丈夫和两个孩子，又欲死不能。王慧英副院长正是关幼波的弟子，便把病人介绍给了老师关幼波。看了她的病后，关幼波先开了7剂药。病人比较了以前服用的药方，觉得大不相同。吃下去以后，情况很快好转，黄疸明显减退，进食增加了，心里的压抑也减轻了许多。仅一个多月黄疸就全部退尽，身体也比原来胖了、壮了。三个月后，肝功能恢复正常，她决定回香港。可巧这天，电视台的记者来采访。这位香港女士，出乎意料地向记者提出了一个特别的要求：能否请关老站在诊室门口，送她一下。关幼波正在看病，不假思索地回答："可以呀！"突然，女士无比兴奋地跑过来，在关幼波的脸上吻了一下，而电视镜头把这精彩的一幕及时记录了下来。女士拉着关幼波的手不肯松开，眼泪汪汪地说："关老，要是没了我，我们一家人就全完了。您不只是救了我的命，也救了我们一家子呀！我代表我们全家感谢您！"说着，又向关幼波连连鞠躬。

在八宝山殡仪馆的一间告别室里，鲜花如簇，人们庄严肃穆地排着整齐的队伍向一位卒于84岁老人的遗体告别。老人退休前是局长。他的生命经关幼波之手延长了10年之久。所以，开过追悼会后，他的家人都来看望关幼波，感谢关幼波给他们的父亲增寿10年。10年前，北京中医医院高干门诊来了位70多岁的病人。关幼波的弟子接过家属送来的检验报告，各种指数都表明老人所患的是肝癌且已是晚期。关幼波看了一眼那一堆吓人的数字，平静地为老人号脉，看舌苔，然后用温和而鼓励的语气问他："你有什么不好？"老人喘着气嗫嚅道："肚子胀，吃不下，不行了……"关幼波微微一笑："你的病没什么，能治好。"老人颤抖了一下，眼里闪出一线希望的光，嘴唇哆嗦了几下，似乎在说："能活吗？"关幼波当时也已是古稀之年，他洪亮的声音令这位已被死神召唤的病人震撼。他的安详和自信，使这位已被多少大医院宣判了死刑的老人，重新唤起了生的希望。老人回家后，严格遵照关幼波的嘱咐按时吃药。而在他的药中，引人注目的却是最平常的生甘草。

这里要插叙的是另一个生甘草的小故事。一个外地肝病患者，药接不上了，到同仁堂抓药。药剂师接过方子一看，闹不懂，为什么开了炙甘草还要开生甘草。药剂师问患者："这是哪位大夫开的方子？"那患者莫名其妙地回答："关幼波呀！"药剂师"噢"了一声，点点头说了句没头没脑的话："不一般哪……"

怎么不一般呢？药剂师没说。还是关幼波向患者解释了：生甘草是解百毒的，炙甘草是温中的。疼得比较厉害，加点生甘草。根据病痛的不同部位点，可选用甘草的不同部位。如甘草节治关节痛；甘草梢儿，而且是细的地方利小便。甘草解百毒嘛！在那位年逾古稀的肝癌病人的药方中，关幼波就使用了这味药。几个月后，那位老人出现了奇迹，转氨酶指数降低了。又过了一段时间，"大三阳"转为"小三阳"。一年以后，到医院做B超检查，肝像有一层鸡蛋皮裹住一样。他没什么痛苦的感觉了，又快乐地生活了10年。后来老人由于脑溢血去世后，其儿子、女儿、儿媳妇，还经常去看望关幼波，称其为神医，有了病都找关幼波看。

有位患者陈某，那年55岁，在中国人民大学经济系搞教学工作。从1984年2月开始，经常发低烧，一般在37.5℃～38℃，没有规律。每隔半个月到两个月左右出现一次高烧，一般在39℃左右。在学校的门诊部多次治疗没效果。1984年12月6日，按照发烧待查住进某大医院，医院对他进行了全面检查。除了心脏有二级以上的收缩期杂音及肝大一指的症状外，其他各脏器没有发现异常。经多方检查始终没有一个明确的诊断。后找关幼波看病。关幼波认为，病人反复高烧、低烧两年多，首先应排除表证。中医讲表里、阴阳、寒热、虚实，他实际上是一个里证。里证的病在哪儿呢？若是在气分，不可能发烧两年多；应在血分。阴虚血热，影响他发烧，越发烧越伤血阴，造成血分蕴热。所以，只有清血热养阴并兼顾血分的湿热，才能解决问题。关幼波用秦艽鳖甲散合茵陈蒿汤合方加减，略加清热凉血之品，如生地、丹皮；并加用僵蚕、常山。常山只用了3g。病人吃了第一剂以后，烧就退了。又在原方中增用黄芪，以益气生血，果然取得了疗效。病人反映说夜间盗汗，枕头都湿了。关幼波又增用地骨皮、煅龙牡，清血热以敛汗。因为夜间盗汗属阴虚，其已经病了两年多，伤了元气，所以加上黄芪。而黄芪这味药必须用得恰当，若病没到这个程度，即使用这味药吃了也不管用。所以在临床方面，辨证论治才是中医的特色，中医才有生命力。急性病毒性肝炎，其势汹汹，突发而来，对此关幼波冷静分析病情，抓住湿热的根本，确定祛邪抑或扶正的治疗方针，巧妙用药，简洁明快，干脆利落。其中他始终注意牡丹皮这味药的佐使之功。牡丹皮是牡丹的根皮，其药性在于和血，生血，凉血。

关幼波一生与牡丹结下了不解之缘，不仅善用牡丹皮，还擅长画牡丹。

关幼波学画牡丹，缘于一次偶然的相遇。著名画家王雪涛是画牡丹的行家里手，因重病找到关幼波。在关幼波的精心诊治下，很快痊愈，从此他们成了好朋友。王雪涛为感谢关幼波的救命之恩，挥毫画了一幅牡丹，一幅梅花。那艳而不妖、丽而不冶、水灵灵、活生生的牡丹打动了这位老医生，于是，他拜王雪涛为师，习画牡丹。后来，关幼波的牡丹还真有王雪涛的精气神。再配上那几个“牡丹国色富贵花”苍劲潇洒的字，更显关幼波的为人风骨。

关幼波博采众长，用他总结的辨证施治三结合的方法治疗肝病，治的是恶病，画的是善花，真乃“乐道堂”主之风雅也。

气血辨证　病机之本

关幼波讲气血，提倡十纲辨证，突破了八纲辨证的老规律。血是生命之精华，气是生命之灵魂。一个人没有血，也没有气，岂不是生命终止了。病由血而生，血由气而行，用气血辨证作实体，更有利于八纲辨证。关幼波认为，疾病发生的根本在于机体的内在因素——正气。气血是人体的基本物质，维持着生命机体的脏腑、经络、四肢百骸的基本功能。气血代表人体的正气，是决定机体内部平衡的基本因素。气血正常，正气强盛，“病安从来”。反之，气血异常，正气虚衰，为疾病的发生提供了内在根据。外邪、七情内伤、饮食劳逸等，为疾病的发生创造了条件，这些外在条件因素，只有通过气血异常的内在病理变化，才能发生疾病。因此，他提出了“审证必求因，当在气血寻”的观点。比如在治疗外感病时，他根据人们所处的现代社会特点：过度温饱、过食肥甘、激烈竞争所造成的学习、工作、生活上的过度烦劳、精神上的过度紧张、情志上的不畅等，易导致食滞脾虚，湿困化热，心火易亢，肝气郁滞化热的气分热；另一方面，气分热入里，灼伤阴血，烦劳消耗阴精，致使阴血津液亏虚，从而导致阴虚血热。他结合临床常见发热、咽痛、尿赤、舌红、苔厚等症状，提出“无内热不外感”的外感病发病的基本病因。内热是指在气分或血分的伏热。在治疗中，他一方面根据外感邪气的属性、入侵部位的不同辨证施治，同时还注重采用气血两清，表里同治。常用黄芩、炒知柏、连翘、生石膏、双花、花粉等清气分热；用生地、赤芍、丹皮清血分热。如此，不仅不会引邪入里，反而可以起到治病求本、澄本清源、阻断病邪的进一步发展，增强解表祛邪药物的作用。

关幼波认为，八纲辨证是对人体一系列病理变化总的概括，建立在具体脏腑经络组织基础上，是以脏腑经络组织的病理变化为物质基础的，并结合临床出现的脉证加以高度概括的结论。而决定脏腑组织功能活动的物质基础是气血。也就是说，气血从病理上决定着疾病发生的根本原因、发展与转归的基本病机。气血同样具备八纲的属性。阴阳为八纲之首，是辨别疾病性质的总纲领，而气血既是水火，可以阴阳来划分，气为阳，血为阴；表里是辨别病变部位和病势趋向，气之于血，气为表，血为里；寒热是辨别疾病的性质，气与血均可兼寒热，阳气虚则寒，气郁化火则热，血可见血寒、血热；虚实是辨别邪正盛衰的病势，气虚、血虚是虚证，为正衰，气郁、气逆、血瘀是实证，为邪盛。因此，气血赋予八纲以实质。八纲通过气血与人体的脏腑、经络、组织的具体实质性病理变化联系起来，八纲作为客观物质的外在表现，必须结合气血才能全面概括分析病位、病情、病势的表里、寒热、虚实。如果脱离了气血而单谈八纲，八纲就成了无实际内容的抽象的空架子。故单以八纲作为辨证的总纲是不足的，必须通过气血而把八纲的内容落实到具体的实际病变之上，使八纲辨证与脏腑、经络、组织具体病变有机地结合起来，这样才能深刻地阐明各种复杂的病理变化，以指导临床，从而弥补八纲辨证之不足。因此，关幼波将气血辨证提到与八纲辨证同等重要的地位，八纲辨证之后必辨气血。他明确提出：治病必治本，气血要遵循，从而倡导“十纲辨证”。“十纲辨证”并不摒弃八纲而片面地强调气血辨证，而是使辨证论治落到实处，从而更加具体明确，这样才能真正达到辨证具体指导论治的目的。其深远意义尤其体现在疑难杂病的临床辨治上。

中央音乐学院有一位女教师患微血管扩张。脚烂，四肢一片一片的网状红斑，脚底疼，晚上睡不着觉。到某大医院看了两年，都要她吃复方芦丁及激素，效果不好，腿也溃烂了，伤口很深。在百般无奈下，她找到关幼波。关幼波把脉以后，分析她的病情，像臁疮腿，但所不同的是有红肿热痛，说明虽然有热象，却是一种虚证。用药当以补气为主，同时还要去皮肤的湿气。因为主要根源在于湿热。所以，关幼波处方时以黄芪为君，目的是使之生气，益气，长肌肉。臁疮腿一般不疼，疼说明有炎症。所以，处方时应加一点清热解毒的药，重点在于活血化瘀、清热、养血、止疼。根据这个分析，关幼波开的方子中用了生橘皮、苦参、薄荷、生地、黄芪、白芍、赤芍、丹参、牛膝、香附、生甘草、牡丹皮、藕节等药。此方用了7天后，这个女教师的腿慢慢变好了，后来完全恢复了健康。

中医界有经方派和时方派之分。所谓经方派是以《伤寒论》为依据，处方基本不变；所谓时方派是参照《伤寒论》，主要根据病情用药。关幼波走的是时方之路。因为气血辨证，博采众方是根据实际病情决定药物的增减，因此，治疗疑难杂症多出奇效。有一次，关幼波的女弟子齐京收治的一个病人，是个近40岁的中年汉子。他的病挺怪。一是时间长，差不多有三年多；二是症状怪，全身疼痛，发烧不已；三是反复的口腔溃疡，而且全身麻木。诊断结果，关幼波基本认定为气亏血滞。于是让弟子齐京记方：生黄芪、白芍、白术、苍术、牛膝、蔻仁、木瓜、丝瓜络、首乌藤、柴胡、钩藤、白梅花、生甘草、川断、生薏米、香附子。第一次用量稍小，君药生黄芪30g，杭白芍30g；第二次生黄芪

60g，杭白芍40g。几次门诊后，病人病体大为改观，最后康复。关幼波诊病牢牢抓住“气血”二字。他在《关幼波肝病杂病论》一书中明确指出：“审证必求因，当在气血寻。”他说：“引起人体发生病变的原因，不外内因、外因。外因是致病的条件，内因是变化的根本……古人把精、气、神视为人体活动的根本，精充、气足、神全是健康的保证，是正气内存的体现……精、气、神不但同源，而且相互资生，相互作用，而气血是核心。”由此，关幼波认定气血失调不外乎气虚、气滞、气逆、血虚、血瘀、出血等病理变化。所以，对于这位怪病患者，关幼波直揭本源，从气血着眼用药，药力所至，迅速解除疼痛。这个怪病患者痊愈之后，逢人便说：“关大夫真是当代扁鹊，料病如神，祛病得法，可谓攻克病魔的常胜将军啊！”同时又送锦旗一面，现仍挂在北京中医医院。

类风湿性关节炎是个不大不小的病。说它小，不碍吃不碍喝，还能生活下去；说它大，手脚不能动。关幼波在门诊接待了一位40来岁的妇女，得的正是这种病。她进诊室的时候，几乎是一步步挪着进来的。关幼波为她诊脉，诊断用药一周后，病人康复。可没过多少日子，她又挂了关幼波的号。自述有妇科病，西医检查为卵巢巧克力囊肿。有囊肿则无法受孕，她和丈夫还眼巴巴地等着生孩子呢。关幼波看了看她的舌苔，诊了脉，开了方。那妇女走出诊室，抓了药，回去吃药。一年以后，关幼波正在诊室出诊，一对夫妇抱着个胖小子进来了。关幼波的徒弟问她看什么病，她咧着嘴乐呵呵地说：“我不是看病，我是向关老报喜。”等这对夫妇抱着孩子走了以后，关幼波对身边的徒弟们说，西医说巧克力囊肿，实际上就是咱们说的血瘀。因为颜色是巧克力色，所以叫巧克力囊肿。凡治血瘀，以活血为主。

一位企业家朋友邀请关幼波到海南游玩。没去过海南的他欣然接受了。关幼波兴致勃勃地下飞机后刚住进饭店休息，准备安排第二天游览。正在这时，海南卫生厅厅长来访：“关老，您来我们海南，我本应陪您转一转。可是不行啊，关老，您这回还玩不成了。刚才中央来急电，请您赶紧回去……”关幼波心里咯噔一下，预感到有什么严重的事情发生。厅长又说：“中央有位领导同志病危，让您去看看。机票都已买好了，您带上随身行李就可以回去了。”关幼波听到这儿，二话没说，急忙整理东西，急奔飞机场。下午两点回到北京，四点钟赶到彭真委员长所住的医院。那里气氛很紧张，彭真静静躺在病床上，周围的人都相对无言。秘书将关幼波请到另一个房间，异常沉重地简单介绍了彭真的病情，说：“几个大医院的大夫都看过了，都说没办法了，连悼词都写好了。”关幼波静静地为彭真把脉，又看了看医院里给他检查的各种数据，知道他得的是重症肝炎，属于亚急性肝萎缩。关幼波平静地说：“这种病并不难治。只是体内过虚，要扶正压邪，凉血化瘀。”关幼波展纸处方，依然是治肝的主要几味药：草河车、生甘草、人参……彭真吃了关幼波的7剂汤药，在医疗组的配合治疗下，肝炎奇迹般地好了。重修天安门以后，他还坐着轮椅到天安门看了一番。彭真的爱人带着女儿拜访关幼波。关幼波直言不讳地说：“他的半身不遂这么多年，如果早来，也不至如此……”除了为彭真治病之外，关幼波还曾经为朱德、徐向前、余秋里、肖华、方毅、何长工、段君毅、董必武夫人、万里夫人等许多革命老前辈治病，他是深受大家信赖的中医专家。

关幼波根据他气血辨证的理论，在他所著的《关幼波肝病杂病论》一书中，对各种肝病的诊治作了精辟的论述。在病理论述上，总结为：“有的表现以实证为主；有的表现为虚证；有的虚中夹实，即湿热未清，正虚邪恶。”他提出了分类不定型、用药不定方的结论。肝病辨证有十：肝胆湿热证、肝胃不和证、肝郁脾虚证、脾失健运证、脾肾两虚证、肝肾阳虚证、气血两虚证、肝郁血滞证、气虚血滞证、痰瘀互结证。针对辨证治肝有十法：

清利湿热法、平肝和胃法、健脾舒肝法、健脾和中法、健脾补肾法、滋补肝肾法、补气养血法、行气活血法、补气活血法、活血化痰法。

《黄帝内经》曰："气血正平，常有天命。""气血不和，百病乃变化而生焉。"关幼波认为，气血是人体的生理病理基础。肝脏通过对气血的输送调节作用，与全身的脏腑组织、四肢百骸相连接，从而发挥其正常的生理功能。各种外感、内伤因素，可以直接损伤肝脏，影响肝脏本身的病变，使肝脏功能受损。

气血的调节作用失常，气血运行失常，日久影响其他脏器，变生他端。如气血失司，升降失调，影响肺脏可出现咳、喘、哮症等；影响脾胃可出现腹胀、纳差、呃逆等；影响心脏可出现胸痹、真心痛等；影响肾脏可出现消渴、痨淋、癃闭等。它脏病变，或外感邪毒通过影响气血的调畅，也可影响肝脏功能，导致肝脏病变。如外感发热，可伴有胁痛不适、转氨酶升高。心衰晚期病人可伴有肝积等。因此，生理状态下，肝脏在整个人体生命活动中起着极其重要的作用；病理状态下，肝脏较其他脏腑更易受到损害。

现代社会，人们生活习惯的变化使得对肝脏的不利因素有所增加。如人们进食肥甘醇酒，过度温饱，易助热升温化痰，灼伤阴血，阻滞气机，血液郁滞；学习、工作、生活上的过度烦劳，易耗肾精、阴血；精神上的过度紧张、情志压抑或暴怒等使气机运行失司，血行失畅。肝为罢极之本，气机不畅，阴血不足，肝失所养，出现易疲劳、乏力；气机郁滞，肝气不舒，肝郁化火，常表现胸胁胀闷，郁郁寡欢，烦躁易怒。肝血不足，心神失养，出现失眠多梦；气机郁滞，肝旺克脾，脾胃升降运化失司，出现纳呆、脘胀。以上症状现代人常易出现。如此症状出现早期，所伤不深，正气尚存于内，适时调整尚可恢复。如仍不注意，日久耗伤正气，正气亏虚，气血失常，百病则乘虚而入，就可导致疾病的发生。现代常见的疲劳综合征、抑郁症、脂肪肝、高血压病、高脂血症、慢性肝炎等都是由此产生并发展的结果。因此，关幼波提出："百病之首肝最恶。"

认识到肝脏的重要性，就应"防患于未然"。关幼波认为，一方面，日常生活中我们应注意不要长期过度疲劳，耗伤人体阴血；要有云水风度，不要以物喜，也不要以己悲，只有心情舒畅，随遇而安，气血才能调畅；不要过度饮酒，过食煎炸、肥甘厚味，以防其化热劫阴，助湿生痰阻滞气机。另一方面，关幼波根据肝脏的生理特点，肝为刚脏，体阴用阳，喜条达恶抑郁和肝肾同源、两脏互补，针对现在肝病、常见病发生的普遍原因，结合他几十年的临床经验，提出以养肝血、补肾阴为基本法则的养肝理论，常以女贞子、沙参、麦冬、川断等滋补肝肾之阴，以当归、首乌、熟地养肝血补肾，以五味子、浮小麦益气阴安神，以陈皮理气健脾和胃等。关幼波创制了"滋补肝肾丸"、"养肝口服液"等集保健、治疗为一体的药物。酒后，学习、工作过于紧张，过度疲乏，不能很好休息，郁怒伤身，病后初愈，年老体弱等，均可以此辅助养肝，起到扶正祛邪、增强体质、防止疾病发生等作用。

痰瘀之说 医治怪病

关幼波在治病中十分重视痰瘀之说。他根据明代王应震的痰瘀理论，进一步提出气不行则血不畅，气滞则痰生，气滞则血瘀的学说。他认为，病之既成，必由气及血。气不行则血也不畅，气滞则痰生，气滞则血瘀；血瘀痰阻反过来又可影响气道的通畅，血瘀日久又可化为痰水。痰瘀互结，互为因果，是疾病难以向愈的根本原因所在，所以活血化痰的治疗法则要贯穿于治疗疾病的全过程。

关幼波治痰法则可概括为四点：

一、见痰休治痰，辨证求根源。痰随气行，流窜周身，而生百病。对胶固有形发于体表者易见，阻于血络形成痞块者易察。而在体内阻于气机，殃及脏腑，或在显形以前，则不易察觉。痰有广义、狭义之分，见痰休治痰即是说要审证求因，百病皆可从痰辨证，从证候特点、从整体观念出发而辨证治“痰”，或治已生之痰，或阻断生痰之源，以求对其根治。

二、治痰必治气，气顺则痰消。气为血之帅，气血流畅则脾气散精，水道通调，痰无以生；如痰已生，气机流畅，则痰可随之消散。若气郁者“留者攻之”，行气以顺之；若气虚者“虚则补之”、“下者举之”，以补气顺之；若气逆者“逸者行之”，调理以顺之。治气应理解为广义的“治气”。气机通顺，方可阻断生痰之源，已生之痰方可迅速消散。

三、治痰要治血，血活则痰化。气血相互为用，气血流畅则津液并行，痰无以生，血活则痰易化。治血亦要从广义去理解。

四、怪病责之痰，施治法多端。自古至今，“怪病责之于痰”，痰生百病而形各色。除了根据常规辨证方法外，对疑难怪病应从“痰”辨治。今之怪病，其实不怪。只不过有些病证尚未被认识、被掌握。从痰论治，不但突出了“辨痰”的思路，也为疑难怪病的治疗提供了有效的途径，结合具体情况从整体辨证施治，使疑难怪病可化险为夷。

关幼波综合张仲景、王清任、周学海等人关于“瘀”的理论，提出了治瘀四法：

一、见瘀休治瘀，辨证求根据。只有针对引起气血不畅、瘀血阻络的直接或间接因素，彻底加以清除，才能瘀消病除。

二、治瘀要治气，气畅瘀也祛。血病气必病，气病血必伤，气与血两者，气占主导地位，气虚则血滞，气滞则血瘀，气逆不顺则血上逆而走，故治瘀要治气。

三、治瘀必化痰，痰化血亦治。痰可阻滞血脉，血瘀日久亦可化为痰水，痰瘀互结，互为结果，故治瘀必化痰。

四、急则治其标，固本更重要。对瘀阻而致的出血、瘀阻心痹、瘀阻脑髓之急危重症，当急治其标，然而固本更重要。除了针对瘀血阻络之本外，还应重视气血生化之源之本，即脾胃之本。

以下是一个关幼波运用痰瘀学说诊疗治病的故事。

有一位回国观光的美籍华人，40来岁，当她走下飞机时，突然咳嗽起来，且一发而不能止，甚至连旅游车都坐不了了。到某大医院就诊、吃药以后，咳嗽没有减弱，反而发烧了，躺在床上迷迷糊糊。即请关幼波诊治。关幼波开方时说："舌苔薄白，脉沉滑，痰湿内停，肺失肃降。草河车、杏仁、桑白皮、生地、丹皮、麻黄……"病人接过药方和原来吃的方子对照了一下，奇怪地问："关大夫，原方中的五味子、乌梅、紫草、连翘、柴胡……怎么都去掉了？"关幼波见此人这么认真，就耐心解释道："你的咳嗽是因北京气候干燥引起的。对于这种痰热内蕴之病，只能以宣泄为主，绝不能收敛。原方所开五味子等药是收敛、镇咳的，并不能解决你的咳嗽。我开的药中，杏仁、麻黄等都是宣肺化痰的。"一周以后，她又来找关幼波，一进门就鞠躬，连连说："关大夫英明，关大夫英明！"原来，几剂药下去，她的咳嗽完全好了，可以按计划旅游了。

关幼波根据他医疗实践的经验，在《关幼波肝病杂病论》中说："瘀血凝滞而生痰，肝郁化火炼液可以生痰，湿热蕴结可以生痰，脾湿不运而生痰，肾虚水气上泛而生痰。痰瘀互结，气机不畅，蒙蔽心窍，阻蔽神明，而心神昏乱。"他根据该理论，治好了许多说不清道不明的病。有个病人，是从吉林来的。此人被车撞以后，一直神志不清。关幼波号脉下药之后，这个病人转危为安，能说话了。可是病人清醒后的第一句话却说："我没脑袋了！"关幼波笑道："你的脑袋不是长着吗？""没了，我的脑袋没了！""你摸摸，有没有？"病人竟真的去摸。之后，还是喊：

“没了，真的没了！”关幼波摆了摆手道：“好了，好了，你吃我的药，用不了一个月就有了。”病人抓了药回去了。果然一个月后来了，见了关幼波就说：“关老，我有脑袋了，有脑袋了！”对于此病，关幼波分析认为，病人因悲喜或惊吓，损伤心脾肝肾，导致脏腑功能失调和阴阳失衡，进而气滞、痰结、实火、血瘀使心神失养，脑髓失聪。于是以四物汤(当归、生地、白芍、川芎)养血活血，佐以香附行气活血，杏仁、橘红醒脾化痰，远志祛痰利窍，安神益智。

关幼波认为，人之所以生病，不外乎六邪七情所伤。风、寒、暑、湿、燥、火六邪，是可以预防的。在肝炎传染病房里，穿上白大褂、隔离衣，戴上口罩，戴上帽子，可以说是预防了。其实，对病来说，重要的是个“痰”字。从肺里排出来的叫痰，是大家公认的。然而，从古至今，许多怪病多从痰起。那么这个痰究竟是什么东西呢？关幼波认为，各脏器的废物统称为痰。诸多疾病中医多按痰论治。比如因有湿热，湿热生痰，痰阻血络，故导致胆固醇高、血脂高、血胆红素增高。对此他就按痰论治。

那时我国驻美大使黄镇的血胆红素总是1.6mg或1.7mg左右不降。关幼波就从治痰着手，用青黛、白矾各等份，装1号胶囊，嘱他每次饭后吃一粒，再加上汤药，吃了十几剂，很快他的血胆红素就正常了。黄疸也退下去了。黄镇说：“我的血胆红素2mg就是不降，没办法，回国一吃中药就下来了。”于是，在他又赴任之前，带了一箱子药走。关幼波认为，湿热生痰，比如说脑血栓，中医叫痰积，先说一个“痰”字。羊痫风，中医说“痰迷心窍”，也是从“痰”着手。谈到黄疸，关幼波认为也离不开痰瘀学说。阳黄的主症是皮肤的色泽鲜明，古代说是如橘皮色，跟橘子皮一样；阴黄的色泽是灰暗的，恶心，厌油，身困，纳呆，脉象滑，舌苔厚，或黄或白。治法就是清利湿热、温阳化湿、解毒活血化痰。临床常用的方剂不外乎栀子柏皮汤、茵陈蒿汤、茵陈五苓散。

这几个方子里活血的药一味没有，只有茵陈五苓散里有一味桂枝。而桂枝是温通的，不是凉血活血的。再比如关幼波治阴黄用桂枝；杏仁、橘红止咳化痰；茵陈是利尿治黄疸的；草河车解毒；黄芩、黄连清热；泽兰活血；六一散、车前子清热通利小便；草蔻开胃、和胃。一般均为这几味药随症加减，而不是固定一个方子，因为用固定不变的方子是错误的。

关幼波在治疗疑难杂症方面有许多非常灵验的药对。如：凉血活血用赤芍、牡丹皮；滋阴凉血用生地、玄参；活血化瘀用桃仁、红花；柔肝养血用当归、白芍；活血利水用丹参、泽兰；凉血止血用藕节、地榆炭；潜阳化痰用旋覆花、代赭石；开胃化痰用杏仁、橘红；健脾清热化痰用白术、黄芩；温通痰浊用瓜蒌、薤白；理气敛气用醋柴胡、木瓜；疏肝理气用香附、郁金；健脾益气用党参、云苓；理气止痛用川楝子、延胡索；益气升提用柴胡、升麻，等等。

就这样，关幼波在他的痰瘀学说指导下，诊断疗病更加得心应手，对于各种疑难杂症和各种不同的肝病，百治百中，药到病除。“神医”之名，在京城百姓中广为传颂。

锐意创新　大家风范

1972 年，关幼波从下放劳动的一二五厂回到北京中医医院肝病科。第三年，北京联合大学中医药学院（现首都医科大学中医药学院）成立，他被聘为教授。

关幼波是个锐意创新的人。作为一名老中医，关幼波坚信中医药学是一个伟大的宝库，同时他也不排斥现代医学。在中西医结合的过程中，关幼波真诚地与西医合作；对于中医现代化他也积极探索。当电子计算机技术刚刚传入国内时，有人向关幼波提出，把他治疗肝炎的经验输入电子计算机。对于新生事物非常敏感的他，马上接受了一些电子计算机专家的建议，决定把最新的科技成果和古老的中医学结合起来，创造出一些新的医学技术。

当时一无先例可鉴，二无电子计算机，提出这样的问题是一个大胆的设想，各方面的态度也不一致。在各级领导的大力支持下，关幼波的态度更加坚决，他对年轻人说："我全力支持，有问题我负责。"就这样"关幼波肝病辨证施治电子计算机程序"的研究开始了。

不知熬过了多少不眠之夜，研究人员在理解和掌握关幼波治疗思想的基础上，根据望、闻、问、切所收集的症状、数据，制定数学模型，编制逻辑图，然后用算法语言编写成计算机程序，使之再现他的辨证施治思想。这套诊疗系统将肝病分为 8 个主型，36 个亚型，并根据病情的变化进行加减。对于肝病的诊断、处方、医嘱等工作，不到 1 分钟的时间就全部完成。到 1978 年底研究初步成功。又经过一年多的实验性门诊，治疗肝炎病人 1000 多人次。在充分肯定的基础上，1980 年 6 月 24 日，再现关幼波治疗肝病思想的"计算机医生"在北京中医医院正式门诊，具有数千年历史的中医诊疗获得了新的生命力。该项科研成果荣获 1981 年度北京市科技成果一等奖。当人们问及他的想法时，他说："可以精于古，不可泥于古。中医必须在古人的基础上，有所发展，有所前进，中医现代化势在必行。"

继之而起的是"关幼波治疗胃脘痛的电子计算机软件系统"的开发。这项科技开发项目的研究，以关幼波的弟子陈勇为首，成立了电子计算机程序设计组，根据关幼波的学术思想，突出主要矛盾，抓住主症，摆脱西医的框框，让中医的特点更加鲜明。关幼波还经常想，应该把各地治疗肝病的好经验集中起来输入计算机，这样就不单是他一个人，而是全国的名医同时给患者看病了。由此可见关幼波的远见卓识。

1976 年，关幼波当选为北京市政协常委。两年后，由北京中医医院整理汇编，出版了关幼波的第一部学术著作《关幼波临床经验选》。关幼波的弟子众多，赵伯智深刻理解关幼波的学术思想，1994年出版的《关幼波肝病杂病论》，以及1998年出版的《肝病防治问答》等都是由赵伯智整理的。

1980年，关幼波任北京中医医院副院长。两年后，任北京市中医药学会理事长。在这两年中，关幼波的原配夫人王淑贞病故。严重的精神打击并未影响关幼波自己的斗志，继续在临床一线努力工作。1984年关幼波当选为中华医学会第十一届理事会理事。至71岁退居二线，又担任北京中医医院顾问。这以后，他致力完善自己的学术思想，不仅明确提出“十纲辨证”，而且进一步完善了痰瘀学说。

虽已年迈，但他还坚持在临床第一线工作。这期间他治好了不少怪病、顽疾。这里先说说他是如何挽救了一家被西医列为不治之症的祖孙三代重症病人的故事。

一位搞外事工作的成先生有个小孙子，1990年的4月下旬，还不到11个月大的时候，突然拉稀。经过多家医院反复观察、诊断治疗，孩子还照样天天拉。家长害怕，就把孩子从医院接出来，请关幼波诊治。关幼波看了孩子的病情说：“你们怎么这时候才送来，这孩子受了多少罪呀！”成先生听了心里十分难过。关幼波给开了两剂药。孩子的母亲央求说：“您多给开点吧。”关幼波摇摇头：“用不着。你就去拿吧，赶紧抓药吃。如果说这两剂还不好，你就照此方，再抓第三剂。”第一剂药吃下后，孩子的拉稀就停止了。第二剂药、第三剂药后，孩子精神好转，能吃，能睡，一切恢复正常。

成先生的大儿子结婚后，一直没孩子，是吃了关幼波的药才有了一个女儿。孩子10岁的时候，突然发高烧不退，住院、打针、输液都无济于事。后来一检查是肺炎，连学都不能上了。他们又找到关幼波。关幼波开了3剂药，吃完以后，孩子不仅高烧退了，肺炎也好了。

成先生一谈起关幼波，就千恩万谢，说关大夫挽救了他家三代人，中医太神奇了！关幼波与成先生一家的医缘，可以追溯到1956年。

那年，成先生的夫人30多岁，得了阿狄森病。这种病西医认为是不治之症。主要症状是：人越来越瘦，体重由原来六十公斤锐减到三四十公斤；皮肤越来越黑，像焦炭似的；浑身一点力气也没有，坐也坐不住，站也站不稳，每天心慌意乱，非常难受。然而又不发高烧，整个人慢慢地枯萎下去。几位医生都说，要家属为她准备后事，维持的时间不会太长了。那时，成先生刚31岁，他们已经有了两个孩子，大的四五岁，小的两三岁。妻子若一走，把孩子扔下，他可就苦了。经朋友介绍，他们带着一线希望，求助于关幼波。关幼波很谦虚，但又很沉着，安慰他们说："你们不要悲观，住院吧，我治治看。"关幼波接诊以后，从实际出发，不管西医的结论如何，他从病人的症状入手，给她开了汤药，服药后，症状逐渐向好的方面转化：心慌意乱程度减弱了，难受的感觉减轻了，黑皮肤渐渐脱落，体重增加了。关幼波对病人说："你可以出院了，以后你到门诊来，继续吃药，再调整巩固一段时间，就会好了。"大约一年多的时间，她的睡眠明显好转，吃饭也有味道了，心也不怎么慌了，原来像木乃伊一样干瘪黑炭似的皮肤变白了。到1958年，成先生爱人的病全好了，人精神了，体重又恢复至60公斤，而且参加了1961年的援越工作。

成先生二儿子的病也很罕见。1958年，二儿子才三四岁，得了一种怪病，冬天啃棉袄的袖子，直到把袖子的布和棉花都吃光。然后，又啃自己手指甲，连皮带肉啃得鲜血淋淋。成先生一家带孩子到处求医，好多大夫不明白这是什么病。他们只好又求助关幼波。关幼波给开了20剂药。一个多月后，基本好了，又巩固了一段时间，痊愈。

成先生的大儿子，从1岁就得了气喘病，可能是感冒的后遗症。每年冬季都要犯，喘得不得了，憋气很厉害。1963年的冬天，孩子又发病了，打针吃药无济于事，成先生和爱人去越南工作，姥姥在家陪着，束手无策。孩子上不了学。姥姥抱着他，孩子不停地大口大口地喘着气，像快要憋死一样。成先生的夫人急忙赶回国，又求助于关幼波。在关幼波的治疗下，1964年的春天，孩子病就好了，一点也不气喘了。后来一直没犯病，大学毕业工作后，还当上了高级工程师。

成先生一家原来不相信中医，但亲身经历的事实改变了他们的看法，中医不愧为祖国的瑰宝。

中医是独具特色的，关幼波强调辨证施治，重视病人个体差异，病情轻重不同，表现的证型不同，通过辨证进行不同的治疗。

关幼波认为，慢性肝炎为久病多虚，临床上应进一步分析是“因病而虚”还是“因虚而病”，找出主要矛盾，然后采取“扶正祛邪”的方法调理气血，之后再根据证型的不同，进行辨证施治。同时重视脾胃，和血化痰等，这样便可达到抗病毒和调节免疫的效果。

关幼波治疗肝癌，多采用气血辨证。他认为，肝癌发病的病因乃气虚血滞，痰瘀蕴毒，或者是气虚血滞痰瘀，根本在一个“气”字，即气亏。关幼波用药方法：第一味药是黄芪，生黄芪。开始用60g，然后用100g，直用到120g。除黄芪外，益气合用活血、解毒、化痰、利水药物。有个肝癌病人服药不到两个星期，腹水全消。巩固了三个多月，体重增加了，脸色也红润了，原来走路时感觉发飘，活动一会儿就觉得心慌气短，服药后这些症状都消除了。

对于恶性肿瘤的治疗，关幼波强调以扶正祛邪为主，常用益气健脾、活血化瘀之法，调脏腑，调阴阳，“阴平阳秘，精神乃治”。从扶正入手，重视气血辨证。

肝糖原累积症自1949年后30多年间，我国仅发现26例。本病的发生与中医的“虚损”或“痰块”、“癥积”不同，与古代病名之“息积”、“伏梁”除了腹部有形积块以外，症状也不完全相同。《素问》把“息积”、“伏梁”列为奇病，而本病较其更为奇，可视为怪病之一，西医尚无特效药物。关幼波遇到一位患此病的小孩。这位患儿自出生后即发育迟缓，不满足岁时曾全身抽搐，发作数次。发病多在半夜或清晨，每次持续10多分钟，经喂糖水后即能好转。1岁时发现腹胀，经检查肝肿大（于右锁骨中线肋缘下4~5横指），质较硬。即入某院检查，诊断为肝糖原累积症。于1962年初，又住某儿童医院，诊断同上。患儿平时喜卧多汗，经常腹泻，日大便六七次，夹有不消化食物，尿清色淡，腿软不能站立。脉象沉滑，舌苔薄白。关幼波诊断其为肝脾两虚，痰血、败毒凝聚成积。治法以健脾补气，养血补肝，活血化瘀，解毒散结。处方用黄芪、党参、当归、白芍、於术、白扁豆、地龙、赤芍、丹参、泽兰、乌梅、郁金、香附、僵蚕、紫草、鸡内金、王不留行、败酱草、炒稻芽等药加减。在整个治疗中既无奇特药品，又无贵重之味，药似平淡，而从痰瘀论治，以补为主，扶正祛邪，以扶正为先，抓住痰、气、瘀的病理实质，气顺则痰易消，血活则痰易化，不但消除化散了瘀结的痰血，且阻断了生痰之源。这位患儿经过不到3个月的治疗，肿块消失，症状消除，恢复了健康。经随访患者10余年未再复发。

关幼波不受原有理论的束缚，能够有所创新，他用医术救治了成先生一家和无数的病人。这充分证明了关幼波的大医风范。

医治未病 保健养生

中医强调“治未病”，关幼波在这方面也为人们作出了表率。他经常向人们宣传养生、保健知识。1989年，关幼波在北京市政协举办的老龄养生讲座上，全面系统地谈了自己的养生之道。

他认为养生首先要“养神”。

一要“精神内守”。他说，这是我们中国医书上记载的。人活着的时候就仗精、气、神。要是没有精神人也就完了。因此这个精神不要随便消耗它，要精神内守，保持自己的精神。精化气，气化神，所以中医学认为精、气、神在人的生命活动中十分重要。在治疗肝病中，他不厌其烦地向病人家属、向周围的人讲解预防传染病的知识，有时还开一些防病的药给病人家属。关幼波 76 岁时也有点病，但是他保养得好，还挺精神。他认为，对于精神，要正确理解。把精神调节好了人就心平气和，就不会瞧什么都不顺眼，怨天怨地。

关幼波说，老年人心胸一定要开阔，要注意心血管病、癌症、肿瘤，这几种病都不是传染病，但都跟我们自身保养有关系。每个人体内都有癌细胞，能不能让它发展，这是至关重要的。要培养正气，按现代医学说的增加你的免疫力。不要随便消耗你的精神，让精神总处在有余的状态，这样就不至于过快衰老。

二要保持“心情舒畅”。他说，这句话非常重要。在单位甚至走在马路上，都会有不愉快的事情遇见，你不碰它，它碰你。能不能逆来顺受，始终让自己的心情保持舒畅十分重要。要有乐观主义精神。

关幼波认为，养生还应该注意“食养”。

吃东西，不光要考虑它的营养价值，还要顾及自己的需要。什么东西吃得舒服，你就多吃一点，没问题的。关幼波早点爱吃玉米面粥，玉米面粥不如牛奶营养价值高。可是，他喝完牛奶胃就胀，喝完玉米面粥却非常舒服。而喝牛奶则因为胃胀，营养吸收不了，最后白糟踏了。玉米面粥虽营养少，但吃完后很舒服，所有的营养全都能吸收进去，这不也很好吗？吃东西不要教条，要根据个人的体质。有好吃酸的，有好吃咸的，有好吃辣的，有好吃甜的，都不一样，要根据自己的身体需要，调节饮食。

但是饮食也要有节，不偏食，不多食。天气凉了，回家进门以后不要马上吃东西，因为有寒气，先喝一点热水，休息一会儿再吃，这样就舒服多了。吃完饭后不要马上往出跑，要休息休息再出去活动。

他还提醒大家要注意在着急、生气、精神紧张的情况下不要马上吃东西，这会引起肝胃不和。按现代医学来说，我们脑子里有十二对神经，有一对神经叫迷走神经，它支配着胃的消化蠕动。人一生气，一着急，或者精神过度紧张，迷走神经就要失调，胃的蠕动就不正常了，吃下去的东西也就消化不了。所以老年人千万不要多食，一天多吃一次可以，人家吃三顿饭，你可以吃四顿。每次不可多食，饮食要有节。多好的东西，也不要吃得太多，不要偏食。饮食调养好，生活要有规律，不要暴饮暴食，若应当吃早饭时你不吃，到了午饭时就饿过劲儿了，一吃就会吃得过饱，这样容易得溃疡病。为什么？你饿过了劲儿的时候，胃里分泌胃酸是帮助消化的，该吃东西的时候不吃，胃里还分泌胃酸，它就腐蚀了胃黏膜，容易形成溃疡，或者是浅表性胃炎，或者是胃溃疡、十二指肠溃疡、慢性胃炎等。

他介绍说：大家别小看肠胃病，这种病还是挺不好治的。因为这个病一方面是自己护理，一方面是吃药。中药的效果还是不错的。治肝病也是先调理脾胃。古代有这么一个说法：治肝先治脾。

要治肝脏病先要调理脾胃，肝有病影响脾胃。得了肝炎就食欲不振，恶心，厌油腻，大便稀，这些症状就出来了。但是你先调理脾胃，能吃能喝，营养能输送到肝脏里去，然后你再加点解毒的药，这个病就好了。

饮食方面要有节制。另外春夏尽量不买外面的熟食，自己做着吃，因为买熟食导致传染疾病的机会多。冬季买了这样的熟食，也要加加热，或者蒸一蒸再吃。因为这些东西在商店里卖不出去，搁冰箱里，第二天再拿出来，再卖不出去，又搁冰箱里了；细菌在冰箱里也一样繁殖，只是繁殖得慢而已。往往我们吃得不合适，就得肠胃炎，上吐下泻，这对人体损伤很大。

关幼波提倡体育锻炼，重视体养。他研究出一套晨练操。每天晨起，盘着腿，坐在床上，做以下运动：

第一道，把手搓热，顺着眼睛向耳朵捋，捋30下。因为坚持做这个运动，关幼波到90多岁仍然耳朵不聋。他说："比方说你困了，你就做这个运动，立刻睁开眼就不困了。"

第二道，手搓热以后，顺着鼻腔两边往下捋，往上捋，做30次。咬着牙，对牙齿也有好处，脸上的褶子少了，老年斑长得也慢，鼻塞马上就通了，还可预防感冒。慢性鼻炎做这个更好，它里头充血，做一两个月鼻子就痛快了。

第三道，用手指拢头发，往后拢，拢三四十下。他说："这样头发白得慢一点，甚至于秃头还能长出新发来，也不用抹生发水。女同志要想头发不白就坚持做这个，到七老八十，头发还是黑的。"

另外是四肢运动。盘着腿，两手摸着膝盖，让身体顺时针前后左右晃动。因为人老先从腰和腿上老。所以盘腿的时候，要尽最大努力，能盘到什么程度就到什么程度。当然，最好能把脚盘到大腿根上。然后用手揉膝盖。揉膝盖的时候，腰就随着活动了。每天揉100下，揉完了以后，扶着膝盖，左右晃二三十下。然后从前往后晃，仰起脑袋晃，这样就把腰椎、颈椎的骨质增生全都解决了，同时锻炼了腹肌，肚子也就不大了。

最后，把手攥着，往后伸，做100次，这个对呼吸系统和心脏、对防止动脉硬化都有一定的好处。当你打了嗝，心里就痛快了。

做完以后，盘着腿把手合起来，平心静气，脑子什么也不想，意守丹田，用腹部呼吸，舌头顶着上颚，如果有津液，咽下去，别啐了。然后再坐 20 分钟，就完成了。

关幼波告诉大家：这样一天天地锻炼，久而久之，就能少得病，身体就能渐渐强壮起来。

关幼波还特别告诉大家，要有预防疾病的意识。比如说，吃饭要分餐。这样疾病传染的机会就减少了。另外，要有讲卫生的习惯。预防为主，强调内因，就是养生之道。

创办医馆 弘扬国粹

关幼波是我国中医药界的一杆大旗。这杆大旗不仅飘扬在国内，而且飘扬到了世界。他悬壶济世一生，治好了不计其数的危重病人。他从死神手里夺回了许许多多的生命。可以说，他的医术、医德为他树立了丰碑。他主攻病之最顽者——肝病。他创立了“十纲辨证”学说和痰瘀学说。为了传承他宝贵的中医药临床经验，1994 年 9 月 1 日，他在耄耋之年，在北京西单一条僻静的胡同里创办了“关氏国医馆”。这揭开了关幼波从医生涯新的一页，他的亲传弟子，也是他的大儿子关继波当馆长，他自己任名誉馆长。

关于成立国医馆的目的，关幼波曾说：“我今年 82 岁了。我是北京清河生人，土生土长。我对北京的父老有深厚的感情，我活着就要为大家服务。要把好的经验保留下来，传给后代。”

“还有，我想把过去‘四大名医’中像孔伯华、施今墨的后代，还有赵炳南的后代，邀请到这儿来，不光是看病，主要是想把他们父辈的经验总结下来，留给后人。将来汇集成书，以此发扬祖国医学传统，发扬北京中医的特点。”

“老大夫手中都有验方，他们都有临床学术观点，各有独到之处。这些东西遗失了实在可惜。我们把这些东西保留下来，对祖国医学就是一种继承和发扬。”

关幼波的“关氏国医馆”开办以后，他不仅强调医疗质量，更注意药物质量。首先，他亲自出诊，每周两次，一次就得看几十位病号，他的挂号费和儿子一样。其次，他很重视药房。因为病人看病除诊断准确外，更重要的是吃药。如果药的质量跟不上，就要大大影响疗效。

“关氏国医馆”在其子关继波的管理下，办得有声有色，在京城颇有名气。

从 1984 年以后，关幼波更忙了，他应全国各地的邀请讲学出诊，他的声音传播到世界很多国家。

他五渡日本，赴韩国，到新加坡，去泰国、印度尼西亚、菲律宾，在 1983 年、1986 年、1989 年、1992 年，多次出席以亚洲国家、地区为主的国际性中医药学术交流大会（亚细安会议），并作学术报告。2000 年亚细安第六届会议还邀请关幼波参加，因年事已高，只好派女弟子齐京代他出席。在这次会议上，齐京代表关幼波做了“十纲辨证”的重要发言。

关幼波一生中接纳了数以百计的弟子，有国内的，也有来自美国、英国等国家的，不管谁拜他为师，向他求教，他都毫无保留地把自己的学术、医术奉献出来。他还打破传统观念，除儿子以外，他的女儿关秀兰也继承了他的中医学术观点。关秀兰现改医号关弘波。他的小儿子关西平、小女儿关宪生也在医药行业的第一线工作着。

一代明医关幼波，于 2005 年 5 月 13 日晚 9 时 16 分因患肺部感染引发脏器衰竭，抢救无效，走完了他一生中的最后一步，享年 92 岁。

关幼波的一生是治病救人的一生，是弘扬中医药文化的一生。他悬壶京畿 60 余载，一直活跃在临床第一线。他以高尚的医德、精湛的医术，被世人传颂着、爱戴着。

2005 年 5 月 19 日，在八宝山殡仪馆遗体告别的灵堂前，聚集着数以千计前来凭吊的各界人士，其中，多数曾经是他的病人。当大家唏嘘着瞻仰这位中医大师的遗体时，在心中都不约而同地发出这样的呼唤：我们多需要您哪，关幼波，中医药界不朽的名医大师！

（撰稿人　石　佚）

王为兰卷

王为兰（1913—2005）

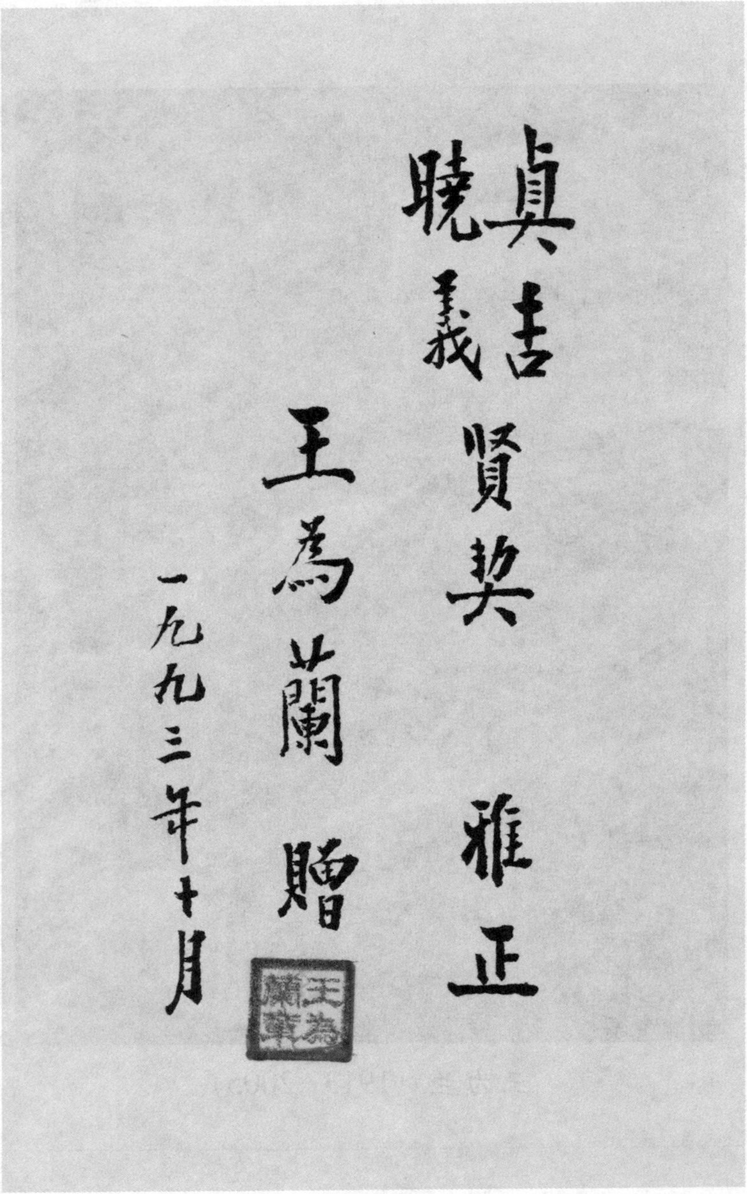

王为兰手迹

临床独立思考，必须胆大心细，获效倍增。

——王为兰

王为兰（1913—2005），著名中医学家、中医痹证专家，首批全国老中医药专家学术经验继承工作指导老师，北京市劳动模范，北京中医医院主任医师、教授、硕士研究生导师，享受国务院政府特殊津贴。1993 年与学生合作完成“养阴清热除湿汤治疗类风湿性关节炎急性发作之研究”课题，获北京市科学技术进步三等奖。1994 年与研究生合作完成“益肾通督法治疗强直性脊柱炎的探讨与研究”课题，获北京市科学技术进步二等奖，1996 年又获国家中医药管理局科学技术进步三等奖。代表著作有《中医治疗强直性脊柱炎》、《急性风湿性关节炎辨证论治》、《慢性风湿性关节炎辨证论治》、《类风湿性关节炎辨证论治》、《强直性脊柱炎辨证论治》等，发表论文 30 余篇。

王为兰一生救治了无数病人，许多病人痊愈，大多数有较好的疗效，鲜有不效者。比如，他曾亲自治疗过近万名强直性脊柱炎病人，这种非常难治的顽疾，经他治疗，绝大部分患者病情好转，其中 150 位病人恢复正常。患者的满意，逐渐转化为社会各界对他的尊重。与王为兰共事多年的著名老中医关幼波称赞王为兰“医术精通，治学有道，医德医风，后学可范”，这 16 个字，正是王为兰一生的真实写照。

艰难立业

王为兰，山东省烟台市人。早年丧父，母亲王张氏带着王为兰和他的两个弟弟在烟台乡下生活。有一小块田地，供养一家四口。母亲为邻里洗衣赚一些零用钱。王为兰看到母亲每天辛勤劳作但毫无怨言，感触颇深。后来，他在生活中遇到不少困苦，总是以坚忍负重的母亲为榜样，克服困难。

王为兰年少时曾患肺结核病，由于家境贫寒，有钱时还能买些药吃，没钱时就只能忍耐。于是，他自小就立志当一名医生，为自己和天下的病人治病。母亲也常常鼓励他努力读书，有朝一日能成为治病救人的好医生。

1930年，王为兰中学毕业。17岁的他孤身进京，投师京城名医李少轩（1894—1973）门下。李少轩的父亲李静轩是清朝光绪年间京城名医。有一年，慈禧太后在承德患病不愈，回京后治疗仍无效。一位张姓太监向慈禧太后推荐了李静轩。于是，慈禧太后诏李静轩入宫诊治，不久痊愈。后来，李静轩经常奉诏入宫当差。辛亥革命后，李静轩在京城行医，颇有盛名。李少轩幼时随父习医，后来拜太医院医官赵云卿为师。太医院御医及医官们所讲授的中医经典著作，使李少轩受益匪浅。1920年，李少轩在京城开业行医。

王为兰在李少轩门下，每天黎明即起，然后便规规矩矩地读中医典籍。李少轩曾说："做医生首先要有医德，其次才是医术。没有医德，医术再好也不为患者所尊敬；有了医德，只要勤学苦练，逐渐提高医术，就能得到病人的爱戴。"王为兰把李少轩这番话当作自己的座右铭，一直坚守到他人生的最后一刻。

王为兰学医，喜欢刨根问底，向李少轩问各种问题：为什么这样治？为什么用这种药？……李少轩则耐心地一一解答。李少轩曾说:“医学一道，既不能离开书本，也不能死记硬背；既要理解典籍要义，也要凭借经验阅历。”后来，王为兰的医术达到了炉火纯青的地步，依靠的就是李少轩所提倡的求真务实的精神。

李少轩认为，百病之生，多发于气血，气血不调则百病丛生。他曾说:“人之感三气而为痹者，以其形虚血虚耳，但有在肌皮、血脉、深浅之异。且久病伤络，正虚邪实，若只知搜邪，则精血益耗又怎能治效？必须益气养血，扶正胜邪。”李少轩的这番话，王为兰永记心田。跟随李少轩出诊，王为兰学了不少实际经验。

一位50多岁的老人来找李少轩看腿痛病，这位老人的腿痛已有3年，久治不愈。李少轩的处方是：狗脊10g，当归10g，川芎1.2g，朱赤苓10g，生黄芪7.5g，陈皮10g，杭白芍10g，桂枝1.5g，海桐皮10g，秦艽3g，细辛1g，川断6g，杜仲6g，熟地10g，独活6g，甘草3g，白术5g，木瓜12g，牛膝6g，肉苁蓉10g，地风6g，千年健6g，胡桃1枚，生姜3片，黄酒1两兑服。

以后，老人每次来复诊，李少轩以此方为基础，酌加山萸肉、血珀、远志、龟甲胶、桃仁、桑枝、青皮、海风藤、首乌藤、丹参、菖蒲。老人的腿痛病，15剂后痊愈。

李少轩当年常为富贵之家的妇人治疗不孕症，服用他开的药，3个月或5个月，许多妇人便能怀孕。李少轩治不孕症的基本处方是：当归24g，香附24g，川贝母24g，茯苓24g，地骨皮24g，白术24g，薄荷10g，柴胡10g，陈皮24g，麦冬24g，知母24g，杭白芍24g，甘草10g，官桂5g，菟丝子24g，山萸肉24g，紫石英30g，炮姜5g，没药5g，阿胶10g，延胡索6g，青皮6g，川断6g，沙参18g，生地12g，川芎6g，枳壳6g，姜连10g。临证可酌情加减。

李少轩治痹的思路非常清晰，肝肾同司下焦，肝藏血，肾藏精，精血相生，肝肾为冲任之本。肝肾之变，冲任应之，冲任损伤，也能损及肝肾，故养肝肾即益冲任之源，源盛则流自畅，而病自愈。后来，王为兰独立行医，基本承袭了李少轩的思路。

1932年，在李少轩门下已经学习两年的王为兰考入萧龙友、孔伯华创办的北平国医学院。萧龙友、孔伯华都是当年京城名医。萧龙友自幼对医药感兴趣，以去药铺识药为乐，并对每味药的品种、形态、真伪、炮制、功效加以详细记录。1892年，川中地区暴发霍乱瘟疫，成都城中人心恐慌。萧龙友不顾危险，随身携带药饵，沿街巡视救治，救活病人无数，声名鹊起。1897年，27岁的萧龙友考中丁酉科拔贡，后就职于北京。1928年，他弃官行医，正式开业。1930年创建北平国医学院，并亲自为其制订教学大纲。他勘定的主要课程包括：生理学大全、病理学大全、药物学大全、治疗大全、古今医界各家论说大全。从萧龙友的教学大纲可以看出，他在重视中医传统的同时，也注意吸收西方医学的内容。

孔伯华曾主持编写《八种传染病证治析疑》10卷，悬壶应诊，名噪京师。他重视《内经》运气学说，推崇河间"六气皆可化火"说，认为"不知运气而医，无失者鲜矣"。他坚持在临床上不能见"病"不见"人"，即不能见"树"不见"林"；而应从"人"出发，照顾到病人的整体。有萧龙友、孔伯华这样的大师指导，王为兰在北平国医学院学到许多医学知识，也拥有了更广阔的医学视野。

从北平国医学院毕业后，王为兰跟随京城名医安干青临证学习。安干青，河北省武清县人，是当时北京最富传奇色彩的名医。他年轻时在家读书，后随伯父来到北京谋生，起初在盐务署谋得"录事"（抄写文件）一职。他非常好学，利用业余时间努力学习，考入国立北京法政专门学校。随着他阅世日深，对当时官场的腐败现象渐生厌恶，因而悉心研究中医。他学医全靠自学，并无师承。他反复阅读自己收藏的几十部历代医家名著，对书中精华圈圈点点，遇有心得体会，随手记在页眉上。经过勤学苦练，在近

40 岁时才开始行医，到 50 岁时在京已有一定知名度，到 60 岁就被誉为京城名医之一。

安干青行医最强调精细诊断。他诊断每一例病一般需用半小时以上，一个上午最多只能看五六位病人。他很注意观察病人的脸色和面部表情，能根据病人面部状况判断病情。遇到婴儿，因为号脉困难，他往往靠查看手指和掌纹判断病情。孔伯华认为安干青在诊断方面有独到之处，于是聘请安干青来北平国医学院讲授《诊断学》。王为兰跟着安干青学到了精细诊断的精髓。后来，他诊察病情时，也像安干青一样精细入微。

师从名医的人，在北京城里恐怕为数不少。但是，像王为兰一样连续师承几位名师的就不多了。他努力融会几位名师的优点于一身，掌握了李少轩治痹证的要诀，拥有萧龙友对医学的宏观认识，坚守孔伯华的整体观，又继承了安干青的精细诊断。

1937 年，王为兰 24 岁时考取北平市中医师资格并开了一间小诊所。开始时来看病的患者很少，小诊所几乎到了被迫关闭的地步。靠着从母亲身上学来的坚忍，他挺了过来。渐渐地，患者多了起来。但是，来小诊所看病的人，大都是穷人，付不起高价钱，他就主动减价，甚至不要钱免费诊病。许多病人从家里带来果品、蔬菜答谢他，他很少自己吃，总是找机会再送回给病人吃。就这样，他慢慢地赢得了患者的口碑。后来，许多富人也慕名而来，他的小诊所越来越红火。

赚了些钱后，王为兰在北京东城红星胡同买下一个小院子里的两间房，把母亲和两个弟弟接到北京。靠大门的一间，他用来开诊所，后面一间供母亲和弟弟用。母亲知道王为兰为买房已经没有留下多少积蓄，就拜针灸师马子明为师，学会了给人针灸治病。就这样，母亲在后头那间房里给人针灸，王为兰在前头那间房里给人问诊，两个弟弟都有学上，一家人虽辛苦却很快乐。

当时，许多人患温热病，王为兰就琢磨把伤寒派的六经和温病学派的卫气营血辨证与三焦辨证融合在一起运用，结果获得非常好的疗效，他的诊所也深受市民欢迎。

许多年后，王为兰的儿子王家璇曾问他是否因为成功地开办了自己的诊所而特别骄傲。他回答说："非常艰辛，有时曾想放弃，没有病人上门看病时最难过。可是，转念一想，除了给人看病，其他的活计也不会，只好硬下一条心继续干。我是到了五六十岁以后才开始顺利的。俗话说——别光看爷现在吃肉，要记得爷从前卖命，真是话糙理不糙啊！"

温病高手

1956年，王为兰调入北京中医医院任主治中医师。那时，北京正遭遇温热病流行，大量的群众发高烧。北京中医医院专门成立了"脑炎"病房，王为兰积极参加对温热病患者的抢救工作，夜以继日，治愈病人无数。经历了这次温热病大流行，他治疗温病的能力提高了一大步，而他善于治疗温热病的名气也开始在社会上流传。鉴于王为兰治疗温热病的丰富理论知识和实践经验，1959年，北京中医学院（现北京中医药大学）特聘他为《温病学》讲师。他讲《温病学》长达8年之久，为全国培养出大量治疗温热病的人才。这里举4个病例来说明他治疗温热病的造诣。

病例一：阴历二月的一天，一个年仅2岁的小男孩高烧，体温高达41℃，恶寒无汗，面色苍白，四肢厥逆，鼻燥唇干，时有抽搐，舌苔薄白而干，脉象滑浮数。王为兰认为，小男孩感受热邪，表闭不开，诚恐起风，治法为辛凉辛温并用，同时要清热解毒。一诊处方：金银花10g，连翘10g，牛蒡子3g，荆芥穗2.4g，薄荷2.4g，生石膏24g，鲜苇根18g，生甘草2.4g，天花粉6g，竹叶1.5g，牛黄散0.6g。小男孩服用仅1剂，津津汗出而高烧退。二诊处方：将原方中的薄荷、荆芥穗减去，加麦冬5g、生地6g。

又1剂，小男孩病愈。

事后，有人不解王为兰为何能用如此普通的药方治愈疑难病。王为兰解释说："此病用辛凉辛温最好。清热解毒，用金银花、连翘；牛蒡子走十二经能治高热；初期最好用生石膏清热；天花粉止渴不敛邪；甘草清热解毒；竹叶泻热下行；关键在于牛黄散是退热的法宝。配伍和剂量要符合君臣佐使的要求，所以处方中生石膏24g，金银花10g，而牛黄散只用0.6g。"那人听后恍然大悟。

病例二：1980年1月22日，一位神志不清的年轻女患者被送进急诊室，她两天前开始发烧，体温在37.5℃z38.5℃之间，稍感头痛，鼻塞流涕，无咳嗽咽痛。当地就医按"上感"给予复方阿司匹林口服，未见好转，次日体温升高至39℃以上，头痛，颈部不适，能少量进食，未诉恶心呕吐，二便正常，仍按感冒给予解热镇痛药治疗。深夜，患者上肢躁动不安，神志逐渐不清，呼之不应，未谵语及抽搐，即注射青霉素1次。清晨，转县医院。经县医院西医检查，诊断为流行性脑脊髓膜炎。随后，被转入北京中医医院。入院时，患者体温已经达到39.6℃，脉搏124次/分钟，呼吸20次/分钟，神志不清，呼之无反应，间有叹气呻吟，指甲轻度紫绀，两腋及胸部可见少量出血点，颈项稍强直有抵抗感，白细胞计数26×10^{9}/L。急诊室医生立刻用大剂量青霉素、氯霉素、激素、脱水剂等治疗。治疗3天仍然未见好转。患者处于高烧昏迷状态，体温达到41.7℃，频繁抽搐，颈项强直，肢端厥逆发冷，口鼻出血，牙关紧闭，痰多不易咳出。在此严峻情况下，施加大剂量磺胺嘧啶治疗并进行气管切开术，人工呼吸给氧，胸外按摩等急救措施，病情仍然未见起色。无奈之下，急诊室请王为兰会诊。

在仔细检查了病人的情况后，王为兰认为，此证乃温邪热变，热入心营，热毒炽热，痰蒙清窍，内闭之象严重，诚恐外脱，治法应该采用清热凉营解毒为主，佐以豁痰开窍。一诊处方：金银花15g，青连翘12g，莲子心3g，干芦根30g，干地黄12g，紫丹参15g，胆南星10g，橘红10g，石菖蒲10g，天竺黄10g，荆芥穗10g，远志肉6g。每日1剂，每剂水煎2次，煎取药液200ml，每次服50ml，加安宫牛黄丸半丸，生姜汁3滴兑入，每4小时经鼻饲喂药1次。

服药3剂后，患者神志昏愦有所好转，高热渐退，体温在白天降至37.5℃，晚上略有回升，痰涎仍然较多，呼吸不匀，借助压迫膀胱可排尿，大便稀，舌质红，脉沉细。二诊处方是：金银花15g，青连翘15g，莲子心6g，干地黄12g，紫丹参15g，胆南星12g，橘红10g，石菖蒲10g，牡丹皮12g，紫草根12g，焦栀子10g，广郁金6g，局方至宝丹2丸。每日1剂，服法同前。

服用2剂之后，体温基本正常，神态亦渐恢复，呼之虽不能答，但可睁眼，眼球能自由活动，可摇头示意，已经能领会他人之意。痰涎仍然较多，时有咳嗽。舌苔薄白，质红，脉细数。三诊处方是：金银花15g，青连翘15g，莲子心6g，干地黄15g，黑玄参18g，麦门冬12g，紫丹参15g，牡丹皮10g，生栀子10g，胆南星15g，橘红10g，法半夏10g，天竺黄10g，远志肉6g，淡竹叶10g，石菖蒲10g，黄连面1.5g（分冲）。每日1剂，水煎2次，每次煎取药液100ml，再加生姜汁3滴，每次鼻饲服药100ml，6小时服1次。

服用5剂后，患者神志渐清，偶有恍惚，双目有神，视物正常，颈项转动自如，痰涎减少。皮肤有淡红色药疹未消。舌质不红，脉弦细数。王为兰认为，此为病后气阴两虚，余邪未净，治法改用益气养阴为主，佐以化痰开窍。四诊处方是：太子参15g，北沙参20g，天门冬10g，麦门冬10g，生扁豆20g，半夏曲15g，橘红10g，石菖蒲10g，远志肉10g，生麦芽10g，广郁金6g。煎法同前。

服用5剂后，患者神志完全清楚，但智力较病前稍逊，呼吸平稳，痰量显著减少，可下床活动，能从口中进食，但食欲欠佳。舌苔薄白，脉沉细。

五诊处方是：太子参25g，北沙参20g，生扁豆15g，干地黄15g，干石斛12g，天门冬10g，麦门冬10g，杭白菊10g，枸杞子10g，石菖蒲10g，生麦芽10g，广郁金6g。煎法同前，口服。

服用2剂后，患者感觉良好，病症皆除，治愈出院。2年后追访，无后遗症，并结婚生子。

王为兰总结此案认为，患者发病于初春季节，病之始仅表现有发热、头痛、鼻塞流涕，因阳性体征不明显，导致误诊，按感冒治疗，直至病情发展有高热、神昏、痉厥，有典型的皮肤出血点以及病源学的证实，确诊为“脑脊髓膜炎”，始引起重视。由于起病急骤，病情迅速恶化，生命垂危，遂请中医会诊。根据会诊所见，高热神昏，面赤，颈项发痉，口鼻出血，牙关发紧，肢端厥冷，痰涎壅盛，呼吸不匀，反复暂停，脉象沉细。证属温邪热变，病入心营，热毒炽盛，热极生风，风动生痰，痰迷心窍，遂致高热痉厥，神昏不醒，内闭之危重症。《温热经纬》外感温病篇说：“风温证，热渴烦闷，昏愦不知人，不语如尸厥。此热邪内蕴，走窜心内络，当用犀角（现已代用）、连翘、焦远志、鲜石菖蒲、麦冬、川贝、牛黄、至宝之属，泻热通络。”结合患者具体病情进行辨证论治，故第一阶段的治则以清热凉营解毒为主佐以豁痰开窍。方中金银花、连翘、焦山栀、黄连面、芦根清热解毒；生地、丹皮、紫草、麦冬、天门冬、莲心、玄参、竹叶、丹参等清心凉营；胆南星、橘红、天竺黄、远志、法半夏、石菖蒲、郁金豁痰开窍；安宫牛黄丸清心开窍；局方至宝丹开闭化痰。第二阶段发热已退，神志渐清，双目有神，痰少纳差，舌淡苔薄，脉弦细数，表现为病后气阴虚损、余邪未清，治以益气养阴为主，佐以清热化痰开窍。方中用太子参、北沙参、麦冬、天门冬、石斛益气养阴；生扁豆、生麦芽和中助消化；法半夏、橘红、石菖蒲、远志、郁金等化痰开窍；生地、杭白菊、枸杞子滋阴清余热以善其后，从而收到满意的疗效。

病例三：1990年2月21日，一位中年妇女找到王为兰求诊。病人感冒后一直发烧，已经有29天，体温最高达到39℃，昼轻夜重，出汗，全身无力，咳嗽吐白黏痰，口干口苦，纳呆。一直用西药，未见疗效，转而求诊于王为兰。王为兰注意到病人的手背、足背浮肿。看舌，舌苔薄白质稍红。切脉，脉细滑。王为兰认为，此证为外感风热、邪气入营，治法应为清热解毒、气营两清。一诊处方是：荆芥10g，金银花20g，连翘15g，牛蒡子15g，大生地15g，粉丹皮15g，白茅根30g，淡豆豉10g，干芦根30g，大玄参20g，生石膏20g，黄连6g。水煎服，早晚各1次。外加紫雪散，每次一瓶。

服用3剂后，体温下降，晚上最高38℃，白天平均37℃。皮肤瘙痒，手背、足背之浮肿已经消失。口略苦，口干欲饮。舌苔薄白质红，脉弦滑。二诊处方是：原方去玄参，加防风10g。水煎服，早晚各1次。

服用5剂后，体温已经正常。皮肤痒止，精神尚佳，仍然汗多。大便正常，不思饮食。舌苔薄白质稍红，脉弦滑。三诊处方是：太子参30g，北沙参15g，青蒿12g，生薏苡仁15g，云茯苓30g，炒白术20g，草豆蔻6g，粉丹皮15g，煅牡蛎30g。水煎服，早晚各1次。服用5剂后，病痊愈。1个月后追访，一切正常。

王为兰总结本案认为，因上感发烧29天不解，已经属温病范畴。诊察仍有恶寒汗出的表虚证，又有咳嗽黏痰，口干口苦，纳不佳，说明邪在肺胃；有昼轻夜重发热，说明邪入营分；手背、足背浮肿，说明风热袭于经络。此证属表邪尚存，热入气营。一诊处方采用银翘散和清营汤化裁。银翘散主治温病初起，功可辛凉透表、清毒解热；清营汤主治温邪传营，功可清营解毒、泻热护阴。具体讲，用荆芥、牛蒡子、豆豉解表，用金银花、连翘、芦根透热外出，生石膏、黄连清肺胃之热，生地、丹皮、玄参、白茅根清营分之热。由于患者热重，草药难以完全胜任解热，另加紫雪散协助解热。

王为兰在多年治疗温热病的实践中意识到，北方人每年患外感高热病的人很多，主要是风热型和风寒型两种，研究这两种类型高热病的内在规律很有科学价值。在他的指导下，研究组选择100名高热病人，检测病人的白细胞计数和T淋巴细胞计数。由于白细胞能吞噬异物产生抗体，机体发生炎症或其他疾病都可引起白细胞总数及各种白细胞的百分比发生变化，因此检查白细胞总数及白细胞分类计数是西医诊断的一种重要方法。同理，T淋巴细胞是淋巴细胞的主要组分，它直接杀伤靶细胞，是身体中抵御疾病感染的力量，因此检查T淋巴细胞计数也是西医诊断的一种重要方法。经过统计学研究表明，中医风热型和风寒型分类的白细胞计数和T淋巴细胞计数均有显著差异，这说明中医的辨证分型与西医的化验分类有类似的敏感性。

病例四：为了更有效地应付北方大规模的外感温热病的流行，王为兰研制出一个高效的“退热方”。此方的组成为：荆芥穗20g，薄荷10g，生石膏45g，桔梗15g，生甘草10g，生姜汁3滴，黄芩15g，金银花20g，连翘15g，栀子10g。方中的荆芥穗属辛温之品，但温而不燥，与辛凉的薄荷配伍，增强解表之功，又能解表清热；金银花、连翘，芳香透热，清热解毒；桔梗、生甘草，清肺化痰利咽；生姜汁辛微温，有解表化痰之功能。方中的辛凉苦寒药物，都是阴寒之品，稍加温药（荆芥穗、生姜汁）活动气机，防止凉遏冰伏，更能发挥透表清热作用。

为了证明这个“退热方”的实际效果，王为兰在研究生的协助下，对100例外感高热病进行了方剂有效性的研究。临床结果表明，有显著效果的99例，有效的1例，总有效率100%。在这

100例中，100例有发热恶寒症状，其中95例服用“退热方”1天后，发热恶寒症状就消失了；67例有咽痛症状，其中20例服用“退热方”1天后，咽痛症状消失；7例有咳嗽症状，均在服用“退热方”1天后，咳嗽症状消失。统计表明，王为兰的“退热方”是科学有效的方剂。

治痹专家

20世纪70年代，王为兰开始把主要精力放在治疗痹证上。经过长时间的研究和临床实践，他治疗痹证的医术达到了相当高的地步，成为中国当代首屈一指的治痹专家。

关于痹，《素问·痹论》说：“风寒湿三气杂至，合而为痹也。”痹证是风、寒、湿等外邪侵袭人体，闭阻经络导致气血运行不畅的病证，主要症状为肌肉、筋骨、关节等部位酸痛或麻木、屈伸不利，甚或关节肿大灼热。西医学的许多病症可归类于痹证范畴，譬如风湿性关节炎、类风湿性关节炎、肩周炎、腰椎间盘突出症、颈椎病、腱鞘炎、骨质增生、强直性脊柱炎等。由于痹的病因复杂，所以很难治。

王为兰治疗痹病有几大特点。其一，重视卫气营血。他认为，痹证整个发病过程均伴有气血失调现象。比如，痹之初起由外邪引起者，除关节疼痛、肿胀等症状外，多伴有营卫失调之证，故其治疗在疏风、散寒、除湿、清热、通络、止痛的基础上，多用调和营卫之剂。其二，久痹、顽痹依照脏腑论治。他认为，痹证日久不愈，主要表现为脏腑的虚损或功能失调，故当从脏腑论治，其中与肝、脾、肾三脏关系最为密切。肝藏血，肝血不足不能荣养筋脉及四末，则出现四肢麻木疼痛。血虚生风则关节疼痛，走窜不定，治疗当以养血柔肝法。他以此法为主加减治疗各种神经痛，多有满意效果。脾居中焦，主运化，主四肢肌肉，如若脾虚生化无源，可致气血两虚。脾虚失运，水湿不化，湿浊内聚，痰饮内生，流于四肢关节，引起关节疼痛、重浊、晨僵、关节肿胀等病症，治疗当以健脾益气养血及健脾利湿为主。肾居下焦，主藏精，为人体元阴元阳之根本，肾精不足，根本不固，最易感邪为痹。因而他强调补肾填精。其三，治疗痹证常以“通”为手段。各种疼痛与经络、气血之不通关系极大，所以，他常采用疏经活络、活血化瘀之手段。其四，重视化痰祛瘀。他认为，久痹不愈，脏腑虚损，聚湿生痰，瘀血内阻，痰湿瘀互结，胶结不解，沉积于关节，影响关节经脉的循环和营养，伤筋败骨，造成关节变形，骨质败坏。因而，他治痹病重视化痰祛瘀。下面举4个病例说明他治疗痹病的高明医术。

病例一：一位中年妇女向王为兰求诊。患者素有风湿性结节红斑病史，最近半月，因外感引起发烧，四肢出现结节性红斑，结节局部发热、红、肿、痛。大便正常。舌苔薄白，质正常。脉弦缓。化验血沉，每小时35mm，抗“O”正常。王为兰认为，此证为风湿化热、瘀阻血络，治法为清热化湿、化瘀通络。一诊处方：生石膏30g，肥知母10g，草河车20g，川牛膝15g，宣木瓜15g，威灵仙12g，紫丹参20g，赤芍15g，水蛭10g，大生地30g，杭白芍15g，皂角刺30g。

服用28剂后，患者的结节红斑完全消失，腿已经不痛，稍有腰痛。舌苔薄白。脉弦沉。血沉已经正常。二诊处方：全当归10g，大川芎9g，杭白芍10g，赤芍10g，广木香10g，金狗脊12g，大生地15g，鸡血藤20g，紫丹参15g，炙黄芪20g，大秦艽15g，威灵仙10g，水蛭10g。上药3剂，共研细末，炼蜜丸每丸重10g，早晚各服1丸，温开水送下。1年后致信询问，病情未发。

王为兰总结本病案认为，结节性红斑是风湿病经常随之发生的现象，属于风湿活动期的表现。因而，选用清热解毒的生石膏、肥知母、草河车；祛风湿的川牛膝、木瓜；凉血活血化瘀的丹参、赤芍、白芍、生地；软坚散结的威灵仙、皂角刺。此案风湿症状不太严重，故以治红斑为主，少用祛风湿的药，红斑消失后再治风湿。但是，有一些患者，因风湿较重，则需要以治疗风湿为主，治疗红斑为辅，应灵活掌握。在清热解毒、活血化瘀的药中加入水蛭，疗效非常显著。水蛭善入血分，逐瘀血散结，消除蓄水，活血化瘀，其功效优于一般血分药。

病例二：某患者头晕目眩，胸闷憋痛，颈项强硬，手足麻木，腰膝酸困，足膝无力，失眠健忘，五心烦热，阴囊潮湿，小便频数。每天伏案工作时，胸痛加剧，脑后麻木，气短心悸。患者曾两次请西医诊治，但经多次心电图、动态心电图检查，均未见异常。后来，拍 X 线片发现颈椎骨质增生。西医解释说，由于颈椎骨质增生，压迫神经，因而产生一系列身体反应。用按摩、牵引、离子透入等方法治疗 1 月有余，疗效不显著。于是，患者慕名向王为兰求诊。王为兰细查，舌苔白厚稍腻，舌质暗淡。又详诊，脉沉弦细。他认为，此证为肝肾不足、气滞血瘀、痰浊阻滞，治法为滋补肝肾、活血化瘀、祛痰通络。处方：龟甲胶 30g，鹿角胶 30g，山萸肉 30g，朱茯神 30g，枸杞子 45g，金狗脊 45g，炒杜仲 30g，粉丹皮 30g，杭白菊 30g，生白芍 45g，生甘草 30g，大熟地 45g，生牡蛎 60g，生葛根 45g，水蛭 30g，大蜈蚣 15g，生川断 60g。诸药共研细面，炼蜜丸，每丸 10g，早晚各 1 丸，淡盐水送下。

服用该丸 1 周后，患者感觉头晕渐减，心胸疼痛感减轻。服药丸 3 周后，手足不麻木，腰膝酸痛感减轻，五心不烦。服药丸 2 个月后，患者症状基本消失，能胜任日常工作。

王为兰总结本案认为：骨质增生是西医的病名，中医没有，根据临床症状，此病应该属于痹证。本病多发于 40 岁以后的中老年人。人到中年，肝肾开始虚衰，气血有所不足，血流循环相应减慢。此外，痰湿、瘀血阻滞经络，不通则痛，其症状显现。治疗中要坚持“急则治标、缓则治本”的原则，因人、因病、因时而施治。

本就是肾。肾虚可分为四种类型：肾阴虚、肾阳虚、肾气虚、肾精不足。补肾阳虚，用药可选仙灵脾、鹿茸、生鹿角、鹿角胶、鹿角霜、附子、肉桂、补骨脂、菟丝子、川续断等；补肾阴虚，用药可选生地、熟地、玄参、蒸首乌、女贞子、旱莲草、龟甲等；补肾气虚，用菟丝子、益智仁、桑螵蛸等；补肾精不足，非血肉有情之品不能胜任，用龟甲胶、阿胶、紫河车等。

瘀血为病，除局部刺痛外，兼见舌质暗，有瘀斑，脉细涩。活血化瘀时，若病较轻浅，用归尾、赤芍、丹参、鸡血藤等即可；若血瘀较重，非加入虫类搜剔之品不能化其瘀、行其血、通其脉，可用水蛭、䗪虫、蜣螂等。在虫类药中，水蛭为优，䗪虫和蜣螂皆出自土石之中，其性偏燥，有伤津耗阴之弊，对阴虚津亏者用之尤当注意。如果必须使用，要以养阴之品以佐之。水蛭，生于水中，得阴水之气最足，既有活血之功，又无耗阴之弊。

痰浊为病，阻滞络道，影响气血运行。痰浊分有形与无形。肥胖者多痰，瘦弱者多瘀；新病者多痰，久病者多瘀。痰浊亦分寒热。热痰者，当清化之；寒痰者，宜温化之。用药可选半夏、南星、牙皂、橘红、贝母、白芥子、礞石。白芥子是祛痰通络的首选，它既能除皮里、膜外之痰湿，又能消筋骨间的痰结。

化瘀时，也可考虑理气，帮助血流通畅。用药可选木香、降香、檀香、陈皮。用量不宜过大，要分清宾主之异。

病位不同时，要考虑加入引经之药。病在上肢者，可加入桂枝、桑枝；病在下肢者，可加入牛膝、木瓜；病在腰部者，可加入杜仲、川续断；病在颈、背、脊椎者，可加入葛根、蜈蚣。尤其蜈蚣疗效好，取蜈蚣节节之形，而治脊椎之病，此乃“同类相求，象形之治也”。

龟、鹿二胶配伍，疗效显著。鹿得天地阳气最全，其角长而高出，耐寒力强，奔驰于高山野岭之上，故善行督脉，以壮元阳。龟藏水底，潜而不动，得阴精之气最足，善走任脉。二者皆血肉有情之品，二药相伍，阴阳得补，任督得通，气血灌注，精血充盈，为平补阴阳之妙品。凡属阴阳俱损之证，皆可用之。

病例三：患者是一位5岁的小女孩，3年前洗澡后感受风寒，致使两踝、两膝关节浮肿热痛，半年来诸关节肿大加重，发生变形，活动受限，且有双手指关节肿热疼痛，伴随反复发热，体温39℃，入夜尤甚。皮肤反复出现粉红色丘疹，随热势而隐现。口干而不思饮。心率120次/分钟。食欲尚可，大便秘结。曾去过数家大医院，西医诊断为“幼年类风湿病”，用各种西药治疗，未见显著疗效。由于反复服用大量西药，肝功能出现异常，她停用西药，转而请王为兰中医诊治。

王为兰仔细查看，患者舌质红绛，苔黄厚少津，脉细数。辨证：感受风湿，热在气血，伤阴耗液，闭阻筋骨经络。治法：清气凉血，育阴舒筋，活血化瘀，通经活络。一诊处方：丹参15g，鸡血藤20g，生地15g，生白芍12g，生甘草7g，丹皮10g，知母10g，防已8g，炒白术10g，青风藤15g，金银藤20g，炒白芥子6g，金银花15g。

服用14剂后，患者热度减轻，转为上午发热，诸关节肿热痛减轻，皮疹消退，口干喜饮，心率减慢，大便秘结。舌尖红，苔白厚少津。脉滑数有力。辨证：热在气分，伤阴耗液，闭阻筋骨经络。治法：清气和胃，育阴舒筋，活血化瘀，通经活络。二诊处方：生石膏20g，知母10g，金银藤20g，桑枝15g，陈皮6g，炒麦芽10g，焦山楂6g，生白芍12g，生甘草6g，木瓜10g，防已10g，川牛膝10g，茯苓10g，泽泻6g。

服用14剂后，上午热退，左膝关节及右踝关节肿、热、痛基本消失，而右膝关节及左踝关节仍肿大，热痛均已不明显。食欲尚可，大便仍然秘结，口不干渴。舌质正常，苔白，脉缓细。

辨证：邪阻筋骨经络，伤阴耗液。治法：通经活络，育阴舒筋，益气消导，软坚散结。三诊处方：炒鸡内金5g，炒麦芽10g，生山楂10g，秦艽8g，炒白术6g，杭白芍15g，生甘草5g，威灵仙6g，黄药子6g，山慈菇10g，夏枯草8g，防己8g，炒白芥子6g，炒莱菔子8g。

服用24剂后，患者关节肿、热、痛基本消失，除下蹲动作不利外，四肢活动自如，发热已退，食欲佳，二便正常。舌质正常，苔薄白，脉缓。看到效果明显，王为兰不再更改处方，只是增加一些益气健脾之品。最终，患者恢复健康。

王为兰总结本案认为："幼年类风湿病"与一般风湿不同，幼儿脏腑娇嫩，最易受邪。风邪入幼儿体内，容易化为热，热变为毒，毒邪最易伤阴耗液。邪入血脉，流连筋骨，缠绵不已。因而，治宜清气凉血、育阴舒筋、活血化瘀、通经活络。鉴于幼儿脏腑之气软弱，易虚易实，易寒易热，因而最易在治疗中发生虚实互转的病情变化。所以，在用育阴药物时，要佐以益气消导药；在用补气药物时，佐以行气血之品。只有气血双补，邪正兼顾，才能更好发挥补益作用。最应该注意的是，幼儿脏气清灵，正处于发育期，故不能用毒性药物，不能只贪图一时之临床功效，误用毒性药物，以致伤害幼儿长远健康。

类风湿性关节炎的临床表现主要是晨僵、关节肿胀、疼痛、畸形等。与风湿性关节炎不同，类风湿性关节炎是一种原因不明的非细菌性关节炎，属自身免疫性疾病，虽不属于遗传性疾病，但可能与遗传因素有关。类风湿性关节炎的急性发作期是治疗的最佳时间段，及时治疗能避免患者因关节畸形而残废。为了更有效地治疗类风湿性关节炎急性发作期的患者，王为兰系统地进行证候分类，并推出"养阴清热祛湿汤"，取得令人满意的疗效。

根据临床经验，王为兰将类风湿性关节炎急性发作期分为四种证型。（一）风寒化热型：肢体关节剧烈疼痛，痛处游走不定，罹患关节受限，午后潮热多汗，夜痛重于白昼，舌质红，苔薄白，脉弦沉。（二）风湿化热型：肢体关节肿胀剧烈，活动不灵，麻木不仁，局部肿胀拒按，压痛明显，诸症夜间加重，舌质红，苔白腻，脉弦滑。（三）风热阻络型：关节红肿热痛，夜重难眠，局部灼热或恶寒发热，口渴喜饮，关节屈伸不利，舌质红，苔黄，脉弦数。（四）寒湿化热型：诸关节肿胀冷痛剧烈，关节痛不可近，出冷汗，口干不喜饮，舌质红，苔薄白或白厚腻。

“养阴清热祛湿汤”的基本组成是：半夏、草河车、白花蛇舌草、白鲜皮、土茯苓、防己、白芍、生地、桑枝、银花藤、生草、桂枝、川乌、雷公藤。根据4种证型的特点，具体方剂要在“养阴清热祛湿汤”基本组成上有所加减。

王为兰带领王德敏、李文芳、李贞吉的研究组对随机挑选的60例类风湿性关节炎患者进行统计学研究，结果临床治愈5例，显效19例，好转33例，无效3例，总有效率达到95%。这是一个比较令人满意的治疗效果。

力撼沉疴

按中医的看法，强直性脊柱炎是一种特殊的痹证病，也就是人们常说的鹅颈、驼背、柱状腰。患了这种病，人虽然不会死，但是却异常痛苦。由于身体的核心支柱——脊柱发生畸形，患者将失去正常工作和生活的能力。强直性脊柱炎是一种血清反应阴性、病因不十分明确的关节疾病。看到强直性脊柱炎患者万分痛苦，王为兰下决心研究这种疑难病症。然而，用通常治疗痹证的方法去治疗强直性脊柱炎，疗效并不令人满意，他努力寻找突破口。就在这个时候，一个特殊案例给了他突破的灵感。

1975年6月12日，一位北京市永定门中学18岁的女学生来求诊。患者腰痛已经10年有余，自幼腰部经常疼痛；每天早晨起床前疼得厉害，活动后才好些；阴雨天前两三天及月经期间腰痛亦甚；干活或弯腰则疼痛加剧，好像腰脊断了一样刺痛；平时局部无压痛点；痛起来以腰骶部固定疼痛较显著，伴随全身怕冷无力，头晕耳鸣，经常咽部红肿作痛，口腔黏膜溃烂，眼角发痒，大便干燥秘结。1963 年以后，腰痛日渐加重，前俯、后仰、侧弯均感疼痛，严重影响生活和学习。患者曾去医院请西医检查。心电图检查正常，血象正常，血沉正常，血清抗链球菌溶血素“O”（判断风湿性关节炎的指标）的滴定度增高——在 1:800 至 1:1600 之间，疑为风湿性关节炎。使用保泰松、阿司匹林、消炎痛、强的松等药物，治疗数年效果仍然不明显。后来，进行 X 线片检查，确诊为“隐性骶椎裂”，西医无有效办法治疗。无奈之下，患者慕名向王为兰求诊。

王为兰注意到患者舌苔薄白，脉象沉缓，综合各种其他病症信息之后，辨此证为肾阴阳虚损以阳虚为主，经脉不通。他认为，治法应为益肾补阳、通经活络。由于日久病深，他认为要用丸剂以图缓治。一诊处方：鹿角霜 30g，金狗脊 30g，桑寄生 45g，川续断 30g，赤白芍各 30g，菟丝子 30g，骨碎补 30g，炒白芥子 30g，熟地黄 60g，乌梢蛇 30g，蜈蚣 30 条，牙皂 25g，全当归 25g，威灵仙 30g，乳香 25g，鸡血藤 45g，没药 30g，炒穿山甲 25g。配 2 料，诸药共研细面，再以新鲜猪脊髓捣烂与上药调匀糊丸如黄豆大小，每日早晚各服 10 克，温开水送下。

第二诊在 1976 年 1 月 26 日。服药后，腰痛明显减轻，但每遇劳累或来月经时有轻度疼痛感，月经延期，全身怕冷，大便干，血沉 20mm/h，抗“O” 1:300。舌苔薄白尖红，脉象沉弦细。王为兰见一诊处方有效，便在原方上加减，减去桑寄生、菟丝子、赤芍、白芥子、乌梢蛇、穿山甲、牙皂、鸡血藤，加入肉苁蓉 30g，旱莲草 45g，败龟甲 30g，玄参 30g，怀牛膝 30g，配制 3 料，制法、服法同前。

第三诊在1976年6月9日。服药后，腰痛基本缓解，但弯腰时间长或久坐后感到腰部不适，自觉疲乏无力，经常口腔黏膜发炎，眼角发痒，服维生素A可缓解，大便干燥，月经正常，舌苔薄白，脉象弦沉。王为兰从二诊处方中减去肉苁蓉、旱莲草，加入制首乌45g，知母、黄柏各25g，生地30g。配1料，制法、服法同前，用淡盐水送下。

第四诊在1976年8月28日。腰痛已除，腰骶有发凉感，阴天或久坐后腰部不适，饮食较佳，睡眠差，有时心悸，口腔轻度溃疡，月经错后，色黑。二便正常，舌苔薄白润，脉象弦缓。王为兰从三诊处方中减去首乌、知母、黄柏，加入麦冬30g，茯苓45g，丹参30g，酸枣仁30g。配2料，制法、服法同前。

第五诊在1976年12月13日。服药后，心悸好转，余症不多，劳累时偶有腰部窜痛，月经已正常，大便稍干，舌苔薄白，脉象缓。王为兰从四诊处方中减去生地、麦冬、丹参、酸枣仁，加入肉苁蓉30g，枸杞子30g，菟丝子45g，炮附子45g，细辛25g。配2料，制法、服法同前。

第六诊在1977年3月22日。腰骶疼痛已基本消失，偶有阵发性心悸，耳鸣目痒，口腔溃疡，大便干燥，尿黄，舌苔薄白，脉象缓。王为兰从五诊处方中减去肉苁蓉、枸杞子、附子、细辛、猪骨髓，加入生地45g，麦冬30g，玉竹30g，沙苑子35g，木通30g，知母25g，黄柏25g，丹皮30g。配1料，诸药研为细面炼蜜丸，每丸重10g，早晚各服1丸，温开水送下。

在1983年12月的追访中，患者自诉腰未曾疼痛，已经结婚，育有一女。患者的隐性骶椎裂基本痊愈。

王为兰非常重视这个案例的分析和研究，他写下了很长的总结。中医没有隐性骶椎裂这一名词。按照中医理论，腰骶位当属肝肾，患者自幼年起腰骶即痛迁延10余年，而且正值生长发育期，随着活动量加大而疼痛加重。患者既无外伤史又无感染风湿等病史，显而易见必与肝肾虚损有关，当属先天不足。肾为先天之本，属水火之脏，主骨生髓，人体生长发育衰老退化、体质之强弱、体力之盛衰、生理功能之高低，无不依赖于肾。若先天禀赋薄弱，火衰不能资生肝肾，则髓精空亏，骨失所养，稍加劳累扰动筋骨，腰骶部疼痛必然加重。本案例中，患者以腰骶部疼痛为主，伴有全身无力，怕冷经迟，舌苔白舌质淡，脉象沉细，均属火衰寒象。至于经常咽喉红肿作痛，口腔溃疡，眼角发痒，大便燥结，又属肾虚肝旺，阴虚火浮。综合病史、病位、证脉分析，初步判断为先天火衰是病之本，阴精不足火浮于上是病之标。所以，治疗当先以补阳为主，佐以养血滋阴，而且还要活血通络。方中的鹿角霜、狗脊、桑寄生、川续断、菟丝子、骨碎补，用来温补肾阳；熟地黄，用来补肾阴，也是补阳方中稍佐补阴之品，取“阴阳互根”之意，使阴生阳长；当归、白芍，有养血止痛作用；鸡血藤、赤芍、威灵仙，用来通络止痛；乳香、没药，活血化瘀止痛，治痛久多瘀；蜈蚣，止痛通督脉；白芥子、乌梢蛇、穿山甲，辛温走窜以通达经络；鲜猪脊髓与药面和为丸，猪脊髓属血肉有情之品，是实质脏器，用来补人体之骨髓，即《内经》所说“形不足者，温之以气；精不足者，补之以味”之意。服药2料，疼痛基本缓解，但劳累、端坐、月经后仍有轻度疼痛，这说明病有好转，肝肾仍虚。这种病属于先天慢性病，难以速愈。既然前法有效，便可在原方上加减。由于患者大便干、舌尖红、脉沉细，此乃阴阳两虚，用肉苁蓉、鹿角霜、骨碎补、川续断、狗脊补阳，熟地、旱莲草、怀牛膝、龟甲、玄参补阴，蜈蚣通达督脉，猪骨髓补脊髓。服药3料，证即大减，腰部基本不痛。但仍有口腔溃疡，眼角发痒，大便干燥，此乃阳生阴未长，故在第三诊处方中将阳药基本减去，重点用四物汤去川芎养血；龟甲、玄参、怀牛膝、首乌、知母、黄柏，滋阴清热为主；鹿角霜、骨碎补、川续断、狗脊，助阳为辅；乳香、没药，活血化瘀；蜈蚣，通督脉。用淡盐水送下，取其味咸入肾。服药1料，眼角发痒及便干已除，口腔溃疡减轻，自觉心悸，腰骶仍疼怕冷，难以入眠，因而继续使用原治法，但减去首乌、知母、黄柏，加入麦冬、茯苓、丹参、酸枣仁以养血安神。服2料后，睡眠已好，心悸转安，劳累后偶有腰部窜痛，因而再以阴阳两补佐以活血化瘀通督脉养精髓之剂。服2料后，腰骶疼痛基本痊愈，偶遇劳累后才有不适感，时有口腔溃疡、心悸、耳鸣、目痒、便干、尿黄现象，舌苔薄白，脉象沉弦细，证属肝肾阴虚，心肝郁热，继续以大量滋补肝肾之阴，清心肝之余热而告痊愈。

总的说来，腰骶乃肝肾之部，本例属先天不足影响后天，即由于禀赋薄弱，火衰而阴精不长，故分为两个阶段治疗：第一阶段以补肾阳为主，药后疼痛很快改善，阳气虽生而阴精未复，故口糜、耳鸣、目干、便燥诸症未除，治疗改为阴阳双补之法，药后腰骶疼痛十去七八，诸症继续改善；第二阶段以滋补肝肾养阴填精为主，稍加清热之药，取意大补阴丸，滋阴降火以守全功。在整个辨证施治过程中，辨证方面着重抓住脏腑辨证，证属先天火衰肝肾不足这一重要环节，结合八纲辨证，分清偏阴偏阳，偏寒偏热，属虚属实，虚中夹实，抓住疾病发展过程中的主要矛盾，加以全面而又有重点的调理，以达到“阴平阳秘，精神乃治”。

这一病例的成功治愈，说明背腰骶髂部分的病变，在无外感病因又无外伤病史的情况下，应该考虑到肝肾为患，轻者滋补或温补肝肾，重者则在补益肝肾的前提下佐以活血化瘀、祛痰通络之法。这种治疗方法应该是治疗强直性脊柱炎的基础。

王为兰偶遇这个患“隐性骶椎裂”的女孩，通过成功的治疗实践，获得了非常有价值的实践经验。然而，他并没有停滞在这个具体的实践经验上，而是迅速将具体实践经验发展为治疗强直性脊柱炎的理论。有了理论，他就可以用理论去指导治疗更多的病例，从而去验证理论的正确性。一个实践证明的理论，可以为治疗更多的强直性脊柱炎患者提供有力的指导。

王为兰关于强直性脊柱炎理论的核心是对其病机的分析，病机就是疾病发生、发展过程中的因果关系，知道了因果，才能实现中医所说的“上工治未病”的愿望。强直性脊柱炎的主要病变部位在腰背处的脊柱。《素问·脉要精微论》说：“腰者肾之府。”《灵枢·经脉》说：“肾足少阴之脉……贯脊属肾。”说明腰脊强痛之病为肾之所属。所以，肾与强直性脊柱炎有密切关系。强直性脊柱炎之腰背强痛，又与督脉相关。《素问·骨空论》说：“督脉者……贯脊属肾，侠脊抵腰中……督脉为病，脊强反折。”《脉经·评奇经八脉病》说：“……此为督脉，腰背强痛，不得俯仰。”《难经·二十九难》也说：“督脉为病，脊强而厥。”这说明，督脉为病是强直性脊柱炎的另一重要因素。

肾虚，包括肾阴虚和肾阳虚。肾位于腰部，脊柱之两侧，主要功能之一就是主藏精。肾所藏之精有两种：一是后天之精，泛指水谷之精微；二是先天之精。先天之精，就是禀受于父母的生殖之精，包括人体胚胎的原始物质，也包括人的机体逐渐发育成熟，自身形成饱满的生殖之精，又称肾之精气，是人体元阴的别称。先天之精，依赖后天之精的不断培育和充养；后天之精，也依赖先天之精的激发、滋养，才能不断摄入和化生。肾之精气不足，后天之精气也必因之虚衰，五脏六腑也必受累而虚衰，全身必产生一派虚象。

肾主骨生髓是肾精化生的主要功能。肾精充实，则骨髓生化有源，骨骼得髓质滋养而坚韧有力，耐劳作。如果肾精亏虚，则骨髓生化失源，不能荣养骨骼，则出现骨骼脆弱无力，不耐劳作，不耐久立，腰膝疼痛，甚至不得屈伸，容易骨折。张景岳在《类经》中说：“骨痹者，病在阴分也，真阴不足则邪气得留其间。至虚之处，乃是留邪之所。”肾虚不足，阳气者不能温煦，阴精者失于濡养，故腰背既冷且痛。因精血可互化，虚实消长，相对平衡，肾精不足，气血必虚，不能荣养筋骨肌肉，百骸作痛。这就解释了为什么普通人即使没有细菌感染、没有家族遗传史，也有可能患强直性脊柱炎的原因。

督脉者，贯脊属肾。肾之精气亏虚，也就意味着督脉空疏，这是因为督脉有赖肾之精气涵养的缘故。督脉侠脊而行，总督诸阳，可谓阳气之海。督脉空疏，则必失于温煦蒸化之能，脊柱首先失于护卫温养，阳消而阴长，寒气自内而生，寒凝滞涩，脊柱逐渐活动不利而引起疼痛、强直。肾与督脉对脊柱的温煦、荣养、护卫之功能不可截然分开，且肾与督脉二者又有滋养、隶属的关系，因此，肾与督脉可以说是一损俱损，一荣俱荣。王为兰数十年的临床实践证明了“肾亏精虚”的正确性。

当肾之精气虚亏时，必然累及五脏六腑的生理功能，从而出现气虚、血虚、气血两虚、脾虚、心虚、心脾两虚、肝虚……最终影响全身的血脉运行，脉道失于通利，血流艰涩而成瘀，此为内生之瘀邪。瘀邪可能表现为气滞、瘀血、水湿、痰浊，这些致病之邪气伺机驻留在体内任何虚弱之处。临床上见到腰背肢节疼痛，或某些肿核作痛，或四肢麻木，或四肢活动障碍，或目口抽搐，或胸闷不舒，或舌淡苔腻，或脉弦滑等一些奇怪难测之症，均是痰浊作祟；如若身体某一部位疼痛如针刺，或如刀割，或有烧灼感，或冷如冰，或麻木，或舌质紫、有斑点，脉细涩，均是瘀血作怪。

如果脊柱成为“邪之所凑”之地，痰、瘀、湿、浊将附着于督脉，阻于孙络，流注脊柱，充塞关节，深入骨骱，由浅入深，从轻到重，致使脊柱强直，最终使人变成驼背。

中医强调辨证论治，搞清了强直性脊柱炎的病机之后，王为兰根据强直性脊柱炎的临床特征，分出两种基本类型：一是明显型，患者在发病之初就有强直性脊柱炎的临床特点；二是隐匿型，病人所表现出的临床症状不典型、不具体。治疗明显型的患者，要注意疾病发展的两个阶段：急性发作期和缓解期。处于急性发作期的病人，往往是突然出现腰骶疼痛，然后病情迅速发展。缓解期，是急性发作期结束后的缓慢发展阶段，此时急性期的邪毒已经不是主要矛盾，而病的本质肾虚问题逐渐表现出来。治疗隐匿型的病人，要分清8种证型：肾阳偏虚、肾阴偏虚、肾阴阳两虚、肝肾阴虚、脾肾阳虚、气血两虚、肝郁肾虚、脾湿肾虚。

基于强直性脊柱炎的病机分析和辨证分类，王为兰认为治疗强直性脊柱炎的治法应该是：益肾通督。益肾，就是补肾阴、肾阳。肾阴包括肾精、天癸；肾阳包括肾气、命火。补肾之法，不仅能养精、生髓、壮骨，消除阴霾寒凝，也能养肝荣筋，因为肝和肾同居下焦，肝肾一荣俱荣，一损俱损。通督，就是要化痰、利湿、逐瘀、蠲浊。

益肾通督，是治疗强直性脊柱炎的一般性法则，在实际治疗过程中，还需要注意罹患时间、地点之别，不同患者之间的差异，一法难以包治。法随证变，证变法也变。因而，有必要针对强直性脊柱炎的发展阶段和特殊性，建立相应的权变之法。为此，王为兰提出两种更具体的治疗变法。

其一是调和营卫法。营卫失调，外邪容易内侵，是强直性脊柱炎发病的诱因之一。因此，治疗时要注意扶正气，调和营卫，祛除外邪。比如，桂枝汤就是调和营卫的祖方，此方君以桂枝，辛甘而温，解肌去卫分之邪，擅温经脉，温则散寒湿，通则利气血。臣以芍药，甘酸而寒，敛阴和营补营之虚，生津液，润关节，解拘挛。强直性脊柱炎各期均可随证应用。

其二是清热解毒。强直性脊柱炎一般有一个急性发作期，这是因为有湿热之邪作用于肾虚不足之体造成的。湿热之邪，可以自体内生，或受外感，侵及筋骨经脉，使得脊柱活动不利。温热之邪也常夹瘀兼痰，形成湿热、浊痰、败血，深及骨骱，胶结固涩，是邪实的表现。实热之邪本应骤变速变，由于强直性脊柱炎固有特点，要比其他实热性疾病滞腻。临床表现强直性脊柱炎之明显型急性发作，多见突然晨僵、腰骶疼痛、脊柱活动受限、心烦易怒、口舌干燥等症。X线片可见骨质受损，骨节间隙发生变化。此阶段治疗，当以祛邪为主，立清热解毒法，常佐以除湿、活血、蠲浊、化痰之品治其兼夹之邪。待热清毒解，邪势得到抑制，疼痛缓解，则说明病已至缓解期，当以益肾通督之常法调治其本，万万不可误认为痛解病愈，而停止治疗。否则姑息养奸，骨质暗损，一旦感到脊柱变形，行动困难时，病至晚期，难以挽救。清热解毒法是治疗强直性脊柱炎之变法，是专一祛邪之法，仅限于急性发作才可应用。如果用于缓解期的强直性脊柱炎，则是南辕北辙。顾靖远在《顾氏医镜·格言汇纂》中说："实而误补，故必增邪，犹可解救；虚而误攻，正气匆去，莫可挽回。"此话值得牢记。

根据强直性脊柱炎的病机理论和治疗原则，王为兰提出益肾通督治疗本病，并制成丸剂，方便广大患者。益肾通督丸的组成是：狗脊、菟丝子、枸杞子、生熟地、猪骨髓、牛脊骨、鹿角胶、水蛭、蜈蚣、炒白芥子、生川乌，制成的蜜丸10g，每丸含药5g。

为了科学地评估益肾通督丸的疗效，王为兰带领齐岩、王德敏、李贞吉、李文芳组成研究组，挑选57例强直性脊柱炎病例来研究。这57例病人均通过X线片证明骶髂关节骨质有病变。用益肾通督丸治疗12个月（3个疗程，每个疗程4个月）。研究结果表明，显效17例，有效31例，无效9例，总有效率为84.2%。这个结果在当时居世界领先水平。

有人曾问王为兰："有了病机理论、辨证分类、治法原则、益肾通督丸，治疗强直性脊柱炎难道不是万事大吉了吗？"王为兰耐心地解释了强直性脊柱炎的复杂性，并指出，尽管治疗强直性脊柱炎取得了一些进展，但是要走的路还很长。他认为，治疗强直性脊柱炎时，最需要仔细研究的是用药问题。

强直性脊柱炎属沉疴痼疾，治疗颇为棘手。以急性发作期为例，往往是湿热蕴结，痰浊闭阻，而又有寒湿久羁、气血不足之基础。治疗时，徒用苦寒之品清热解毒，有助寒湿之邪滋长，甘味滋补，有碍痰浊之蠲除。以缓解期为例，多是阴阳两虚，气血俱伤之证，辛热温阳治之，易生动火劫阴之弊；甘寒滋阴治之，又有遏阳滞气之虞。确是进也难，退也难。尤其是本病需要长期治疗，问题就更多。张从正《儒门事亲》说："凡药有毒也，非只大毒、小毒谓之毒，虽甘草、人参，不可不谓之毒，久服必有偏胜。"这说明，短期用药合理，不等于长期用药同样合理。张景岳在《景岳全书·新方八阵》中说："故善补阳者，必于阴中求阳，则阳得阴助，而生化无穷；善补阴者，必于阳中求阴，则阴得阳升，而源泉不竭。"这说明，临床用药要圆机活法，要玲珑剔透，阴阳互根。王为兰认为，在治疗强直性脊柱炎的漫长过程中，需要注意5个用药原则。

其一，补中有泻，泻中有补。适用于扶助正气的药物与逐除邪气的药物同用，治疗虚中夹实或实中有虚的虚实夹杂一类的证候应用，能起到扶正祛邪、双管齐下的作用。例如，白术配枳壳的枳术丸、熟地配泽泻的六味地黄丸、葶苈配大枣的葶苈大枣泻肺汤、大黄配白术的枳实导滞丸都是范例。熟地配麻黄的阳和汤，熟地，甘微温，滋补肾阴，得麻黄之宣透，则补而不滞；麻黄，辛苦温，宣气通络，开发腠理，引邪外出，虽辛温发散，得熟地之阴敛，则宣发而不伤正，温阳而不偏亢，相辅相成，相得益彰。在临床中经常用于治疗肾虚寒湿阻络的病证，取得显著疗效，强直性脊柱炎如果肾精亏损又受外寒（阳虚），填肾精药加麻黄（散外寒）、细辛（温内寒）治疗，确有疗效。

其二，寒中有热，热中有寒。适用于寒热错杂之证。使用两种药性相反的药物配伍，并用而不悖，可收到良好效果。例如，黄连配肉桂，黄连苦寒善清心火，肉桂辛热善温肾火，同用能沟通心肾；大黄配附子，大黄苦寒泻下，附子辛热祛寒，取附子之热制约大黄之寒，二药配合则成为温下之剂；黄芩配半夏，黄芩苦寒清热降火，半夏辛温和胃燥湿，同用辛开苦降以解除痰热互结、心下痞满；石膏配桂枝，生石膏性寒属气分，能清阳明之热，桂枝性温，属血分，能通行表阳，二药配用，一寒一热，可清热通络，能治热痹，关节红肿热痛，用之疗效确凿而无副作用。治风湿热痹和强直性脊柱炎急性发作期，有阳明经气热之证者，用之有效。

其三，动中有静，静中有动。动即是动性药（发散、通阳、理气、行血），静即是静性药（补气、养血、收敛、止吐）。二者合用，具有调和营卫，流通气血的作用。如桂枝配白芍，桂枝发散通阳主动，白芍酸敛补血主静，一动一静，起到调和营卫效能；枳壳配白术，枳壳行气理气主动，白术健脾燥湿主静，起到一破一补作用；黄芪配陈皮，黄芪补气主静，陈皮行气主动，起到补气行气作用；当归配川芎，当归养血属静，川芎行血中之气属动，起到养而不瘀、通达气血、散瘀止痛的作用。

其四，润中有燥，燥中有润。适用于痰湿内蕴和阴液损伤的复杂病情。如麦冬配半夏的麦门冬汤、龟甲配干姜的虎潜丸、熟地配半夏的金水六君煎。治疗湿重又阴虚的病证，常用苍术配玄参，就是取二者是润中有燥、燥中有润之性。

强直性脊柱炎晚期经常出现阴阳两虚、气血不足、痰瘀互结、督脉瘀滞的现象，当治以滋阴助阳、补益气血、破瘀祛痰、通调督脉之法。但是，在实际治疗中，要因人制宜、因地制宜。比如，南方炎热多雨，病人往往出现湿热证候，北方多旱燥，容易出现燥证，临床用药，一定要注意燥润结合。如果病人地处北方，在治疗上要考虑，用润剂则病深不解，用燥剂则有伤阴之弊。所以，要用两种药之间的监制作用，达到既燥湿化痰又润燥养阴的效能。

其五，气中有血，血中有气。适用于气血俱病之证候。由于气血俱病，则病情错综复杂，气血俱虚则补气补血，如黄芪配当归；气滞血瘀则理气活血，如当归配香附；气虚血瘀，则补气活血，如黄芪配桃仁；气血营卫不和，则调和气血营卫，如桂枝配白芍；气血俱热，则两清气血，如石膏配生地；血虚气寒，则补血散寒，如当归配干姜。

寇宗奭在《本草衍义·序例》中说："用药治病，开必少佐以合，合必少佐以开；升必少佐以降，降必少佐以升……"王为兰非常喜欢用这句话指导治疗强直性脊柱炎的用药。也许，正是因为王为兰不仅掌握了治疗强直性脊柱炎的理论，还能灵活用药，才能攻克治疗强直性脊柱炎的难关。

著名老中医关幼波称赞王为兰"治学有道"。总体来看，研究如何治疗强直性脊柱炎的过程，真实地反映了王为兰的治学之道。他治学有几个特点。

其一，勤求古训。他曾大量阅读中医典籍，许多经典著作能脱口引述。为了研究强直性脊柱炎的病理、病机、治法，他参考了大量前辈的论著。他引用的中医前贤们的论著有：汉唐12部，宋代10部，金元6部，明代29部，清代42部。

其二，大量收集同行的研究成果。为了治疗强直性脊柱炎，他系统地跟踪国内外同行的研究进展，曾将1987~1997年公开发表的114篇论文进行了详细分类，并亲自为每一篇撰写一个提纲挈领的分析总结。

其三，大量收集临床客观数据。中医是科学，科学建立在客观数据之上。所以，他尽可能地多观察临床病例。然后，他对重要的病例加以深入分析，争取从中归纳出规律性的东西。掌握了规律，他就可以建立新的理论来解释病机、治法、疗效之间的关系。

其四，科学验证。他从不停滞在自己的理论之上，而是把理论放入临床继续接受临床的客观评判。如果理论不符合临床实际，他将修改自己的理论，然后再次将理论付诸实践检验。有了这样的治学之道，王为兰能取得惊人的医学成绩，可谓是功到自然成矣。

圆活巧治

王为兰用药方面有深刻造诣。他一贯主张，组方不在全而在当，用量不在多而在精，药量不在大而在恰。他用药法度严谨，灵活通便，不仅用普通的药治疗疾病，也敢于用“虎狼”之药治疗疑难顽症。

1969 年春夏之际，王为兰受邀去北京郊区密云县巡回医疗。密云地处北京市东北部燕山山脉脚下，山高林密，虽说是旅游胜地，但山陡路滑，因而在密云巡诊困难非常。然而，王为兰在这次巡诊中，不仅医术大有长进，也更加了解老百姓的医疗需要。巡诊中，他一边为当地村民治病，一边深入山区采集草药，制作草药标本，还往返数十里山路培训乡村医生。遇到赤贫者，就用自己的钱资助药费。遇到危重病人，便亲赴其家，以观察病情变化。村民称赞他时，他谦虚地回答说：“医生之对于患者，天职所在无可或亏，不拘于地，不限于时，有呼必往，有法必施，应诊未完，勿及其他。”王为兰巡回医疗不到一年，盛名日著，慕名求医者络绎不绝。现举以下病例，来说明王为兰的高明医术。

病例一：密云县白道峪有一个 8 岁大的男孩，饮食不节，脾胃受伤，形体消瘦，腹大膨隆，青筋暴露，烦躁起急，夜卧不安，嗜吃墙土，不思饮食，唇干舌燥，无苔，脉沉细无力。曾请许多医生看过，有的说他是疳积成患，让他吃肥儿丸，但无效；有的说他是肝硬化，让他吃活血化瘀的药，也无效；有的说他是气虚脾弱，让他吃益气健脾的药，当然更无效。王为兰看到患儿体质虚弱，听患儿说腹痛乍作乍止，按其腹中有条状物且拒按，肚皮时有起伏。王为兰断定患儿的病症是虫积成疳。

王为兰的处方非常简单：生槟榔 45g（打碎），生大黄末 5g，芒硝 10g（备用）。他让男孩头天晚上少食，第二天早晨不吃饭，喝下 1 小茶碗糖水，随后将槟榔浓汁 1 次服下，嘱咐患儿仰卧 20 分钟，将大黄和芒硝用开水冲之，凉后 1 次饮下。1 个小时后，患儿感觉腹痛要大便，立刻便下蛔虫 9 条，有死有活。再用芒硝 5 克开水冲之服下，10 分钟后便下 26 条蛔虫，随后喝下 1 小碗小米粥。过了一会，又便下 14 条蛔虫，腹部鼓胀立刻消退，但气短无力，而后又喝 1 小碗小米粥，又便下 7 条蛔虫。再喝下 1 小碗小米粥，患儿精神见好，脉静身凉。4 次共便下 56 条蛔虫而病愈。

王为兰重用生槟榔，取其行气、滑肠、散结杀虫，对蛔虫阻塞肠道者，通下的效果颇迅捷。佐以大黄苦寒，涤肠胃，芒硝咸寒软坚润肠，共奏通下、止痛杀虫之功。服小米粥是扶胃气，使患儿得以尽快康复。

病例二：有一位中年汉子找到王为兰，说自己慢性支气管炎兼肺气肿非常严重。王为兰见他咳喘难忍，痰多清稀，痰鸣声嘶，吸短呼长，有上气不接下气之象。看其舌，无苔。切脉，脉浮滑虚而无力。王为兰认为，治法应该采用祛风散寒、健脾补肾。处方是：炙麻黄 10g，干姜 15g，细辛 8g，补骨脂 10g，半夏 10g，党参 15g，五味子 10g，白术 15g，苏子 10g，紫石英 30g，熟地 15g，砂仁 3g，炙甘草 10g。水煎温服，早晚各 1 次。据患者复述，1 剂咳喘轻，2 剂咳喘平，3 剂咳喘愈。

慢性支气管炎兼肺气肿是农村的常见病。由于农村缺医少药，本来不重的病容易耽误治疗成重病。王为兰认为，只要抓住这种病的本质，大胆用药，往往有立竿见影的奇效。他认为自己治痰饮的思路，多取法仲景，然后灵活变通。他重视脾肾两脏，强调外寒内饮之分，适当运用温肺健脾暖肾治本，佐以平喘止咳化痰的药物治标，则该病不难治愈。

病例三：山区气候较阴冷，患“老寒腿”的人较多。患这种病的人，腰腿痛重，感觉从骨内向外冒凉气，怕风怕冷，夏季被迫穿秋裤。外观皮肤不红不肿，血沉、抗"O"等西医指标均正常，换言之，不属于风湿性关节炎、类风湿性关节炎或免疫系统疾病。王为兰治疗这种特殊疾病有一个疗效显著的经验方：生川乌10g，生草乌10g，生甘草10g，金银花20g，川牛膝15g。制法是：用60度的白酒1斤，浸泡药1周后，取酒弃渣，将酒分成30份，每晚睡前服1份。如若服药后，胃中有烧灼感，可食一些水果。用过此方的"老寒腿"患者，均称赞疗效不错。

王为兰的这个经验方配伍非常巧妙。生川乌、生草乌，是本方中的君药，辛、苦、温，有大毒，入心、肝、脾经，功效祛风除湿，散寒止痛，尤其是用酒浸泡后药力更强。生甘草、金银花承担臣药的作用。生甘草，平，入心、肺、脾、胃经，它既可疏肝益气，又可缓急止痛，调和生川乌和生草乌的燥热和毒性。川牛膝在此方中为使，其味苦酸，入肝、肾二经，补益肝肾，强筋骨，通血脉，利关节，可引药入腰腿部，可帅二乌消风寒止痛。生川乌、生草乌用酒浸泡后毒性更大，看似用量过大，但是毒性被分30份后，用量其实就不太大了。

王为兰善于用药，特别是在运用附子配伍方面，有极高的技巧。他用附子配人参，能回阳救逆，适用于汗多气急，肢冷脉虚；附子配黄芪能温阳益气，适用于气虚阳衰，自汗倦怠；附子配白术，能温中健脾，适用于脾肾阳虚，腹泻浮肿；附子配当归，能温通血海，适用于冲任虚寒、经水不调；附子配熟地，能阴阳双补，适用于阴阳两虚；附子配麻黄，能温经发表，适用于痰饮、喘咳；附子配桂枝，能温经通脉，适用于风寒湿痹；附子配肉桂，能补阳益元，适用于温补肾阳，腰酸腿软；附子配干姜，能温中和脾，适用于虚寒胃痛，腹胀腹满；附子配肉蔻，能温脾燥湿，适用于涩肠止泻；附子配鹿角，能峻补元阳，适用于温补督脉，脊强而厥；附子配艾叶，能温经暖宫，适用于冲任虚寒、经闭腹痛；附子配大黄，能温阳荡积，适用于阳虚便秘；附子配茯苓，能温化水湿，适用于水肿痰饮、小便不利；附子配败酱草，能排脓消肿，适用于肠痈；附子配半夏，能温中降逆，适用于寒呕呃逆。

医德可范

1992年1月22日，北京市中医管理局在人民大会堂为北京中医医院的3位著名老中医关幼波、许公岩、王为兰举办行医50年纪念大会。王为兰收到许多贺词。全国人大常委会副委员长彭冲的贺词是“丹心挽蹇命”，卫生部部长陈敏章的贺词是“德高术精，杏林春满”。北京中医药大学教授董建华（中国工程院院士，全国人民代表大会第六、七、八届常务委员会委员）贺词是“杏林春暖”。北京中医药大学教授王绵之（后来荣获“国医大师”称号）送诗祝贺，诗曰：“悬壶五十载，春意满杏林，老来志愈壮，丹心献人民。”送来贺词的还有全国政协副主席王光英、中央军委委员迟浩田、中日友好医院的老中医焦树德、后来荣获“国医大师”称号的老中医路志正等。

关幼波称赞王为兰医德可范，这是因为王为兰对待患者的态度充分体现出他高尚的医德、医风。

杨永富在四川蓬安监狱医院宣传科工作，他年轻当兵时患上了风湿，由于没有及时治疗，到1986年发展到全身关节剧烈疼痛，腰无法弯曲，颈部不能侧转，睡卧不能翻身，整个脊柱好像被捆住一样不能活动，几乎处于瘫痪状态。他曾去重庆的大医院治疗，通过X线片和验血检测，被确诊为强直性脊柱炎。然而，当时中国没有哪家医院能有效治疗这种顽疾，他只能失望地回到蓬安。

吴克明也在四川蓬安监狱医院工作，是杨永富的医生，一直帮助杨永富寻找各种偏方治疗。但他的偏方在杨永富身上始终没有效果，杨永富后来只能靠激素来减轻痛苦。有一天，吴克明无意中在《中华内科杂志》上看到王为兰写的一篇有关强直性脊柱炎的文章。抱着一丝希望，吴克明决定替杨永富去北京寻找王为兰。当时王为兰身患严重疾病，正在解放军总医院住院治疗。当王为兰听说了杨永富的不幸，决定在病榻上为杨永富诊治。他仔细阅读杨永富过去十几年积累下来的厚厚病历，查看各种化验单和X线片。王为兰对吴克明说："请杨永富放心，我一定想办法给他治病。"听到这话，吴克明兴奋得几乎跳起来。当吴克明回到蓬安把王为兰的原话告诉杨永富时，杨永富流下了热泪。

当时杨永富已经接近瘫痪，无法去北京就医。王为兰就用书信的方式为他诊治。一张普通信纸上，王为兰用工整的字迹把自己的益肾通督丸处方抄给杨永富。服用益肾通督丸仅1个月，杨永富的病情就有明显好转，以后他又重返工作岗位了。然而，不知什么原因，腰痛却难以除去，而且有的时候疼痛难忍。吴克明把这一情况写信告诉了王为兰。王为兰和吴克明用书信的方式讨论各种可能的治疗方案，待方案确定后，则由吴克明在蓬安本地治疗。他们曾试用过马钱子，也试用过雷公藤，但是都失败了。后来，他俩认识到，问题可能出在猪骨髓上，因为冷冻的猪骨髓已经起不到"精不足者补之以味"的作用。于是，王为兰建议换用牛脊骨。服用新处方半年，杨永富的腰痛终于被治愈了，无论天气怎样变化，他的颈部和腰部都不再疼痛。杨永富的强直性脊柱炎，被王为兰和吴克明用通信的方式控制到能正常工作和生活的水平。

为杨永富治病，王为兰是分文未取、免费施救。后来，杨永富为了表示自己的感激之情，邮寄了一些四川土特产给王为兰。王为兰立刻回信说："为人民解除病痛是我的责任，你的心意我领了，今后千万别再寄东西来，否则我就上交组织处理。"看到这句话，杨永富的心里温暖如春。

王为兰不仅帮助了杨永富，而且还利用给杨永富治疗的机会帮助吴克明提高了医术。在治疗过程中，当杨永富的身体一出现改善的迹象，吴克明就变得异常兴奋。这时，王为兰就冷静地告诉吴克明：“科学的东西来不得半点虚伪和骄傲。”他要求吴克明像科学家一样，客观仔细地观察，如实地写治疗效果汇报。为了帮助吴克明提高医术，王为兰亲笔抄录了一篇名为《雷公藤在临床上的运用》的论文。吴克明感到王为兰是自己一生的好老师。

王为兰治疗强直性脊柱炎效果好的消息，一传十，十传百，全国各地的患者纷纷写信来请求帮助。王为兰开始用信件的方式为全国很多强直性脊柱炎病患者治疗。一开始，他对每一封患者来信都亲自回复。后来，患者的来信不是每月几百，而是每月上千封，他的办公桌上堆满了患者来信，家里的桌子上也堆满了患者来信。于是，他和自己的学生、儿子、儿媳一起给患者回信。但是，他有一条规矩，每封信的内容必须经他过目之后，签上自己的名字，才能寄出。有一次，一名学生问他：“为什么我们要用写信的方式给某些懒惰的患者治病？他们就应该来北京看门诊。”王为兰说：“用写信的方式给人治病，是不太容易，但是，患上强直性脊柱炎这个病，行动非常困难，而且大部分患者都是低收入者。这些患者不是懒惰不来北京，主要是没有钱。如果我不用写信的方式给他们治疗，那么全国就会有许多人驼背到死。”学生终于理解了老师的苦心，从此以后更加毫无怨言地帮助王为兰处理全国各地的患者来信了。

王为兰行医，处处为患者考虑。在他的病人中，有不少类风湿病的儿童患者。孩子们都很小，说不清楚病痛的位置，他们的脉象往往飘忽不定，切准脉象很花时间，而且家长也需要靠回忆才能够提供部分症状，所以给儿童患者诊断所需时间要大大超过成人患者。这就造成等在诊室门外的其他患者的不满。为了最大限度使所有患者满意，王为兰常常把儿童患者和家长一道邀请到自己家中，用业余时间为儿童患者做细致、耐心的诊治。对患者没有至诚大爱的医生，难以作出如此的奉献。

王为兰根据自己多年的临床经验，曾开发出好几种药方。许多制药厂都来与他洽谈合作意向，王为兰考虑再三后说："我不能把药方卖给你们，因为我想把药方捐给北京中医医院。这样有更多的病人能以较低的价格吃我的药。"为此他一共捐出了 3 个药方：风湿一号、风湿二号、益肾通督丸。

王为兰年届九旬时，还像年轻人一样精力充沛，头脑清灵，耳聪目明，思维敏捷，笔耕不辍。许多人询问他的养生之道，他总是耐心解释自己的养生座右铭。

第一，衣不过暖。穿衣过暖，容易感冒，过冷容易受寒。穿戴不要过度讲究，适度为好，否则因服饰华贵而难守平常人的心态。但衣着要整洁。

第二，食不过饱。吃饭不要过饱，过饱则伤脾胃。每日三餐，不吃零食，粗细都吃，荤素相兼。不吸烟，不喝酒。他从 60 多岁开始，晚饭只吃 1 个白面馒头加 1 碗小米粥，馒头夹着酱肉吃，小米粥就着酱豆腐喝。他常对人说："老年人，无肉不饱。"他的意思是：老年人本来吃的就少，加一点肉才能补充体力。

第三，住不过奢。俗话说："大厦千间，所眠不过七尺。"过度奢华的住所，需要耗费大量的心思去照顾，人为之焦虑的程度也随之增加。简单、舒适的住所最好。有好友曾劝王为兰好好地把房子装修一下，他回答道："水泥地不滑，我习惯了。家具都还能用，我也习惯了。不想费劲装修房子。"

第四，行不过富。出门尽量以步代车。如果出门必乘车，日久腿脚就会失于灵便，容易过早地蹒跚，加快衰老的步伐。

第五，劳不过累。无论是体力劳动者，或是脑力劳动者，都要适度工作，超过负荷，容易造成身体伤害。体力劳动者的休息，可以做一些脑力活动；脑力劳动者的休息，可以做一些体力劳动。王为兰作息时间非常严格，他每晚看完中央电视台的《新闻联播》后，再翻一翻报纸，然后在晚上 9 点钟准时上床睡觉。第二天凌晨

3点钟，必须坐在自己的书桌前开始工作，一直干到上午上班前。

第六，逸不过安。如果终日无所事事，日久天长会丧失对生活的情趣而心灰意懒，精神恍惚。尤其是老年人，易患老年痴呆症，所以即使退休在家，也要勤于动脑、动手，生活得充实一些。

第七，喜不过欢。俗话说："过喜则伤心。"神不守舍能使人疯狂。喜需要把握一个"度"字，要做到喜不过欢。

第八，怒不可暴。人生在世，不能万事亨通，有不顺心的事，不能恼怒。怒则伤肝，伤肝久了就是病。不要动肝火，不要发脾气。王为兰经常让自己的儿子王家璇骑着自行车去同仁堂给外地的患者买药，然后再到邮局寄过去。次数多了，王家璇有些不耐烦。王为兰看出了儿子的心思，平静地低声说道："我让你做这事，没有什么特殊原因，就因为你是我儿子。"从此以后，一有任务，王家璇一般是二话不说，骑着车就出门。

第九，名不过求。名是身外之物，是别人给的。工作出了成绩，别人终究会给予合适的评价。没有名，心里要坦然，继续做自己的事。不要削尖了脑袋钻营求名，否则就成了贪求于名了。

第十，利不过贪。给人提供服务，人家给予回报，这就是利。所以，谋利并不是坏事。但是，超过你给予别人的价值，索要超值利益回报，就是贪。按照市场价格，收取服务费，名正言顺；根据自己的能力，多提供几次服务而多赚些服务费，也是名正言顺。但是，利用顾客的无知或弱点，拼命加价，名不正言不顺，那就是过贪了。

有人曾请王家璇谈谈对父亲的感受，这位北京市东城区防疫站的退休职工想了想说："我觉得父亲对自己和家人花费的心思太少，绝大部分精力都花在病人、医院、中医事业上了。"这种朴实无华的感受，也许最能刻画王为兰的一生追求。

（撰稿人　何卫宁）

任应秋卷

任应秋（1914—1984）

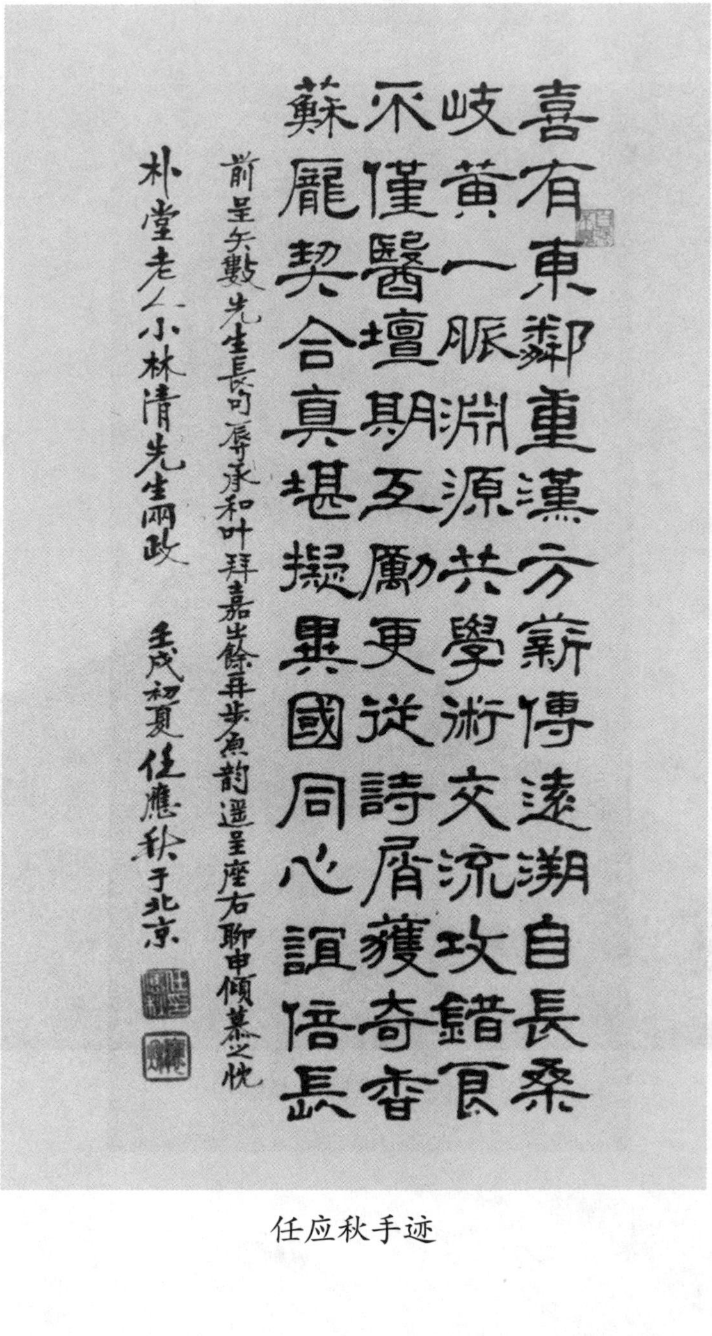
喜有東鄰重漢方薪傳遠溯自長桑
岐黃一脈淵源共學術交流攻錯良
不僅醫壇期互勵更從詩屑獲奇香
蘇麗契合真堪擬異國同心誼倍長
前呈矢數先生長句辱承和叶拜嘉之餘再步原韵遥呈座右聊申傾慕之忱
朴堂老人小林清先生兩政
壬戌初夏任應秋于北京

任应秋手迹

有志无坚不可摧，惊天事业在人为。

但教发出光与热，不惜燃烧直至灰。

——任应秋

任应秋（1914—1984），本名任鸿宾，字应秋，后以字行，四川江津（现重庆市江津区）人。北京中医学院（现北京中医药大学）教授，著名中医学家、中医教育家。

任应秋4岁启蒙，习“十三经”等。稍长，就学于江津国学专修馆，且有机会问学于经学大师廖季平。历时14年，打下深厚的国学功底。1932年，遵祖父任益恒命，进入其创办的医学研究社，师从当地名医刘有余，3年满师后即在祖父创办的济世诊脉所免费诊病。1936年，就读于上海中国医学院。1937年，转入湖南国医专科学校，后返回江津，一面行医，一面执教于中学，并任中央国医馆江津支馆馆长，兴办国医学术研究会和医药改进会。1944年，在江津创办《中医周刊》并任主编。1946年，发起并组织国医砥砺社江津分社，主编《华西医药杂志》，任江津《民言日报》社社长。1950年，任江津县卫生工作者协会筹备委员会秘书。1951年，奉川东卫生厅调派，担任《川东卫生》月刊编辑。1952年，任重庆市中医进修学校教务主任并兼授古典医学课。1957年，奉命调往北京中医学院任教，历任文献编研室主任、各家学说教研室主任、科研办公室主任、中医系主任，兼任中华医学会医史分会常务理事、卫生部学术委员会委员、国务院学位委员会医学科学评议组中医组召集人、国家科学技术委员会中医组成员、中华全国中医学会副会长、全国政协委员、农工民主党中央委员等职，并获北京市劳动模范称号。

任应秋从事中医事业50年，在中医高等教育、中医理论体系研究、中医学术流派研究、中医古籍整理等方面贡献卓著，创编《中医各家学说》，主持编写《医学百科全书·中医基础理论分卷》等重要著作。一生出版专著40余种，发表论文及其他杂文凡500余篇，著述累计1200余万字。经他教授的学生遍及海内外，多已成为卓有建树的学术骨干。

江畔学子

江津县是任应秋出生的地方。奔流东去的长江水在这里迂回盘绕成一个“几”字，这段江流因此得名“几江”。在丘陵起伏、烟云变幻的山水之间，那时而激越高昂、时而低回婉转的涛声，似乎在讲述着千百年来几多沧海桑田的悲欢往事，几多风流人物的壮志豪情。南宋时期，大诗人杜甫的13世孙、以刚直不阿著称于朝野的杜莘老就住在江津。明朝英宗、景泰、宪宗时期，官至文渊阁大学士、被明宪宗誉为“北极勋臣”的江渊也是江津人。清代以后，重视教育的江津人纷纷外出求学、留学。中国人民解放军元帅聂荣臻、农学家李先闻、历史学家李亚农、地理学家徐近之、病理学家李昌林、国学大师王利器等都是从江津走出的杰出人物。

在风云际会、人才辈出的江津县，任氏家族本是县城西面油溪镇上的一户寻常人家。按照族谱的记载，任家祖上是湖北麻城孝感乡人。明末清初，在经年累月的战乱与灾荒蹂躏之下，四川境内生灵涂炭，人口锐减，以至于这个自古以来被称为“天府之国”的大省，竟变成“千里无鸡鸣”的荒凉之地，让许多得到朝廷的委任、满心欢喜地赶到四川上任的官员们惊得目瞪口呆。于是，清政府采纳一些官员的建议，组织人力，出台政策，发起了“湖广填四川”的大规模移民运动。任氏家族就是在这个时期，千里迢迢地迁入四川江津的。靠着辛勤的劳作，他们在原本荆榛遍地、虎狼出没的荒野上建起了自己的家园。传到第9代其寿公的时候，任家已是儿孙满堂，家业兴旺。可是，任其寿之子、任应秋的曾祖文钦公这一支却家道中落，几乎一贫如洗。相传在分家的时候，任文钦之子任志金只分到了一个箩筐和一条扁担。

任志金，字益恒，是任应秋的祖父。这位上无片瓦、下无立锥之地的贫家子却有着非比寻常的坚毅品格和聪明才智。他节衣缩食，早出晚归，从提篮小卖做起，点点滴滴地积累财富，二三十年间，竟在商旅如云的油溪镇上开办起自己的油料作坊，家境大丰。他建在乡间的房舍被称作“任家湾”，镇上的宅邸则被称为“益恒居”。直到近百年后的今天，当地人仍然沿用着这样的称谓。任益恒好读书，涉猎甚广，尤好医道，晚年医名益噪，惠而不费，叩者踵接。这位出身贫寒的硬汉，不仅为渐趋衰落的任氏家族赢得了空前的声望，而且深深地影响了他的爱孙任应秋的一生。

1914年7月27日（农历甲寅年六月初五），任益恒之长子任家声的第二个儿子呱呱坠地。按照家谱，这个“鸿”字辈的男孩被取名为鸿宾，字应秋。因为在同辈中排行第三，所以大家又叫他“三郎”。为他取名的长辈们也许并未料到，几十年后，“任应秋”这个名字将被载入史册。

任应秋从4岁开始接受启蒙教育。那个时候，新式的学堂虽然已经出现，但远未普及。家中的长辈们仍按照传统，请先生教导这个孩童。他所读的书，不仅有《幼学琼林》、《龙文鞭影》、《声律启蒙》、《赋学正鹄》、《少岩赋》、《清代骈文读本》、《唐诗三百首》、《古文观止》之类启蒙读物，还有艰深晦涩的“十三经”。所聘请的先生，都是清代的秀才、举人、进士之流。任应秋天分甚高，记忆力超强，即使是《尔雅》那样难读的书都能背诵如流。随着年龄的增长，私塾先生们的学问已经难以满足这位少年旺盛的求知欲，于是，他又进入江津的国学专修馆深造。更为幸运的是，就在离江津不远的井研县，住着一位声名赫赫的硕学鸿儒，他就是廖平。廖平，字季平，四川井研人，是中国近代著名的经学家，也是四川近代最著名的学者之一，曾长期在四川尊经书院等学校任教，一生著述达百余种。廖平晚年长期住在成都，执掌教席，因健康原因，1924年9月回老家井研调养。这一年，任应秋刚满10岁。廖平在家乡度过他生命的最后8年，于1932年病逝。其间，周边地区许多求学者都来登门求教，廖平则无论少长，均欣然接纳，谆谆训诲。任应秋遂有机会问学于这位当代大儒，获得教益。日复一日，年复一年，经十三载寒窗苦读，千锤百炼，任应秋打下深厚扎实的国学功底，成为日后学习和研究中医学的雄厚资本。

光阴匆匆流逝，任应秋已经从在先生们膝下顽皮蹦跳的小三郎成长为满腹经纶、胸藏锦绣的17岁少年。到了这个年龄，理当对谋生的职业和人生的方向有所考虑了。在这个重大问题上，最终拍板的仍是他的祖父任益恒。

任应秋的父亲任家声、母亲周氏均不幸因病早亡。祖父任益恒一面深负丧子之痛，一面承担起对两个孙儿——任应秋和他的兄长任鸿勋的教养之责。20世纪30年代的中国，内忧外患，社会动荡不安。见多识广、深谋远虑的任益恒思量再三，最后决定：鸿勋学法律，应秋习医学。当然，这个医学不是当时还很少有人懂得的西洋医学，而是传统的中医学。许多年后，任应秋在追忆童年往事时说，那时的社会“崇洋媚外，风行一时，中医学在国内毫无政治地位，余既迫于封建家庭之压力，不得已而业此，亦知其不可而为之也”。由此看来，当时任应秋自己似乎并不十分乐于选择这个专业，不过，他还是恭敬地听从了祖父的安排，从此踏上了研习中医的道路，并且义无反顾。

1932 年，任益恒派人把镇上江边一座废弃的庙宇改建一新，创办了江津县第一所医学研究社，作为族内后辈青年学习医学的场所。一位普通乡民办起这样一所具有私立学校性质的医学教育机构，这在江津县的历史上是破天荒的创举。

有学校就要有教师。任益恒请来一位当地的名医执掌教席。他就是刘有余——任应秋的第一位医学老师。按照当时的规矩，学生不仅要听从老师的教导，而且有义务照顾老师的衣食住行，正所谓“一日为师，终生为父”。任应秋也不例外。他一边读书，一边照料老师的生活起居，打柴、挑水、背米、做饭，样样尽心尽力，无意中竟练就了一手好厨艺。一些熟悉任应秋的人都知道他烧得一手好菜，这就是他当年每天为老师做饭锻炼出来的。

刘有余为任应秋指定的入门教材是清代名医陈修园的著作《公余六种》。这套书是 6 本小册子的合订本，包括《神农本草经读》、《医学三字经》、《时方歌括》、《时方妙用》、《女科要旨》和《景岳新方砭》。虽说是入门书，但对毫无医学基础的学生来说，学起来并不容易。好在任应秋早已经受过严格的训练，熟读经史，“童子功”了得，不到半年，6 本书已背得滚瓜烂熟。刘先生趁热打铁，把两部更难更厚的书——陈修园的《伤寒论浅注》和《金匮要略浅注》推到学生面前，要求他把正文和注解串读，并通通背诵下来。这是个相当苛刻的要求，不过，这也没有难倒任应秋，一年之后，老师随意点出条文的首句，他就能连原文带注解背诵如流。

除了读书，跟随老师诊治病人也是重要的学习方式。刘有余曾以善用乌梅丸治疗杂症而蜚声一时。一次，任应秋随老师侍诊，半日之内，老师 4 次开出乌梅丸，治疗的病人却各不相同，一个肢厥，一个呕吐，一个消渴，一个腹泻。这令任应秋疑惑不解，事后他忍不住向先生发问，想探明究竟。先生从容答道：乌梅丸这个方子，用途甚广，凡阳衰于下、火盛于上、气逆于中诸证，皆可以随证施用。“肢厥”与“腹泻”两证，均为阳衰于下也，故重用姜、桂、附、辛，而去二黄；“呕吐”一证，气逆于中也，故多用乌梅以泄肝；“消渴”一证，火盛于上也，故重用黄连、黄柏，去辛，轻用姜、附以平之。从此以后，任应秋对乌梅丸的运用便灵活多了。

随着知识的积累，任应秋在学习中渐渐形成了自己的看法。刘有余是位经方家，却不是医经学家，他的教学思路更偏重于临床应用。任应秋却认为，学习中医与研究国学一样，应该先在经典著作上下一番工夫，奠定坚实的理论基础。他把自己的想法告诉了老师，征得同意后，便开始钻研《灵枢》、《素问》等理论著作。刘先生学问很好，满腹经纶，但性格内敛，沉默寡言，不是一个善于讲说的人。任应秋只能边诵读，边理解，全凭自己下工夫，只有实在理解不通的时候，才去请教先生。先生答疑的时候，照例简短之极，却总能一语中的。作为医学上的启蒙老师，刘有余对任应秋之诱掖令他受益终生。多年后，每当谈及这位恩师，任应秋的话语中总是充满了温情和敬意。

寒来暑往，3年时间倏忽而过。20岁的时候，任应秋完成学业，正式出师，在祖父任益恒创办的济世诊脉所免费诊病，从此开始了悬壶济世的医务生涯。假如他像乡间族里的许多青年一样，从此安于现状，仅凭着祖父开创的殷实家业和行医看病的一技之长，就可以轻而易举地成为一位受人尊敬的名医，远离乱世的纷争，在平静安逸中度过一生。但是，这不是他的选择。这位生长在江边的青年人心里，早就涌动着大江一样的激情，早就孕育着奔向大海的梦想，他的目光越过起伏的山峦，穿破层层雾霭，投向更加广阔的世界。

铁笔书生

1936 年，刚毅而慈祥的任益恒老人病逝。也许是为了排解祖父离去所带来的沉重哀伤，抑或是为了实现心中埋藏已久的愿望，就在这一年，任应秋背起行囊，独自来到家乡的渡口，搭乘客轮，踏上了游学的旅程。客轮的目的地是那个面朝大海的都市——上海，而任应秋的目的地则是近代以来中国最早的中医院校之一、位于闸北区宝通路的上海中国医学院。

当时的上海是中医界在甚嚣尘上的废止声浪中奋起抗争、救亡图存的大本营，汇聚了一大批造诣精深、胆略过人的医界精英，也孕育了神州中医大学、上海中医专门学校、上海中国医学院、新中国医学院、私立上海中医学院等一批新式的中医教育机构。其中，上海中国医学院是 1927 年由上海市国医公会创办的，章太炎为首任校长，秦伯未、蒋文芳、包识生、朱鹤皋等名家均曾主持过校务。任应秋进校求学时，主持校务的是丁仲英、陈存仁等。由于同在上海的几所中医院校之间的学生和教师经常流动，任应秋遂有机会与沪上名医丁仲英、谢利恒、曹颖甫、蒋文芳、郭柏良等先辈接触，或听课，或佐诊，学业猛进。学院图书馆里丰富的藏书，也令他眼界大开。

好景不长，1937 年秋，日本侵略军大举入侵，上海滩战云密布，剑拔弩张，再也容不下一张平静的书桌了，原本书声琅琅的校园笼罩在一片恐慌之中，不久就人去楼空。无奈之下，任应秋和许多师生一样，忍痛离开学校，随着逃避战火的人群，挤上了一艘开往长江上游的轮船。同船的乘客中，有一对赶往重庆的姐妹，由于疲劳和惊吓，姐姐突然病倒，高烧不退。医生的责任感驱使任应秋仗义援手，用针灸和随身携带的一点点药品治好了姐姐的病。在那人命危浅、朝不保夕的年代，萍水相逢中这位青年的义举令姐妹二人感激不已。从那以后，原本素昧平生的两家人，竟成为世交好友。直至今天，两家的后人仍有来往。

航船溯江而上，离家乡越来越近，但是，求学的渴望使得任应秋不甘心就此放弃学业，回乡避难。他中途下船，转道长沙，来到湖南国医专科学校借读。这所学校是在中央国医馆推动下于1933年冬天开始筹办的，在时任湖南省政府主席的国民革命军将领何键的支持下，全省医界同仁合力促成，1934年春季正式开始招生。首任校长是何键的医学顾问刘岳伦，吴汉仙任副校长，何键亲任名誉校长。任应秋来校读书的时候，校长是吴汉仙。与上海中国医学院相比，学校的规模气象虽有所不及，但教师们同样非常敬业，藏书也很丰富。因为战争迫近，任应秋决定把不急用的书籍暂时放一放，利用有限的时间专攻那些最急需的学科。

说到急需，首当其冲的是《伤寒论》和《金匮要略》。这两部书，从学医开始，任应秋已经下了5年工夫，读过多种注本，仍然觉得没有找到门径。在上海时，他读到陆渊雷的“今释本”，大受启发。遗憾的是，离开上海时，忙于脱险，陆渊雷的两种著作全都遗失掉了。来到湖南，他四处寻觅，只得到了《金匮要略今释》。至于《伤寒论今释》，虽然学校图书室收藏了一部，怎奈僧多粥少，很难借到。于是，他与同学黄仁智、黄克明兄弟商量，决定凑钱向苏州国医书社邮购。恰在这时，日军大肆轰炸苏州，寄出的信款如泥牛入海，一去不返。任应秋仍不甘心，又去找黄氏兄弟，提议自己动手翻印。两兄弟欣然赞同，又邀集了数位男女同学，还有学校的书记苏健吾等人，在1937年11月24日正式开工刻书。然而，丧心病狂的日本侵略者不肯给他们一点安宁的时间，就在这一天，日军4架飞机以火车站为目标，第一次空袭长沙。据当地史料记载，这一天，敌机在落星田、小吴门一带扔下6颗炸弹，炸死炸伤民众300余人，损毁不少房屋，造成通讯和电路中断，交通阻塞。任应秋记述的情况则是：“适敌机犯湘，炸东车站，伤居民二百，毁民房百栋，统计损失财产四十余万。”在侵略者的炸弹爆炸声中，同学们震惊惶恐，纷纷告假回家。而任应秋、黄仁智等人心中只想着尚未印成的那本书，全无惧色。他们在学生自治会的办公室内，按照分工，不分昼夜地奋力抄写、刻版油印。寒冬时节，夜半时分，长沙古城万籁俱寂，天风怒号，鼓荡门窗，发出刺耳的怪响。小屋内，一群心系民族、心系医学的爱书青年置近在眼前的战火于不顾，埋头刻书，手脚冻僵也浑然不觉。铁笔落在蜡版上，铮铮之声不绝于耳。半月之后，即12月上旬，这部绝无仅有的油印版《伤寒论今释》终告完成，大家欢呼雀跃。主持此事的任应秋亲笔撰写了《油印〈伤寒论今释〉缘起》一文，作为书的序言，落款是“民国二十六年十二月上浣任应秋三郎识于长沙湖南国医专科学校学生自治会办公室”。看到这样的日期、这样的地点，人们不能不感叹这位任氏“三郎”的“拼命”精神。

在日军入侵步伐的逼迫下，任应秋没能在湖南国医专科学校长期学习，但这段求学经历仍给他留下极为深刻的印象。在校期间，他曾拜访当时的校长吴汉仙，请教学问。吴汉仙极为热情而耐心地为他讲解经典，开释疑难，并以书刊相赠。此后，任应秋远离长沙，重山万里，烽火弥天，再也没有机会与他尊敬的校长互通音信。10年之后，即1948年，吴汉仙去世。任应秋闻讯，悲痛不已，撰写了《悼吴汉仙先生诔辞》，发表在当年第三卷的《华西医药杂志》上，文辞哀切，荡气回肠，读之令人动容。在战争年代，任应秋这一届学生是否办理了常规的毕业手续，已经难以确查。不过，直至现在，以湖南国医专科学校为前身的湖南中医学院（现湖南中医药大学）仍因为本校曾经培养了任应秋而引以为荣。

1938年初，任应秋离开湖南返回江津。这里距离国民政府的战时“陪都”重庆市中区只有几十公里，较少受到战火的蹂躏。

他没有回到祖居的油溪镇，而是在县城落下脚来。为了维持一家的生计，他一面开业诊病，一面在江津县立男中、女中、职业中学等几所学校任教，还曾担任培英学校的校长、《民言日报》社社长兼主笔。这位学识渊博、胸怀大志的年轻人很快成为当地医学界瞩目的焦点，并接替首任馆长何策骧担任成立于1936年7月的中央国医馆江津支馆馆长。上任后，他兴办国医学术研究会和医药改进会，大力推进中医学术研究和医疗工作的改革。国医馆的工作蒸蒸日上，会员发展到190人。1946年，他又发起并组织了国医砥砺社江津分社。同年，在重庆中山路94号创刊《华西医药杂志》，并任主编。到1947年，33岁的任应秋作为中医界代表参加立法委员竞选的时候，简历上写道："现任全国中医师公会常务理事，中央国医馆江津支馆馆长，江津县参议员，成都医声通讯社编辑顾问，上海市中医友声社名誉理事，新中华医药学会结核病研究委员会委员，杭州《中国医药研究月报》社特约撰述，西安《平民医药周报》社编辑顾问，北平《中国医报》社编辑委员，重庆新中华医药学会理事，《健康青年》社特约撰述，苏州和平医社特约撰述，贵阳《现代医药杂志》社特约撰述，杭州《健康医报》社特约撰述，中国骨伤学研究社委员，新中华医药学会教材编纂委员会副主任委员，北平《国医砥柱》社编辑委员，《医药导报》社特约编辑，马来亚《医药之声》社名誉撰述，重庆市中医训练所教授，昆明市中医师公会名誉顾问，云南《国医周刊》社特约撰述，《中国医药月刊》社名誉主笔，曾主编《民族医药》、《中医周刊》各期刊，现主编《华西医药杂志》。"由此可以想见，当时的任应秋在医药学界是一位多么活跃的青年学者和社会活动家。

这一时期官方舆论的主导倾向是"中医不科学"，更极端的看法是认为不仅中医应当废止，就连中药也没有存在的必要。中医界自身也倡言"中医科学化"，认为只有这样才能救亡图存。在这样的思想潮流中，任应秋自己的治学基点也是“科学化”，对陆渊雷的著作和思想最为称许。公务之余，他笔耕不辍，于1944年完成了第一部医学著作《仲景脉法学案》。次年，《任氏传染病学》问世。1947年，《中医各科精华》（第一集）出版。与此同时，他的文章屡屡见诸报刊，他用犀利的文笔为发展中医学术、争取中医合法地位而呼吁。

1944年，任应秋在《中国医药月刊》第一卷第四期上发表了一篇火药味很浓的文章，题为《质问傅斯年》。当时，傅斯年认为，研究国产药品是植物学家的事，而中医的医疗方法是不科学的。任应秋首先质问：国产药品都是植物吗？植物学家都懂得国产药品的功用吗？文中指出，药物研究有其特殊的内容、特定的方法，非植物学家所能完成。继而再问：中医的医疗方法不是科学化的吗？随之旁征博引，反驳傅氏的观点。

同年，在《中国医药月刊》第五期，他撰文与郭沫若和一位署名“田舒”的作者就中医科学化问题展开论辩。郭沫若说：“中国药多半是些草根、树皮、果仁、果壳之类，这些东西比较安全，而且这些东西也正富于维他命的，医不好的病，谁也医不好（例如肺痨，癞病），医得好的病，不医也会好，在这儿于是便有国医的生命了，国医所能医好的病，反正是自己可以好的病。”对此，任应秋不无诙谐地回应说，这一类的话“十足表示沫若先生是文学家，而不是医学家，正因为沫若先生不是医学家，也就有修正之必要”。而“田舒”说：“中医科学化五个字连在一起，是非常不科学的事。”“现代卫生政策上，居然也列上中医二字了，这就不仅是医学上的认识问题，而是孕育着民族文化方面的严重隐忧了”。对于这样的观点，任应秋毫不客气，直斥其“幼稚得可怜”。

1945年，任应秋在《医学导报》上发表文章，针对俞松筠发表在《社会卫生月刊》3月号上的《论中医科学化》一文提出不同看法，指出：“中国医学之整个体系，极为庞大精湛，并非以

'不科学'三字所可以唾弃者。俞氏固引丁福保'二十世纪新内经序'以证中医之不科学也，但中医之合乎科学者尚多。""故中国医学之值得吾人夸口者，非在其有数千年之历史也，乃因自有其独立不移之科学精神也，若以年代久远而自豪，则中国有数千年之专制政体，胡竟摧毁于革命也？唯其有科学独立之精神，乃欧风东渐而不之动也，政府摧残而不之毁也，西医抨击而不之屈也，有如中国之酷爱和平，在任何暴力侵略之下，而不能为之撼也。"

任应秋清醒地知道，单纯的笔墨口舌之争不足以解决中医面临的问题，因而主张中医界要积极参与政治，希望在立法、制度方面改善中医的生存环境。在《华西医药杂志》1946年第一卷第一期，他撰文指出："每逢参议会，关于中医稍有提案，辄被媚于外者所反对，尽其花言巧语之能事，从而作有力之阻挠，而负有责任之中医出席者，终噤若寒蝉而不知所对，时或有爱护中医之党国先进，从旁辩争，又苦于外行而不能为中医说明理由，其结果一哄而散，无如之何。若得其人，彼攻击我不合科学者，吾必以合乎科学之理答之，彼自诩其为科学医者，吾必举其不合科学之处反斥之，能如此详尽驳斥，理既得而情即安。盖吾人之所有提案者，皆合乎情理者也，彼与会诸公，亦无一不谙于情理者也，情安理得之事，乌有不获其通过者乎。"同年，他又在《华西医药杂志》第一卷第四期发表文章，针对当时县级卫生机构职能含混、业务与行政不分的状况提出建议，主张将县卫生院清楚地界定为技术机构，从医药卫生技术及设置方面去发展它的能力，或者干脆一律改变为县立医院，使其用全部力量去维护地方医药卫生事宜，而卫生行政纯全由县政府民政科职掌，"把行政与技术截然分开，决不可再事因循敷衍，只是背着'行政与技术打成一片'的僵尸"。为了践行自己的主张，1947年，他亲自参与了立法委员的竞选。后根据形势的需要，改为竞选国民大会代表，以改革立法、给予中医平等地位为竞选主旨。在各方支持下，他赢得了很高的票数。但有关当局寻找借口，设置障碍，一度取消其当选资格。各界不懈抗争，政府迫于压力，在 1948 年为他补办了当选手续。

然而，10 年间的奋斗与坎坷、政界的陈腐与黑暗也使得任应秋陷入深深的思考，他逐渐把精力转移到他认为更现实、更紧迫的工作——中医教育。这位曾经手握铁笔在日军的轰炸中刻写医书，又曾手握铁笔在学界和政界叱咤风云的书生，整顿思绪，收敛锋芒，从容而坚定地走向他思慕已久的另一片天地——中医学府。

学府师道

发展中医教育对于中医事业意义之重大，任应秋早有觉察。早在 1937 年，他就在《中医科学》和《文医半月刊》杂志上发表了两篇文章，抨击当时的教育部不准中医学校立案的错误做法。1946 年，他在《现代医药杂志》上发表《中医教育现实论》一文，尖锐地指出，教育的落后和缺乏实效是中医发展的最大障碍。文章说："中国之病，曰愚，曰贫，曰弱。释之者曰：文化水平低，或智识不开而野蛮者，则为愚；经济落后，民生窘苦，资源不足，则为贫；国防不固，军备不实，战斗力差，则为弱。愚也，贫也，弱也，无不有其连串性之存在，每因愚而贫，因贫而弱，救治之道，厥先医愚，医愚之要，厥唯教育，教育之目的，所以化其愚而为智，因智而致富，因富而致强，故曰教育为建国之本。中医为中国之一员，其病也，亦为愚、贫、弱。唯其愚，则胶执五行而不化，或竟不学无术，欺人紊世，以致于贫；唯其贫，则偏守一家言，或抄袭二三套方，不能左右逢源，济其所穷，以致于弱；唯弱，则其笼中物不克利用，每于临床徒呼负负，以致整个中国医药之告失败。救治之道，亦厥为医愚，医愚之要，舍现实之中医教育莫属。"文章同时提出发展中医教育、提高从业人员素质的两条根本性措施：一是规范课程，规范教材，“统一读书门径”；二是训练“师范之才”，“专任优良师资”。可见，任应秋早就动了投身中医教育的念头，并且有很系统和具体的想法。

1949年之后的一段时间内，作为当地医界名流和社会贤达，任应秋继续承担着许多社会工作。1950年7月，他担任江津县卫生工作者协会筹备委员会秘书，协会成立后，任副主任。1951年，当选为江津县第一届各界人民代表会议代表。同年，川东卫生厅向江津专区发出调令，指名调任应秋去做《川东卫生》月刊的编辑。到重庆工作后，又担任重庆市中医学会秘书长、重庆市人民代表大会代表。1955年，经重庆市委统战部介绍加入中国农工民主党。

任应秋正式从事中医教育的生涯开始于1952年。这一年，他被聘请到重庆中医进修学校任教，担任教务主任，并主讲古典医学课程。学校有雄厚的师资力量，在业内声望很高。执教者除任应秋外，还有冉雪峰、吴棹仙、沈仲圭等，均为一代名家。建校初期，师生因为缺乏合适的中医教材而苦恼，任应秋遂于教学行政之外，利用业余时间编写了《伤寒论语译》、《金匮要略语译》、《中国医学史略》、《伤寒论证治类诠》等著作，解决了教学上的燃眉之急。

当时，全国各地办起了许多中医进修学校，主要是为了弥补中医从业人员在现代医学知识方面的缺乏，而不是以通过教育发展中医自身为主旨，加之在课程设置、教学方法等方面并不完全适应学员的文化程度和工作需要，出现了一些问题。有感于此，1954年，任应秋在《北京中医》杂志第3期发表了《我对中医进修教育几点不成熟的意见》一文，在肯定中医进修教育积极意义的同时，中肯地指出，在个别的中医进修教育过程中，存在着“中医西医化”的倾向，“有的甚至把在进修中的‘中医’们的思想弄得一团糟”。他主张，首先要明确中医进修教育的性质，即中医进修不是“桥梁教育”或者“过渡教育”，不是把“不科学”过渡为“科学”，把“中医”过渡为“西医”，而是要使中医在原有基础上得到提高，因此是辅导教育。其次，应该先从中医本身的基础知识上进行普遍的补习，然后再升入进修阶段。再次，要精简课程，有重点地进修。最后，他对进修教育的课程体系设置、形象教学设备的使用、门诊实习的安排以及加强各级政府的执行力度等方面，提出了非常系统、具体的建议。身为重庆中医进修学校的教务主管，他尝试着把自己的想法付诸实践。可以看出，基于深厚的中医学术素养以及对中医教育问题的长期思考，任应秋从步入中医学府开始，就努力从中医发展的全局去思考教育的方向问题，显露出一位医学教育家、而不仅仅是教员或医师的眼光和见地。

1957年，他奉调到最早成立的中医高等院校之一北京中医学院工作，从此全身心地投入到中医教育和学术研究之中。

对于中医教育事业，任应秋不仅有精深的研究，而且怀有极深的感情，平生著述和演讲中，有关学习指导的内容占据了相当大的分量。他喜欢课堂，讲起课来神采飞扬，声音洪亮，远远就能听见，可以连讲几个小时而毫无倦意，甚至连一口水都不喝。1982年秋天，任应秋在河南南阳仲景学说大会上作报告的时候，突然停电，扩音设备失效，但全场千余人仍然能清清楚楚地听到他高亢清朗的话语声。他喜欢学生，对学生的关心和指导细致入微，令学生们永生难忘。早已成为知名专家、现在北京中日友好医院工作的晁恩祥至今还记得发生在1961年冬天的一件小事。一天下午，他在返回宿舍的途中遇到正要回家吃饭的任应秋老师，打过招呼后，就向老师请教唐代王冰注释《素问》时说过的一句话“壮水之主，以制阳光”该怎么理解。任应秋从“水火”、“阴阳”的关系和变化，讲到阴虚火旺、肾水不足导致肝火亢盛的道理；又从治疗此类疾病史，讲到具体的滋养肾阴、益水制火的方法，等等。师生二人一路走，一路聊，讲的人耐心细致，听的人大获教益，即使像晁恩祥这样好学的学生也已经觉得相当满足了。没想到的是，第二天清晨，知道这位学生每天都会到操场锻炼的任应秋竟然早早地就等在操场边，他递给晁恩祥一张卡片，上面不仅对昨天的问题做了书面解释，而且详尽地写明了问题的含义、各家的论述，并且把与之相关的另一句话“益火之源，以消阴翳”一并做了解释。类似这样的教学故事，学生们能讲出许多。

熟悉中医教育的人，一提起任应秋的名字，就会想到当代中医高等教育史上一段著名的公案——五老上书。事情发生在1962年7月16日，在北京中医学院任教的五位老中医联名给卫生部党组写了一封信。这五位老先生是：秦伯未、于道济、陈慎吾、李重人、任应秋。署名在最后的任应秋正是此“书”的执笔人。信的大意是：

我国第一批正规大学培养的中医大学生即将毕业，无疑他们将担负起继承和发扬祖国医学的重大任务。唯这批毕业生的质量，特别是中医学术水平方面，还不够理想。他们对常见疾病一般说可以独立诊治，对某些疾病也收到一定的疗效，对中医理论概念虽较明确，但能熟读熟记的较少，掌握的方剂药物也还不够，特别是阅读中医古书尚有困难，运用理法方药、辨证论治处理疾病，尚欠准确。总体看来，中医的基本功尚显不足，中医理论和临证的结合功力还不够深厚。如果用“高级中医师”的标准来衡量，尚嫌不足。因此，中医学院的教学计划实有讨论修改的必要。

信中对借鉴师带徒的经验、明确培养的目标、中医课程的安排、基本功的训练、古代语言文字能力的突破等问题，提出了具体的意见和建议。归纳如下：（一）中医学院的学生在校期间学习中医的时间太短，六年制的中医学院教育体制，实际学习中医只有三年多，要求学习好中医，在时间上显然是不够的；（二）必须在保证学好中医课程的前提下来设置西医课程，现行的中、西课时数（不包括临床）是一比一，中医学没有学深学透，西医学也没有学好，建议用一年半的时间学习中医基础课，用三年的时间学习中医临床各科和实习，共四年半学习中医，另一年半学习普通课和西医课；（三）6年来的教学实践证明，中医学院现行教学计划所设置的15门中医专业课程及相应的教材还是适合的，但为了不断地提高教学质量，并与教学时数的增加相适应，有必要编写补充教材；（四）大力提倡读书的风气，这是加强基本功训练的有效途径，新的学时计划要安排指导读书的时间，教师要亲自去指导学生如何读书，如选择文献资料、个别讲解、组织讨论、制作笔记、善于背诵等，强调读书的重要性，并将此明确地列入教学计划，不能为任何时间所占用；（五）为了突破文字关，医古文选的内容须大大扩充，可选百篇左右的古文和60篇左右的医古文，其中还要包括一部分音韵、训诂常识，熟习和掌握一些常用词汇的音义等，同时要求学生课余练习书法，以养成书写端正的习惯；（六）其他，如体育课，最好能安排习练太极拳，如有条件，气功课可以提前上，使学生在数年的操练中，既能深刻地体会其中的保健之道，又可取得强身健体的效果。

五老的信送达卫生部后，引起了有关各方的高度重视，讨论非常热烈。虽然在某些问题上大家见仁见智，看法不尽相同，但五位老先生关心中医人才培养的拳拳之心和深刻见解令人敬佩。

出于对人才培养之战略意义的深刻领悟，任应秋放弃了很多关乎个人名利的机会，谢绝了高薪聘他出国应诊的邀请，执著地坚守在中医教育第一线。有人问他对于这样的“放弃”是否后悔过，他慨然答道：“如果我还有下辈子，那一定还是个教书匠。”

儒门家法

无论研究学问还是教授学生，任应秋都非常注重门径和方法。

他认为，凡是一门科学都是有一堵墙隔着的，必须设法找到门径，穿墙而入，才有可能看见科学内容的富和美，就像《论语》中所云："夫子之墙数仞，不得其门而入，不见宗庙之美、百官之富。"

如何找到研究中医学的门径呢？任应秋有四点主张：

一是从目录学入门。任应秋回忆自己少年时代的读书经历时说："当我读完'十三经'的时候，老师许君才先生要我看张文襄（张之洞）的《轩语》，这是南皮张之洞在光绪元年(1875年)做四川提督学政时写的一本'发落书'，但确是当时指导读书的一本好书。其中特别是《语学》一篇，对我颇多启发。全篇主要提出如何读经、读史、读诸子、读古人文集，以及通论读书五个问题。如说'读经宜读全本，解经宜先识字，读经宜正音读'，'读经宜明训诂、宜讲汉学、宜读国朝人经学书，宜专治一经，治经宜有次第，治经贵通大义'等，至今在我脑子里还有较深刻的印象。可以说我后来学习《黄帝内经》等经典著作的许多方法，都是由于张文襄所影响的。尤其是他在谈到'读书宜有门径'时说：'泛滥无归，终身无得，得门而入，事半功倍。此事宜有师承，然师岂易得，书即师也。今为诸生指一良师，将《四库全书总目提要》读一过，即略知学问门径矣。'后来我终于买到一部《四库全书总目提要》来看，果然大有收获。例如我对'十三经'都已背诵如流了，但我却说不出为什么《论语》、《孟子》、《大学》、《中庸》又叫四书。而《提要》则明白告诉我们：'《论语》、《孟子》，旧各为帙，《大学》、《中庸》，旧《礼记》之二篇。其编为四书，自宋淳熙始，其悬为令甲，则自元延祐复科举始。《明史·艺文志》别立四书一门。'不仅四书的沿革比较清楚了，同时亦知道四书各种注本经《四库全书》著录的有62部之多，存目还有101部，真是洋洋大观。更有意义的是，在读《提要》的过程中，亦知道了《四库》著录的医家类书凡97部1816卷，存目书凡94部682卷。这给我后来阅读医书提供了很好的书目索引。"

二是从篇章句读下手。任应秋说："我治医经学的方法亦如读'十三经'那样，先从篇章句读下手。例如'生气通天论'是《素问》的第三篇，主要是阐述机体中的阴阳二气是与自然界的阴阳二气息息相通的，并赖以维持其生命的健康存在。全篇可分做三大章，篇首至'气之削也'为第一章，概括叙述生气与天气的关系，人们必须做到'传精神、服天气'相与适应，以维持寿命之本。至'形乃困薄'止为第二章，包括四个小节，章首至'阳气乃竭'为第一节，阐述外感邪气伤害阳气的病变；至'郁乃痤'止为第二节，叙述阳气伤于内的病变；至'粗乃败之'句止为第三节，畅发阳气受伤、邪陷经脉的病变；第四节指出保护和调养阳气的方法。第三章亦分做四节，'气立如故'句止为第一节，说明阴阳不能偏胜的道理；至'乃生寒热'句止为第二节，叙阳气不能外固，发生一系列伤损阴精的病变；至'更伤五脏'句止为第三节，说明阳不固于外，四季都可感受外邪；最末一节畅叙阴气内伤影响各脏的病变，并提出保护阴气的方法。这一工作，我是搞了相当长的一段时间，从此以后，我对《灵枢》、《素问》才有个比较具体的概念。"

三是校勘。任应秋说："校勘是清人治经学最有成就的手段。它必须要具备文字学、音韵学、训诂学等小学的基本功，然后博览群籍，才谈得上校勘。我对此仅具备一点常识而已，但要想认真研究这两部秦汉以前的古典著作（指《素问》、《灵枢》——本文注），又非通过这一手段不可。不得已，乃尽量搜集前人对两经校勘的资料，作为借鉴，辅导我进行研究。如林亿的《新校正》、胡澍的《素问校义》、俞樾的《读书余录》、孙诒让的《札迻》、顾观光的《素问校勘记》及《灵枢校勘记》、张文虎的《舒艺室随笔》、于鬯的《香草续校书》、冯承熙的《校余偶识》、江有诰的《先秦韵读》、沈祖绵的《读素问臆断》以及日人丹波元简的《素问识》、《灵枢识》等，我都曾充分利用，确实解决了不少问题，收到了事半功倍之效。”

四是提炼思想体系。任应秋倡导上述治中医学经典著作的方法，并不是教人寻章摘句，埋头在故纸堆中，为考据而考据，而是在考据之学的基础上领会医学经典的微言大义。如果说，他对考据学的讲究是古文经学、清代考据学方法的继承，那么，在关注经典大义、关注现实需求这一点上，则可以明显看出他受到廖平等今文经学家影响的痕迹。所以，在细致入微地讲解目录、句读、校勘等方法之后，他明白无误地告诉后学者说：“我之所以要对《内经》下这一些工夫，主要是想从中找出它的理论体系以及它的指导思想来。”

有了门径之后，还要讲究方法。任应秋根据自己50多年的治学经验，提出了包括精读、勤写、深思、善记四个环节的“八字真言”。

一是精读。任应秋体会读书有两种方法，最基本的是要少而精，多在精的方面下工夫，其次是结合实际，学以致用。他主张，首先要读好《灵枢》、《素问》、《伤寒论》、《金匮要略》几部经典著作，因为这些是汉代以前许多医学家医疗实践的总结，是诸多文献的结晶，是中医学理论的基础。把这些经典之作读得烂熟，才能算打下了比较坚实的理论基础。那么，究竟应该用什么方法来读呢？他认为苏东坡“八面受敌”之法是很可取的，即专心致志、集中力量、各个击破。每次都带着问题读，直到掌握了问题的精神实质。在这个基础上，再看有关的其他参考书，就一定会做到多多益善，开卷有益。

二是勤写。“写”是写笔记。任应秋体会，一边阅读，一边作记录，是帮助领会和记忆文献内容的一种读书方法，也是积累科技文献资料的一个重要方法。他认为边读边写，也就做到了眼到、口到、心到、手到。他主张要养成写读书笔记的良好习惯，要做到“不动笔墨不看书”。他还总结出写读书笔记的各种形式，这些形式各有各的用处。如“概括”和“缩写”，即把已读过书的内容，作一个非常概括而简短的叙述，扼要说明某一本书的内容，这样写的好处是能帮助自己抓住书里所讲的要点，加深对所读书的理解。“纲要笔记”是按照书的先后内容，或问题的主次来写的。作这种笔记省时间，重点突出，便于记忆。“摘记”是对一些论述、命题、定理、公式、警语、事例、数字、引文、例证等，以及新的材料、新的观点等进行摘抄，作摘记最好用卡片。“综合笔记”是把不同书籍和若干资料中的相同内容，综合到一个题目或专题下，可以加深对某一主题的理解。“心得笔记”则是把自己读书的收获、体会、见解记录下来，好处是能巩固学习效果，检验学习的情况。

三是深思。任应秋体会，深思苦想是做学问、研究科学最不可缺少的一个重要环节，古人谓之“揣摩”，即今人所说的“独立思考”。他认为前人的成就要学习、要继承，但如果止于此，那就永远只能步前人的脚印，拾别人的牙慧，也就永远只能停留在一个水平上。他以欧阳修、朱丹溪等古人为例，主张要有“有弗思，思之弗得弗措也”的精神。尤其是做医生的人，必须要善于拓展思维，才能提高临床疗效。

四是善记。任应秋体会，记忆力是可以通过锻炼来加强的。关于锻炼的方法，他提出了四个要领：一要有决心、有目标，勤奋练习；二要善于联想，如记忆药性，《神农本草经》诸药中，气味完全相同的（甘、微寒、无毒），仅有人参、丹砂、薏仁、竹茹四味，就药效言，“人参”主要是益气生津，“丹砂”主要是重镇安神，“薏仁”除久风湿痹，“竹茹”则为散气止呕哕，这样要选用《本草经》味甘气微寒的药物时，一经追忆，便都能联想起来；三要不放松机械记忆；四要经常作总结，过一段时间就把学到的知识进行梳理和分类，总结一遍就有一遍的进境，经常整理，知识就学得比较活、比较牢，到用的时候就能拿出来。

由于自幼熟读“十三经”，受到传统经学（尤其是清代乾嘉学派）的深刻影响，任应秋所倡导的治学方法细密而严谨，一派儒门风范。

传承经典

在灿若群星的现代中医学家当中，任应秋是个比较特殊的人。与许多侧重于临床的名家不同，他的学术兴趣更多地集中在基础理论方面。早在20世纪40年代前后，他就意识到，如果不把临床经验上升为理论，转化成知识，而仅仅满足于治疗，或者过分强调治疗而摒弃基础理论，中医学术将面临很大的危机。他曾经颇为感慨地说：“多少年来，我就在考虑这么一个问题：中医看病的传统是不会失传的，每个中医都能开方看病，相沿不断；但是，中医的理论与文献却有失传的危险。这种危险已不仅仅是个‘可能性’的问题，而且具有一定的现实性。因为我国传统的医学理论与宝贵经验，都是用古文写的，不懂古文，怎么继承和发扬呢？如果不读这些书，不能把前人的遗产继承下来，中医的许多精华岂不慢慢失传了吗？”

正是基于这种深重的忧患意识，任应秋毅然投入到当时还少有人问津的中医基础理论研究和文献整理工作中，并有重点地做了三件事：

第一件事是《内经》研究。任应秋在《内经》研究方面的贡献，可概括为四句话：一是倡研《内经》之学，二是精研《内经》之理，三是总结前贤研究《内经》之法，四是活用《内经》理论于临床。

倡研《内经》之学。任应秋认为，《内经》在中医学中有着“垂统于上，而连属于下”的重要地位，“学习《内经》，是学习祖国医学过程中最不可缺少的一个重要步骤”。因此，为了更好地继承和发扬这部医学典籍之精华，务必要把每篇文献大的原则、细的节目，解释得清清楚楚，使之通过系统、深刻的理解，从而获得基础理论的精髓，以培养高水平的中医人才。

精研《内经》之理。任应秋认为，研究《内经》贵在找出它的理论体系和指导思想。他说："阴阳五行学说、统一整体观、恒动观贯穿在《内经》的各个部分，所以无论在藏象、病机、诊法、治则等理论中，都能突出地反映出来……研究《内经》，不首先弄清它这一卓越的学术思想，实无以探其奥义。"具体而言，他把《内经》的理论体系归纳为藏象、病机、诊法、治则四大学说，并归纳出《内经》的自然观、生理观、疾病观和治疗观四大观念的思想方法。他指出，《内经》的自然观，承认世界是物质的，其变化是复杂的，但有其规律性，并运用阴阳五行学说来说明机体内部的互相联系和矛盾统一；《内经》的生理观，认为人是物质世界的组成部分，精、气、神三者相互为用，血是人体的主要养料，靠气的推动而运行周身，以五脏为中心；《内经》的疾病观，认为六淫、七情、饮食、劳倦为致病之因，阴阳失调、正不胜邪是疾病发生的主要机理；《内经》的治疗观，主张治未病，明标本，辨逆从，识异同。

总结前贤研究《内经》之法。为了充分把握前人的成果，任应秋对古代研究《内经》而卓有成就的文献做了细致的梳理，分成四类。一为校勘类，有林亿《新校正》、胡澍《素问校义》、俞樾《读书余录》(《内经》之部)等10家。二为注解类，其中又分两类——单注《素问》者有王冰《素问释文》、吴昆《素问吴注》、高世栻《素问直解》、张琦《素问释义》；全注《素问》、《灵枢》者有杨上善《黄帝内经太素》、马莳《素问注证发微》和《灵枢注证发微》等6家。三为类分研究类，又分为3种，采用兼收并蓄分类法的代表人物是杨上善、张介宾；采用选择性分类法的代表人物是滑寿、李中梓、汪昂等；采用调整篇次分类法者只有黄元御一家。四为专题发挥类，有《难经》、《伤寒论》、《针灸甲乙经》、《中藏经》、《脉经》等。

活用《内经》理论于临床。任应秋一向主张并强调，要将《内经》理论的研究成果与临床治疗的实际结合起来，让中医理论发挥其应有的对临床的指导作用。

任应秋研究《内经》的成果比较集中地反映在《内经十讲》、《阴阳五行》、《运气学说》等著作中。此外，晚年，他还主持了《黄帝内经章句索引》的编写，这部书集诠释和检索为一体，是一部很有特色的著作。他还与中国社会科学院哲学研究所研究员刘长林一起编写了《内经研究论丛》，从文、史、哲以及自然科学方面对《内经》进行了跨学科的探讨。在1977年还制订了《内经学》的写作计划，除了从医学本身的理论体系对《内经》作进一步探讨外，更将分别运用章句学、训诂学、校勘学、音韵学、注疏学、版本学，以及自然科学方面的天文学、气象学、历法学、生物学，甚至哲学领域的唯物论、辩证法、系统论等进行全面系统的研究，并已经开展了相关的组织工作。遗憾的是，他没有来得及完成此项宏伟之举。

第二件事是对《伤寒论》和《金匮要略》的研究。任应秋对张仲景的《伤寒论》、《金匮要略》的研究早在求学时期已经开始。此后，他先后著成《伤寒论语译》、《金匮要略语译》、《伤寒论证治类诠》等著作，并发表了几十篇相关的论文。

《伤寒论语译》、《金匮要略语译》对《伤寒论》和《金匮要略》的条文进行了全面的校勘和注解。《伤寒论证治类诠》运用系统化的研究方法，将《伤寒论》的全部条文进行归类编排，其内容涉及病证体系的总结、脉法的整理、临床表现的鉴别、类方的归纳、药物的分类研究等诸多方面，对《伤寒论》的知识要点进行了系统的研究，使其内在的联系以结构化的形式展示出来，便于学习和掌握。

到了晚年，任应秋集一生之功力，进一步深入研究仲景之学。1980年，他应日本东洋医学研究会之邀东渡日本，进行学术交流。鉴于日本汉方医学界推崇张仲景《伤寒论》，并在仲景学术思想研究方面独具特色，任应秋此次日本之行还促成了1981年北京第一届张仲景学术思想研讨会的召开。1982年，在张仲景的故里河南省南阳市召开了仲景学说研讨会，全国研究张仲景学说的专家300余人云集南阳。日本的两个代表团应邀参加了大会。任应秋被推举为大会执行主席之一。这些活动促进了国内外对仲景学说的深入研究。

在张仲景的故里河南省南阳市，有一座明代修建的纪念张仲景的医圣祠。1959年曾进行修复，后又遭破坏。1976年以后，当地政府及有关部门要求修复此祠。任应秋对此举大力支持，多方呼吁，促成了1982年医圣祠第一期修复工程胜利竣工，也使得首届仲景学说研讨会得以在医圣祠这个极富纪念意义的地方召开。1981年冬，为庆祝医圣祠重葺并张仲景研究会成立，任应秋写了一首五言古诗，表达了他对张仲景的崇敬和弘扬仲景学术的宏志大愿。诗曰：

仲景医中圣，伤寒发宏论。上以疗君亲，下以救万姓。
博采众方书，素难为龟镜。皇皇十六卷，言精而意蕴。
三阴与三阳，平脉以辨证。三百九七法，足以概诸病。
一百十二方，变化无穷尽。汉季兵燹多，文献遭蹂躏。
江南秘不传，思邈抱怨恨。幸有王叔和，魏晋太医令。
祖述大圣人，殷勤求古训。遗编赖以传，薪火续余烬。
远被扶桑国，多纪善考证。矢志崇古方，明辨而笃信。
庚申来南阳，宫墙仰万仞。乃见庙倾颓，满目荒凉甚。
可钦诸地委，大力为整顿。鸠工以修葺，祠宇复幽峻。
研究所建立，规划已订定。绝学赖以彰，循序而渐进。
古义与新知，无一非学问。继承斯发扬，攀登勤为径。

愿与诸君子，砥砺共驰骋。振兴中医学，且为万世庆。

这篇感天动地的诗文，由任应秋手书汉隶镌刻成碑，至今矗立在南阳市医圣祠群碑之中。

第三件事是古籍整理。中医古籍文献的散失及有能力整理这些文献的人才凋零，一直令任应秋忧心忡忡。在他看来，文献整理的工作是关系到中医学存亡兴废的大事。他说："中医一方面要'救人'，就是看病；一方面是'救医'，就是整理和研究古典文献。一个医生的本领再大，也不过是治一人好一人，终究有限；而把祖国医学遗产整理出来，把他们的精华研究阐述出来，使更多的人都能学习和运用，不是具有更大的意义吗？"

1979年5月，任应秋在《人民日报》发表了《中医文献亟待整理》一文。文章指出，中医药文献书籍超过万种，这些丰富的文献资料是中医药学伟大宝库的重要内容，无论从传统的应用，还是从现代医学的发展来看，对这些文献资料都应当努力地发掘、整理、提高。但具有整理古籍能力的老专家相继谢世，所剩无几，尤其是既具有中医知识又精通训诂学知识的专家目前殆成空白。他说："卫生领导当局若不重视，迫不及待地把这一工作抓起来，估计十年以后要对中医工作进行整理，那时的难度将是不堪设想的。"他还开诚布公地进言："亡羊补牢，犹未为晚"，"时间至可贵，一失不可再"。并建议立即成立中医文献整理出版委员会，筹建中医文献出版机构，制订明确的近期和远期计划，有步骤地开展工作。任应秋还具体地提出了进行中医古籍整理的方法：训诂、语译、类分、辑佚、提要、索引，等等。

任应秋一贯重视中医古籍文献的整理工作，亲自动手校勘出版了《医学启源》一书，这是金代著名医家张元素的著作。张元素是易水学派的开山祖师，据《金史》记载，《医学启源》是他为了教导弟子李东垣而写的，而李东垣亦成了金元时期的大医家，因而此书对医学界的影响很大。任应秋在学医伊始，就听说过这本书，向往30年，未获一见。1957年，他在北京图书馆（现国家图书馆）第一次见到此书，却因为是善本书，借阅十分不便。后来，在中医研究院图书馆见到一部，是明代成化八年（1472年）刻，伪满医大摄影复制的版本，这才有机会借回家中仔细阅读一遍。当时，他工作很忙，只能在夜里一边读一边抄写，经过两个多月才抄写完毕。读过之后才发现，《医学启源》不仅是一部“入门”书，而且足以全面反映出张元素毕生的学术思想。因为原书是极劣的刻本，脱误极多，他便参照《中藏经》、《灵枢》、《素问玄机原病式》、《宣明论方》、《汤液本草》等书进行仔细点校，到1964年初步完成。因为当时没能见到元代刻本，所以迟迟没有付梓。1965年，他在上海图书馆见到了元刻本，拍照带回，并开始了第二次校勘工作。直至1977年，该书终于由人民卫生出版社排印出版。这部绝版近500年之久的珍贵古籍，因此重见天日。它不仅是研究易水学派学术思想发展的重要典籍，亦是研究脏腑辨证、“引经报使”用药理论的原始文献，故颇受医学界的欢迎，新华书店发行不久，即销售一空。这部区区13万字的书，凡校记近2000条，凝聚着任应秋足足20年的心血。日本东洋医学学会会长、日本著名医学家、文学家矢数道明，特别著文盛赞此书点校之成就，堪称中国近代中医学古籍点校的典范之作。

创说各家

为任应秋赢得巨大学术声望的另一项成就是创立了中医各家学说这样一门新的学科。

在北京中医学院执教过程中，任应秋集前贤及自身研究中医之经验体会，认为欲造就大批高级中医人才，必须师百家之长，集前人理论与经验之大成。经过数年的努力研究，他于1960年撰写了《各家学说及医案选讲义》，介绍了历代著名医学家的学术思想与经验，并附以验案印证。该书首先在北京中医学院的本科生中使用，受到普遍欢迎，后经卫生部批准，将“中医各家学说”正式列为高等中医院校本科大学生的必修课程，并由任应秋主编了第一版《宋元明清各家学说及医案选》。1964 年，他又在原教材的基础上，进行了全面补充与修订，增写了总论部分，从中医理论体系的形成到各家学说的演变与发展作了系统的分析，提出了中医发展史上存在四大学术流派，即以刘完素为首的河间学派、以张元素为代表的易水学派、宗法张仲景《伤寒论》的伤寒学派和明清时期发展起来的温热学派。所选医家由原来的 22 人增加至 39 人，并附有原著 74 篇，更名为《中医各家学说讲义》，是全国高等中医院校二版统编教材，收到了良好的教学效果。

1980 年，经过 20 年的潜心研究，任应秋对中医学术流派有了更深刻的认识。他认为，中医各家学说主要研究学说与学派。学说是指自成系统的理论与主张，学派是指一门学问中由于学说和师承的不同而形成的派别。学说是学派形成的理论基础，而本派中的诸医家又不断地阐发、弘扬了学说。各派各家展开热烈的学术争鸣，最终促进了医学的发展。他指出，医学流派的判定，当以师承授受与学术争鸣为依据，提出了医学发展史上存在着七大医学流派，即医经、经方、河间、易水、伤寒、温病和汇通学派。他认为，历史上医学流派的肇始并非在金元，而当断于先秦。这些新的观点，在中医学界引起了热烈的反响，推动了对中医学的深入研究。他主编的全国高等中医药院校教材《中医各家学说》第三版，以学派为纲，以医家为目，以七大医学流派为主线，包括基础理论和临床各家学说在内，分别介绍了上自战国，下至民国的 11 个时期 105 位医学家，既可从纵的方面了解诸学派的中心学术思想发生、发展、形成与演变过程，又可从横的方面了解各医家在该学派中的地位、作用和多方面的成就贡献。全书共约 60 万字，可谓集历代著名医家学术经验和学术思想之大成。该书出版之后，日本汉医学界立即全文翻译。1984年5月，任应秋在重病中，主持了第四版《中医各家学说》教材的编审工作。

自《四库全书总目》提出“医之门户分于金元”，倡金元四大家刘河间、李东垣、张子和、朱丹溪各成一派，开启中医学术流派研究以来，至任应秋出版《中医各家学说》，打破了“医之门户分于金元”的认识，提出了医学流派研究的新见解，标志着中医学术流派研究取得了丰硕成果，并再度掀起研究中医学术流派的热潮。任应秋历时20余年，在中医学文献的“横断面”上艰辛跋涉，用创建新说的实践告慰着几千年中国医学史上的每一位开拓者。在中医各家学说这一学科领域中，任应秋是当之无愧的开拓者和带头人。

验证临床

任应秋在理论研究和文献整理方面的辉煌成就，常常使人们忽略了他在临床医学方面的造诣，有些不知情的人甚至以为任应秋只是个理论研究的学者，不会看病。其实大谬不然。虽然在学术生涯的后期他把主要精力投入理论研究、文献整理和教学工作中，甚至停掉了门诊，但是，以经方起家、独自开业多年的任应秋始终是个医生，而且是个中高手。他写的临床论著，如《方剂肤论》、《药效随笔》、《诊治管见》、《仲景方的临床应用》等都很受临床医生们欢迎。他对仲景学说造诣精深，善用经方，临床思想注重阳气，在某些难症、大症的辨证治疗上有独到的心得。

中风病，往往被现代医学诊断为脑血栓形成、脑栓塞、脑出血、面神经麻痹等。它是传统医界认为较难治的风、痨、臌、膈四大病之一。任应秋认为，从《金匮要略》提出“邪在于络、邪在于经、邪入于腑、邪入于脏”以后，所有论中风的，无不以中经、中络、中腑、中脏来辨治，至于其证究属阴阳虚实如何，便少有论及。凡大秦艽汤、排风汤、八风汤、续命汤诸方，统列于治中风之方，亦不辨其阴阳虚实之合宜与否。讲到病机，刘河间以为火，李东垣以为气虚，朱丹溪以为湿热生痰，所用方都不离小续命汤的范围，对于阴阳虚实的分辨亦较粗略。到了王节斋写《明医杂著》，才畅发阴虚之论。到了叶天士才讲究阴虚之治，一洗从前惯用辛燥诸方的偏向，但对于阳虚一层，还是考虑得不够。经过反复学习《金匮要略》，结合临床所见，尽管张仲景《金匮要略》对中风的讨论是相当简略的，只有“中风历节病”篇的65、66、67、68共4条探讨了中风病的脉证，但仍可看出其大体的思路。如66条提出“寸口脉浮而紧，紧则为寒，浮则为虚”，并指出，㖞僻不遂、肌肤不仁、舌即难言、口吐涎、不识人等表现，应属于阳虚的寒证；68条提出“寸口脉迟而缓，迟则为寒，缓则为虚，营缓则为亡血，卫缓则为中风”，并指出身痒隐疹、心气不足、胸满短气等，应属于阴虚夹热证。他认为，前人所称邪盛为真中风，其所指之证，多属66条的阳虚夹寒；其所称正虚为类中风，所指之证，当属68条的阴虚生燥。因此，阴虚与阳虚，实为中风辨证的两大关键。

基于这些看法，任应秋创制豨莶至阳汤，以治中风的阳虚证；又制豨莶至阴汤，以治中风的阴虚证。

豨莶至阳汤方药为：九制豨莶草一两，黄芪三钱，天南星二钱，白附子二钱，川附片二钱，川芎一钱，红花一钱，细辛五分，防风二钱，牛膝二钱，僵蚕一钱，苏木二钱。

凡阳虚证多见突然口眼㖞斜、皮肤麻木、言语失利、口角流涎、半身不遂，甚至卒然昏仆、不省人事、目合口张、汗出肢凉、呼吸微弱等。方以九制豨莶合芪附汤扶先后天之阳气为主；再以细辛领天南星、白附子、防风、僵蚕行气分以息风；川芎引红花、苏木、牛膝行血分以息风，则三阴三阳诸经气调血畅，从根本上改善中风的病变。

案例：严某，男，56岁，农民，住山西曲沃县史村公社，就诊日期为1975年11月6日。先患头晕，继即突然昏仆，不省人事，牙关紧闭，面白唇暗，口角流涎，左半身瘫痪，四肢不温，口眼㖞斜。先送县医院救治，不见好转，人劝其家属转送稷山县医院扎头皮针，经两日针刺，牙关松动，仍呈半昏迷状态，两侧瞳孔大小不等，对光反射减弱，诊断为脑出血(内囊出血)。医院病房来请任应秋会诊。诊其脉浮细而弦，舌淡苔薄，断为元阳虚损，盛阴闭塞清窍之候。先用辛温开窍法，以细辛一钱煎汤化开苏合香丸一钱，灌服，3小时内灌两次。下午3点钟左右，逐渐清醒，并有饥饿感。随即予疏豨莶至阳汤，加重川附片为三钱，红花为二钱，以其阳虚诸症颇著，而又偏于左半身也。连续进本方11剂，约两星期左右，基本恢复正常，唯行动时左侧尚有沉滞感而已。

豨莶至阴汤方药为：制豨莶一两，干地黄三钱，盐知母四钱，当归三钱，枸杞子三钱，炒赤芍四钱，龟甲二钱，牛膝二钱，甘菊花三钱，郁金三钱，丹参三钱，黄柏一钱。

凡阴虚证多见头晕、耳鸣、目眩、少寐，突然发生舌强言謇、口眼㖞斜、半身不遂、两手握固、肢体强直、时或抽搐、面赤身热、烦躁不宁，甚则也呈突然昏迷状态，言语失利、尿闭便秘等。方用豨莶草合大补阴丸以滋养肾脏亏损之阴精为主，并以当归、枸杞、牛膝温养阴经外泄之气，赤芍、郁金、丹参、甘菊花以活血平肝，庶几阴精复，阳气固，火以宁，风以息矣。

案例：陈某，男，50岁，中学教员，初诊日期1973年2月4日。20天前睡一觉醒来，想翻动身体，即觉手足不灵活，勉强从右侧翻到左侧，可是，再想翻回来就不行了。旋即口角㖞斜，说话费劲，发音不清，舌头运动不自然，手足左半正常，右半呈弛缓性瘫痪。经铁道医院诊断为脑血栓形成，住院半月，疗效不显，嘱其服中药治疗。遂求治于任应秋。诊其脉弦细而数，舌质红，苔薄少津，胸闷，心烦，咽干思饮，小便色深，断为阴虚热亢，内风暗动，经脉血滞之候。即疏豨莶至阴汤，减当归为一钱，去黄柏，加连翘、栀子、花粉各三钱。服3剂，烦热退，语言清，口角㖞斜也有改善，是心经之热已退，而经筋中所滞之血热，尚未清彻也。复于方中去连翘、栀子，加橘络二钱，广地龙一钱，连进14剂，瘫痪恢复，手足运动正常。唯舌质尚红，脉仍弦细，阴虚尚待继续滋养，改用六味地黄丸加知母四钱，续服10剂，完全康复。

对于冠心病的治疗，任应秋认为，由于心的功能首先是主阳气，其次是主血脉，因而发生病变时，亦首先是在阳气方面受损，其次才是血脉有所损害。基于这样的认识，他制订了“益气扶阳，养血和营，宣痹涤饮，通窍宁神”十六字诀的治疗大法。因此，面对冠心病，他往往表现得胸有成竹。任应秋依据治疗冠心病的经验，将冠心病常见的证型分为六类：心气不足证，用黄芪桂枝五物汤加减；阳虚阴厥证，用乌头赤石脂丸加减；营阴失养证，用人参养荣汤或酸枣仁汤加减；阴虚阳亢证，用知柏地黄汤加减；气滞血瘀证，用金铃子散合丹参饮加味；痰饮阻塞证，用瓜蒌薤白半夏汤、苓桂术甘汤、二陈汤等方加减。他认为，无论何种证候，最关键的是以“扶阳通营”为先务。

由于理论功底深厚，博览各家医著，任应秋在临床上思路开阔，常能独辟蹊径，屡起沉疴。

1975年，山西省某军区干部卢某患十二指肠球部溃疡，经某大医院手术后腹泻不止，每天十余次，曾先后用西药活性炭、中药补中益气汤等治疗5个多月，仍腹泻不止。查脉舌正常，除每日大便溏泄10余次外，别无他苦。任应秋处方赤石脂禹余粮汤加味，服4剂后大便即转正常。有人问其所以速效之故，任应秋说：“《伤寒论》云：‘利不止，医以理中与之，利益甚。理中者，理中焦，此利在下焦，赤石脂禹余粮汤主之。’患者手术后腹泻不止，所伤在肠，是肠气不能固涩所致，正合利在下焦之候，所以用赤石脂、禹余粮助肠气之收涩，加缩砂仁、石榴皮增进其收涩之功耳，别无新义。”

又，患者黄某，女，21岁，从6岁发高烧后，即患排尿频急，不能控制，常常夜里尿床两次，均不自知，或醒后欲尿，未得下床即衣裤尽湿。经多次检查化验，一切正常，西药常用麻黄素、颠茄、阿托品、普鲁苯辛、谷维素等，中药已服五六百剂，曾用新针、耳针、艾条、电灸、穴位封闭及单方、验方等等。15年来，用尽各种治法，均不见大效。任应秋诊其脉沉细有力，患者诉说口渴喜冷饮，小便时尿道有热感，尿色黄，舌质正赤无苔。查其以前所服中药多补中固肾类。任应秋判断，病由发烧引起，热是病因。多年来久服温热固涩之药，热邪郁闭膀胱不得出，实为肾经热郁之候。于是方用黄柏4g，知母2g，肉桂1.5g。连服6剂，小便即能控制，但仍有迫急感。再进6剂，小便恢复正常。15年宿疾，竟在10天左右消失。任应秋解释说，这里用的是“通因通用”之法，加微量肉桂，又遵“热因热用”之理。其想法之精妙、疗效之迅捷，令人称奇。

诸如此类的案例，在任应秋50年的医疗实践中不胜枚举。他所结交的朋友，无论是政界、军界、商界、艺术界、宗教界乃至西医界的精英名流，还是做工务农的普通民众，几乎都是从看病开始的。即使他不出门诊，病人也总有办法找到他。就这样看了一辈子的病。在任应秋去世多年以后，一位长者把任应秋亲笔书写的处方交给任应秋的女儿，娓娓讲述这张方子如何让他的孙子避免了一次脑部手术的故事。还有一位患白血病的女孩，由父亲带着，将厚厚的一沓处方复印件交到任应秋女儿手中，动情地回忆任应秋如何用高超的医术延续了自己的生命……

梅兰风骨

“岁寒，然后知松柏之后凋也。”坎坷的人生经历有如一面久经打磨的铜镜，分明地映照出任应秋的节操和傲骨。不畏强权、不媚流俗，是他一生坚持的操守。早在1937年，任应秋撰文抨击国民政府教育部不准中医学校立案的无理做法时，就曾写下这样一段慷慨激昂的文字做结束语："应秋年仅二十有二，涉世虽浅，而爱国之观念颇深，既为中国人，誓死不敢稍辱国体……明知本篇所说，多有开罪于当道，然究无丝毫惶恐心者，公理存吾方寸，虽刑及身，不能塞吾口也……至湖北医专校学生，组织请愿，向政府请愿，修正管理国医一切，应秋谨代表四川江津中央国医支馆、医药改进支会、医学研究社、私立培英中学校国医系、《光华医药杂志》分社同人竭诚加入，甘为后盾，更希全国国医药同志，从速参加，促其实现，为几千年之国医求生存，为中华民族争体面。世界有公理，天地有正气，尽我言责，何惧之有？"真可谓豪气干云，傲骨铮铮。

反之，与同道师友、后学晚辈相处，任应秋则谦逊宽和，一派君子风范。他平素颜貌端严，但交往之际，又随和亲切，谈笑风生。有青年教师撰文对任应秋的论著提出批评意见，投到杂志社。编辑不敢贸然发表，特意征求任应秋的意见。他不仅当即对这样的学术争鸣大加赞赏，鼓励编辑发表，还对批评意见虚心接纳，认真研究回复。

任应秋为人豪爽侠义，颇有巴蜀古风，平生有深交的朋友也多是重义轻利之人。即使在他身处逆境、跌入低谷的时候，他的好友也没有人背他而去。如任应秋与吴棹仙、熊寥笙两位中医名家过从甚密，在重庆工作时即结下深厚友情，成为终生的莫逆之交，被称作渝中医界的"岁寒三友"——吴棹仙是"松"，熊寥笙是"竹"，任应秋是"梅"。三位先生才学出众，品位脱俗，且都是醉心于中医学术，为了学问可以抛开一切的人。他们在一起时，切磋学问，相互砥砺，谈医论道，饮酒赋诗，酣畅洒脱，浑然忘我，成为中医界传诵不绝的一段佳话。

任应秋自奉甚简，粗茶淡饭，小窗陋室，均能将就，不以为苦。但他性好整洁，注重仪表。学院的师生们多还记得任先生衣着笔挺、英气勃发地走在校园里的样子，称他为校园的“一道风景”。他去世后，在整理他的手稿时，大家惊讶地发现，凡是先生手书的文稿，哪怕只是一张便条，字迹都工工整整，找不到潦草之处。几十万字、上百万字的稿子，都是这么一笔一画地写出来的。

某年春节，几位学生去任应秋家拜年。一进门，就见老师正在摆弄他那盆盛开的君子兰。碧绿的阔叶中间，吐出橘红色的花朵，散发着若有若无的清香。其实，任应秋没有什么时间养花，唯独对这盆君子兰爱惜备至。他说，君子兰有思想，通人性。据说，他原本是准备为君子兰作赋的，可惜不久就病倒了。君子兰赋虽然终究没有写成，但任应秋用自己一生的行迹，为梅花之傲骨、兰花之雅洁，作了最生动的诠释。

蜡炬光辉

任应秋一生勤奋，总是抓紧一切可以利用的时间读书、研究，他办公室的灯光几乎每天都亮到深夜。1976~1984年是任应秋生命中最后的一段时光。这8年，他是在异常繁忙的工作中度过的。经历了10年动荡，终于恢复正常工作的任应秋雄心勃勃，为自己制订了一个十年规划：培养研究生20名，以3年为1期，每期5个人，分4期完成；写10部医书，平均每年写一部。这已经是很高的指标了，如果考虑到他身兼的各种职务，以及年龄、精力等因素，这几乎是不可能完成的规划。但是，这位年过花甲的老人仍然没有改掉扬子江边、长沙城里那副“拼命三郎”的脾气。1979年，在中国农工民主党北京市委召开的一次会议的发言中，他抛出了自己新近发明的“三干”精神。

何谓“三干”精神？就是抢在前面干，鼓足勇气干，挤出时间干。他举了三件事情做具体的说明。

第一件事是带研究生。任应秋在发言中说："去年，我们学院是与中医研究院合在一块的，招考研究生班时，也是两院合招的，两院还指定我兼研究生班的副主任。当时报考研究生的有1160多人，成绩合格的有102人。正在这个时候，我们两院又分家了，预定所招的研究生50名归研究院了。我当即向学院党委一再建议，将其余的52人由学院招进来。院党委认为毫无准备，犹豫不决。最后我向党委保证，如果师资缺乏，无人承担的课，由我负担。院党委终于同意招收30名，这一任务，就是抢过来干的。为什么要抢来干？因为当前教学、科研的人才都奇缺，这些研究生是由十中选一来的，不招收进来，太可惜了。不如此，怎能为国家早出人才、多出人才呢？收了以后，由一个研究生班变成了两个研究生班，两班同时开《内经》课，学院星期一、三、五讲，研究院星期二、四、六讲，我天天讲课，连续讲3小时，终于很愉快地完成了两个班的教学任务，共240学时。"这是"抢在前面干"的例子。

第二件事是编写教材。任应秋在发言中说："从去年开始，全国十几个中医学院，共同编写中医教材，每一门教材，都由几个学院的主讲教师分工合作编写。独《中医各家学说》这门教材，分由北京中医学院主编。湖南、贵阳、成都、辽宁四个中医学院为协编单位，但他们都认为抽人来编写有困难。我便鼓足勇气，慨然把这个任务承担下来，由我一人来编写，表示不仅坚决完成这一任务，而且一定要比二版教材的质量有所提高。在编写过程中的困难是很多的，时间紧迫、没有助手、资料缺乏、待查的文献特多等种种困难，都一一克服了，终于保质保量地完成了58万字的新教材。在所有14门中医教材中，《中医各家学说》是字数最多的一本，由一个人编写的，这也是独一无二的一本。看来，不管任务怎样繁重，只要下定决心，鼓足勇气，都是可以胜利完成的。"这是"鼓足勇气干"的例子。

第三件事是著书。任应秋在发言中说:“在这一年多十分繁忙的时间里，又加之大小会议特别多，长的开了一个多月，短的亦是一到两周。如医学科学规划会、全国科学规划会、中西医结合座谈会、全国卫生科学大会、医学百科全书祖国医学分册编委会、中医学术交流会等，先后共开了11个星期，其余两天三天的小会，不计其数。会议占了我这样多的时间，怎样才能做到不影响我的教学、科研、编写工作呢？我就下决心拼命地挤时间。不管会议大小长短，都不在会里住宿，白天参加会议，晚上便回家开夜车，星期天、寒暑假更是加班的好时候。就是这样挤，终于挤出不少时间，完全保证了我的教学、科研、编写工作的照常进行。”这是“挤出时间干”的例子。

凭着这样的精神，任应秋强行推进着他的那个天方夜谭一般的计划。1979年，在他亲手填写的《职工考评登记表》上，任应秋这样汇报了近两年的工作:“教学工作：完成我院研究生班、中医研究院研究生班、北京市古典医著研究班、中医学校教师进修班的《内经》教学390学时，我院79届毕业班《各家学说》教学90学时。编写工作：完成《各家学说》教材58万字，《医学启源》13万字，《内经十讲》9万字，主编《中医气血资料汇编》25万字。学术报告：先后给北京、天津、西安、成都、昆明、贵阳、重庆、武汉、上海、杭州、广州各地中医学会、中医学院、中医学校、医学院、医院作学术报告31次，93小时。学术论文：先后发表《朴素的唯物辩证法是〈内经〉的指导思想》、《学派争鸣在祖国医学发展中的贡献》、《中医文献亟待整理》、《冠心病的诊治》、《中医宝库有丰富理论》、《略谈辨证与辨病》、《我对医学史这门科学的一点认识》、《气血略论》8篇。带研究生8名，两个专业，自任指导工作……”

就这样，任应秋似乎在潜意识里感悟到了什么，他用全部生命展开了一场与时间的角逐。然而，长期的超负荷工作显然严重损害了他的健康。1983年，肺癌让这位似乎永远不知疲倦的老人不得不停下手中的工作，住进了医院。在病榻之上，任应秋仍然惦记着他的工作计划，惦记着已经动手却尚未完成的著作，真的是心不甘哪！在去世前十几天，他还强撑病体，为自己的学生杨智孚撰写的著作《〈内经〉与临证》撰写了序言。这是任应秋最后的绝笔！1984年10月17日凌晨，任应秋病逝于北京东直门医院，享年70岁。

临终前，任应秋怀着对国家、对社会、对学校、对身边所有人感恩的情思，决定把自己的藏书全部捐赠给学校。遵照他的遗愿，家人将他毕生收藏的4000多册图书全部捐赠给北京中医学院图书馆，建立了“任应秋赠书室”，并捐资设立基金，奖励那些学业有成、贡献突出的师生。

任应秋一生出版专著40余种，发表各类文章500余篇，累计1200余万字，著述之丰，令人钦佩。他指导过的学生遍及海内外，其中许多人都已成为享誉学界、卓有建树的名家。有人说，要想知道当年任应秋都想了些什么、做了些什么，只要看看他那些遍及国内外、活跃在学术第一线的弟子们的成就，就全明白了。任应秋留给后人的财富，是学问，是做学问的方法，更是献身学问的精神。

“有志无坚不可摧，惊天事业在人为。但教发出光与热，不惜燃烧至成灰。”这首大气磅礴的诗，正是任应秋一生忘我奉献精神的真实写照。直至今日，当一届又一届青年学生走进任应秋工作过的中医学府，走进静静地坐落在图书馆一角的“任应秋赠书室”，翻阅着他亲手批注过的一卷卷古书的时候，仍能感受到那种催人奋进的精神力量。

蜡烛的生命是短暂的，但留在人心里的光辉永远都不会磨灭。

（撰稿人　马燕冬　任廷革）

罗元恺卷

罗元恺（1914—1995）

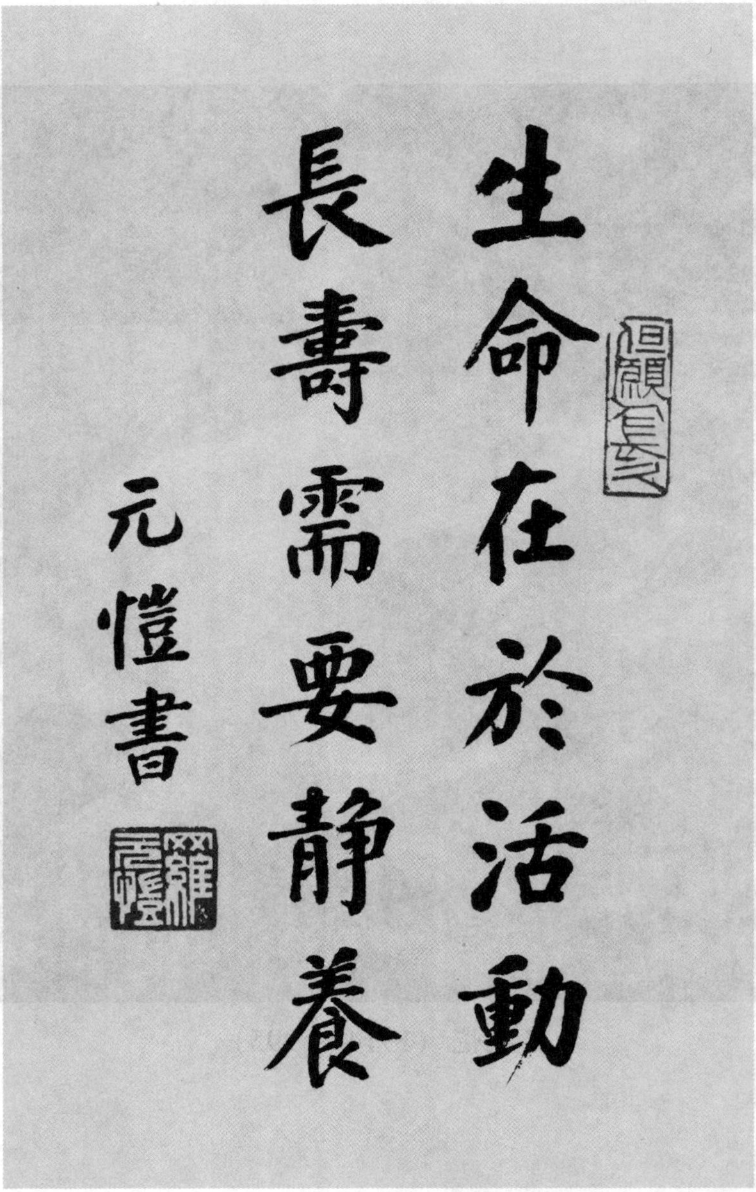

罗元恺手迹

光阴如驶八十春，术擅岐黄达六旬。
回顾历程多险阻，今朝驰骋向通津。
八十春秋瞬息过，杏林建树愧无多。
喜看桃李花如锦，名医辈出胜叔和。

——罗元恺

罗元恺（1914—1995），字世弘。祖籍广东省佛山市南海区西樵山。著名中医临床家、中医妇科学家、教育家。

罗元恺从医、从教六十载，擅长于调经、助孕、安胎，医术精湛，有“送子观音”之美誉。1962 年被评为“广东省名老中医”。20 世纪 70 年代后成为全国中医妇科的领军人物。1984 年任中华全国中医学会妇科分会首届副主任委员。1991 年被确定为首批全国老中医药专家学术经验继承工作指导老师。罗元恺治学严谨，继承而不泥古，创新而不离宗。在 20 世纪 80 年代初，他首先提出“肾—天癸—冲任—子宫为女性生殖轴”的观点，对中医妇科理论的发展有较大的影响。他学术造诣深厚，且勤于著述，撰著出版了《罗元恺医著选》、《罗元恺论医集》、《罗元恺女科述要》；主编了《实用中医妇科学》、高等中医院校本科教材《中医妇科学》（第五版）及其配套的教学参考书；全文点校注释了明代医家张景岳的妇科专著，出版了《点注妇人规》。在教材与专著中比较系统地整理和阐发了中医妇科理论，结合现代的临床与理论研究提出一系列新观点，构建了当代中医妇科学的学科体系。

罗元恺毕生致力于中医事业，教育、医疗与研究并重。1950 年就任广东中医药专门学校校长，1951 年兼任广东中医院院长，其后兼任广东省中医进修学校副校长。1977 年成为国内第一位中医教授。1980 年任广州中医学院（现广州中医药大学）副院长、学位委员会主席，主管教学和研究生工作；1980 年聘为国务院学位评定委员会第一届学科评议组成员。是首批获中医硕士、博士学位授予权的研究生导师。为首批享受国务院政府特殊津贴的中医专家。在中医院校教育体系建设方面有卓越贡献，为中医研究生教育做了大量开拓性的工作，是现代中医教育的一代名师。

罗元恺作为现代中医妇科学的第一代学科带头人，培育了一批精于教学、临证与研究，学验俱丰的接班人，形成了一支精诚合作的学术团队。他为学科建设与课程建设奠定了深厚的基础。广州中医药大学的中医妇科学学科在第二代学科带头人欧阳惠卿和第三代学科带头人罗颂平的带领下，2002 年成为国家级重点学科、重点专科，2005 年成为国家级精品课程。

家学渊源　悬壶济世

1914 年农历十月初七，广东南海的西樵山上，罗家添了第 7 个孩子，他就是后来名扬海内外的名医罗元恺。这是一个书香之家，父亲罗棣华乃晚清儒生，以儒通医，善治热病，对温病颇有研究。他悬壶于南海、广州等地，后来又参加北伐，为随军之中医。

罗元恺幼承庭训，曾就读于私塾，诵四书五经及古文诗赋，亦在父亲的指导下诵读方书。当时，其父在广州洪德路行医，罗元恺经常随父侍诊，相熟的病友亲切地称之“医生仔”。在父辈的熏陶下，他立志以医为业。

1924 年广州药业八行（南北药材经纪行、参茸幼药行、西土药行、生草药行、膏丹丸散行、熟药店行、制焙药粉行、饮片行）联合香港药业三会（中药联商会、南北药材经纪行以义堂商会、参茸幼药宝寿堂商会）筹款，在广州开办广东中医药专门学校。该校是当时具有较大规模的5年全日制高等中医院校。首任校长卢乃潼在开学典礼上说："中国天然之药产，岁值万万，民生国课，多给于斯。倘因中医衰落，中药随之，其关系至大。本校设立之宗旨：习中医以存中药，由中医以通西医，保存国粹，维护土货，以养成医学之人才。"罗元恺于1930年考入该校，成为第7期学生。在学习期间，他与同班10位同学组成"克明医学会"，勤奋学习中医经典著作，共同研讨学习中的疑难，撰写医学论文，还出版了《克明医刊》。克明，取自《尚书》"克明俊德"之语。克明者，胜任也；俊德者，乃贤德之士。1934年，大学尚未毕业的罗元恺已考取广州市中医师执照。次年他以总成绩第一名毕业，并留任该校附属广东中医院住院医师，开始其医学生涯。当时主要从事内科杂病的诊疗。

抗日战争时期，广州沦陷，广东中医药专门学校于1938年停办。1939年迁往香港复课，罗元恺兼任母校《金匮要略》课教师。1941年底香港沦陷，学校再次停办。1942年初，罗元恺偕父母、妻子、兄弟从香港北上，辗转前往当时未被日军占领之粤北。在逃难途中，其父与幼弟均感染霍乱，他尽全力救治，但因药物与食物缺乏，仅挽回小弟的性命，老父亲则不幸逝世。

到达粤北之韶关市，罗元恺继续开业行医。翌年又与母校之校董梁维庆及校友潘诗宪、骆定基等共同筹划在韶关复办中医学校。但在黄田坝觅得校址，筹备开课时，闻日军欲进犯韶关，复校之事乃告吹。罗元恺被迫举家迁往广东西北部之连县（今连州市），在山区小县城开设了中医诊所，还与当地的老中医赵伯平合作创办了连县中医讲习所，全部课程均由罗元恺编写讲义及讲授。经两年之努力，已有一个班学生结业并在当地行医。在抗战期间，虽然颠沛流离，生活艰难，他仍执著于中医教育事业，为培养人才而不懈努力。

1945年日本宣布投降，八年抗战胜利结束。是年底罗元恺即返回广州，并与校董、校友们取得联系，筹划复办广东中医药专门学校和附属广东中医院。但学校和医院已被当局占作他用，设备也全部散失。几经努力，1947年逐步收回校舍，同年秋招生复课，罗元恺回母校任儿科教师。医院则延至1948年秋才得复业。

1949年10月14日广州解放。罗元恺积极参与祖国的建设，推动中医教育。1950年春，36岁的罗元恺就任广东中医药专门学校校长，赵思兢、邓铁涛先后任教务主任。1951年罗元恺兼任附属广东中医院院长，黄耀燊任副院长。为了学校和医院的建设，罗元恺废寝忘食、夜以继日地辛勤工作。在课程设置、教学方法、医疗质量、学生管理等各个方面，事必躬亲，并广纳人才，使学校和医院的工作很快走上正轨。当时，中医工作开始受到重视，广东中医药专门学校也被广东省文教厅列入大专院校之列。学校得到政府资助，学生有助学金，毕业后由国家分配工作，中医事业呈现出前所未有的光明前途。

然而，中医事业的发展并非一帆风顺。卫生部1951年5月公布的《中医师暂行条例》与1952年10月公布的《中医师考试暂行办法》，均规定了一些不切实际的要求和过于苛刻的条件，使大多数中医不能合法执业。同年12月，卫生部发出《关于组织中医进修学校及进修班的通知》。1953年，广东中医药专门学校接到省卫生厅转发卫生部的通知："勿需培养新中医……"同年8月，该校被改为广东省中医进修学校，罗元恺被任命为副校长。按上级的要求，中医进修学校主要讲授西医课程，让原有的中医经过进修成为西医。这是将中医西医化的一种手段。罗元恺任职后，认为这种做法对中医事业的发展及传承不利，故仍坚持安排讲授一些中医课，努力使进修生的中医水平亦得到巩固和提高。

1956年，周恩来总理根据毛泽东主席的指示，纠正了卫生部某些错误的政策和做法，并在北京、上海、广州、成都等地筹办四家中医学院。是年5月，罗元恺被任命为广州中医学院筹备委员，参与制订规划和选择校址等工作。当年9月，广州中医学院在广州市郊三元里招收了第一届学生。罗元恺任院务委员会委员兼《金匮要略》教研组组长。1958年广东省中医进修学校并入广州中医学院成为进修部，他就任进修部主任兼妇儿科教研组主任。1971年妇儿科分为两个教研室，他担任妇科教研室主任。1977年12月，罗元恺由省政府教育部门评为教授。由于全国各家中医学院建校以来尚未设教授职称，而广东省此举又先于其他省、市、自治区，罗元恺乃成为全国第一位中医教授。1978年部分中医院校的部分学科开始招收中医研究生，广州中医学院是首批招收研究生的院校之一。而中医妇科学在首批获得硕士学位授权后，又首批获得博士学位授权，罗元恺是全国第一批中医妇科学硕士、博士研究生导师。1980年，他被任命为广州中医学院副院长兼学位委员会主席，主管教学与研究生工作，为国务院学位委员会中医学学科评议组成员。当时，中医教育百废待兴，研究生教育刚刚起步，工作十分艰辛。他凭借数十年的教学、医疗与行政管理经验，依靠资深教师，大力培育和扶持中青年教师，举办教师培训班，邀请全国的著名中医专家授课，组织编写教材，恢复教学秩序，构建合理的中医教学体系。他力主理论结合临床，认为中医基础课的教师要从临床吸取经验，临床课的教师要不断学习中医经典，提高理论水平，也要掌握新的诊断技术，为我所用。他还主张针灸学要与临床各科相结合，渗透到各个专科之中，拓展研究的广度与深度。

在60年的医学生涯中，虽然有较长的时间从事教学和行政管理工作，但他从未中断其临证实践。他早年主要从事内科，从广东中医药专门学校毕业后曾在广东中医院工作，诊治内科疾病，亦不乏危急重症。其后在诊所执业，主要看内科杂病，也有不少外感热病、妇科与儿科疾病。1956 年以后在广州中医学院工作，根据需要，从事妇科与儿科工作。20 世纪 60 年代还参与了流行性脑脊髓膜炎的诊疗。从 20 世纪 70 年代开始，乃专于妇科。

罗元恺常对年轻的医生说：内科是临床各科的基础，虽各个专科均有其特色，但都是在中医理论指导下进行诊疗，基本原理是一致的。打好中医内科的临床根基，就可以融会贯通。在他的医案中，有闭经、崩漏、不孕症、反复流产、子宫肌瘤、子宫内膜异位症等妇科疑难病；也有小儿气臌（巨结肠）、胎黄、遗尿、夜啼等儿科病症；亦不乏咯血（支气管扩张）、肌衄（血小板减少性紫癜）、鼓胀（早期肝硬化）、胸痹（冠心病）等内科病症。在 20 世纪 60 年代到 70 年代，他经常下乡巡回医疗，带学生实习，遇到各种疑难病症，他以自己的学识和经验，潜心辨脉，按理推求，灵妙用药，辄获奇效。

中华人民共和国成立以来，罗元恺不仅在事业上有较大的建树和发展，还积极参加社会政治活动。他在 1951 年加入中国民主同盟。1963 年当选为第四届广东省人大代表，1978~1988 年连续当选为第五、六、七届全国人大代表，为中医的振兴与发展提交了许多有益的提案。并曾担任中华医学会和中华全国中医学会理事、广东省医学会和中医学会副会长。1983 年由卫生部任命为广州中医学院顾问。

博学笃行　业精于专

“博学之，审问之，慎思之，明辨之，笃行之。”此乃治学之真谛。罗元恺以毕生精力身体力行，在实践中不懈求索真知。他说：“习中医者应做到四点：一是熟读经典，二是临证实践，三是博学笃行，四是由博返约。”

罗元恺具有深厚的古文功底，在父亲的熏陶下，学习中医典籍与方书。他在广东中医药专门学校求学时，打下了扎实的中医学理论基础。在他从医、从教的历程中，仍孜孜不倦于中医学原著的钻研。早年他撰写了《祖国医学的阴阳五行学说》、《中医诊疗学的基本理论》等论文，认为《黄帝内经》的几篇大论奠定了中医学理论的基础；而阴阳学说更是贯穿于中医的解剖、生理、病理、诊法和治法等各个环节。中医学理论是古代医学实践和传统科技、文化、哲学等相结合而构建起来的，以阴阳为自然界和生命变化的根本。汉代张仲景的六经辨证，明代张景岳的八纲辨证，均以阴阳学说为基础。阴阳学说是中医理论的核心和纲领，不仅具有哲学的含义，还有着更为丰富的科学内涵。具体体现在脏腑、经络、诊法、辨证和治法方药等各个方面，是指导中医临证思维的总纲，是辨证论治中的两分法。晚年，当时中医界虽普遍认为脏腑学说是中医理论的核心，但他仍坚持己见，再撰《阴阳学说是中医理论体系的核心》一文，分析了阴阳学说的哲学概念与医学内涵，并应用现代系统论的观点，提出"阴阳是中医学整体观的大系统，脏腑学说和其他学说是其子系统"。明确指出："脏腑学说虽是中医理论体系重要的一环，但并不是中医学理论体系的核心。"

在中医妇科方面，罗元恺系统梳理了中医妇科学理论源流，撰著《论肾与生殖》、《肾气、天癸、冲任的探讨和对妇科的关系》等文。他指出：中医生殖生理的经典理论源自《素问·上古天真论》中对于生长、发育与生殖过程中肾气、天癸、冲任作用的论述。肾为藏精之脏，"受五脏六腑之精而藏之"。天癸者，后世医家马玄台释为"阴精"，张景岳释为"元阴"、"元精"。《景岳全书·传忠录》谓："元阴者，即无形之水，以长以立，天癸是也，强弱系之，故亦曰元精。"指出其量甚微，肉眼不可见，但作用重要，且与生殖有关。罗元恺根据前人的理论，参照现代的认识，提出“天癸”应是与生殖有关的内分泌激素，并首先提出肾—天癸—冲任—子宫轴是女性生殖调节核心的学说。这一学说的建立，既是对《黄帝内经》以降关于女性月经、妊娠、产育生理功能的系统总结，又是理论的升华和超越。《黄帝内经》发轫了天癸和冲任二脉对于女子生长、发育的作用，也论述了“女子胞”为女性生殖器官，但对于诸多因素的关系没有明确的阐述，而且后世注家说法不一。《神农本草经》称“女子胞”为“子宫”。按脏腑理论，女性生殖又统辖于肾。在宋、金、元时代的医籍中，又有重视血、重视肝等不同观点。明、清时代妇科医籍虽多，对此亦陈因前代。罗元恺依据现代科学对于女性生长、发育、生殖的认识，逐次分析肾、天癸、冲脉、任脉和子宫的中医学理论内涵，捋清了各要素的作用与关系，建构了肾—天癸—冲任—子宫轴的学说。这一学说对妇女从月经到生殖可以作恰切的解释，也在临床诊疗的实践中得以印证，并得到中医妇科学术界的认同。这一学说是他在中医妇科理论上的突出成就与贡献。

罗元恺以中医临床家名世。他20岁取得中医师执照，从诊所到医院，数十年如一日，悉心医治每一位患者。虽历经战乱，亦不改初衷；虽教务、公务繁忙，仍坚持不懈。至耄耋之年，依然每周门诊两三次。他认为，中医学源于实践，扎根于临床，为人类健康服务是中医的生命力所在。罗元恺初出道时，留任广东中医药专门学校附属广东中医院住院医师。当时的中医院只能使用中医中药治疗。住院的病人均属急重病者或顽残之疾，如高热持续不退、神志昏迷者，或大量吐血、喘促危殆者，或偏枯瘫痪、活动不能者，或骨折创伤、疼痛溢血者，等等，不一而足。在20世纪30年代的中国，并无公费医疗或医疗保险，若不是殷实人家，小病都不会就诊；若非急重疾病，患者不会来住院。从这样的工作环境中，有机会接触及处理这些危重、疑难疾病，对一个年轻医生是很好的锻炼机会。他在有经验的长辈指导下，从大量的临证实践中汲取知识，提高了医疗技术，锻炼了胆识。每遇疑难，则迫使自己查阅典籍，请教古人，并搜罗民间验方，验诸临床。每有所得，则记录整理，点点滴滴，集腋成裘。在数十年的临证过程中，罗元恺先从内科起步，逐渐向专科发展，并根据工作需要，专于妇科与儿科，晚年则精专于妇科。成名之后，慕名远道而来的患者众多，往往是久治不愈的疑难病症，如崩漏、闭经、滑胎、不孕等。他在诊治病人的过程中，仔细观察病情，为解除患者的疾苦，不断钻研典籍，浏览期刊，吸纳新知，经常与同道交流，向古人、他人和病人学习，更新知识，充实自己，提高自身的医术。

罗元恺是一位学识渊博的学者。他一生奉行博学笃行的宗旨，厚积薄发，目标明确。年轻时兴趣广泛，对哲学、文史、天文、地理、法律等均有所涉猎，还喜爱书法、诗词。在广东中医药专门学校毕业后，他还考取了广州大学法律系，用诊余时间修读了第二专业，并旁听了该校的部分文史哲课程。著名书法家麦华三、旅美华侨首领梁国材、经济学家梁式文等都是他当年在广州大学的校友或老师。夫人廖锦华也是他在广州大学时的校友。他从广州大学法律系毕业后，虽然从未以律师为业，但他的法律知识背景对他后来的中医教育管理工作大有助益。他认为，医学是一门自然科学，首重实践。各门科学知识都不是孤立的，而是有横向联系的。故医生除对本专业的书志要熟读和博览外，对于其他学科如哲学、文学、历史、天文、地理、化学、物理、心理学等，都应有所了解，具备一定的知识。在医史人物中，他比较钦佩张景岳，这不单纯是学术上的认同，主要是敬佩其学识广博，著述中理论纵横，头头是道。罗元恺常说："医学是一门实践性很强的科学。'熟读王叔和，不如临证多'，有理论而无实践，这是无本之木，无源之水，这种理论将是空泛的。有实践而无理论，这种实践是不能推广和提高的。"博学、审问、慎思、明辨、笃行，是指整个学习过程中的各个环节。“医学也是这样，博学之后，应该经过不断地思考、研究，以明辨是非，最终立足于实践。不断地实践，实践出真知。但实践应该有理论作指导，避免盲目实践而多走弯路。医学的进程，应该本着实践、认识，再实践、再认识，循环往复，螺旋式上升的规律，才会有较高的成就。”

罗元恺是一位治学精专的教授。他在《山东中医学院学报》的“名老中医之路”专栏以《博学笃行，业精于专》为题撰写了治学心得，指出：“做学问应该是宝塔式的，基础要广阔，但最后要有所精专。医学既与各个学科有横向的联系，本身的各个科目之间亦有联系，故首先要求学识广博。但一个人精力有限，而学问却无穷。为学之道，必须由博返约，才能精专而深入。就医学范畴来说，有基础科目，也有临床科目。就临床科目而言，则有内、外、妇、儿、五官、皮肤、骨伤等科，不可能各科都精通。当然，内科是临床各科的基础，有了基础知识和各科的一般知识之后，最终只能致力于某一科而做精深的研究。”他在理论上对《黄帝内经》和《金匮要略》研究较多，在临床上则擅长于内、妇、儿科，而精专于妇科。他说：“对一门学问要专下去，不是简单的事情。学海无涯，一种学问，就算花了一生的精力，也未必能全面地洞察精微。若只有广度而无一定的深度，则犹如一叶扁舟，浮泛于汪洋大海之中，是难于到达彼岸的。”他重视实践与理论的提高，指出：“医学上的专，除专科临床实践之外，更应动笔总结经验，掌握其规律，以便更好地指导今后的临床实践。因为在总结的过程中，除了整理客观资料之外，还要经过思考才能找出其规律性。古人说：‘学而不思则罔，思而不学则殆。’有了实践而不加以思考总结，便会茫无定见，那就不能进一步深入下去而有所成就。由博返约之后，还要在专业上不断下工夫，学习、实践、总结，再学习、再实践、再总结，不断深入，这是做学问应有的进程。”

学无偏执 行有定见

中医学在漫长的发展过程中形成了许多学术流派，各家学说均有特色，一方面反映了学术上的发展与创新，另一方面也受到医家所处的时代、地域影响，而带有时空的局限。古代中医的传授是以师徒授受为主要形式，这种传统的师承方式，由于接触面较狭窄，难免有偏颇之处，容易形成门户之见。

罗元恺在其医学生涯中，虽有家传之根基，却不以父子相传、师徒授受为满足，仍进入广东中医药专门学校接受系统的院校教育，实践了家学与院校教育的结合。当时该校开设的课程包括中医课程 18 门，西医课程 5 门，还有 3 门医学基础课程。中医与西医基础课程的比例约为 8.5:1.5。这是早期的中医现代教育方式，学生可以系统掌握中医基础理论与各科专业知识，了解西医学的基本原理。

在临证实践中，他并不拘泥于一门一派，而是广泛涉猎各家之医著，分析比较，博采众长。在遣方用药之际，亦不拘于一方一法，而是因时、因地、因人制宜，灵活变通，善于法古创新。如《金匮要略·妇人妊娠病脉证并治》之胶艾汤证，证候为妊娠下血而兼腹中痛。方中用艾叶、阿胶，配川芎、当归、地黄、芍药、甘草，药性温热而行血，只适用于虚寒证之胎动不安。罗元恺在其《〈金匮要略〉妇人病三篇注释》中对此条文注曰："唯川芎、当归虽有补血之功，但其性辛温，走窜动血，特别是体属阴虚或兼有血热者不宜用，否则足以助长其出血。"并提出以中西汇通医家张锡纯《医学衷中参西录》之寿胎丸补肾安胎，合四君子汤以补气固摄，药性平和，更适合于脾肾两虚而寒象不甚之妊娠胎动不安。虽胶艾汤乃仲景经方，亦不宜执而用之。

罗元恺注重对历代妇科医家医著的研究，主张学无偏执，行有定见，广泛涉猎各家各派的观点，通过分析比较，融会贯通。他比较推崇陈自明、张景岳、傅山的学术观点，注重脾肾和气血，调理冲任，还融合了岭南温病学派养阴保津的学术观点，形成了自己的学术风格。

宋代陈自明《妇人大全良方》是现存较早的妇科专著。陈氏对于妇科病因的论述偏重于风冷和劳伤，认为劳伤血气，或寒气客于胞内，损伤冲任之脉，是导致妇产科疾病的主要因素。治法强调温补和活血。其"加减四物汤"和"良方温经汤"等流传至今，仍常用于临床。陈氏温经活血之法，正体现了补血而不腻滞，活血而不伤正之妙着。罗元恺撰写了《陈自明〈妇人大全良方〉的成就与贡献》一文研究整理其观点。

张景岳是明代医学大家，著《类经》、《类经图翼》和《景岳全书》等，虽不以妇科名闻于世，但其妇科专著《景岳全书·妇人规》理论性较强，内容全面而系统。张氏重视阴阳之理，善用温补，着重肾与命门，注意维护元阴元阳。《妇人规》指出："女人以血为主，血旺则经调而子嗣。身体之盛衰，无不肇端于此。故治妇人之病，当以经血为先。"故"调经之要，贵在补脾肾以资血之源，养肾气以安血之室"。罗元恺深谙调经种子之道，曾撰《补肾法的探讨和对一些常见病的运用》、《调补肾阴肾阳对妇科病的作用》、《脾胃学说与妇科的关系》和《妇科为什么特别重视肾肝脾》等文，提出妇科的主要病机是冲任损伤，而调理冲任就在于调理肾肝脾的观点。

罗元恺特别欣赏《景岳全书·新方八略》的两段名言："善补阳者，必于阴中求阳，则阳得阴助而生化无穷；善补阴者，必于阳中求阴，则阴得阳升而泉源不竭。""善治精者，能使精中生气；善治气者，能使气中生精，此自有可分不可分之妙用也。"他全文点注《景岳全书·妇人规》，撰著《张景岳的学术思想及其对妇科的论点》，指出张景岳所创的左归、右归、大补元煎、加减一阴煎等为补剂之典范，甚为实用。究其原因，是其组方重视阴阳相配，以达到阴阳相长、精气互生的境界。如大补元煎以人参配熟地，右归饮以附、桂配熟地、山茱萸。唯有深悟阴阳学说的精义，才能灵活运用，彰显其效。

他颇为欣赏明末医学家傅山的《傅青主女科》，写了《〈傅青主女科〉评议》一文，认为其文体、论述、方药均立意新颖，不落古人窠臼。对于妇科疾病之病因病机，尤重视房室所伤，敢于发前人所未发，提出在经期、孕期或产后不节房事，往往导致异常之下血。但由于封建礼教的束缚，凡涉及房室隐私之事，在医著中往往隐而不发，不作论述。而正确认识房室所伤之危害，对于诊疗与预防胎前、产后下血诸证具有重要意义。傅氏提出“经水出诸肾”、“带下俱是湿证”的观点，精炼概括了女子经、带的生理与病理特点，切合临床，足以指导临证用药。傅氏创制的完带汤、固本止崩汤、安奠二天汤等亦堪称时方之范例，流传甚广，颇为实用。但就治疗崩漏而言，罗元恺对于傅氏治疗脾虚崩漏的代表方固本止崩汤则主张变通使用。他认为，岭南地区温热多湿，易于损伤气阴，妇人崩漏下血过多，脾虚者亦多兼有伤阴，固本止崩汤中虽以黄芪、人参、白术补气，熟地滋阴，当归补血，黑姜温经止血，但当归之性味俱厚，走而不守，黑姜大温，此两味辛温助热，若气阴不足者，或气虚崩漏日久，伤及阴分者，均非所宜。他主张选用守而不走、性味平和的止血药，而慎用辛温走窜之当归、川芎之类，以免增加出血量或延长出血时间。

他对于中医经典著作及历代妇科专著的研究有系列文稿，均收录于其门人整理出版的《罗元恺妇科经验集》中。

对于中医与西医的研究与发展，罗元恺反对以西医标准评判中医的做法，他指出：“中医与西医是两种不同的理论体系，不要以目前的西医学为中心，把中医内容生搬硬套于西医理论之中，不应将中医药的理论经验中符合西医观点的视为合理，否则便认为不合理，这是把中医学同化于西医学之内的办法，这无异于从理论上否定和消灭了中医。西医要发展，中医也要发展，现在两者都未达到登峰造极的地步，应该互相渗透，取长补短，共同向更完善的方向发展和提高。”

20世纪50年代，毛泽东主席发出“西医学习中医”的号召，提倡中西医结合，并提出“创造中国统一的新医学、新药学”的目标。从1955年开始，卫生部在北京、上海、广州、武汉、成都、天津等地举办西医学习中医班，培养了第一批中西医结合的学术骨干。从50年代到80年代，西医学习中医曾经成为一种潮流。罗元恺经常给各种类型的“西医学习中医班”讲授中医课，或举办专题讲座，结合自己的临床经验，介绍中医补肾法、活血法的原理与临床应用。许多西医学员在他的指导下看到了中医的特色与优势，从而走上了中西医结合的道路。他在教学与医疗过程中，跟许多西医学者进行学术交流，相互切磋，优势互补，共同解决临床上的疑难问题，成为莫逆之交。如著名妇产科专家郑惠国、梁贵尚，著名心脏外科专家罗征祥，著名泌尿外科专家麦国健等。原广东省人民医院院长罗征祥与罗元恺同为第五、六、七届全国人大代表，大会期间经常被安排住同一房间。罗征祥至今仍津津乐道他们当年的一件趣事：有一年在北京开会，他晚上咳嗽不已，罗元恺关切地问：咳嗽如斯，可曾用药？他说用过多种抗生素，但已月余未愈。罗元恺说：闻此声，当属肺寒，再用抗生素已无济于事，可愿意用中药一试？当三剂而愈。随即望舌诊脉，予小青龙汤加减。果真是一剂见效，三剂则霍然而愈。罗征祥为之折服，赞叹不已！ 1976年，广东省一位病人结婚4年多未孕。她一向月经不调，周期35~50天不等。曾经在北京某西医院诊断为多囊性卵巢综合征，并使用西药克罗米芬等促排卵治疗。后来在广州孙逸仙纪念医院请郑惠国教授诊治，郑教授详细了解了她的病史与治疗经过，认为她对西药的反应不敏感，介绍她请罗元恺进行中医治疗。罗元恺诊察其证候，除月经后期，经色偏暗，还有少腹胀痛，舌红少苔，脉细等，属于肝肾不足兼气滞血瘀。拟补益肝肾，行气活血，调经以助孕。处方：菟丝子30g，熟地20g，当归15g，川芎10g，党参15g，枳壳12g，怀牛膝15g，淫羊藿10g，肉苁蓉15g，枸杞子15g。嘱每次月经净后配服，每天1剂。留渣再煎，连服10剂。以上方为基础，选用乌药、香附、首乌、川楝子、白芍等适当加减化裁。经过半年的治疗，月经周期已基本恢复正常，约30~35天，经量中等，持续五六天。仍嘱继续服药调治，按上方以桑椹、金樱子、黄精、女贞子等出入其间。1977年2月怀孕，孕后两个月，曾因房事后出现少量阴道流血。拟先兆流产，给予补肾安胎治疗后，胎元得以巩固，至年底安然产下一女婴，母女健康。

1984年，一位患者因不孕求诊。罗元恺诊察其病史以及月经、带下等情况，均属正常，乃要求其丈夫做相关检查，发现是男方输精管阻塞所致，此非药物所能奏效，遂建议其夫到泌尿外科行手术治疗。手术后再用中药调养，一年后亦喜获麟儿。

罗元恺认为，中医与西医各有所长，亦各有其不足。中国的医生若能够同时掌握和使用中医与西医两套方法，并根据具体情况，制订最适合患者的治疗方案，使其解除疾苦，就可以充分发挥优势，弥补不足，从而提高疗效。

罗元恺虽已名声远播，诊务、教务繁忙，仍孜孜不倦地吸纳新知，了解医学的新进展，使新技术、新方法为我所用，促进中医学术的发展。他认为，学无止境，学术的发展也无止境。社会在进步，科学在发展，中医也在发展，中医现代化，就是要用最新的科学方法和技术去研究、发掘，以产生新的认识。他主动与其他学科的专家真诚合作，开展中医的科学研究，也鼓励他的研究生学习掌握新的研究手段，在学术上有独到见解，敢于创新。

1980年他指导的一位硕士研究生在准备开题报告时，罗元恺要求学生先提出自己的研究思路。当时，学生拟从《黄帝内经》"天人相应"的理论出发，研究月经周期调节与月相的关系，主要根据《灵枢》和《素问》对人体生理与病理节律的论述。《灵枢·岁露》指出："人与天地相参也，与日月相应也。故月满则海水西盛，人血气积，肌肉充，皮肤致……当是之时，虽遇贼风，其入浅不深。至其月郭空，则海水东盛，人气血虚，其卫气去，形独居，肌肉减，皮肤纵……当是之时，遇贼风则其入深，其病人也，卒暴。"《素问·八正神明论》又提出："月始生，则血气始精，卫气始行；月郭满，则血气实，肌肉坚；月郭空，则肌肉减，经络虚，卫气去，形独居。"而明代张景岳《类经》对此的解释是："月属阴，水之精也，故潮汐之消长应月。人之形体属阴，血脉属水，故其虚实浮沉，亦应于月。"张景岳还指出："月事者，言女子经水按月而至，其盈虚消长应于月象。经以应月者，阴之所生也。"李时珍《本草纲目》对此亦有论述："女子，阴类也，以血为主。其血上应太阴，下应海潮，月有盈亏，潮有朝夕，月事一月一行，与之相符，故谓之月水、月信、月经。"古人指出人体阴血的消长与太阴月周期相适应，呈现以28~30天为一周期，近似月节律变化。这种节律，又以妇女的月经周期表现得最显著。因此，可以通过调查健康女性的月经周期，检测月经周期中与节律调节相关的物质来论证月经节律与月相的关系，并通过时间治疗法来验证和探讨月经调节与阴血消长节律的一致性。对于这一研究思路，罗元恺十分赞赏。然而，当时中医学院的研究条件很差，又没有课题经费的资助，如何实施呢？他亲自出面，请学校免疫研究室、化学教研室和统计学教研室的专家协助，共同指导学生设计研究方案，并开放实验室，进行实验方法的探索，从学校筹集有限的经费购置试剂等，使课题的研究得以顺利进行。该研究首先在北京、广州两地进行问卷调查，对922名女大学生的月经情况调查表明：其一，月经周期的终始在时间的分布上有一定规律，月经节律与朔望月周期呈现同步效应。其二，对节律调节的重要物质——降黑素（melatonin）进行周期性的测定，发现位于大脑第三脑室的松果体所分泌的降黑素既具有昼低夜高的日节律，在女性还具有与月经周期相一致的月节律。其三，对月经不调、闭经等妇科病症，根据月经周期与月相的关系，以及月经周期中阴阳气血的消长变化规律，进行因时施治的研究并取得良好的疗效。硕士学位论文得到专家们很高的评价，研究论文《月经节律与月相的联系初探》发表在1984年12月《上海中医药杂志》；《The regulation of menstrual cycle and its relation to the moon》发表在1986年1月瑞典《Acta Obstetrics & Gynecology Scandinavic》杂志上。论文得到国内外数十位学者的关注，产生了较大的学术影响。该研究也获得1987年国家中医管理局中医药科技成果乙等奖。这是从中医理论出发，结合临床实际，以先进的研究方法，把中医理论研究、临床研究和实验机理研究融会贯通的典型范例。

罗元恺本着学无偏执的精神，对于中医的各门各派，兼收并蓄，各取所长；对于西医学与其他学科的知识，广泛涉猎，为我所用，经过独立思考，并在实践（实验）中验证，提升为新的见解和观点，再应用于实践。这就是一位行有定见的学者的风范——只要认准了方向，不妨借用各种最新、最好的工具来拓宽自己的道路。

妇科翘楚 送子观音

罗元恺医德高尚，医术精湛，对患者和蔼可亲，有求必应，不分贵贱，一视同仁。在20世纪60年代，他经常下乡巡回医疗。有一次，他带队到广东省新丰县的山区，当地的村民知道省城的名医来了，每天排着长队等他看病。白天没排上队的病人，晚上就到医疗队的住处找他。医疗队离开的那一天，还有病人拦在路上，苦苦央求，他只得就地在路边给那几位农妇看病。后来，有一位产后闭经的患者专程到广州，守在他家门口等他下班，他热情接待，不但给病人看病，还招待病人一家食宿。

1984年，受泰国华侨团体的邀请，以罗元恺为团长、广州中医学院专家为主体的中医代表团到泰国访问，并为民众义诊，在泰国华侨华裔中传为佳话，被报刊誉为“女同胞的救星”、“送子观音”。

到了耄耋之年，他仍坚持每周看门诊。有些病人慕名远道来诊，但挂不上号，他宁愿推迟下班，尽量使外地的患者能看上病。他常说：医者父母心，就是要体察病人的痛苦，并为患者解除疾苦，这是医生的职责。病人满怀希望而来，怎能让他们失望而去？做医生要为病人着想，辛苦一点也是值得的。

他精研医道，博采众长，善于结合专科的特点运用传统的中医诊法，尤其擅长于望诊。治病则讲求标本缓急，攻补有道，善于平衡阴阳。每遇疑难有定见，进退从容如用兵。他以精确的辨病、辨证，卓著的疗效，赢得患者的信赖。

中医看病，从望、闻、问、切入手，谓之“四诊”。《难经》有“望而知之谓之神，闻而知之谓之圣，问而知之谓之工，切而知之谓之巧”之说。罗元恺尤其重视望诊，对病人神、色、形态的观察以及妇科方面经、带、恶露的辨析，总是作为第一手的客观资料。根据中医的整体观，“有诸内必形诸外”，故能视外而知内。

望诊首先望神。观察病人的神志、眼神和精神状态，对危急重症的诊断有较大意义。如神志淡漠，反应迟钝者，常为失血之征，可见于崩漏、不全流产或宫外孕破裂等，救治不及则有陷入厥脱之危象。如双目无神，眼眶下陷，神志淡漠，肌肤甲错，则为气阴两亏之征，妊娠剧吐或产褥感染热入营血之重症皆可有此表现。若非危重症而见表情淡漠，不欲言语者，多属慢性病之阳虚证。

其次是望面色。面部的色泽反映了脏腑气血的盛衰，面色晦暗或暗斑主肾虚或脾肾两虚。面颊、眼眶或额部晦暗和暗斑常见于妇科肾虚证。晦暗是黑褐而无华之色，属肾之本色。肾主生殖，面色晦暗者多有生殖功能低下之痼疾，多见于崩漏、闭经、不孕、滑胎等患者。对晦暗或暗斑的辨析，则以眼眶暗黑主肾虚，面颊暗斑主脾肾虚，下眼睑浮肿而晦暗者以脾虚为主。晦暗或暗斑的程度与病情相关，证候重则晦暗或暗斑加深，病情好转则晦暗与暗斑渐消。此外，环口暗黑则为肾虚冲任亏损。因任脉与督脉交会于唇口，肾之精气不足，则唇口不荣。但唇色暗又主寒凝、血瘀和心阳不振，应结合全身脉证予以鉴别。

望舌为望诊中最重要的内容。舌为心之苗窍，脏腑以经络连于舌本，故脏腑的寒热虚实亦可通过舌象反映出来。辨舌质可辨脏腑之虚实，视舌苔可察六淫之浅深。妇科舌诊亦有其特点。舌暗多为血瘀之象，而舌淡暗不荣润者，则主肾虚，为肾气不足，精血不能上荣之故，其特征是暗滞而淡，无润泽之色，与血瘀之紫暗不同。

望形态在妇科有特殊的意义，可察体质禀赋之强弱。形体消瘦者，阳有余而阴不足，不受温燥；形体肥胖者，有余于形而不足于气，脾气虚则易生痰湿，且不胜寒凉。若女子年逾 18 岁仍矮小、瘦削、乳房不丰者，为先天肾气不足，多有月经不调或闭经。毛发之荣枯，关乎肾精与气血，毛发枯槁、脱落主肾虚，女子体毛浓密，有如须眉之象，为冲任不得下泄，常因痰湿壅滞而闭经、不孕。

望经带是妇科特有的内容。观察月经、带下及恶露的量、色、质，以辨寒热虚实。如经色鲜红而质黏，为虚热；深红而质稠，为实热；经色淡红而质稀，属气血虚；暗红而质稠，或有血块，为血瘀；若淡暗而质稀如水，则属肾虚。带下以量少津津常润为善。如量多清稀如水，为脾肾阳虚；量多色白而黏，为脾虚湿盛；带下色黄或赤白相间，多为湿热；黏腐如豆渣或青黄如泡沫，为湿浊下注；带下如脓样或五色杂见，为湿毒或热毒；带下色赤而量少，可因瘀热；淡暗而稀，则属肾虚。

罗元恺说：现在用超声波、X线、造影、CT、MR等手段可以诊察体内的病变，是望诊的进一步发展。但医生对病人的整体形态、神态和舌象进行观察，仍是临证的第一要务。结合问诊、闻诊与切诊，参考其他辅助检查，均有助于对病人作出正确的诊断。

在他晚年，临床上精专于妇科，注重补肾与活血两大治法，充分发挥中医药在调经、种子、安胎以及消癥散结方面的特色与优势，学验俱丰，疗效卓著，并研究开发了“滋肾育胎丸”和“田七痛经胶囊”两个中药新药，造福于社会。

妇科首重调经，种子在于肾与血气。肾藏精，为先天之本。女子之月经、孕育均以肾为主导。罗元恺早在20世纪80年代初就指出：“肾—天癸—冲任—子宫构成一条轴，成为女性生殖功能与性周期调节的核心。”肾主生殖，故调经、助孕均以肾为本。月经周期是阴阳转化、血气消长、定期藏泻的结果。因此，调经之法，要顺应其周期性的阴阳消长，调补肾之阴阳，协调气血之盛衰，经调则孕育正常。

滋阴固气治崩漏，慎用温药乃岭南特色。崩漏是妇科之危急重症和疑难病症，其特征是月经周期、经期、经量的严重紊乱，严重者可因大量下血而危及生命。对崩漏的记载，最早见于《素问·阴阳别论》中“阴虚阳搏谓之崩”的论述。《景岳全书·妇人规》云：“崩漏不止，经乱之甚者也。盖乱则或前或后，漏则不时妄行。”指出崩漏属于月经病的范畴。然而，后世许多医著将各种妇科下血症统称为崩漏。罗元恺认为，对于崩漏的诊治，首先要确定其定义，才能分析病因病机，并准确施治。若概念含混不清，将各种原因所致的妇科下血症混为一谈，往往导致误诊、误治，贻害匪浅。他主编教材时，力主把崩漏的定义确定在月经病的范畴，在诊断时要注意排除妊娠、癥瘕、外伤等引起的阴道下血。在他倡导下，这一概念得到中医妇科学界多数学者的认同。

对于崩漏的治疗，他综合南北古今的论述，分析地域、体质之差异，指出治疗的异同：北方以寒证多见，自仲景之温经汤至傅青主之固本止崩汤，均善用温药；而岭南温暖潮湿，以阴虚或气虚、湿热等证多见，在治法上要注意顾及气阴。不宜过用芎、归之类辛燥走窜之品，以免动血，反增加其出血量。应首选首乌、桑寄生等守而不走的药物，以滋养并止血。而补气之药，亦以平为期，使血海宁静，不宜过于升散。他在临证实践中创制了补肾益气固摄止崩的验方"二稔汤"，以广东草药岗稔根、地稔根止血固崩，党参、白术等健脾益气以固摄，熟地、桑寄生等养肝肾益精血，续断固肾止血，棕榈炭、赤石脂收敛止血。固摄止血之余，兼顾肾、肝、脾三脏。下血缓解后，则继以其经验方"滋阴固气汤"巩固疗效，以菟丝子、山萸肉滋养肝肾，党参、黄芪健脾补气，阿胶固涩止血。既滋阴，又补气，亦兼顾了肾、肝、脾三脏，适用于崩漏之势稍缓者。崩漏止血后，需复旧以调整月经周期。因肾主闭藏，脾主统摄，冲任之本在肾，故复旧固本之法，旨在调补脾肾，使月经周期恢复正常。他自拟"补肾调经汤"，以菟丝子、桑寄生、续断平补肾之阴阳，辅以党参、熟地黄、枸杞等补气养血，鹿角霜固涩肾精，以补肾为主，兼顾气血以调经。

1975年初，34岁的妇女沈某求诊。患者月经周期紊乱近三年，阴道流血淋沥不断或暴下不止，屡医未效。来诊时阴道流血已两周，西医行诊刮术，病理报告为"子宫内膜增殖症"。但流血未止，量多，色鲜红，无血块，伴心悸，纳差，小腹坠痛，腰痛，睡眠不宁，面色晦黄，舌淡红，苔白微黄，脉细略滑数。结婚两年多，夫妇同居而未孕。罗元恺认为这是脾肾虚弱，冲任不固之崩漏，治以补肾健脾为主，佐以止血，以达塞流之效。处方以二稔汤加减：岗稔根30g，地稔根30g，制首乌60g，川断15g，白术15g，炙甘草5g，荆芥炭9g，仙鹤草20g，艾叶12g。再诊时阴道流血已止，但仍头晕，腰酸膝软，小腹胀痛，口淡纳差，舌淡红略暗胖，脉沉细。流血既止，需以补肾为主，兼理气血，俾能调整月经周期，恢复排卵，以收固本之效。处方以补肾调经汤加减：桑寄生15g，续断15g，益智仁10g，菟丝子15g，炙甘草6g，制首乌15g，党参12g，金樱子15g。三诊时月经已来潮第5天，量仍多，未净。伴头晕头痛，腰酸软，下肢酸麻乏力，口淡，舌淡胖，边有齿印，苔薄白，脉弦细略数。经期需预为塞流，以防崩漏不止。处方仍以二稔汤加减：岗稔根30g，地稔根30g，制首乌25g，菟丝子15g，熟地20g，金樱子30g，续断15g，炙甘草6g，党参12g。其后，患者之月经恢复正常周期，翌年怀孕产子。

调经培元治不孕，标本兼顾贵在变通。不孕症病因复杂，关乎夫妇双方。罗元恺认为，妇女不孕症着重调经，所谓“经调而后子嗣”。月经正常，且无痛经等病症，乃受孕的首要条件。艰于受孕者，往往有月经不调、崩漏、闭经、痛经等表现。他自拟“促排卵汤”治疗肾气虚损之排卵障碍，以菟丝子补益肾气，熟附子温补肾阳，熟地、枸杞滋肾养血，党参健脾益气，使肾之阴阳平衡，气血旺盛，冲任调和，则经调而子嗣。

1992年9月，30岁的妇女刘某因结婚3年未能怀孕求诊。患者平素月经规律，但近一年月经量减少，色暗，经间期又见有少许阴道下血，色鲜红，一两天自止。平时带下少，阴道干涩，伴有少腹胀痛，眼眶暗，形体瘦削，舌淡红，苔白，脉弦滑。夫妇双方一般检查未见异常。罗元恺诊其不孕症兼有月经过少和经间期出血，辨证属肝肾阴虚。当滋养肝肾，调经以助孕。处方：生地15g，山萸肉、丹皮各12g，旱莲草、女贞子、白芍各15g，怀山药、丹参、太子参各20g，桑寄生25g，怀牛膝、泽泻各15g。复诊谓诸症改善，经后未再出现经间期出血，舌尖红，苔微黄，脉细弱。可守上法继续调经。处方：桑寄生25g，菟丝子、怀山药、珍珠母各20g，熟地、太子参、丹参各15g，山萸肉12g，鸡血藤30g，麦芽40g。每次经后服14剂。再诊诉月经量增加，经后行输卵管通水术，提示输卵管通而不畅。舌淡红，苔白，脉细。此时前症已解，但胞络阻滞，则改用疏肝活血通络之法。处方：丹参、益母草各20g，赤芍、郁金、桃仁、乌药各15g，丹皮、枳壳各12g，川芎、青皮各10g，麦芽45g。翌月喜报妊娠。

此例为肝肾阴虚之证。一方面精血亏损，血海不盈，则经量减少；另一方面又因阴分不足，阳气内动，引起经间期出血。治法当以调经为先。首先用六味地黄合二至丸加减，养阴益精，充养天癸，虚火自平。其后经间期出血已止，则重在滋肾，用菟丝子、桑寄生、熟地等，佐以疏肝镇潜，用麦芽、珍珠母以巩固疗效。调理3个月后，经候如常，但发现输卵管通而不畅，此为冲任不畅，胞络阻滞，则予活血通络、疏肝养血之剂，使气血条达，脉络畅顺，而胎孕易成。

导致不孕之实证主要是痰湿、瘀血。如子宫内膜异位症、慢性盆腔炎、输卵管阻塞等均以血瘀为主要病机。治疗原则以活血化瘀为主，兼行气、温经或清热。他善用三七化瘀止痛，在失笑散的基础上创制了“田七痛经胶囊”，治疗寒凝血瘀和气滞血瘀之痛经，并获得1986年广州市科技成果三等奖。

1989年2月，在广州外语学院任教的一位外籍教师因痛经请罗元恺诊治。她从15岁月经初潮后即有痛经，尤以经行第一日为甚，每月需口服或注射止痛药。两年前在英国诊为“子宫内膜异位症”，手术切除左侧卵巢巧克力囊肿。术后痛经减轻，近一年旧病复发，痛经又逐渐加重。经量多，色暗，有血块，持续七八天，胃纳欠佳。刻诊正值经前，察其形体消瘦，舌淡暗，苔白，脉沉细迟缓。辨证属寒凝血瘀，胞脉阻滞。治宜温经散寒，活血化瘀。处方：小茴香10g，桂枝12g，干姜5g，蒲黄9g，五灵脂

10g，当归 12g，川芎 10g，白芍 15g，乌药 15g，苍术 9g，鸡内金 10g，谷芽 30g。每日 1 剂，另加服田七痛经胶囊，每日 3 次，每次 3 粒。并戒生冷寒凉之饮食。服药一周后，月经来潮，痛经大减，经量亦减少，夹小血块。自诉是月经来潮后从未有过的舒畅，几乎不感觉腹痛，称中药为“魔水”。

痰湿阻滞以致不孕者，其病机主要为脾肾气虚，内蕴痰湿。气虚则不能运化水湿，聚液成痰，痰湿又阻碍气机之运行，互为因果。往往形体肥胖，面色苍白晦黄，多有月经失调，甚至闭经，或见肢体多毛。常见于多囊性卵巢综合征，排卵不正常，甚或无排卵，因而月经稀发，难于受孕。罗元恺认为，此乃虚实夹杂之证，需攻补兼施，一方面燥湿化痰以治标，另一方面健脾补肾，理气活血以固本。还要察其虚实之孰轻孰重以取舍。痰湿偏重者，他善用苍附导痰丸（《叶天士女科诊治秘方》：茯苓、半夏、陈皮、苍术、香附、胆南星、枳壳、神曲、生姜、甘草）合佛手散（《普济本事方》：川芎、当归），或加黄芪、破故纸、桃仁等；若偏于脾肾不足，则以“促排卵汤”为主，合二陈汤（《和剂局方》：半夏、陈皮、茯苓、甘草），以攻补兼施。

胎孕以封藏为本，重在固摄安胎。罗元恺指出：“胎孕的形成，主要在于先天之肾气；而长养胎儿，则在母体后天脾胃所生化之气血。”若先天禀赋不足，如子宫发育不良或形态异常，为先天之虚；若大病久病，为后天之虚；若因妊娠期劳累过度，或房劳所伤，甚或屡次堕胎、小产，是孕后所伤，封藏失司，皆属肾虚。除先天禀赋不足者外，多由劳伤所致，影响肾之封藏，则胎元不固，轻者胎漏、胎动不安，甚则堕胎、小产、滑胎。安胎之基本原则，重在补肾以固胎元。是以固摄之法，制动以静，使之恢复封藏之功。肾主先天，脾主后天，故安胎还须兼顾脾胃，益气养血。肾脾合治，从先天以固胎元，从后天以养胎体。并结合孕妇体质的寒热虚实，适当加以用药。他创制了“补肾固冲丸”，该方因疗效卓著，得到学术界的广泛认同，已载入《中医妇科学》第四、五、六、七版教材。罗元恺在此基础上进而研究开发出中药新药“滋肾育胎丸”，以补肾固摄为主，佐以健脾养血。这一研究成果获得1983年卫生部科技成果乙等奖，并成为国家中药保护品种。其后他还指导拟定健脾补肾并重以治疗免疫性反复流产的“助孕Ⅲ号方”，做了大量的临床与基础研究，取得了丰硕的成果。研究课题“免疫性自然流产与免疫性不孕的中医治疗”获1997年广东省科技进步二等奖。

他说：“补肾安胎的药物，以菟丝子为首选，应作为主药而加以重用。”该药具有安胎和去暗斑之效，阴中有阳，守而能走。而在补气健脾药中，则首选党参，《本草正义》谓其“健脾而不燥，养血而不滋腻，能鼓舞清阳，振动中气而无刚燥之弊”。若元气较虚者，再加用人参。

劳伤冲任是导致胎动不安的重要原因。劳伤，包括劳神、劳体和房劳。劳神者，忧虑过度伤心脾，郁怒则伤肝，惊恐可伤肾，悲伤易伤肺。可影响气机，使气虚失摄，或气机逆乱。劳体者，劳倦过度则伤脾肾，跌仆外伤则伤气血。房劳者，往往是妊娠早期不节房事，损伤肾气，伤动胎气。针对因劳而动胎的常见诱因，罗元恺提出：“安胎之要，着重一个‘静’字，药性宜静不宜燥，身体宜静不宜动，情绪宜静不宜躁。”

1976年3月，香港《大公报》一位资深报人的夫人陈某慕名找到罗元恺。她结婚7年，曾怀孕4次，但妊娠两三月后必应期而堕，末次堕胎后四载未能怀孕。曾往北京、上海各大医院诊治，皆未奏效。患者已36岁，月经周期尚准，但一向经量较多，色淡，有小血块，每次用卫生纸两三包，经常神疲体倦，腰酸痛，下腹坠胀，夜寐不安，多梦，胃纳欠佳。面色青白，上唇有暗斑，舌淡红，苔微黄略腻，脉细滑。罗元恺详察其病史与症状，认为其病情复杂，素有月经过多，又发生反复流产，再继发不孕。但三病虽异，其源则一，皆由肾气亏损，冲任不固，脾气虚弱，失于闭藏摄纳。治宜补肾健脾为主。处方：菟丝子30g，桑寄生25g，熟地25g，淫羊藿10g，金狗脊10g，党参20g，白术15g，炙甘草9g。患者服药调理两月余，月经有改善，仍觉神疲，腰微酸，白带多，质稠。乃继续以补肾扶脾为主，使精血充足。处方：菟丝子25g，桑寄生25g，淫羊藿10g，党参15g，白术15g，枸杞子15g，巴戟天15g，山茱萸12g，茯苓20g。6月19日三诊，经量明显减少，但经后腰酸，下腹坠胀，失眠，纳差，尿频，舌淡暗，苔薄白，脉细弦缓。治以滋肾宁神。处方：菟丝子25g，干地黄25g，枸杞子15g，金樱子25g，夜交藤30g，何首乌25g，巴戟天15g，桂圆肉15g，山茱萸12g。8月18日四诊：正值经行第4天，经量正常，精神好转，已无腰酸腹坠感。舌暗红，苔薄黄，脉缓略弦。治宜补肾健脾摄血。处方：熟地20g，桑寄生25g，首乌30g，岗稔根30g，旱莲草15g，女贞子15g，党参20g，白术12g，鹿角霜12g。

9月底，患者已停经45天，喜知有孕，胃纳尚可，但恶心呕吐，下腹胀，神疲，腰酸，矢气频，大便干结。舌暗苔薄白，脉细弦滑。嘱其注意休息，禁房事，用补肾健脾益气安胎之法，以防再次滑胎。以寿胎丸加减：菟丝子25g，桑寄生20g，续断15g，桑椹15g，党参15g，茯苓25g，陈皮5g。妊娠两月余再诊仍纳差，恶心，身有微热，口苦，多梦，腰酸，下腹坠痛，舌暗，尖稍红，苔微黄，脉细滑尺弱。审其脉证，证属肾虚，夹有胎热，宜补肾健脾，佐以清热安胎。处方：菟丝子25g，桑寄生15g，续断15g，党参15g，北沙参15g，黄芩10g，白术12g。继续以寿胎丸合四君子汤加减化裁，胎元终得巩固，1977年5月足月顺产1男婴，母婴健康。

妇科癥瘕，需消癥散结，活血还需行气。妇科常见病子宫肌瘤、子宫内膜异位症、卵巢囊肿、盆腔炎症包块等均属于癥瘕的范畴。罗元恺认为，妇女胞中结块，形成癥瘕，主要是气滞血瘀或痰湿壅聚，均属有形之实邪，但往往由于久病或过用攻法而损伤气血，虚实错杂。治法上既要行气化瘀，或燥湿祛痰，软坚散结，以治其标，也要益气养血以固其本。况且子宫肌瘤、子宫内膜异位症可引起月经过多，使阴血更虚，若一味峻攻，恐伤正气，总宜攻补兼施，适当运用。他主张以行气散结软坚之法缓图之，配合祛瘀、止血、止痛，佐以益气养血，达到祛邪而不伤正之目的。他创制的“橘荔散结丸”以岭南特有之橘核、荔枝核行气散结，配合行气止痛、益气止血、软坚散结、活血消癥之品，经近20年的临床应用，对于子宫肌瘤及其所导致的月经过多、经期延长等具有良好疗效。对于妊娠合并子宫肌瘤者，亦可以在整个妊娠期内安全地使用。

1975年6月，28岁的技术员谭某因严重的痛经从外地来诊。她从两年前开始经期腹痛，并逐渐加重，每次月经前至经期下腹疼痛难忍，伴腰痛和肛门坠痛，甚则呕吐，出冷汗，不能坚持上班。从1975年2月开始，经量增多，经期延长达10多天，血块多，块出痛减。月经周期基本正常，大便溏，有时每日大便3次。西医诊为“子宫内膜异位症”，治疗未效。妇科检查发现子宫体后倾，活动受限，子宫后壁可触及小结节，触痛明显；双侧附件增厚，有压痛。舌淡暗，舌边有小瘀点，苔薄白，脉弦细数。罗元恺认为，这是气滞血瘀，阻滞冲任，血不归经，导致继发性痛经、月经过多和经期延长。当用活血化瘀，行气止痛之治法。处方：五灵脂10g，蒲黄6g，大蓟15g，茜根10g，九香虫10g，乌药12g，木香6g(后下)，益母草25g，岗稔根30g。两月后复诊，谓痛经稍减轻，但月经仍淋漓不止。治法如前，加强活血化瘀之力。处方：田七末3g(冲服)，五灵脂10g，蒲黄6g，九香虫10g，橘核15g，干地黄25g，白芍20g，甘草9g。9月24日三诊时痛经明显减轻，舌淡略暗，脉弦细。照上方去干地黄、木香，加乌药12g，川断15g，首乌25g，党参15g，调理气血。10月28日四诊正值经行第5天，经量减少，腹痛大减。舌淡暗少苔，脉弦细略数。分拟两个处方：一方仍依前法，在经前两三天和月经期服，重在治标以止痛。处方：田七末3g(冲服)，五灵脂10g，蒲黄6g，益母草30g，九香虫10g，鸡血藤25g，山楂子20g，续断15g，桑寄生25g，白芍15g，甘草9g。二方在平时服，重在调理气血以固本。处方：大金不换20g，九香虫10g，当归20g，白芍16g，甘草9g，乌药12g，橘核15g，木香6g(后下)。使气血畅行，消散瘀阻。患者回当地依上方按月调治半年，再来复诊，诸症已好转，月经量正常，5天即净，经期亦无明显腹痛，但觉口干苦，睡眠欠佳，多梦，舌稍淡暗，少苔，脉弦细数。仍拟两方。一方经前服，拟继续化瘀消癥，以巩固疗效：五灵脂10g，蒲黄6g，九香虫12g，香附12g，丹参15g，赤芍12g，怀牛膝15g。二方平时服，以滋养肝肾，补益阴血：女贞子20g，旱莲草15g，丹参16g，干地黄25g，夜交藤30g，白芍15g，九香虫6g，香附9g。以免久用行气活血之品，损伤阴血，故邪去八九后，当顾及正气。其后复查，子宫后壁未触及明显结节，亦无触痛，双侧附件亦无压痛。随访两年，并无复发。

岭南温热偏盛，须时时顾护阴津。早年受其父影响，罗元恺对温病颇有钻研。广东地处岭南，乃亚热带地区，常年气温偏高，长夏多湿，故岭南人的体质往往偏于阳盛、阴虚或气阴不足，易患温热、湿热之证。他推崇叶天士的《外感温热篇》和吴鞠通的《温病条辨》，认为热病传变迅速，最易伤阴，而阴津是人体正气的物质基础，以濡养脏腑肢节。因此，在温病的各个阶段，均应注重养阴保津，以防津亏液竭，耗损真阴而变生不测。他曾著《温病保津养阴的重要意义》，提出热病护阴三法，即间接护阴、直接护阴和综合护阴。在热病之初期阴津未伤，宜间接护阴。此时以祛邪为主，通过清热解表或清热解毒，有下血者凉血止血，清热之中寓护阴之意；若病情进一步发展，阴津已伤，则应直接护阴，使用甘凉、甘寒、甘润或甘咸之品，濡养阴津。如生脉散甘凉以润养上焦，增液汤甘寒以濡养中焦；三甲复脉汤、大小定风珠等甘咸以滋养下焦，均属直接填补滋养津血阴精。热病后期阴分已伤而邪热未去，则须综合护阴，清热与养阴并重。灵活掌握热病治疗中祛邪与扶正两个侧面，注意保存阴津，不宜妄用苦寒攻伐或辛温耗散之品。

1967年春季，广州地区发生流行性脑脊髓膜炎，疫情严重，流行甚广。罗元恺临危受命，参与流脑病区的医疗工作。他根据温病学的理论，分析流脑的证候特点，认为该病属于瘟疫之热伏证，故具有迅发高热、头痛、项强、呕吐、倦怠，甚则神昏、斑疹隐隐，舌红，苔黄或腻等表现。应采用清瘟败毒饮加减，清热解毒，佐以护阴。他在简陋的条件下，以中药为主治疗500多例，少数辅以静脉输液和西药，大多数予以中药汤剂口服而愈，疗效达99.6%，仅2例死亡。发挥了中医药治疗急性传染病的作用。

在妇科方面，因热而动血者亦不少见。如阳盛实热或阴虚内热而致胎漏、胎动不安者，罗元恺主张以养阴清热为主。热性善动，扰动胎气，在清热之际，须顾护阴津，热去精藏，以达保胎之功。肾阴不足导致虚热内生者，重在滋阴潜阳以降火；实热炽盛者，可适当清热凉血，但务须兼顾养阴。前者可用寿胎丸合二至丸，或加少许黄芩；后者可选保阴煎，酌加茯苓以健运脾胃，并有安神镇静作用；或用清经散，酌加续断，则固肾而安胎。有阴道出血者，加地榆、侧柏叶、仙鹤草等凉血止血。但不可固执"黄芩白术乃安胎圣药"之说，滥用苦寒清热之品。他认为，中医治病必须辨证施治，以证定方，切忌固执一病一方。用药如用兵，医者之功力就在其中。

良师善教 桃李满园

罗元恺不仅是一位中医临床家，还是一位中医教育家。他终生执著于中医事业，既工于医术，亦善于教学，博学多才，在学术上建树甚丰，乃德学双馨之典范。他在学术上的成就，奠基于治学、教学与研究的正确方法与长期积累。

他从20世纪30年代开始从事中医教学，曾担任《金匮要略》、中医内科、中医儿科、中医妇科、中国医学史、中医基础理论等课程的教学工作；先后担任广东中医药专门学校校长，广州中医学院进修部主任、妇儿科教研室主任、副院长等职，既长期从事教学行政管理工作，又不脱离教学实践。他对中医教育事业倾注了毕生心血，对中医临床学科的课堂教学与实践教学有丰富的经验，并提出因材施教、广开思路、理论结合临床的教学方法，是现代中医教育的一代大家。

罗元恺在长期的教学实践中，总结了中医教育的一些规律。他认为中医首先来源于临床，理法方药均应用于临床，故能够扎根于民众之中，而中医独特的理论体系，其哲学和科学的内涵，则是中医学在两千多年的历史过程中持续发展的基础。因此，现代中医教育不可偏废理论与临床。他提出中医教学的几条原则：（一）以中医基础理论为纲。中医、中药各个学科都是以中医基础理论为纲领，而各个学科又有其专科的理论特点，是由中医基础理论派生出来，并用于指导本学科的临床实践。（二）理论联系实际。中医学是一门应用科学，扎根于临床，能治病、治好病是其生命力所在。中医基础课和临床课的教师都不应脱离临床，要在医疗实践中验证和发展中医理论，以医促教。（三）因材施教。要根据学生的层次、基础、能力、学习目标等制订教学计划，着重解决教学中的重点和难点问题，启发思路，培养临床与研究的能力。

在中国近现代史上，由于西医、西药的传入和西医的迅速发展，中医曾一度受到压制，而中医理论受到的冲击更大。“中医不科学”、“废医存药”的论调使中医理论面临废亡的危机。中华人民共和国成立以后，政府的支持使中医药得到较好的发展，中医教育也走上正轨。但有一段时间，重实践轻理论的实用主义倾向严重影响了中医理论的教学与研究。有感于此，罗元恺在20世纪70年代撰写了《如何把临床课教学工作做好》一文，强调中医理论的重要性，认为中医基础理论是临床各科理法方药的指导性纲领。如不掌握中医理论，则辨证不明，论证不确，若以方套病，对号入座，就丢掉了中医学的精华。另一方面，理论也要指导临床，并在实践中进行验证，使之提升到新的高度，取得新的突破。

他致力于教材建设，主编了全国高等中医药院校统编教材《中医妇科学》第5版。该教材对于学科的某些基本概念进行了界定，如“天癸”是“影响人体生长、发育和生殖的一种阴精”，“崩漏”是“经血非时暴下不止或淋漓不尽”，对于月经产生的机理进行了理论阐述，把“异位妊娠”写入“妊娠病”，还附录了妇产科常见急症的诊断要点。这是历版《中医妇科学》教材中影响最大、应用最广、使用时间最长的一部教材，目前仍作为香港中医师执业资格考试的蓝本，也作为台湾长庚大学中医学系的教科书。第5版教材出版后，他又主编了与其相配套的《高等中医院校教学参考丛书·中医妇科学》。这是第一部中医妇科教学参考书，内容全面而系统，对教学中的重点、难点和疑点进行了详尽的阐述，对历史沿革与各家论点进行了系统的论述与分析，对现代研究成果亦有概括性的介绍，成为教师和学生的重要参考书籍。该书出版后经多次重印，并由知音出版社在台湾发行，影响深远。在此之前，他还曾主编《中医儿科学》第一、二版全国统编教材，参与编写《中医妇科学》第4版教材。

他在《漫谈中医的“学”与“教”》一文中论述中医的教学与学习，认为学中医要循序渐进，善于自学，独立思考，勤学多练。教师应因材施教，根据学生的水平和基础，讲课的广度、深度、重点均应有所区别，并注意结合临床实际，使学生学以致用。他对教学极其认真负责，同一门课，对不同的班种就有不同的讲课方式，备课、讲课均顾及学生的特点。如对于本科学生，因其未有临床经验，需要把诊断与鉴别、辨证与治法详作讲解；而进修生、西医学习中医学员已有一定的临床基础，诊断与鉴别可以简略一些，重点是中医辨证论治的特点，并注意介绍临证中的经验教训；对于硕士、博士研究生，其层次较高，基础较好，就应该着重介绍学科的最新进展，并指出一些悬而未决的问题或有争议的观点，以启发其思路，鼓励其深入探讨。在实践教学中他注意培养学生的基本技能，使之掌握临床思维与诊疗方法。他在古稀之年还主办了全国中医妇科师资班，并亲自主讲，同时也邀请国内十多位著名妇科专家前来讲学，融会各家精华，取得良好的效果。

他认为教学也是一个学习的过程。在备课时大量查阅资料，并通过总结、归纳临床经验，温故而知新，在理论上加深认识；而在教学过程中，需要对一些学术上的疑难问题进行思考，也启发和促进了理论和临床研究，达到“教学相长”的境界。

他治学严谨，勤于著述，笔耕不辍，除编写教材外，还经常撰写学术论文，发表于各级专业刊物，或在学术会议上交流。从20世纪80年代开始相继结集出版了《罗元恺医著选》、《罗元恺论医集》、《罗元恺女科述要》等专集，整理注释《景岳全书·妇人规》，并出版《点注妇人规》，主编《实用中医妇科学》，参编《中国医学百科全书·中医妇科学分册》。在同时代的中医专家中，许多老中医终生忙于诊务，少有著述，宝贵的临证经验散失于身后，甚为可惜！而他的著述颇丰，给后人留下了大量的著作和手稿，从中体现了他的深厚理论根基与学术功力，也反映了他善于总结临证经验，并在理论上加以提升的探索精神。

罗元恺以传播和振兴中医药事业为己任，善于因材施教，桃李遍布海内外，至晚年仍育人不倦。1991年罗元恺被确定为第一批全国老中医药专家学术经验继承工作指导老师，其学术继承人张玉珍、罗颂平1994年结业出师。

著名疟疾专家李国桥是广东中医药专门学校毕业生，现已退休，常念念不忘老校长当年的教导。欧阳惠卿、吴沛霖、张玉珍、罗颂平等是广州中医学院的毕业生，已成为中医妇科领域的佼佼者。罗元恺的第一位博士研究生郑国平毕业后到美国纽约行医，是美国中医药针灸学会副会长。

罗元恺在晚年仍赴泰国、新加坡及中国香港和澳门等地讲学，并出席第二、三届亚洲中医药学术大会，在国内外颇有声望。他的生平和成就已被载入英国剑桥《世界名人录》和美国《国际名人辞典》。

1994年10月，广东省中医药管理局和广州中医学院隆重举办了庆祝罗元恺教授从医从教60周年暨80华诞纪念会。广东省政府领导同志亲临祝贺，罗元恺的众多学生、弟子纷纷从海内外回到母校，向老师表示敬意和祝贺。

淡泊自甘　宁静致远

做学问是艰辛、寂寞之事，需要经过长期的积累，深入的思考，甚至是终身的奋斗，才能厚积薄发，有所收获。若没有坚定的信念，执著的专业精神，浓厚的兴趣，则难以长期沉浸于学问之中，往往是浅尝辄止，半途而废。

20世纪以来，中医的生存与发展更是充满艰辛，困难重重。罗元恺在事业的征途上经历风雨，屡受挫折，仍不改初衷，坚定不移地为中医事业奋斗一生，表现了一位中医学家对事业的赤诚之心。

20世纪30年代，罗元恺踏足医道之时，战乱频仍，民不聊生。在抗日战争期间，广东中医药专门学校与广东中医院被迫停办。为了躲避战乱，罗元恺与家人数度逃难，辗转于香港、广西、粤北山区，为谋生计，亦曾从事税务、小学教师等工作。但生活略为稳定，他即努力开设中医诊所，开办中医讲习所，从事中医的临床与教学。

除了战争的破坏，中医事业还屡受行政之压制。1929年，南京国民政府卫生部第一届中央卫生委员会通过了余云岫所提出的《废止旧医以扫除医事卫生之障碍案》，禁止设立中医学校，从而引发了全国中医药界的强烈抗议。各地中医药团体在上海成立总联合会，广东中医药专门学校也派代表参加，并组成请愿团到南京请愿，最终迫使国民政府取消了该提案，余氏之提案未能付诸实施。中华人民共和国成立后，中医教育得以纳入高等教育系统，得到政府的资助，中医工作开始呈现前所未有的光明前途。然而，当时的卫生部个别领导人在全国卫生工作会议上提出“中医不科学”，把中医院校改为学习西医的进修学校，中医事业再次遭受打击。在这个过程中，罗元恺目睹了中医事业的跌宕起伏，亦亲历了中医学校起死回生的存亡之变，更坚定了为中医事业奋斗的信心和决心。

罗元恺1968年至1971年在干校劳动3年，昔日的名医每日要做粗重的农活。在身心备受磨难的日子里，他经常在心里默念着孟子的名言：“天将降大任于斯人也，必先苦其心志，劳其筋骨，饿其体肤，空乏其身，行拂乱其所为，所以动心忍性，曾益其所不能。”坚信一定能继续以自己的知识为祖国、为人民服务。

1980年后，他虽名望日隆，学术地位甚高，但仍然保持谦虚谨慎的处世态度，淡泊自甘的行事风格，公正宽容的工作作风，勤求学问的学者风范，身体力行，乐于奉献，为振兴中医而不懈奋斗。1984年，他写了《七十书怀》抒发其感受：

一

七十高龄鬓已斑，中医事业尚多艰。

老骥岂能甘伏枥？鼓其余勇续登攀。

二

浩如烟海古医籍，半生研读欠真知。

勤求古训求启导，群书博览觅珠玑。

在罗元恺的晚年，中医的发展欣逢盛世，政府的投入增加，中医教育的层次提高、规模扩大，他甚感欣慰。但在市场经济的大环境下，对于经济利益的片面追求使得中医院日渐西化，许多年轻的中医亦重西轻中，一些颇有名气的医生则重医轻教、轻研，甚至在临证时对患者夸大其辞，置中医学术于不顾，一味追逐名利，有损于中医的名声。对此，罗元恺深恶痛绝。他常说：医者，有上、中、下三品。医之上者，以医为终生之事业；医之中者，以医术为谋生之手段，若诚以待人，取财有道，亦无可厚非；医之下者，以浅薄之技谋取名利，巧言令色，欺世盗名，败坏中医的名声，则应当受到谴责。

他具有坚定的意志和顽强的毅力，虽历经风雨，仍坚守发展、振兴中医事业的信念。作为全国人大代表，他积极为振兴中医而建言献策，呼吁为中医立法，为推动中医事业的发展作出了不懈的努力。

他一生淡泊名利，专注于学术研究与临证，著书立说，总结经验，研究学问，培养学生，乐此不疲。纵有种种困难曲折，亦处之泰然。曾题写“岂能尽如人意？但求无愧我心”以言其志。

继承创新　代有传人

罗元恺在1956年参与筹办广州中医学院（现为广州中医药大学），并创建了中医妇科学学科。作为中华人民共和国成立后第一代中医妇科学学科带头人，30多年来他勤恳耕耘，立业树人，以独到的眼光和卓越的见识描绘学科发展的蓝图，以自身的成就带动学科的建设和发展，培养和造就了第二、三代学科带头人，使广州中医药大学的中医妇科学继续在全国保持领先的学术地位。

早年曾就读于广州大学，并一直从事中医教育的罗元恺对于学科建设和人才培养具有长远的目光和独到的见解。学科是一个专门领域的知识体系，也是进行科学研究、人才培养与社会服务的载体，因此，学科的建设首先是学术的提升。

中医妇科学作为中医学领域的一门临床学科，医疗固然重要，但不能光会看病，还要有高水平的研究和教学，有高层次的人才、教材与成果。基于这样的理念，罗元恺把医疗、教学和科研放在同等重要的位置。他重视教材建设。他主编的《中医妇科学》第5版教材，系统地反映了中医学在妇科领域的特色与优势，确立了中医妇科学理论的基本框架，形成了较完整的学科知识体系。这部教材对中医妇科学界影响深远，也奠定了广州的中医妇科学学科在全国教材建设的学术地位。在他身后的10余年间，欧阳惠卿、张玉珍、罗颂平等先后主编了5部《中医妇科学》教材，在继承、丰富、发展学科知识体系的基础上，有所突破和创新，形成了教材体系。

针对有些临床课教师认为临证医疗是经验的积累，教学只是知识的输出，因而有重医轻教、重医轻研的倾向，罗元恺提出，备课与讲课的过程也同样是学习的过程，“教学相长”，在临床专业课程的教学中，教师通过研究教材和查阅资料，可以在理论上得到提高。他在担任妇科教研室主任的时候，就已提出设教学组专职教学，每年轮换一批，教学组的几位教师以授课、见习带教和教学研究为主要工作，可以看门诊，但不参与病床管理和病区值班，以保障专职教师把主要精力用于教学。这种机制已作为妇科教研室的制度执行至今。

罗元恺重视学科的学术研究。中医学形成与发展的历史悠久，中医经典著作和历代名家医著中包含了中医理论与临证的精粹，应当在传承的基础上发展、创新。他抓住中医妇科在宋、明以后的发展脉络，以调经、种子、安胎为主要专科特色，对月经病、不孕症和反复流产等妇科常见病、疑难病进行深入研究。在他的带领下，学科的研究方向逐渐形成，并得到稳定和持续的发展。20 世纪 80 年代以来，研究开发了 3 个中药新药，获得 4 项省部级二等奖和三项省部级三等奖。在中医药防治自然流产、异位妊娠的研究方面达到全国领先水平。

对于学科团队的培养，罗元恺更是深谋远虑，独具慧眼。从 20 世纪 60~80 年代，妇科的学科梯队逐渐形成。当时，有一批老中医作为学术骨干，如罗振华、伍华生、陈焕然等；还有一些有经验的西医专家，如朱必真、罗清华等，共同参与教学和医疗工作；又陆续在广州中医学院的毕业生中选留了一批优秀人才，如欧阳惠卿、吴沛霖、张玉珍、魏祝娣、罗颂平、邓高丕、许丽绵、李坤寅等，并吸引了西医院校的优秀毕业生，如刘宇权、梁国珍、严英等。形成合理的学历、学缘与知识结构和年龄、职称层次。他重视品德的修养，以身作则，弘扬正气，形成严谨治学、团结协作的学科氛围。他鼓励中青年教师在职进修、培训，扩展知识面，提升能力，提高医疗、教学与研究水平。他亲自带领中青年骨干参加学术会议，参与教材编写，在实践中锻炼才干，担当重任。

广州中医学院第三届毕业生欧阳惠卿 1964 年毕业后留校工

作，跟随罗元恺多年，从临床、教学到编写教材，都得到罗元恺的直接指导。她学验俱丰，1993年被评为“广东省名中医”，并成为中医妇科学第二代学科带头人和国家级重点专科带头人，是全国第三批老中医药专家学术经验继承工作指导老师，曾任中华中医药学会妇科分会副主任委员、广东省中医药学会妇科分会主任委员。她主编的《中医妇科学》，2005年获全国医学院校优秀教材一等奖。

1963年就读于广州中医学院的张玉珍，毕业后一直跟随罗元恺编写教材和专著，积累了丰富的工作经验。1991年，罗元恺被确定为全国首批老中医药专家学术经验继承工作指导老师，张玉珍和罗颂平成为他的学术继承人，于1994年结业出师。其后，张玉珍主编了国家级“十五”、“十一五”规划教材《中医妇科学》。

罗颂平是罗元恺的独生女儿。中年得女，罗元恺对爱女的培养独具匠心。他让女儿从小帮忙抄写讲义和文稿，使其耳濡目染，得到中医药文化的熏陶，鼓励她学好英文，要求她自立、自强，掌握学习的方法，学会各种生活技能。20世纪80年代后有了学习深造的机会，则支持她考研究生和出国进修。女儿在取得中医妇科学硕士学位后，1988年获得卫生部资助到美国研修生殖免疫学；2001年再获教育部重点项目的资助，在耶鲁大学研修生殖药理学。罗元恺于1988年赋诗二首，送女儿赴美进修：

一

展翅腾飞万里行，多闻博识可润身。
中华儿女均英俊，医技新峰勇攀登。

二

珍重人生锦绣程，学无中外术求精。
广交师友存知己，天涯虽远暂居停。

罗颂平秉承家传、师承与院校教育之综合优势，1997年起成为中医妇科学的第三代学科带头人，并带领该学科在2000年成为省级重点学科，2002年和2007年均入选国家级重点学科，2005年中医妇科学课程成为国家级精品课程。她主编了国家精品课程主讲教材《中医妇科学》和案例式教材《中医妇科学》，整理出版了《中国百年百名中医临床家丛书·罗元恺》和《罗元恺妇科经验集》。2003年兼任国务院学位委员会第五届学科组成员，2005年担任中华中医药学会妇科分会副主任委员。

罗元恺具有高尚的情操、执著的专业精神，做人、做事、做学问都堪称楷模。中国传统文化崇尚三立，即立德、立功、立言。罗元恺在从医、从教60年的历程中，以其崇高的医德和师德，为后人树立榜样，是为立德。他创建了中医妇科学的学科体系，在中医院校教育体系建设方面作出了卓越贡献，并为中医研究生教育做了大量开拓性的工作；他学验俱丰，治病救人，愈人无数，因材施教，桃李满园，是为立功。他学术造诣深厚，勤于著书立说，系统地整理和阐发了中医妇科理论，提出一系列新观点，首先提出肾—天癸—冲任—子宫轴是女性生殖调节核心的概念，是为立言。

他为人厚道、谦和，处事公正、得体，颇有人缘，既受到中医同道的推崇，亦得到西医专家的尊敬，在患者的心目中更是享有崇高的地位，他与许多老病号结为朋友。他平素喜欢安静地读书、练字，偶尔也写诗作对。他素有书法的根基，在他当年读书用过的讲义上，用小楷写的眉批非常工整。晚年喜欢欣赏碑帖，尤其是王羲之、颜真卿的作品。他与广东著名书法家麦华三是至交，经常切磋书艺，也收集了不少麦老的墨宝。他不善体育运动，但喜爱栽种花草，傍晚时分，常牵着外孙女的手到户外散步，挑一束百合、菊花，插在客厅的花瓶欣赏；或买一两株茉莉、月季，养在阳台上，每天浇水修枝，亦赏心悦目。这就是他休息和锻炼的方式。他心境平和，深悟阴阳平衡之奥秘。谨守《素问·上古天真论》中“法于阴阳，和于术数，食饮有节，起居有常，不妄作劳……恬淡虚无，真气从之，精神内守，病安从来”之要旨，以其丰富的阅历，不管风吹雨打，亦胜似闲庭信步。曾自题“生命在于运动，长寿在于静养”。此乃其养生之道。

罗元恺以毕生的心血致力于中医事业，孜孜以求，自强不息，在学术研究、临证和中医教育等方面独树一帜，著述蔚为大观，影响深远。其品德高尚，仁心仁术，淡泊名利，治学严谨，造诣深厚，是当代中医的一代名家。

（撰稿人　罗颂平）

祝谌予卷

祝谌予（1914—1999）

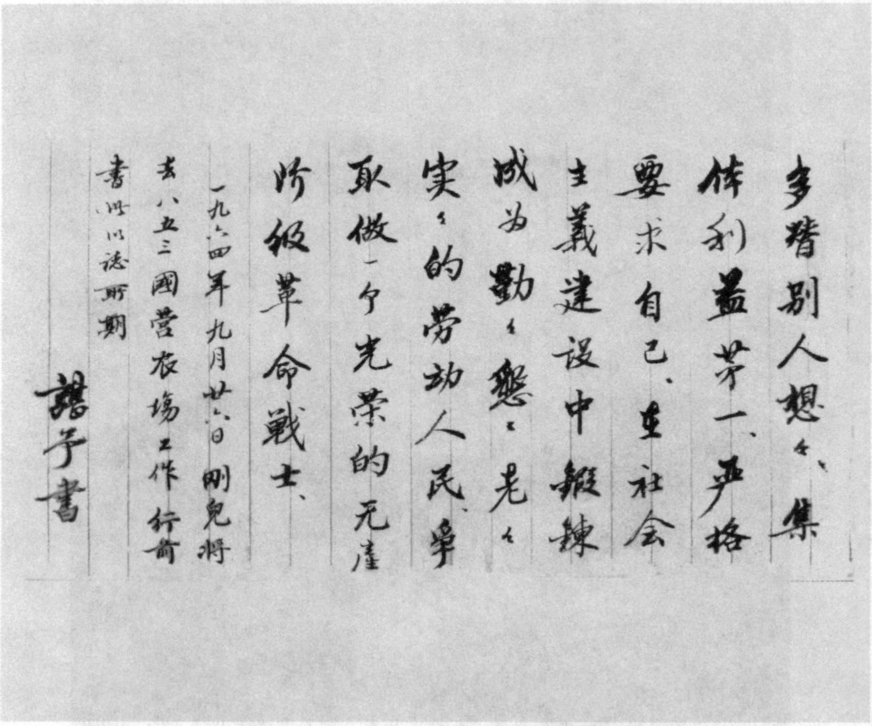

多替别人想想、集体利益第一、严格要求自己、在社会主義建设中鍛鍊成为勤勤懇懇老老实实的劳动人民、争取做一个光荣的无产阶级革命戰士、

一九六四年九月廿六日 刚儿将去八五三國营农場工作行前書此以遂所期

谌予書

祝谌予手迹

我一生力主中西医结合，但中西医结合切记辨证论治。

——祝谌予

祝谌予（1914—1999），北京市人。著名中医教育家、中西医结合临床家。为首批全国老中医药专家学术经验继承工作指导老师，享受国务院政府特殊津贴。曾任中国中医药学会理事，中国中西医结合研究会副理事长，中国农工民主党中央委员会委员，中国农工民主党中央咨询监察委员会常务委员，中国农工民主党北京市委员会副主任委员、主任委员，中国人民政治协商会议全国委员会委员，政协北京市委员会副主席等职。

1955年卫生部为培养国家高级中医人才，在中医研究院（现中国中医科学院）举办的“西医学习中医研究班”担任教学工作。后调任卫生部直属北京中医学院（现北京中医药大学）第一任教务长，兼任金匮要略教研组组长。1971~1975年借调到中国医学科学院，主持开办了10期西医离职学习中医班。1975年任协和医院中医科主任，带教研究生，代培进修生。业余在家诊病时，以师带徒方式带教学生数十名。其学生遍布全国各地及海外，现皆已成为中医界的骨干力量，可谓桃李满天下。

祝谌予自1933年拜入施今墨门下学习中医，直到1999年逝世，临床实践和中医教学达65年。他被聘为中央保健局特约保健医，常为国家领导人出诊，也曾受政府委派出国为朝鲜领导人诊治；到中国香港，以及新加坡等地讲学时也常为当地政要人物诊病。仅1970~1989年，夜晚在家义务诊病就达5万多人次。1984~1999年利用业余时间，在其学生薛福玉开办的顺义国医院诊治患者无计其数。全国和北京市政协历次会议、外出讲学旅途等公务中都没有停止过诊病，甚至自己卧病在床，探望者也会要求诊脉。大量的临床，使得祝谌予积累了丰富的经验，许多疑难怪病，经他诊治都能应手而愈。一位患少见的“肝糖原蓄积症”的女患者，经祝谌予治疗，康复后出国留学；有一位几乎对所有粮食都过敏的特殊患者，经治疗恢复正常生活；令医生棘手的肝硬化腹水、帕金森症，经过祝谌予的治疗，也取得良好疗效。祝谌予在协和医院首创的中医糖尿病专科门诊，以及“活血化瘀”治疗糖尿病的方法，为众多的糖尿病患者带来福音。与西医糖尿病专家共同研究制订的“糖尿病分型和治疗方案”，更是中西医结合的典范。

祝谌予的学术思想概而言之是坚持辨证论治和中西医结合。在祝谌予随施今墨学习时期，就开始用西医病名、中医辨证编写《祝选施今墨医案》；中医出师后又留学日本攻读西医，立志要革新中医和走中西医结合道路。在祝谌予讲授《金匮要略》课程时，将自己对《金匮要略》的理解以及通过临床的验证，写成《金匮要略》讲稿，体现出他的革新思维及古方今用的端倪。祝谌予1976年1月在协和医院“西医离职学习中医班”开始讲授“古方今用”，在此之前尚无此提法，以后才见诸报刊、杂志，所以古方今用是可以和施氏药对相媲美的学术贡献。祝谌予重视活血化瘀，对唐容川、王清任的活血化瘀理论有所感悟，结合西医的化验手段，对活血化瘀法能够灵活运用，并率先运用于糖尿病的治疗。祝谌予的学术思想是施今墨学术思想的继承和发展，他们一脉相承。学习研究祝谌予的学术思想，可以对学习和研究施今墨学术思想起到登堂入室的作用。他们倡导中西医结合，主张革新和发展中医理论，使中医更好地服务于社会。祝谌予在讲课、带教中，都是毫无保留地将自己的经验全盘托出，使得后学受益匪浅，深刻感受到祝谌予的一片丹心。

祝谌予在任中国农工民主党北京市委领导时，正值北京市医务人员短缺，医疗水平亟待提高，他与农工民主党内医务界同仁及市委的工作人员，克服各种困难，组织“医学讲座”100讲，对恢复和提高医疗水平，起到不可或缺的作用。在北京市政协会议上，提出《发展首都医药卫生事业的对策》，对北京市医药卫生工作提出了多项建议，起到了参政议政的作用。就任北京市政协副主席时，他积极建言献策，提出《我对北京中医中药管理体制改革的意见》等多项提案和建议，得到有关领导的重视和具体落实，推动了北京市中医药工作的发展，并对全国中医药工作的改革起到了良好的作用。

发奋刻苦　登堂入室

祝谌予，名续，字慎余（后改为谌予），1914年生于北京市。祝氏家族原为米商，为北平望族，阖族百余口，居于前门外打磨厂板井胡同一号，家业殷富。祝谌予19岁那年，素来体弱多病的母亲，有一天突然病情加重，壮热神昏，狂躁谵语，痛苦万状。因精神恍惚，甚至不认识家人。延请为母亲诊病的医生，都是当时有名的西医和中医，有些医生态度傲慢，诊费昂贵，屡治无效，家人心急如焚。后来请到施今墨诊治，几剂药服过便病情缓解，病有起色。施先生高明的医术使年轻的祝谌予十分钦佩。母亲的病再度复发时，适逢施先生去南京出诊，只得延请他医，每次服药后病情愈加严重。在母亲垂危之际，请某大夫来家出诊，诊后大夫双手一摊说：“没药可救。”祝谌予兄弟跪倒在地，恳求施治，那位大夫冷着脸说：“快给出诊费，我还要去别处。”收了钱旋即登车而去，母亲在病痛中一命归天。母亲的离去，祝谌予悲痛至极，也震撼极大，祝谌予心中发誓一定要当一个能真正治病救人的医生。古人云：为人父子者，不可以不知医。母亲去世时祝谌予在汇文中学高中尚未毕业，但他要学习中医的意志已决。在为母亲治病中，祝谌予看到诸医者参差不齐的医疗水平和医德，而施今墨仪态谦和，诊察细致，服施先生的药疗效显著。施今墨为京城四大名医之一，医德高尚，医术精湛，为北平城区民众所称誉。祝谌予笃志拜施今墨为师学习中医，施今墨欣然接受。拜师见面的那一天，施今墨慈祥、和蔼地详细询问了祝谌予的经历后，当即决定留在身边，收为第一个入门弟子。那一年祝谌予只有19岁，此后他在施今墨身旁问道求学，开始了他的杏林生涯。

施今墨临诊不问贵贱贫富，均尽力救治，每日门庭若市，求诊者摩肩接踵，日诊百余人次。祝谌予与师弟李介鸣、张遂初、张宗毅上午随侍施今墨门诊，下午祝谌予跟随施今墨外出诊病，晚间听周介人等老师讲解《黄帝内经》、《难经》、《伤寒论》、《金匮要略》等中医经典著作。日复一日，风雨寒暑从未间断。原来爱玩、爱热闹的孩子王，入师门后变成了好学的读书郎。一年里，除春节期间施今墨停诊外（因有“过年不吃药，吃药吃一年”之忌），祝谌予总是白天兢兢业业侍诊于侧，晚间在家秉烛夜读，直至深更半夜。兄弟姐妹们曾见他晚间于房里口中喃喃自语，俯仰闭目，背诵医经如入魔之状。在施今墨指导下，祝谌予还遍览《张氏医通》、《赤水玄珠》、《千金要方》、《千金翼方》、《外台秘要》、《肘后方》、《医贯》、《医林改错》等历代医著。由于学艺至切，祝谌予有时如醉如痴，施今墨心中又爱又痛，不得不出面禁止他这样拼命投入地读书，生怕他用功太甚，日后留下病患。许多年后，祝谌予在给长子祝肇刚的信中写道：“当初跟你外公学医时，我从来没有在晚上十一点前睡过觉。”没有发奋苦学，哪得日后成就。

祝谌予在随施今墨侍诊中，发现施今墨总习惯双药并书，细品之，每对药或一气药一血药，或一升药一降药，或一脏药一腑药，或一散药一收药等等，于是留心收集。数年中收集到“药对”百余对，取名“施氏药对”。深研之，发现“药对”皆为古方之精华，如“桂枝、白芍”取自“桂枝汤”，“黄芩、半夏”取自“小柴胡汤”，“桑叶、菊花”取自“桑菊饮”等。施今墨博览群方，广为采集，悉心体会，化为己用，因此在诊疗中能信手拈来，合理化裁，屡见奇效。祝谌予将此心得求教于施今墨，并且呈上自己整理的药对，施今墨阅后大为高兴，因为成对用药乃是施今墨得意之作，但只是在临床习用，尚未抽出时间加以总结，如今祝谌予经过细心观察，耐心收集，精心整理，总结出“施氏药对”奉献给老师，深得施今墨赞赏。施今墨深感祝谌予是位悟性很高的学生，因此倍加喜爱，并精心传授医术给这个聪慧好学的年轻人。

祝谌予深知，施今墨是中西医结合的先驱者和倡导者，他一生致力于中医发展和创新。施今墨早年随舅父、南阳名医李可亭习医，以后接受民主革命思想追随黄兴从事革命活动。中华民国成立后即退出政界，潜心医学，矢志革新中医。早在20世纪30年代，他就明确指出：“吾以为中医之改进方法，舍借用西学之生理病理以相互佐证，实无他途。”施今墨诊病经常在询问病史时很注意西医的诊断；且率先应用西医病名诊断书写医案，用现代医学检测数据来印证治疗效果，指导临床方药。他认为：中医亟宜以科学方法阐明之，沟通之，整理而辑述之。他曾有诗云：“光电声波同位素，也应采取入医经。”在中华人民共和国成立后，施今墨积极倡导并身体力行中西医结合，成为中西医结合的一面旗帜。

作为施今墨的高徒，祝谌予的革新思想愈加坚定。在完成“施氏药对”的整理后，祝谌予又开始对施今墨的医案进行整理。本着完整体现施今墨诊病思路，遵照施今墨的临床用药习惯，他从数万个病案中选择完整病例，再从中挑选典型病例进行编辑；按照西医系统分类，对每个病例加注按语。选编体现了祝谌予对施今墨学术思想的深刻体会和理解，按语起到画龙点睛作用。书中以西医病名为名目、中医辨证治疗为内容的医案汇集，编辑特色为当时之首创。1940年《祝选施今墨医案》出版，发行后短时间即销售一空。

祝谌予曾在华北国医学院为学生们讲解《祝选施今墨医案》，这一课程成为学生们系统学习施今墨学术思想的入门途径。祝谌予也成为登上华北国医学院讲堂最年轻的教师，被学生们戏称“小先生”。此后多年，这本书一直伴随于祝谌予身旁，常常在紧张的工作之余，仍时而翻阅，温故而知新，依旧能从书中汲取营养，启发思路。

1937年“七七”事变后，祝谌予曾随施今墨至天津，以后便独立应诊。由于熟悉施今墨辨证论治的思路，诊治套路运用得心应手，故疗效颇佳，来诊者日众。然而祝谌予此时感到，自己的辨证论治只是模仿老师的套路，停留在知其然而不知其所以然的阶段，意欲深究医理。在施今墨的支持下，1939年祝谌予东渡日本，入金泽医科大学医学专门部学习西医。

到日本以后，祝谌予起初与其他中国留学生租房同住，但一个多月未过语言关，就毅然租借日本人房屋，和日本人共同居住一起。由于祝谌予勤奋好学，仅用三个月，即可听懂日本教授讲课，可用日文做笔记，顺利度过了语言关。日本的西医教育源于德国教育体系，教学制度极为严谨且重视临床，金泽医科大学诸多的课程，严格的教学制度，使求知若渴的祝谌予如鱼得水，尽施才智，收获甚丰。一次上课，冈本教授带来一位病人，让学生们一个一个上来听心脏的心音。前面几个学生听完后，有的说是二尖瓣狭窄，有的说是二联律，有的说心脏有杂音。轮到祝谌予，他在左胸心脏部位听不到心音，再仔细反复听也听不到，于是说：

先生，很奇怪，我听不到他的心音。冈本教授说：你听听他的右胸。祝谌予在病人的右胸听到了心音。冈本教授夸奖祝谌予：你很诚实、认真。这个病人是右位心，临床很少见，医生就要诚实、认真，才能对病人负责。从此冈本教授很喜欢这个中国留学生。留学期间正值日本侵华，中国留学生在日本常受歧视，被视为亡国奴。为争民族之气，祝谌予的学业成绩常居榜首。一次他和中国留学生在海滨游泳，遇日本人欺侮中国留学生，谩骂“东亚病夫”，祝谌予与同学奋起抗争，平生第一次大打出手，使那些日本人再也不敢小视这些中国留学生。

1943年祝谌予毕业前，冈本教授挽留他继续读博士，许诺3年后可以获得医学博士学位，如果以后留在日本工作，一定薪酬丰厚。当时日本侵华气焰嚣张，传闻国内局势也甚不安定，但祝谌予毅然决定当年毕业后立即回国，他说：我是中国人，我的家在中国。

历尽艰辛　春风化雨

回国后经一年多准备，祝谌予在北京北池子大街文书馆胡同悬壶开诊。不久抗日战争结束，国民政府要员四处接收日伪财产，派系纷争，摩擦频繁，民不聊生，延诊者甚少。那时祝谌予已和施今墨长女越华结婚，常得岳父介绍病人及生活接济。祝谌予临诊采用西医检查手段及诊断，以中医辨证施治，疗效甚好。国民政府交通部某公路局局长之子，患有骨结核病，寻治无效，前来求诊。祝谌予借助西医诊断，中西医方法结合进行治疗，始得痊愈。后来该局长调任昆明，特邀祝谌予前往，主持公路局医务室工作。为谋生计，1947年祝谌予应邀携妻带子举家迁往昆明，任第四区公路局医务室主任。1949年，昆明物价飞涨，生活维艰，区区工资已经无法维持日常生活。该局长特许祝谌予在下班之后，继续于家中开业诊病，补贴养家维持生计。那时国民政府实行金圆券，货币贬值，人心惶惶，生活无着，没有前途，没有希望。有人劝祝谌予出国或去台湾，祝谌予坚决拒绝，惨淡经营，艰苦度日，直到中国人民解放军进入昆明。

中华人民共和国成立后，祝谌予任中国交通部第三公路工程局医务室主任。此后工程局受命修筑昆（明）（打）洛国防公路，祝谌予任筑路医院院长，率医疗队随筑路大军前往。筑路大军由解放军、筑路民工组成，这条大致沿茶马古道修筑的公路，沿途多为原始森林，林木遮天蔽日，其间又有山岚瘴气、毒虫猛兽，公路日日延伸，医院频频迁址。为保障筑路民工的身体健康，祝谌予和各诊疗所的同志们克服交通不便、医疗器械缺乏、药品短缺等困难，采用验方、草药，中医、西医各种方法，历尽艰辛努力完成任务。艰苦的野外生活，对于出身京门望族、习惯城市生活的祝谌予，不啻是一极大的考验。有时山洪暴发，冲断道路，副食送不上来，只好盐巴就米饭。祝谌予始终与大家同甘共苦，因为他亲眼目睹：昆明在共产党的领导下物价稳定，人民安居乐业，生活得到保障。筑路大军人人心情舒畅，团结一致，解放军纪律严明，不畏艰险。遇到险情，首先保护医生和民工的安全，自己奋勇直前。筑路大军中的干部，总是吃苦在前，关心医务人员，帮助解决困难，万众一心修筑昆洛公路。祝谌予亲身感受到共产党的亲切和温暖，第一次写出了入党申请书。

1955 年，国务院准备组建北京中医学院（现北京中医药大学），需要既会中医又会西医的中医专家，周恩来总理向施今墨问询，施今墨推荐祝谌予。周恩来总理下令，将祝谌予调回北京，担任中国中医研究院“西医学习中医研究班”教学工作。这次学习班的目的，是为培养中西医结合的高级人才及为中医学院培养师资。1957 年，祝谌予出任北京中医学院第一任教务长、金匮要略教研组组长。北京中医学院建院初期所聘请的教师，许多是原开业中医，只有带徒经验而无办学、教学经验。那时所授课程为中医四部经典，即《黄帝内经》、《伤寒论》、《金匮要略》、《神农本草经》。当时中医院校没有可借鉴的教学大纲，许多教师不懂课程设置，没组织过课堂教学，也不知事先备课写教案。身为教务长的祝谌予看到这种不符合教学规律的情况，遂反映到卫生部，在卫生部副部长郭子化的主持下，会同上海中医学院、广州中医学院、成都中医学院三所学院的教务长，共商教学计划、统一制订教学大纲、安排课程设置等问题，形成了一套前所未有的中医大专院校教学体系，为系统培养中医人才打下了坚实的基础。

为将北京中医学院办成全国一流的中医学院，祝谌予家虽在广安门内，自己却吃住在位于东直门中医学院的教务处内。那时他的长子祝肇刚考上北京男二中，也和他同住在一起，两张简易行军床并排放置，孩子却十天半个月也见不到父亲面，因为晚上孩子做完作业睡着以后父亲才回来睡觉，而第二天一早孩子醒来，父亲早已起身忙着上班去了。祝谌予身为教务长，行政工作和教学工作都刚起步，事务繁多，他须事必躬亲。他讲课、带学生出门诊，还带学生们到门头沟煤矿区实习，与学生们同吃同住。在为矿区工人、干部、家属诊病时，不怕脏累，认真负责，发挥中医“简、便、廉、验”的特点，将中医理论和临床实践结合起来，使得学生们都有很深刻的印象。祝谌予在讲授《金匮要略》时，本着古为今用的原则，从临床实践出发去讲授，教给学生“以证测方”和“以方测证”的方法，并以书中方剂在临床上的重复率，说明张仲景认证之准，选药之精，组方之巧，构思之严。然后结合现代临床见症，扩大古方使用范围，使学生们亲眼看到中医学的神奇效用，产生学习中医的浓厚兴趣，坚定发扬祖国医学、献身于中医事业的信心。他的办学指导思想是培养中医，即：中医学院的毕业生出来就是中医师，在临床上能独立应诊，独当一面，能够满足社会的需求。他主张中医学院的学生在入学后就要见习，看老师怎样看病，首先获得感性认识。以后随着学习的深入，渐渐安排实习。在学习的最后一年，要求每一位老师带教两名毕业生临床诊病，祝谌予自己以身作则带教吕景山、吕仁和。现在，这些早期毕业的学生，在全国各地已均为中医骨干，成为弘扬祖国医学的中坚力量。

心系农民 老树新花

一次在协和医院中医科门诊时，祝谌予发现一位患者面容倦怠，一问才知道是一位远郊区农民为了挂号，头天起早从顺义赶来，到医院时号已经挂完，在医院门口等了一天又排了一宿队，才挂上号。祝谌予既感动又歉疚，决定不限号尽量照顾远来的患者。后来他的学生薛福玉表示想在顺义办一所医院，缓解远郊区农民找名医看病难的问题，祝谌予知道后表示大力支持，亲自写信邀请十余位全国著名老中医轮流坐诊。如：李介鸣、刘渡舟、董德懋、肖承悰、翟济生、谢海洲等。在顺义县政府的支持和帮助下，1986 年在顺义县衙门村成立了北京市第一个面向农民的中西医专家门诊部。祝谌予当时已经 72 岁高龄，仍坚持出诊，从无延误。1989 年门诊部改名顺义国医院，卫生部原部长崔月犁在成立剪彩仪式上称“这是全国第一家民办医院”，并亲笔题下“为农村培养人才，为农民健康服务”14 个大字。顺义国医院面向农民，收费低廉，所以运作十分艰难，祝谌予从不收取任何报酬，一直无私地帮助和支持医院，历经十余年风风雨雨，初衷不改，为医院的发展呕心沥血。

名医送医下乡到家门口，这是想都不敢想的事，农民们喜出望外，求诊者纷至沓来。名医高质量的诊疗，细心热情的服务尽显名医风范。医学家也和艺术家一样，“老树春深更着花”，越老经验越丰富，所以名老中医治疗的疑难怪症，更具学术特色。20

几年来，医院本着祝谌予的教导“认认真真诊病，老老实实做人”，在为农民服务的同时，系统记录诸位名医诊案14万份，保存著名医学专家声像资料5000人次。祝谌予的很多有效验案也保存其中，已经整理出经他治疗的50位糖尿病患者完整声像病历，真实呈现他临床时望闻问切的过程，以及与患者交流的神采，其他病历也在系统整理中。这些资料已成为总结名老医学专家经验、传承中医的宝贵的第一手材料。祝肇刚说：如果叶天士那时有录音，施今墨那时有录像，记录下来，我们现在听录音看录像，有如看到医学大师的风采，有如亲聆教诲，这些录像资料是一笔极其宝贵的财富。鉴于祝谌予对于中医的贡献，北京市中医管理局决定成立“祝谌予名医研究室”，设立在顺义国医院，作为学术传承、人才培养、学术交流的基地。

医德医术 薪火传承

北京协和医院的老楼中，有一间不大的中医科办公室。这里是中医科主任祝谌予的办公室，也是给研究生讲课的教室，还是指导学生写医学论文和回答患者来信的业余工作室，有时还兼做诊室。靠门边的一张木床是祝谌予中午休息和晚上睡觉的地方。旁边书架上放满了医学参考书和医学杂志，办公桌上堆放着文件、文稿、资料、信件……在这里祝谌予和他的同事、协和医院的学生一起，在临床治疗大量糖尿病的基础上，总结出了糖尿病辨证分型标准和施治方药，使临床治疗和临床科研有所遵循，论文于1982年发表在《上海中医药杂志》上。后来中医科历届研究生都采用这一分型标准。在这里培养了大批进修生、研究生、学术思想继承人，为协和医院中医科的发展奠定了基础。

从1970~1989年，在东直门内北新仓北京中医学院北门里，有一间非常出名的诊室——那也是祝谌予的家。祝谌予每天在晚饭后带着孩子和家里的学生，在只有30平米的家中业余义务诊病不辍。大概算来，总有5万余人次之多，却分文不取。病人走后又回答学生问题，很晚了再回到协和医院休息（住房太小，挤不下）。祝谌予对学生提出的问题总是有问必答，倾囊相授。他常说：学生不提问题的有两种，一种是全懂了，一种是全不懂。提问题的说明他动脑筋了，"学问"就是又学又问，我就爱问问题，当然是先经过思考后再问。学习中医理论需要一个循序渐进、登堂入室的过程，但也不能忽视平时对知识的积累。祝谌予主张每次读书勿求于多而求于精，也就是有目的地学习，尤其不懂之处要勤问。祝谌予讲：自己随师侍诊之时，他自备一本手册，凡在施先生治病时，有不理解的地方，只要有机会，祝谌予就会不失时机地向老师请教，如"为何辨为某证？为何使用某方、某药"等，并马上将老师的解答记录于册。日久天长，凤毛麟角也会积少成多，祝谌予为这个小册子起名"零金碎玉"。他侍诊时发现临证中老师很多好的思路，如果抓紧记录下来就可以得以保存，如果当时没有记录，事后再问，老师有时说："我也想不起来了。"所以祝谌予说："你坐在那些老师面前，一定要多问；如果你没有问，你就没有把握住这个机会。"他对待中医事业的赤诚，对学生的关怀，深深打动了他的学生们。以下节录一些学生的话语，反映出祝谌予在他们心目中的形象和对他们人生道路的影响。

学生刘莉说：祝谌予老师不仅知识渊博，医术精湛，而且具有高尚的品质和素养，他为人刚直不阿，在众多的病人当中，既有坐高级轿车求诊的，也有坐平板车的平民百姓，祝老师从来一视同仁，无高低贫富之分。当看到行动不便坐平板车来求医的病人，他立即叫大儿子将病人背进诊室，并问寒问暖，实在令人感动。我不仅学到了高深的医学技术，同时也学会了如何做人。

学生王驰、陈薇薇说：先生始终铭记周恩来总理生前要求医生对病人"来者不拒"的教诲，坚持利用业余时间在家设立家庭门诊，就诊对象既有国家干部、知识分子，也有工人、农民和军人。求医患者一律按先来后到顺序排队，即便亲友也是如此。而且完全是义务诊治，分文不取，并无数次地谢绝病人的礼品和礼金。每每送走最后一位病人，先生顾不上一天的疲惫，还要坚持为外地慕名来信、寻医问药的患者一一函复、答疑、处方。当时先生家里的居住条件也不宽裕，结束了晚间的义诊，先生还要返回在医院的住地。然而为了方便患者，诚信于民，无论严冬酷暑，先生都是这么匆匆往返于家庭与医院的途中，义务诊治患者达数万人次。

医科院的学生范爱萍说：那是1994年仲夏的一天，天气格外炎热，我和另外两名同学随祝老出诊，不大的诊室里除了我们4人外还有几名进修生。当时诊室没有空调，只有一台老式电风扇沉重地摇摆着，每个人散发的热量就像小火炉一样包围着祝老。临近中午时分，我们已经是饥肠辘辘，可还有几位病人没有看完。这时匆匆进来一位中年妇女要找祝老，直觉告诉我这是一个要求加号的病人，她可能知道祝老从来不会让病人失望，便直奔诊室。为每一个病人服务，这是我们医生的天职，若在平时，肯定会满足她的愿望。但是天气太热了，何况这位80多岁的恩师已经出诊3个多小时了，实在担心他的身体吃不消，我就把病人请到诊室外，告诉她祝老从早上开诊到现在还没有喝过一口水，下午还要主持农工民主党北京市委的会议，希望她下次再来。也许我们谈话的声音惊动了祝老，也许祝老意识到什么，祝老叫我进来，问是怎么回事。我简单地说明了情况，没想到一向严肃的祝老说了一句“真是阎王好见，小鬼难缠”，用婉转的方式批评了我把病人拒之门外的“善意”，并让我把病人请回来，一丝不苟地为患者治病，直至看完那位中年妇女。祝老仅仅吃了几口方便面，就动身去出席他下午的会议。

祝老不论多么劳累和身体情况如何，从不推诿患者。此外，他还经常利用业余时间为患者诊病，外地病人则以来信必复的方式免费为患者出方。祝老就是这样以他高尚的医德、精湛的医术救治了成千上万的患者，以他的言传身教告诉我们，作为一个医生必须时刻把解除病人的疾苦作为己任。

一滴水能够折射出太阳的光辉，一句话往往可以反映出一个人的心灵。这么多年过去了，那次随祝老出诊所发生的事，一直深深印在我的脑海中，祝老看似随口而出的一句话，反映出在祝老的心目中治病救人高于一切。作为他的学生，我不仅要继承他宝贵的学术经验，更要发扬他高尚的医德医风。

协和医院的学生梁晓春说：耄耋之年仍然坚持培养研究生并指导继承和整理学术经验，为培养中西医结合人才竭尽全力，真可谓“春蚕到死丝方尽”。

祝老师关心患者，始终以病人的利益为重，“来者不拒”是他的座右铭，把能够为病人解除痛苦作为他生活中最大的乐趣。尽管行政事务缠身，社会活动繁多，但他从未停止过为病人服务，家里、办公室、旅途上、会议休息厅都是他的诊室，到处都有他忙碌的身影。终身为外地患者通信治疗，从不计报酬。直到生命的最后一刻，真正做到了鞠躬尽瘁，死而后已。

作为主任，他老人家为协和医院中医科的发展和建设呕心沥血，建立中医科规章制度，筹备中医科病房，完善实验室工作。使中医科在综合性西医医院有了一定地位，具备了从事医教研工作的基本条件，为我们今天能够成为北京市示范中医科奠定了良好的基础。

作为老师，他老人家对学生严格要求，诲人不倦，临诊总是有问必答，释疑解惑，耐心指导。要求学生先做到“貌似”，进一步做到“神似”。他讲课条理清晰，重点突出，深入浅出，旁征博引，涉猎广泛，声音洪亮，听过老师讲课的人无不交口称赞。工作之余毫无保留地把自己多年的经验传授给学生。晚年还指导研究生、学术思想继承人，培养中医药大学的学生、进修生，可谓桃李满天下。

作为学者，他老人家潜心研究中医理论，不断学习现代医学知识，师古而不泥古，创新而不离宗。从无门户之见，善于汲取各家之精华，学同道之擅长，凡遇有效之方药及独特的见解，都会推敲揣摩，深入研究，验之临床，融各家学说于一体，参以己见，使之更臻于完备。这就是他能够成为杏林典范、医学大师的关键所在。

由于他医德高尚，学验俱丰，1991 年荣获国务院颁发的有突出贡献科学家证书并开始享受政府特殊津贴，1993 年被中国医学科学院授予“协和名医”荣誉称号。

老师一生用平凡积累伟大，用赤诚创造感动，用勤奋矗立丰碑，用智慧成就奇迹。我们将永远怀念他。用老师的精神勉励后学，用老师的医德教育晚辈，用老师的医术造福病人。让生命在医疗战线上闪光，让热血在平凡岗位上播洒，让信念在为病人服务中升华。用我们的成绩告慰老师的英灵，让老师永远含笑九泉。

感激报恩 竭尽全力

1964 年，祝谌予作为第四届全国政协列席代表参加政协会议。一次，祝谌予在大会发言之后和几位中西医大夫在休息厅闲谈，只见周恩来总理和陈毅元帅走来，大家迎上去向总理和陈老总问好，总理和大家一起谈笑风生。其间，总理说：希望你们做医生的，能做到来者不拒就不错了（当时是在国家三年困难时期后的恢复期，有些医生不管候诊病人多少，下班铃一响立即离去，所以总理所言是有所指，也是批评医务界中有些医生的服务态度）。这句话深深印在祝谌予的头脑中，他对“来者不拒”是身体力行的。在协和医院门诊，他一上午诊病最多时达到 110 人次，直看到下午 1 点多钟，去吃饭时食堂早已关门。由于患者太多，他经常面包就茶水当午餐。有时去外地开会，火车上被人认出，于是车厢变成了诊室，一直诊病忙到目的地。1974 年祝谌予患病，需要住院手术，有的患者利用探视前来求诊，祝谌予卧床诊脉，倚枕处方。消息一经传出，利用探视前来求治者络绎不绝，直至住院大夫出面干预，他才得以养息。

全国政治协商会议、北京市政治协商会议、农工民主党、卫生部等组织义诊，祝谌予总是不顾年老体弱积极参加。在燕山石油化工厂，在武警部队驻地，在中山公园，在顺义农村，在王府井百货大楼前……都有祝谌予参加义诊的身影。"来者不拒"成为祝谌予的座右铭。

"烈士暮年，壮心不已"是对祝谌予晚年的真实写照。祝谌予虽年逾古稀，仍对中医事业投以满腔热情，充满蓬勃朝气。每周 7 天都安排得满满的。每天门诊总在 30~50 人次，有时还要给中央领导出诊。祝谌予要给学生讲课，要指导研究生完成课题，要参加北京市政协会议和农工民主党北京市委的会议，要审阅文件材料，要指导学生撰写刊物征稿，要给全国 29 个省、区、市的患者来信一一答复并处方，要参加政协的视察、义诊和诸多的社会活动，要接待海外人士的访问。往往送他回家的车还在途中，接他去参加另一活动的车已停在家门口等他了……其子祝肇刚表示想学医时，祝谌予曾对他说过：你想当医生，就要有从此没有休息时间的思想准备。确实，祝谌予用自己的一生诠释了他所说的这句话。祝肇刚承袭父业，发挥"认认真真看病，老老实实做人"的医风，祝谌予家学家风已有传人。

随着年岁的增长，有一个愿望在时时冲荡着他的内心，想要成为一名中国共产党党员。祝谌予生于民国初年，在民国时期生活了 35 年，民族深重的苦难，他感同身受。中华人民共和国成立后到 1984 年他同样也生活了 35 年。两个社会两重天的沧桑变化，他也感同身受。几十年来，他取得过成功，也受到过挫折；受到过尊敬，也遭到过冷落。但是为了实现这个愿望，他坚持努力，不懈追求，虽然屡遭挫折，却从没有动摇过。1985 年对祝谌予来说是人生中最重要的一年，在他 71 岁时，终于实现了成为一名中国共产党员的愿望。

1999 年 4 月 15 日，85 岁高龄的祝谌予在海军某部中医门诊部出诊，就诊的病人排成长队，当诊完 20 多人时，他几乎抬不起头来，艰难地用手搭脉，只能低着头口述处方由学生记录。这是他最后一次门诊。这天上午一共留下了 37 份门诊病历，这些病历是老人一生中的最后记录。当祝谌予望着最后一位病人满意地离去后，他只能靠几个人搀扶着站起来，面色苍白、步履蹒跚地走下楼梯。

中午回到家后他又开始发烧，这种状况已经持续半个月了。“不能再吃退烧药了！”4 月 18 日在家人的强迫下，他才同意住进了协和医院的外科病房，115 天，他再也没有从这间病房走出来。“鞠躬尽瘁、死而后已”，是祝谌予为人民奉献精神的真实写照。

坚持辨证论治 倡导中西医结合

对于自己的学术思想，祝谌予曾经撰文阐述：“我的学术思想主要是继承了老师施今墨先生的思想，概括起来有两点：一是力倡中西医结合，二是力倡辨证论治。”

祝谌予由于受施今墨的影响以及求学经历的原因，力倡中西医结合。他认为，中、西医各有所长，也各有所短，只有相互佐证和补充，扬长避短，才能发挥中西医结合的优势，提高疗效。他指出：“过去中医治病由于客观条件所限，没有或者不懂得用西医化验指标来参照，对疾病的疗效判定只能依据主观症状的改善或消除，实际上是不够完善的。”因此，祝谌予在临证时始终贯彻中医辨证与西医辨病相结合的原则，每遇疑难病症，首先采用西医各种检查手段，明确诊断，然后再进行中医辨证，确立治疗方案，因此疗效卓著。

祝谌予在担任北京中医学院第一任教务长时，承担组织师资、编写教材、安排课程的重任。因为中医自古“子承父”、“师带徒”，没有什么统一的课程，也没有可资借鉴的教材、教具、教法，更没有教学大纲，一切需白手起家。祝谌予参考西医院校的教学模式，组织老师们自己编写教材、安排课时、制订教学大纲。毛泽东主席、周恩来总理曾指示：中医也要学习西医基础课程，以开拓知识。祝谌予坚决贯彻这个指示，主张中医学院学生应当以学习中医为主，在学习中医基础理论和临床课程之外，西医基础也一定要学，目的是培养既能掌握中医药理论，同时又具有一定现代医学知识的中医人才，这个主张经多年的实践证明是正确的。根据社会需求，在以后建立学生的实习基地——附属医院时，涉及到病房管理和急诊抢救，不可避免地遇到了中西医结合的问题。在坚持传统中医还是中西医结合的争论中，中西医结合工作在探索中前进。祝谌予认为，学生毕业后分配到工作单位，如果不懂西医，很难开展工作，也很难与西医交流、合作。再说病患在同一个人身上，中西医的理论虽然不同，但一定会有共同的认知基础，所以祝谌予在教学、临床实践中看到了中西医结合的必要性与可能性，从而一直坚持中西医结合道路。

祝谌予认为，所谓中西医结合有几个必由途径：首先要认真学好中医和西医的基本理论。在此基础上，通过临床实践逐步加深对其理论体系的认识。在中西医结合的过程中，大致上要经历低层次和较高层次的中西医结合实践、进而发展到探索理论上相结合的高层次阶段。

一、低层次中西医结合的实践

（一）中药、西药混用。既用中药又用西药，如张锡纯的阿司匹林加石膏治疗感冒发烧，现在的消渴丸治疗糖尿病等。

（二）中药新用。提炼中药某些成分，依药理选用。如复方丹参滴丸治疗冠心病，愈风宁心片治疗冠心病，川芎嗪治疗血管病，猪苓多糖治疗癌症等。

（三）按中医辨证定方，依现代药理选择药物加减。如气管炎属于风寒袭肺停饮者，可选用“小青龙汤加鱼腥草”等。

在这个层面上的结合有一定疗效，也是临床上被广泛运用的，但是这只是低层次的结合。从这个低层次结合的众多临床中，观察有效病例，总结出规律并且上升到理论，也就是“知其然，更要知其所以然”。

二、较高层次中西医结合的实践

较高层次中西医结合的实践，就是要将西医诊断和化验指标纳入中医辨证，将西药定性纳入“西药中用”，即用中医理论指导运用中西药物。传统上中医讲求辨证论治，即使以前没有见过的病，只要有症状，就可以辨证，就可以出方。1978 年，协和医院曾经收治 1 例“肺泡蛋白沉着症”患者。这种病在国内外报告不多，协和医院也仅仅见到 2 例。患者于 1978 年 3 月突发高热伴咳嗽，咯痰呈白色泡沫状，每天十余口，胸胁疼痛，疲乏无力，胸闷气短，行路快或者上几层楼即喘甚。发育、营养正常，神清合作，面部皮肤较黑，口唇及指甲轻微发绀，杵状指。两肺可闻及散在干啰音，双肺底可闻及湿啰音，呼吸音较低。胸片显示两肺中下野均有广泛片状浸润阴影，边缘模糊，下野有部分融合，无明显肺间质纤维化及肺动脉高压表现。4 月 10 日开胸做肺活检，病理报告证实为肺泡蛋白沉着症。5 月 6 日开始用肝素、糜蛋白酶溶于生理盐水超声雾化吸入，服活血化瘀中药 6 剂，病情未见明显改善。6 月 16 日邀祝谌予会诊。症见：咳嗽，白黏痰不易咯出，胸闷气短，两胁隐痛，乏力，纳差，面色不华，唇甲青紫，二便可，舌胖边有齿痕，舌下静脉努张，脉沉细弦滑。辨证为：胸中大气下陷，瘀血阻络，痰浊不化。选张锡纯“升陷汤”为主方加味。

处方：生黄芪、知母、柴胡、升麻、桔梗、当归、川芎、丹参、旋覆花（布包）、海浮石（布包）、葶苈子、生薏苡仁，每天1剂，水煎服。

同时配合西药超声雾化吸入。服药一周后，气喘明显减轻，痰量同前。原方加杏仁，继续服用30剂后，患者饮食增加，行动及上楼亦不气短。7月14日开始慢跑锻炼，7月26日以后，每天清晨可慢跑3000米。肺功能已经改善。胸片复查：肺内阴影无显著改变。由于病情平稳，患者于1978年7月27日带方出院。

处方：生黄芪、党参、知母、桔梗、柴胡、升麻、旋覆花（布包）、黛蛤散（布包）、冬瓜子（打）、紫菀、杏仁（后下）、白前。每日1剂，水煎服，服到自愿停药。

此患者出院一年后随访，病情稳定。此病例西医治疗经验很少，中医亦无此病名。但是由于中西医结合进行治疗，通过中医辨证论治和西医对症用药，最后取得明显疗效。祝谌予认为，对于一些少见病和疑难病症必须中西医结合，共同探讨治疗途径是大有可为的。由于中国的历史和中国的国情，纯中医或纯西医都有它的局限性，中西医结合展现了光明的前景。中医、西医互相配合，取长补短，有利于发挥各自优势。只要我们坚持中西医结合的方针，就一定能使祖国的医疗事业得到进一步发展，具有更光明的前景。

对一些没有症状的疾病，比如“糖尿病”初发阶段，平时并无任何症状，只有在体检时才发现血糖增高。传统中医对此便无证可辨，也无方可出。祝谌予将西医诊断和化验指标纳入中医辨证。“空腹血糖高”，考虑是胰岛素分泌不足，其原因可能是周围炎症浸润，造成胰岛细胞受损，不能正常产生胰岛素；也可能是机体自身的免疫识别出现问题，抗体攻击胰岛细胞所致。祝谌予从清热和活血方面去治疗，临床有很好的疗效。“餐后血糖高”是胰岛素受体数量减少或者胰岛素受体灵敏度降低，以致胰岛素不能充分发挥作用。祝谌予选择从健脾燥湿去治疗，就可以将血糖降下来。再如，祝谌予曾治疗咳嗽患者，最初有小效。经查血象，白细胞分类中嗜酸细胞较多，祝谌予考虑这类咳嗽是过敏诱发所致，就选用中药处方“过敏煎”，加入到宣肺止咳的治疗方药中，取得了很好的疗效。而消炎药（抗生素）基本上属于寒性药物，常用于热性炎症中，只要参与辨证论治，也能取得很好疗效。

在这个层次上，将西医的检查结果纳入中医的辨证之中，丰富了中医的辨证论治，扩大了中医的治疗范围，促进了中医的发展。

三、高层次中西医结合的实践——理论上结合的探索

理论上的中西医结合比较困难，近些年很多专家学者进行了大量探索。如针对中医阴阳学说，通过内分泌、生物细胞学等多方面研究，可以得知阴阳并不是虚无缥缈的。邝安堃研究证明：激素的对抗与阴阳学说、激素的反馈与五行学说极为相似，他将内分泌学比作中西医结合的桥梁，为医学界所瞩目。又如中国医学科学院修瑞娟从事的血液微循环的研究，揭示了红细胞在毛细血管中的运动形态（变形、集聚）和血液流变的规律。祝谌予运用于观察糖尿病患者的微循环，发现一部分糖尿病患者有微循环障碍，血流有异常改变，据此辨证为血瘀证；用活血化瘀法治疗，不但微循环障碍解除，血糖也降下来了，因而走出了一条以活血化瘀法治疗糖尿病的新路。李振中根据祝谌予提出的活血化瘀治疗糖尿病的理论以及筛选的药物，发展了糖尿病视网膜病变（糖网病）的理论与治疗。可以看出，以现代科学对中医理论进行研究是大有可为的，中西医理论的结合也是很有探索价值的，也对

医生提出了更高的要求。

祝谌予认为，中西医结合无论是对中医还是对西医，无论是临床或理论，以及对医学的发展，都有着深远的意义。因此祝谌予主张：我们应当消除中、西医之间及各门派之间的不理解和不信任，加强医学界的相互学习和相互交流。同时身体力行，在制订中医糖尿病诊断及分型标准时，曾与西医糖尿病专家池芝盛商讨并共同研究，为中西医结合做出榜样。中国的医学发展，不能完全照搬外国模式，我们要充分利用中医学的宝贵理论和临床经验，加强团结，统一协调，互相取长补短，创出有中国特色的医学理论与治疗法则，为中国人民和世界人民解除病痛，这是医生的天职。所以倡导中西医结合，推动中西医结合，坚定不移地走中西医结合道路，是时代赋予我们的历史使命。

中西医结合同时坚持辨证论治也是祝谌予的学术特点之一，祝谌予曾说："中西医结合勿忘辨证论治，否则中西医结合就沦为一句空话。"祝谌予认为，辨证论治是中医的特色。现代中医必须坚持辨证论治，并不断提高辨证论治的水平。所谓辨证，就是寻找病因病机及治疗规律的过程。临床中有些疾病辨出几个证型，根据证型的不同拟出不同的方子治疗，这就是这种疾病的治疗规律。因此，要辨证与辨病相结合。什么是病？即人体阴阳失去平衡，脏腑经络机能出现太过与不及。太过，就会产生实证、热证；不及，就会产生虚证、寒证。中医治病就是调节这种太过与不及，使之趋于平衡。中医治则中的寒者热之、热者寒之、实则泻之、虚则补之就是这个道理。如对黄芪，有人认为是升压药，其实黄芪具有双向调节作用，不是单纯的升压。补中益气汤也可以治疗许多高血压的病人，把血压调节到趋于正常。所以中医一定要辨证施治，临证时一定要用中医理论来指导。如有一汗出不止的病人，屡用玉屏风散及其他止汗药无效，祝谌予就根据'汗为心之液'的理论，用养心阴的方法治疗，效果很好。这就是用中医理论指导来进行辨证。因此要提高辨证论治水平一定要很好地掌握中医理论。祝谌予认为，临床治病不能只追求“验方”、“特效方”，再根据所谓的“验方”、“特效方”或“现代药理研究”进行片面治疗，应在辨证的前提下使用，正确对待“验方”，灵活运用才会奏效。人之体质不同，病因不同，病之轻重不同，病程长短不同，这些不同因素，要用不同的方法去解决，运用中医理论，采用因时、因地、因人的辨证治疗，才能达到药到病除的效果。

创活血化瘀新方法治疗糖尿病

祝谌予认为：“由于历史条件的限制，王清任《医林改错》中所讲的脏腑、气管、血管，与现代解剖学讲的也不一致。王清任如果生在现代，以他的疑古、革新的精神必然会有更大的成就。在那个不能解剖人体的时代，王清任能亲自去看小儿的尸体，去刑场目睹剐刑者的脏腑，这比有些人只搞文字游戏，空谈理论，不重视实践，要强得多。王清任所创制的以逐瘀命名的六个逐瘀汤及补阳还五汤至今仍在临床上使用，并且疗效满意，在临床上经得起重复……有人认为王清任离经叛道，我说王清任的创新精神是值得钦佩和学习的。”

祝谌予在王清任活血化瘀学说思想的影响下，在临床多种疾病的治疗中灵活运用活血化瘀法。

一是治疗脑血管病。

靳某，是张家口教育局领导，中风后来到北京各大医院治疗无效，也请过许多名医效果不显，最后托朋友找到祝谌予。见到祝大夫时他说：北京的医生应该是水平最高的，我已经在北京各个大医院看过了都无效，现在找到你，如果再治不好，我就灰心了，不治了。祝谌予回答说：“什么病，你只要去治，就叫可治之症，不去治，就叫不治之症，我会尽力给你治疗的”。他的脑CT

片显示，左脑有软化灶，周围有浸润。患者拿出以前服用过的方剂，多是小续命汤加减和左归丸加减。祝谌予分析：靳某以前求治的医生，多是依照古籍中从痰论治或是从肾虚论治。古代医家认为中风的发病机理是：痰迷心窍，血虚生风，肾虚等。祝谌予经常读唐容川的《血证论》、王清任的《医林改错》，读得深刻，理解得透彻，对血瘀及活血化瘀有自己的心得体会。同时参考西医的CT片，分析此为脑血管梗死所致脑软化。于是选用活血化瘀的方剂进行治疗，选择补阳还五汤加味。患者初起除右半身不遂外，尚有命名性失语，服汤药3个月后，肢体功能逐渐恢复，可以自己步行来诊，于是改成丸药服用。半年后完全康复，恢复工作，可以连续作报告两个小时。复查CT片：左脑软化灶依然存在，周围浸润已无。祝谌予将活血化瘀治疗半身不遂（中风）经验介绍给学生后，协和医院的学生曾收治一位半身不遂的病人，遂用活血化瘀药物进行治疗，选用桃红四物汤及全蝎、蜈蚣等药物，服用一周未见效果，请祝谌予会诊。祝谌予仅在处方上加生黄芪30g，服药后即见效果。学生问：为什么您讲过用活血化瘀治疗半身不遂有效，这个病人也有血瘀症状，我们选用活血化瘀药物却没有效果？祝谌予说，中医理论："治风先治血，血行风自灭。"如果只用活血药物，血只是活动而已，血活而未行。中医理论还有："血为气母，气为血帅，血随气行。"血活起来以后，必须有动力才能循行，这个动力就是气，所以宜加补气药，活起来的血就能按经脉循行了，而起到活血化瘀的作用。祝谌予讲：你只有在临床实践中才能深刻地理解中医理论，反之，如果以理论解释理论都是空洞无力的。

二是治疗心血管病。

冠心病是冠状动脉粥样硬化性心脏病的简称，临床表现的症状属于中医血瘀的范畴。祝谌予用中西医结合的理念来解释发病机制，并且指导临床实践，自创"葛红汤"治疗冠心病。缓解心绞痛、心慌、口干、汗出等症状，效果很好。祝谌予说：“方中以葛根通络化瘀、生津润筋为君；红花、丹参，活血养血为臣；当归、赤芍、川芎、羌活、菊花养血和营，通督脉，息肝风为辅（佐），生脉散益气生津固本。全方既有化瘀定痛、益气养阴之功，又无耗气伤阴之弊，较单用活血化瘀为优，适宜于长期服用。”并又云：“葛根、川芎、丹参、羌活、菊花等经药理研究证实，均有扩张冠状动脉，改善心肌供血的作用。”是以本方攻补兼施，补通并用，不失为一活血通脉（经），益气生津（扶正）之良方。

赵某，女，70岁，退休工人，门诊病历，1992年2月28日初诊。主诉患冠心病8年，心前区疼痛两个月。自确诊为冠心病以来，经常有心绞痛发作。1991年冬季以来，其发作频繁，几乎每日均发，曾住院一个月予消心痛、心痛定等口服西药治疗，效不明显，因之来诊。

现症见心痛彻背，每日均发，劳累或活动后尤甚，伴胸闷憋气，后背燥热，口干苦，纳差腹胀，呃逆反酸，心悸多梦，大便干燥。舌质暗红，舌下络脉青紫努张，脉沉弦。

辨证：心脉瘀阻，胸阳不振，气阴不足。

治法：活血通脉，宣痹止痛。

处方：葛根15g，红花10g，川芎10g，当归15g，赤芍15g，丹参30g，菖蒲10g，郁金10g，羌活10g，菊花10g，全瓜蒌20g，薤白10g，柏子仁10g。每日1剂，水煎服。

3月13日复诊，药后心绞痛程度及发作次数明显减轻，夜能安卧，大便通畅，消心痛由每日3片，减至每日1片。仍感胸闷腹胀，心悸憋气，后背燥热。守方加木香10g继服。

4月24日三诊，心绞痛、胸闷、燥热悉退，已停服消心痛。但晨起活动后心慌、气短。舌红暗，脉弦细。此心脉瘀阻暂畅，但气阴不足需补，故于方中加生脉散以益气养阴。

处方：党参10g，麦冬10g，五味子10g，柏子仁10g，葛根

15g，丹参 30g，菖蒲 10g，郁金 10g，羌活 10g，菊花 10g，木香 10g，陈皮 10g，桔梗 10g，枳壳 10g。每日 1 剂，水煎服。

6 月 12 日四诊，病情稳定，能操持一般家务，但过劳后仍有轻度心区疼痛，乏力。守上方去木香、陈皮、桔梗、枳壳加生黄芪 20g，酸枣仁 15g，生山楂 15g。再服 1 个月，诸症告愈，原方加当归、川芎、全瓜蒌、薤白、木香等配制蜜丸常服，以竟全功。

本案冠心病者，年已古稀，心脏气血阴阳俱为不足。《内经》云："心主身之血脉"，"心藏脉，脉舍神"。若气血不足，则心主无能，其脉不畅，不通则痛；血不养神，则心悸多梦。病久气阴耗伤，则津亏燥热内生，故口干苦、燥热便秘生焉。祝谌予依证，标本缓急，分步施治，急则治标，先以葛红汤去生脉散加菖蒲、郁金、瓜蒌、薤白、柏子仁，活血通脉，宣痹通阳，解除心痛之苦；后则以葛红汤加桔梗、枳壳、木香、陈皮、黄芪、酸枣仁、生山楂等以益气养阴，活血行气，标本同治。终配丸药而坚持标本同治，巩固疗效。堪称标本缓急论治之佳案。

三是创活血化瘀法治疗糖尿病。

1975 年祝谌予调到首都医院（现北京协和医院）任中医科主任。主要从事临床及科研工作。他看到糖尿病是常见病、多发病（我国糖尿病城市普查发病率在百分之一），对人民健康危害很大，许多患者终生依赖胰岛素，有的人甚至丧失工作能力，卫生部已将糖尿病列为重点疾病之一，于是祝谌予选择了"中医药治疗糖尿病"为科研课题，并开设中医治疗糖尿病专科门诊。

在继承施今墨治疗糖尿病经验的基础上，祝谌予又进行了新的探索。最初祝谌予将西医确诊的糖尿病通过中医辨证分为：气阴两虚型、阴虚火旺型、阴阳两虚型。但经过临床系统观察，发现有气虚见证者达 90% 以上，有血瘀见证者达 70% 以上，阴虚见证者亦占相当比例。有一次，一位糖尿病尿中毒昏迷的患者，头摇、身摇，经西医镇静治疗均无效，仍昏迷身颤，祝谌予根据临床表现进行中医辨证，用活血化瘀法治疗，选用当归芍药散加味，效果很好，这例病例对祝谌予启发很大。临床中他继续观察糖尿病患者的血瘀症状，如舌质紫暗或淡暗，舌边有瘀点或瘀斑，舌下静脉黑紫努张，面部瘀斑或色素沉着，下肢麻木或疼痛，指甲色泽紫暗，耳廓色晦暗萎缩等。同时根据病理解剖，发现有70% 的糖尿病患者，死于心血管病变的各种并发症，其中半数以上有动脉粥样硬化，也有微血管病变（毛细血管基膜增厚）导致的微循环异常。这些均说明糖尿病的“血瘀”是有病理依据的。祝谌予与中国医学科学院基础研究所修瑞娟合作，从观察甲皱微循环入手，通过实验室试验和采用血液流变学监测，发现糖尿病患者的甲皱微循环呈现血循环障碍，血液黏稠度明显高于正常人，采用活血化瘀方法治疗后，临床观察到当糖尿病症状减轻时，甲皱微循环也得到了改善。于是祝谌予在施今墨降糖对药的基础上，又加入了葛根、丹参，形成新的降糖对药，自拟了“降糖活血方（木香 10g，当归 10g，益母草 30g，赤芍 15g，川芎 10g，葛根 15g，丹参 30g，苍术 15g，玄参 30g，生地黄 30g，生黄芪 30g）”，根据糖尿病的具体证候，灵活辨证运用。以血瘀为主症的，可以降糖活血方为主方加减。糖尿病并发有血瘀症的如半身不遂、脉管炎等，可用降糖活血方、补阳还五汤、血府逐瘀汤等相互配合，加减运用。总之，必须牢牢掌握在辨证的基础上，运用活血化瘀法治疗糖尿病才能取得较好的效果。为此，祝谌予进一步总结出：气阴两伤、脾肾虚损、气虚血瘀是糖尿病发病的基本机制。在糖尿病分型上除已有的气阴两虚、阴虚火旺、阴阳两虚型外，尚应增加气虚血瘀型。活血化瘀治疗糖尿病在历代中医文献中未见记载，临床运用此法，部分患者（有血瘀见症者）取得了很好疗效，也使部分久用胰岛素的患者，胰岛素减量以至停用。可见，通过祝谌予临床实践研究说明，糖尿病已不再是“不治之症”了。

病案一：刘某，男，67 岁，干部。1978 年 9 月 14 日初诊。

患者于1968年患糖尿病，症见多饮、多食、多尿。查空腹血糖在200mg以上，尿糖（++++）。服用D860、优降糖、降糖灵等，食控6两左右，病情基本控制，有时反复。1976年并发冠心病。4个月以前查空腹血糖290mg，而加用胰岛素每日32U。近日三多症状明显，食控在5两；面部发麻，浑身乏力，口腔溃疡，大便干燥，舌红暗，脉沉细。辨证为气阴两伤，血脉瘀阻。以降糖活血方加减治疗。

处方：生黄芪30g，山药15g，苍术15g，玄参30g，葛根30g，丹参30g，茜草15g，川芎10g，当归10g，赤芍15g，益母草30g，广木香10g，天花粉30g。每日1剂，水煎服。

同时继续运用胰岛素每日32U，皮下注射。优降糖每日7.5mg、降糖灵每日75mg。治疗3个多月，服药100余剂，症状基本消失，病情稳定，复查空腹血糖正常，24小时尿糖定量阴性。胰岛素用量逐渐减至每日8个单位。1979年1月因病情反复，胰岛素增至每日20U，但在守方服药6个月后，胰岛素逐渐停用，复查空腹血糖120mg，24小时尿糖定量阴性，遂将汤剂改制丸剂常服，以巩固疗效。

病案二：王某，男，20岁，1981年1月22日初诊。食多、饮多、尿多1年余，未予重视。3个月前因头晕来协和医院急诊。查血糖706mg，尿糖（+++），酮体强阳性，诊为糖尿病，即用胰岛素治疗，每日60U，病情未能控制，尿液中经常出现酮体，身体极度虚弱。患者来中医科门诊当时症状：饥饿感强，食控7两，口微渴（日饮水1500ml），乏力，气短，自汗，唇暗，舌质紫暗，舌下静脉青紫，舌苔白微腻。证属阴阳两虚并血瘀。初服益气养阴药两个月，效不明显。现症畏寒、肢冷，余症同前，遂用降糖活血方加减治疗。

处方：生黄芪30g，生熟地各30g，葛根15g，丹参30g，桂枝20g，制附片10g，云茯苓30g，牡丹皮20g，泽泻10g，山药

10g，五味子 10g，桑寄生 30g，鸡血藤 30g，淫羊藿 12g，菟丝子 30g，枸杞子 10g，菊花 10g。

服中药时暂未停胰岛素，两周后四肢转温，舌瘀之象亦轻，尿酮体（-），24 小时尿糖定量 25g。原方加水蛭 15g、五加皮 15g 以加强活血化瘀之力。继服两周后，24 小时尿糖微量。以后仍以降糖活血方为主加减治疗一年余，逐渐将胰岛素减量至停用，各项化验指标正常，余症皆除，现已参加工作。

古方今用　独具匠心

古方如何今用？祝谌予将现代医学的医理、药理纳入中医的辨证内容来考虑，循此方针，就可以使古方为今所用。祝谌予逐渐扩大一些古方的应用范围，均获良效。

祝谌予所指的古方基本上是“经方”，即张仲景所著《伤寒论》及《金匮要略》中的方剂，同时也有古代医家的名方。在中医学两千多年的发展过程中，历代医家对这些方剂的运用积累了丰富的经验，如何将古方为今所用，这是祝谌予时常思考的问题。

祝谌予认为，中医的古方，离我们很远，无论是地域、环境、气候以及疾病，古今无法比拟。对于古代经典方的运用，不能照搬照用，更不能把它们当成“特效方”运用。必须要辨证与辨病相结合，抓住古方核心的要素，为今天的临床疾病所用。

如：桂枝汤（桂枝、芍药、甘草、生姜、大枣），此方为方剂之祖，为《伤寒论》开篇第一方。《伤寒论》的原文“太阳病，头痛，发热，汗出，恶风，桂枝汤主之。”桂枝汤是治疗太阳表证、调和营卫的方剂。祝谌予根据临床观察认为，桂枝汤的和营卫实际上是和脾胃。从现代药理研究来看，桂枝含有桂皮油，具有增强消化功能、排除消化道的积气、缓解胃痉挛性疼痛的作用，还具有增强血液循环的作用。白芍对中枢神经系统有抑制作用，对胃及子宫平滑肌的张力和运动有抑制作用。甘草有保护胃黏膜作用。这些药都与消化功能有一定关系。因此祝谌予结合中药药理认为，桂枝汤不是发汗剂而是强壮剂。

临床用桂枝汤治疗虚人外感风寒效果卓著。祝谌予曾用来治疗夏日穿棉衣的病例。1971 年 8 月，祝谌予时在河北玉田县带学生实习。某日有骆某来诊，其人年 50 余岁，为玉田县某公社干部，时届盛暑仍着棉衣棉裤。据云，极畏风寒，自汗时时，汗出畏风愈甚，脱去棉衣即感风吹透骨，遍身冷汗，因而虽盛暑亦不敢脱去棉衣，深以为苦。问其平素纳食少，乏力倦怠，其他无不适。祝谌予诊为正气虚弱，营卫失调，予桂枝汤 5 剂。5 天后患者骑自行车来复诊，告之已不畏风，且已脱去棉衣改穿夹衣，汗亦减少。嘱继服 3 剂。约半月后带另一病人前来，进门即说："我就是夏天穿棉袄的人。"是时已着单衣裤，并且说已不畏风，也不自汗了。可见桂枝汤和营卫调阴阳，治疗虚人外感风寒，其中强壮体质的作用，不可忽视。

桂枝加芍药汤，亦出自《伤寒论》。原文："本太阳病，医反下之，因而腹泻时痛者，属太阴也，桂枝加芍药汤主之。"祝谌予根据桂枝加芍药汤方主治证候，结合临床实际，用此方治疗结核性腹膜炎、慢性结肠炎、久痢及平常脾胃虚弱，阴液不足，大便干结，粪下如球者，效果显著。

固某，男，62 岁。1970 年 3 月患急性肺炎入院治疗，1 个月后痊愈出院。此后体力衰弱，纳食甚少，每日不过 4 两左右，大便经常 10 余日一行，或服番泻叶，或用开塞露始能解下大便，皆如球状，颇以为苦。1972 年 9 月初诊，主诉：纳少腹胀，大便难解，每解如球状。查患者体质瘦弱，唇暗，口干但不多饮，舌质红，脉沉细。辨证为大病后阴液大伤，肠枯不润。拟桂枝加芍药汤加味。处方：桂枝 9g，白芍 30g，甘草 6g，红枣 5 枚，生姜 3 片，当归 15g，肉苁蓉 30g。6 剂。二诊：服药 1 剂，次日大便即下，腹不痛，胀亦消。连服6剂。每日均有大便，但量不多。食欲增，精神好。遂将原方加5倍量，研细末，炼蜜合为丸，每丸重9g，早晚各服1丸，以巩固疗效。

黄芪建中汤，出自《金匮要略》。原文："虚劳里急，诸不足，黄芪建中汤主之。"祝谌予运用此方治疗许多虚劳病，如体弱无力、消化力弱、体虚自汗、反复感冒者。也用于有虚寒症的溃疡病，或淋巴结核未溃破或已成瘘管者，以及肛门周围炎。对于体虚下肢溃疡或手术创口久不愈合者尤其好用。

例如：郭某，男，40岁。1963年8月初诊，主诉为患下肢溃疡已4年，诸方治疗无效，经友介绍来诊。检查双下肢：左下肢皮肤黑紫，面积较大，内踝上7cm处糜烂一片，出黄水。右下肢皮肤暗褐，无溃疡面，疼痛而痒，行走时为甚。除纳食少、乏力外，无其他症状。舌质淡暗，脉沉细。诊为气虚血瘀，经络瘀阻。

处方：黄芪24g，桂枝15g，赤白芍各15g，生甘草6g，刘寄奴12g，鸡血藤24g，苏木9g，牛膝9g。6剂。每日1剂，水煎服。

二诊：服药2剂疼痛反而加重，溃疡面上出水甚多，服至6剂疼痛减轻，仍流黄水。守方10剂，另加外用药：大黄、黄柏各30g研细末外敷。

三诊：服药10剂，疼痛大减，走路亦不觉胀痛，溃疡面已不出黄水，但痒甚。原方加荆芥穗、防风各10g，再服10剂，外用药不变。

四诊：溃疡面已平复，不出黄水，皮肤颜色自四周转淡，基本不痛。原方再服20剂，外用药面调香油如糊状外敷。

五诊、六诊、七诊均照原方服用，溃疡面愈合。右下肢皮肤恢复如常，左下肢皮肤转为暗褐色，面积缩小至3横指大。除有时皮肤轻度瘙痒外，余无不适。总计治疗两个半月基本痊愈，以后将原方改为丸药常服。

小柴胡汤（柴胡、党参、黄芩、半夏、生姜、大枣、甘草），出自《伤寒论》。原文："……往来寒热，胸胁苦满，默默不欲饮食，心烦喜呕……身有微热，或咳者，予小柴胡汤主之。"此方是和解少阳半表半里的方剂。祝谌予在临床中除凡见小柴胡汤证用小柴胡汤治疗外，还常用此方治疗肝、胆、胃的一系列疾病，如肝炎、胃炎等，以及中耳炎、耳下腺炎、鼻炎、鼻窦炎、淋巴结炎、肺炎、胸膜炎、急性肾炎等。有时临床常见某些年轻人突然身起荨麻疹，祝谌予认为这可能是肝炎的一种表现，他也曾用小柴胡汤进行治疗而取得满意效果。治疗肝炎时，在小柴胡汤的基础上可加蒲公英、板蓝根、连翘、茵陈；急性期，方中党参不用。

葛根汤（葛根、麻黄、桂枝、生姜、炙甘草、白芍、大枣），亦《伤寒论》方。此方原治太阳中风表实，兼见项背强直之证。用来治疗急性中耳炎、顽固性腰痛，尤其是产后受风腰痛，病程短者效果较好，病久者由于邪已入血入络，则效果较差。同时还用来治眼肌麻痹的复视，面神经麻痹、中风口不能张开，急性风湿性关节炎、风湿热、脉管炎、半身出汗另外半身不出汗、坐骨神经痛、肩周炎等。治疗鼻额窦蓄脓时，可加生石膏、大黄。

赵某，女，32岁。1977年9月3日初诊。主诉为产后10天，6天前因感受风寒，突然右侧肢体运动失灵。经针灸治疗未见显效，现右手不能握物，右腿行走不便，纳食尚佳，大便秘结。脉弦细，舌淡有齿痕，苔薄白。证属产后体虚，复感风寒，邪阻经络。"急则治其标"，先散寒通络、活血祛风。方选葛根汤加味：葛根25g，炙麻黄6g，桂枝15g，白芍15g，钩藤25g，丹参15g，鸡血藤30g，甘草6g，海风藤10g，络石藤10g，威灵仙12g，4剂。

二诊：服上方4剂后，腿已能行走，但出汗较多，大便仍干。舌、脉同前。仍宗前法，去麻黄加生黄芪25g以益气固表。服7剂。

三诊：患者自诉服上方后右手已能握物，但纳食不佳，产后已近1月，恶露未净。舌淡暗有齿痕，脉沉细。上方去鸡血藤、丹参，加黑芥穗10g，桑寄生15g，狗脊15g，以加强补肝肾之力。再进10剂。

9月28日第四诊时，肢体活动基本正常，诸症皆除，唯略感乏力。舌脉同上。料邪已去七八，经脉已通。“缓则治其本”，改用独活寄生汤加减，以益气血、补肝肾、通络祛风为治。桑寄生30g，羌独活各10g，秦艽10g，防风10g，生熟地各10g，细辛3g，川芎10g，赤白芍各15g，当归10g，桂枝10g，追地风10g，茯苓15g，牛膝10g，海风藤12g，川断12g，党参10g，络石藤12g，甘草6g。

黄芪桂枝五物汤（黄芪、桂枝、芍药、生姜、大枣），《金匮要略》方。原文：“血痹阴阳俱微，寸口关上微，尺中小紧，外证身体不仁，如风痹状，黄芪桂枝五物汤主之。”此方原来用于治疗由于营卫气血俱虚，阳气不足，阴气涩滞而出现的肢体麻木不仁的证候（即血痹）。血痹一般仅有肌肉麻痹而无痛感，如受邪较重，亦可发生疼痛，所以说“如风痹状”。本方系桂枝汤去甘草，即用桂枝之辛温以通达四肢，不宜用甘草之甘缓故而去之，加黄芪益气以推动血液运行。经曰：“气虚则麻，血虚则木。”祝谌予认为，现临床凡见肢体麻木者，均可运用此方。此外尚可用于治疗风湿性关节炎、重症肌无力和脑血管意外后遗症等（当加活血化瘀药）。用于治疗重症肌无力时，方中黄芪可重用至30g或30g以上。

除以上列举的古方，祝谌予用于治疗今病外，尚创拟了归芪建中汤，即《金匮要略》的黄芪建中汤、当归建中汤的合方。用于治疗外科常见的疖、痔、漏等久治不愈之证，以及慢性溃疡性结肠炎等。同时对于手术后伤口久不愈合者，祝谌予还有一个小验方。即吃火腿（宣威火腿或金华火腿），每顿饭吃三四片，可促进伤口愈合，效果很好。这是梁启超告诉施今墨，施今墨又传给祝谌予的。祝谌予用于临床实践。

可见，祝谌予的古方今用，拓展了原方的治疗范围，他将现代医学观点，以及中药药理的研究成果，纳入中医临床的辨证思维方法之中。把古方用活，将古方为今所用，扩大了古方的应用范围，临床疗效显著。这是祝谌予对中医临床思维方法的重大突破。

深研金匮　活用经方

祝谌予认为，由于《金匮要略》乱简太多，所以注家比《伤寒论》少。他在随施今墨学习时用心钻研过《金匮要略》，因见施今墨常用《金匮要略》方治疗疾病，以后他行医时也常用，临床体会比较深刻。祝谌予给学生讲课完全是用临床验证有效的《金匮要略》方剂来讲解，所以既深刻又灵活。举例多从实践中来，接触的病例很多都是现代病名，学生反映很贴切。

祝谌予认为《金匮要略》的源流是：东汉张仲景著《伤寒卒病论》十六卷，后世又称《伤寒杂病论》。学习《金匮要略》要前后联系、对照看，要会归纳和综合。《金匮要略》错简颇多，有的条文有证无方，有的条文有方无证，条文过于简单。如“血痹虚劳病脉证并治第六”篇云：“虚劳里急，诸不足，黄芪建中汤主之”，根本无症状可言，类乎此者颇多，我们就要根据方药来找症状，即以方测证；有的有症而无方，就要从症来选适当的方药；还有的条文不知所云，则就不必牵强附会去解释。常常两篇或多篇用同一方剂者，要把各条方剂之主症对照看，才能了解张仲景用药、用方之意义，体会出其用药的特点；还有的时候，几个方剂都有相同的药物，比如“肺痿肺痈咳嗽上气篇”中论咳喘有射干麻黄汤、厚朴麻黄汤、小青龙加石膏汤之应用，三方都用麻黄、细辛、五味子、干姜、半夏5味药。因此，可以体会出这5味药是张仲景治咳喘病之主要药物，祝谌予称之为“定喘五圣”，临床根据其他症状再加用他药。

学习《金匮要略》要以临床实践为基础，注意理论与实践结合，不要以“经”解“经”，从理论到理论。如厚朴麻黄汤条文只云：“咳而脉浮者，厚朴麻黄汤主之。”若但从理论来讲，或以经解经，就无法理解此文之主治，临床上也就不会运用。何况有许多错简条文，以经解经则脱离实际，只能是牵强附会，很难以理服人。我们学习时要根据所述主症、分析用药、研究组方，才能体会出张仲景认证之准、组方之严、用药之精。然后根据临床实践所见，扩大《金匮要略》诸方之使用范围。如此才能很好地继承祖国医学遗产，并发扬光大之。若以古人怎么说我们就怎么用，古人没有说我们就不敢用，思想被束缚在本本中，事物就没有发展了。所以学习《金匮要略》脱离临床实践是不行的。从临床实践来看，张仲景所用诸方，历经1000余年，经得起重复使用，足可见其珍贵的价值。“实践是检验真理的唯一标准”，这是至理名言。

学习古医籍既要认真，又要切忌拘泥，并不是字字珠玑，一字不能移、一字不能改。祝谌予很赞赏柯韵伯所云：“著书者往矣，期间几经兵燹，几番播迁，几次增删，几许抄刻，亥豕者有之，杂伪者有之，脱落者有之，错简者有之。”所以吾人对中国古籍，不能看作金科玉律，盲目信从。

学习《金匮要略》既不能脱离实践，也不能牵强附会，不能被错简的经文所束缚。《伤寒论》注解者众，《金匮要略》注释者寡，其原因之一就是《金匮要略》错简太多，不易注解，故讲《金匮要略》者颇觉困难。从以上祝谌予对《金匮要略》的论述，已经可以看出他的观点，以下再举一些片段进一步说明祝谌予的认真和实事求是的态度。

祝谌予认为，第一篇“脏腑经络先后病脉证第一”，可以算是全书的绪论，内容很广泛，包括病因、病机、预防、预后、诊法、治则、摄生等方面。对于诊察疾病有较详细的论述，但有关脉学与现在不同，应当从临床实践中去体会。

"肺痿肺痈咳嗽上气病脉证治第七"，肺痿属正虚，肺痈属邪实，咳嗽上气既有虚证又有实证。本篇治咳喘有十方，附方有六首，常用的方有甘草干姜汤、射干麻黄汤、厚朴麻黄汤、麦门冬汤、葶苈大枣泻肺汤、小青龙加石膏汤、炙甘草汤、千金苇茎汤等。治疗咳喘有虚、实、寒、热之分。并且总结出"张仲景定喘五圣：麻黄、细辛、干姜、半夏、五味子"，临床辨证运用效果很好。

"痰饮咳嗽病脉证并治第十二"。本篇主要论述痰饮及由痰饮引起咳嗽之辨证与治法。祝谌予对痰饮认识归纳为"脾虚生湿，湿聚成水，水停为饮，饮化为痰，而痰分寒化（寒痰）、热化（热痰）"。本篇将痰饮分为痰饮、悬饮、溢饮、支饮4种，并分类论治。所载苓桂术甘汤、甘遂半夏汤、十枣汤、大青龙汤、小青龙汤、木防己汤、泽泻汤、厚朴大黄汤、小半夏汤、己椒苈黄丸、小半夏加茯苓汤、五苓散以及苓桂五味甘草汤等诸方均为临床常用，治疗胸水、腹水、眩晕、哮喘等多种疾病确有较好疗效。

"黄疸病脉证并治第十五"。本篇将黄疸分为谷疸、酒疸、女劳疸和黑疸论治。所载诸方，如茵陈蒿汤、栀子大黄汤、茵陈五苓散等均为临床常用方。将黄疸病系统论治，《金匮要略》本篇堪称为首，且专列一篇论治，可见我国古代医学对此病已颇为重视。祝谌予于本篇黄疸病之论治，尤推崇茵陈蒿汤、栀子大黄汤、茵陈五苓散、大黄硝石汤等方之用，其谓大黄硝石汤"治疗肝、胆、胰腺急性炎症多有疗效"，栀子大黄汤"治疗急性黄疸性肝炎、湿温病、脂肪肝等颇为常用"。祝谌予对篇中方证不合者，亦如实提出异议。如十四条硝石矾石散方证，认为"从本病之黄疸色黑来看，似乎为后世所说之阴黄。阴黄为寒，应当温肾，但硝石、矾石均非温者，因此能否治阴黄，不得而知。此方我未用过。"对十六条桂枝加黄芪汤之方证又云："水气篇里是治黄汗方，认为'方不对证'，以之治黄疸初起发热也不对证。"祝谌予以临床实践为据，实事求是，所言可从。

妇科成为专科，其源远矣，早在春秋战国时代就有妇科，扁鹊就有"带下医"之称。至汉代张仲景亦善治妇科病，《金匮要略》中专载妇人病三篇。妇科病总的来说，分经、带、胎、产四大类。张仲景先论胎前、继论产后，后论月经、带下及妇科其他病。3篇中有许多方剂是临床所常用者，如桂枝茯苓丸、芎归胶艾汤、当归芍药散、葵子茯苓散、当归散、枳实芍药散、下瘀血汤、白头翁加甘草阿胶汤、半夏厚朴汤、甘麦大枣汤、温经汤、大黄甘遂汤、抵当汤等皆疗效甚佳。

祝谌予临证亦以妇科为长，故于本篇诸条之注释颇详，尤对妊娠诸病论治方证颇属精当，并广其用，甚合临床实际。如胶艾汤之用，祝谌予说："书中地黄未载用量，我意药量应以地黄为重，川芎最少，川芎可以使胎动，对孕妇尤当慎用。"并且举治子宫内膜异位症及子宫肌腺病、卵巢囊肿验案示之。当归芍药散之用则更云："凡腹中痛均可用"，"如治结核性腹膜炎有腹水疼痛者，方中苓、术、泽则宜重用；治妊娠水肿、先兆子痫、妊娠腹痛时当归、川芎剂量需小，散剂3两是适当的；腹痛甚者加炙甘草，甘以缓之。其他还用治疗慢性肾炎、肾性高血压，以及神经官能症……"并举治尿毒症、附件囊肿案示之，尤其治尿毒症案，辨证之准，用方之当，堪称绝妙佳案。

祝谌予治学以尊经不拘、崇古不泥著称，他以临床实践为基础，对篇中当归散"妊娠常服"以及妊娠心气实伤胎之治"刺劳宫及关元"穴等均一一提出"恐非相宜"、"慎之，慎之"之异议，值得借鉴。

妇人产后病主要为产后三大症（痉病、郁冒、大便难）、产后腹痛、产后中风、产后下利和产后烦扰呕逆等。病因病机上祝谌予认为“产后诸症有虚有实，或虚实兼杂，但总以虚证为多见。”并提出治法上“既要照顾产妇亡血伤津，气血不足之特点，又要注意夹瘀的特点，即重辨证论治，有是证则用是药，当汗则汗，当下则下，当消则消。”篇中所列小柴胡汤、大承气汤、枳实芍药散、下瘀血汤、桂枝汤、竹叶汤、竹皮大丸、白头翁加甘草阿胶汤以及附方当归建中汤之用即属此。所举当归建中汤之治腔静脉栓塞，疗效颇佳。临床多不乏其病者，然其治诚艰，缠绵日久，往往给病人造成极大的痛苦，希望以之为范，以益病家。

妇人杂病篇内容较多，涉及了月经病、带下病、前阴病及情志病等，而其治疗亦颇丰富，有汤、散、丸、酒、膏剂之内治、外治以及针刺疗法等。祝谌予于本篇诸条不仅注释详明，而且颇多个人经验和体会。如12条注中云：“本书有方名而无药物，据《千金方》所载胶艾汤有干姜，似可应用。我的经验，凡属虚寒漏下不止，在补中升清法中加炮姜炭10g或15g则有效。”22条阴吹之治则云：“我治阴吹与古人见解不一，多用补中益气汤治之。”又若半夏厚朴汤之用云：“除治梅核气外，还用于治疗慢性气管炎、支气管哮喘、颈部甲状腺囊肿等，以及加玄参、牛蒡子或桔梗、甘草治疗慢性咽炎颇佳。”祝谌予对温经汤之用云：“可治疗痛经、子宫内膜异位症、功能性子宫出血、继发性闭经、不孕症、习惯性流产等，尤其对更年期功血者出现上热下寒、阴阳失调者疗效颇佳。”其药到病除，立竿见影，可谓妙手回春。

此外，祝谌予对篇中一些条文亦提出异议，如对11条提出：“可惜，方与证不合，既云虚寒，而旋覆花汤不是治虚寒之方，而是活血方。我认为方不对证，有的注家勉强为解是不适当的。”并就方中“新绛”一药云：“新绛为何物？注家认识不一，据证分析，可用茜草、红花、苏木之类行血化瘀药代之。”是又可见其严谨求实的治学精神，一以贯之也。诚不愧为一代名医名师之誉。

祝谌予以其来者不拒的胸怀，有容乃大、无欲则刚的气度，认认真真看病、老老实实做人，优异的疗效，良好的口碑，成为了巍巍《中华中医昆仑》中的一员，为后世学习和敬仰的名师。

（撰稿人　祝肇刚　祝　勇）

杨医亚卷

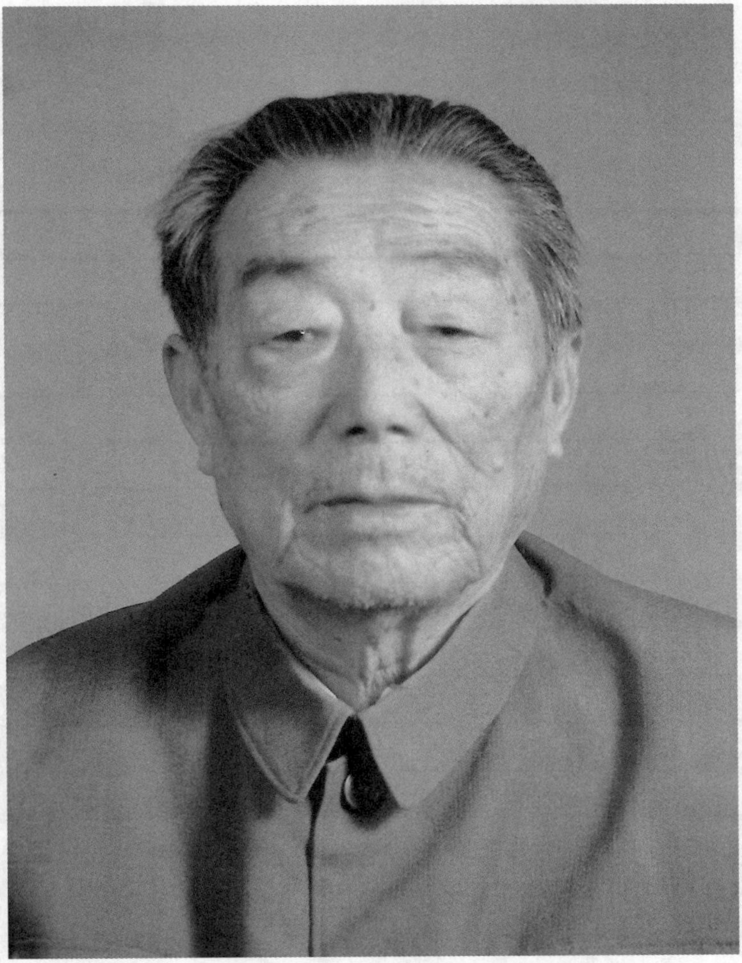

杨医亚（1914—2002）

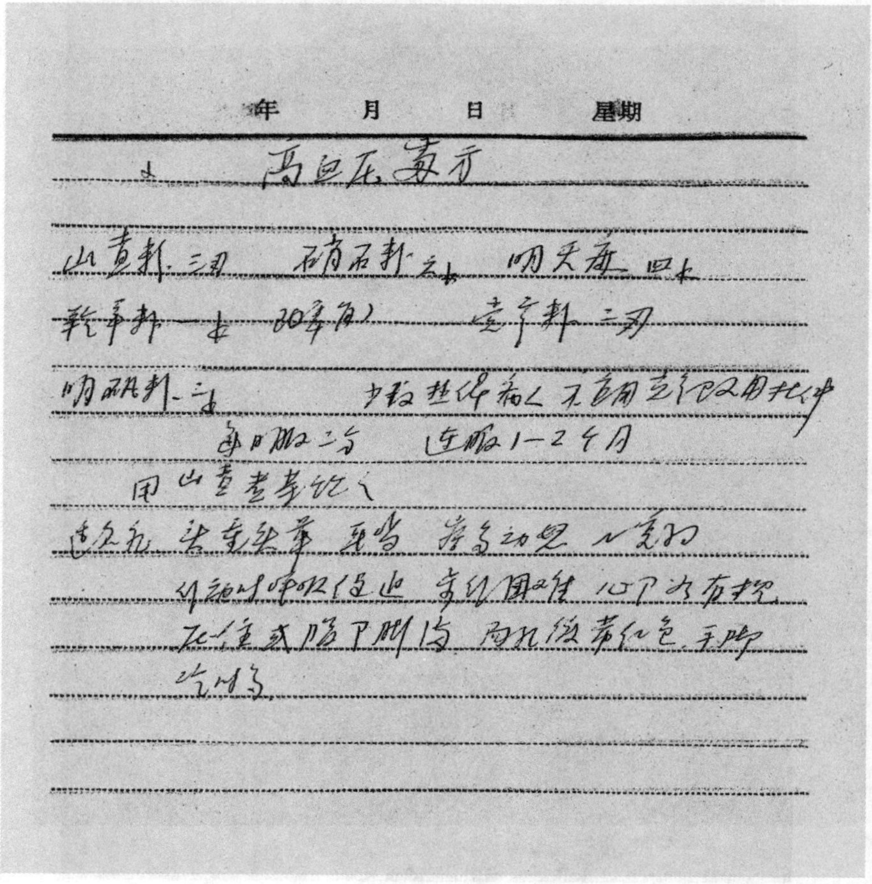

杨医亚手迹

一个医生看的病人再多也是有限的，如果通过写书，让更多的人学会中医，可以救治更多的病人。

——杨医亚

杨医亚（1914—2002），原名杨益亚，曾用名杨鸿星，河南省温县人。著名中医学家、教育家、临床家，河北中医学院教授，中共党员，九三学社社员。

1938 年毕业于北平华北国医学院，师从施今墨、吴彩臣等名师。大学期间任施今墨院长主办的《文医半月刊》编辑、主编。1937 年创办《国医砥柱月刊》，自任主编。1939 年创办中国国医专科函授学校及中国针灸研究所函授部学习班。1943 年受聘于华北国医学院任教授，被誉为北平“四小名医”之一，1949 年接任院长。

1951 年受命带领在京部分中医来到河北省石家庄，支援该省中医药事业恢复工作，留在省卫生厅担任刚创刊的《河北卫生》编审。次年调至保定中医进修班，任主任。1953 年调至石家庄筹建河北省中医进修学校，主持教务工作并任教。1958 年调至刚建校的河北中医学院任教，翌年，又调至河北中医研究院任图书编辑。1965 年再调到天津中医学院，直到 1969 年天津中医学院迁至石家庄，与河北中医学院合并，更名为河北新医大学，在该校中医系任教，1979 年任科研处副处长、中医系教授。1983 年河北中医学院恢复原校名，他担任中医基础教研组主任、教授，直至1988年退休。

自1939年办函授教育以来，从事中医学教育工作60年，此间除教学、科学研究和临床外，编著或主编、审阅修改教材、临床读物，修订整理古代医书、近代名医名著、经验效方，以及编纂医学工具书、丛书、类书等50余种，共计1540余万字，其中《临床各科综合治疗》、《新编伤寒论》、《近世针灸医学全书》、《杨医亚针灸学》等著作，传播国内外，影响甚广。

曾任中华全国中医学会第一届理事、河北省中医学会副理事长、卫生部高等中医药院校医学专业教材编委、中国医学百科全书编委，以及河南张仲景国医大学名誉教授、河北省中医理论整理研究会主任等多种职务，把毕生精力都奉献给了中医复兴和发展事业，并作出了重要贡献。

寒门学子　求学路艰

杨医亚的故乡在河南省温县。该县地处豫北沁阳盆地，位于黄河北岸，北靠太行山。历史上黄河多次泛滥，百姓生活贫穷，瘟疫几度流行，多无钱医治而饱受疾患。1914年8月14日，杨医亚出生在温县安乐寨的一户贫农家庭。祖父生有一女二男，杨父排行居中，前有姐姐，后有弟弟。一次疫病使幼年杨医亚失去父亲，从此，他与母亲相依为命，在大姑和叔叔的接济下过着贫寒的日子。他自小聪明懂事、勤奋好学，在家乡读完小学，成绩优秀。叔叔和姑姑看到他人小志大，将来一定会有出息，主动出资鼓励他到北平读中学，期望他在北平受到良好的教育，不误他的前程。他一个人背着行李，离别故乡，渡过黄河，从郑州乘火车来到举目无亲、人地两疏的古都北平，考入弘达中学。

中学期间，杨医亚学习国文、英语、数学、物理、化学、历史、地理、博物等课程，全面打下了文、理、生物较厚实的基础，又能写出一手漂亮的文章。课余时，他打点零工，挣些学费和伙食费，尽量自食其力，减轻二叔的经济负担。

在北平，他亲眼看到劳苦大众生活的苦难和贫穷，一旦生病，无钱医治，非等到万不得已时才去医院救治。他萌生学习中医、悬壶济世的愿望。杨医亚知道当时北平有两所著名的国医学院，一所是萧龙友、孔伯华创办的“北平国医学院”，另一所是施今墨、魏建宏等人创办的“华北国医学院”。

华北国医学院是施今墨等人自筹资金于1931年创办的，施今墨自任院长。学院收取学费较低，亏欠资金大部分由施今墨出钱补贴。办学方针是：“以科学方法，整理中医，培养人才，决不拘泥成法，唯一宗旨，希望阐明先哲之遗言，借助新医之实验，为人群造福”，学制四年。课程设置以中医为主，中西兼授，中西汇通。中西医课程比例约为7∶3。校舍设在宣武门内大麻线胡同，每届从数百名报考学生中招收40名。1934年，杨医亚以优异成绩考入该校，实现了他学医的理想。杨医亚是华北国医学院第四届学生。

杨医亚非常喜欢学校的开明校风和设置的每门课程。如中医课程有中国医学史、医学大意、内经、难经、伤寒、金匮、温病、诸病源候论、本草、处方、脉学、辨证诊治、医案学，以及内、外、妇、儿、针灸、骨伤、眼耳鼻喉、皮肤花柳科等20余门课程；西医有生理卫生、解剖学、病理学、细菌学、药理学、诊断学、传染病学、法医学，以及内、外、妇、儿等课程；此外还设有国文、日语、德语等。

杨医亚惜时如金，勤奋苦读，不敢有丝毫懈怠之心。他深知华北国医学院4年学习是实现自己志向的重要阶段，多读一卷书便多得一卷书的知识，学问是一点一滴地积累起来的，不能存侥幸取巧之心。他每门功课都优等，尤其喜欢内经、伤寒、辨证诊治和医案及西医的解剖学、诊断学和病理学。读经典中遇到不懂的问题，从不放过，一定向老师求教，名师的点拨往往使他茅塞顿开，恍然大悟。

施今墨重视学生西医基础实验、尸体解剖、化验等生理知识和诊疗手段的掌握，以及中医临床实习。4 年级时，学生在学院诊所或施今墨诊所跟随老师侍诊。施今墨等名医向学生详细讲解病情、辨证要点、处方原则和用药配伍特点；门诊结束后，老师对当天重要病例进行系统分析，要求学生把当天病例分析记录，积累成册，作为学生的病案资料。杨医亚勤于积累病案资料，老师的病例分析、同学的发问和讨论，都将其记于册中，不放过一点可用材料，日后随手可稽。日积月累使他养成动脑和动手的学习习惯。

1931 年，华北国医学院成立之初，施今墨主办了《文医半月刊》。1935 年《文医半月刊》招聘编辑，还是 2 年级学生的杨医亚应聘成功。这件平常的事，却改变了他人生道路的轨迹。《文医半月刊》为他发挥文理才华和组织交往能力提供了舞台，使他有更多的机会与校内名医交往。他又利用约稿、组稿机会广泛结识北平市内名医，他的学识眼界因此变得开阔，知识因此变得丰富。

由他编辑的《文医半月刊》始终坚持施今墨制定的办刊方针，即“不拘门派，百家争鸣”。他根据读者需求经常调整栏目，如设医论、施今墨治案例、杂文、杂论、读者来信及回复等。期刊办得文医并茂，百花齐放，深受学院师生的喜爱，也常收到各地读者赞扬的信函。《文医半月刊》的发行量最高达 4000 余份，在国内中医杂志中独树一帜。

1937 年，杨医亚临近毕业，因学习和侍诊工作繁重，他离开了《文医半月刊》，专心致志地完成大学学业。

自创医刊 兴办函授

自西方现代医学传入中国之后，中医曾有两次险遭灭顶之祸。第一次是1914年北洋政府教育总长汪大燮公开宣言废止中医，言论一出激起各省中医抗议，愤然组织请愿团体赴北平请愿，要求保留中医学。北洋政府迫于强大的声势，收回主张。第二次是1929年2月由余云岫等率先发难，提出《废止旧医以扫除医事卫生之障碍案》，国民政府卫生部第一届中央卫生委员会通过了该议案。在这中医的生死攸关时刻，各地中医界又一次团结起来，奋起抗争，保护中医学。各省中医团体的代表云集上海，举行集会，声势浩大，得到全国有识之士及广大民众的声援，国民政府被迫取消这个违背民意的荒唐提案。此次事件极大地伤害了中医界，同时让那些有志于中医复兴和改革的仁人志士，悲愤地举起改革大旗，一批有为的后学云集旗下，立志走改革之路。

施今墨说："诸君亦知中医在今日，为存亡绝续之秋乎。外见辱于西医，谓气化为荒诞；内见轻于政府，成医界中附庸。今墨数年之前，早已逆知此变。今又隶于卫生行政，更可见吾人环境，非振兴医学，绝不足以自存。故敢断言中医之生命，不在外人，不在官府，而在学术也。"故该学院学生毕业后无论从医、为学、著书都怀有复兴中医事业之志。

杨医亚于1937年即4年级时独自创办《国医砥柱月刊》。以"砥柱"为刊名，表明在中医学存亡危急之秋，该刊要为中医复兴做中流砥柱，力挽狂澜，捍卫中医事业；以"砥柱"为刊名，表白自己愿把振兴中医作为己任，以磐石之足、冰洁之心为之奋斗。

编辑《文医半月刊》期间，来信最多的读者是乡镇中医，他从信中知道他们渴望从这本杂志中得到名医的指导和教育，提高医治水平。他认为，泱泱中国，人口4亿多，中医杂志区区几家，印量很少，价格又贵，极难满足广大乡镇中医求知的愿望；况且中医杂志文字古奥，医理学术论文为其主要内容，也不利于乡镇医生阅读，难以帮助他们充实理论，提高医术。于是，他决心办一份为乡镇医生服务的杂志。

杨医亚深知自己还是在校就读的学生，名微言轻，一无资金，二无稿源，困难重重。他充分利用编辑《文医半月刊》时结交的人脉，四处拜访。他的一片精诚之心，常常打动京城名流名医，纷纷表示愿意献稿。这一年末，杨医亚主编的《国医砥柱月刊》面世。设置的栏目有：医论、临床施治方剂、医案医话、专题讲座、读者来函、解惑答疑、医学动态、杂文等。杂志的形式活泼，医理简明，医案可靠，方剂成熟，文字通俗，答疑中的，价格便宜。因此，《国医砥柱月刊》一经问世，如同一股清新的春风拂过中医界，令中医界前辈刮目相看，受到广泛的赞扬。之后，谢利恒、叶橘泉、任应秋、时逸人等 30 余位京城名医及各地医家为杂志撰稿，形成一支豪华强大的撰稿人队伍。

杨医亚苦心经营数期后，《国医砥柱月刊》便迅速畅销全国，接着又销至港、澳地区，甚至远销东南亚诸国及日本，最盛时发行量高达 4 万余份。他在国内和境外设立 200 多个经销分社，负责营销。国医砥柱月刊社一举成为当时国内影响最大的一家中医杂志社，杨医亚也因此名闻全国。

1938 年夏，杨医亚从华北国医学院毕业，经考试取得行医资格，在北平开设国医砥柱月刊社附属诊所和杨医亚诊所。他对病人怀着怜悯之心，就医者不论贫富贵贱均一视同仁，不分厚薄，不收礼品；遇到贫苦病人经常免除费用，有时私下里给予接济，以致后来规定，凡是每天前 5 名就医者均可免费。他说："早来看病的人，一般都是生活困难的人。"由于医术高明，医德高尚，刚入医林、出道不久的他很快在名医耆宿汇聚的北平站稳了脚跟，就医的人络绎不绝，他常常顾不上休息。

在行医中，杨医亚常想，就医的病人多，而中医师严重缺乏，北平尚且如此，何况全国各地呢？于是，他萌生兴办函授学校的想法。

他对同事说："一个医生看的病人再多也是有限的，如果通过写书，让更多的人学会中医，可以救治更多的病人。"

中医函授教育，据说是清末民初河北名医张锡纯开创的。他把自己多年行医积累的效方及与病人通信等内容汇成一书出版，名为《医学衷中参西录》。该书出版后，很多医家争相购买，各地初学中医甚至有些文化的百姓也买来看，读者甚众，广泛普及了中医知识，而且按书中效方治愈了很多常见病。

杨医亚很早就读过《医学衷中参西录》。他对张锡纯精湛的医术及他的恻隐慈悲之心、衷中参西的治学态度十分敬佩。尤其张锡纯在该书序言中说："人生有大愿力，而后有大建树"，"学医者，为身家温饱计则愿力小，为济世活人计则愿力大"。"愿力"就是愿望的高低。杨医亚认为这些话非常精辟，鼓励着自己；又从张锡纯的经历中得到启示：一部好的中医书可以帮助更多的人学会中医。

1939 年杨医亚在北平创办了"中国国医专科函授学校"及"中医针灸研究所函授部学习班"。专科函授学校学制两年，授内经、伤寒、温病、中药及临床各科诊断治疗等课程；针灸函授学习班学制一年，授针术、灸术、配穴、针灸处方、针灸治疗等；经考试合格，发给毕业证书。两个函授班共招收学员 2000 余名，学员来自各省，大多是乡镇中医和志愿学习中医的年轻人。杨医亚亲自编写函授教材及回答学员来信中提出的疑难问题。学员普遍反映函授教育帮助他们提高了医理和医技。

杨医亚在 1998 年出版的《杨医亚针灸学》序言中写道："1939 年编写了《近世针灸医学全书》，当时为中国针灸研究所的函授针灸讲义，1954 年为供给志愿者学习参考，曾删改出版，前后共再版4次。”这本针灸函授讲义曾畅销20余年，成为1949年前后针灸医生、志愿学习者必读的精品之作。

杨医亚古稀之年与学生李彬之合作，于1983年重新整理出版了张锡纯的《医学衷中参西录》。杨医亚在“校点说明”中讲到校点出版该书的初衷。他写道，《医学衷中参西录》是“医界一代伟人”张锡纯毕生研究中医学的心血结晶，流传广泛，影响深远。然而，该书文白相间，有些地方文义难于理解，文中错讹、漏字之处也须校订；原著按文章先后汇编而成，同册文体不一，内容较重复，不宜现代中医学习；对西医的认识及对西药的使用，由于主客观条件的限制，不免有些片面和肤浅，特别是用中医理论来比附西医理论，亦多有牵强之处。

因此，他们在尊重原书的前提下，按原书顺序改编为上、中、下3册，即原书前3期为上册；4、5期为中册；6、7期及增补第8期为下册。同时将原书各卷目录系统移至每册之前，以便检索。又将内容分为医理、医方、药解、医法、医案5部分。对张锡纯某些立论上的偏颇之见加按语说明，既保持了原著的学术精粹、立论的风格，又便于当今读者学习研究。该书于1984年被评为1983年度全国优秀科技图书二等奖。

1943年杨医亚受聘于华北国医学院任教授，主授伤寒学。此时，他身兼大学教授、函授教育及行医三种工作，十分忙碌。1949年施今墨另有重任，聘杨医亚为院长，被誉为当时北平“四小名医”之一。自此以后，杨医亚开始从事中医高等教育工作。

忠诚教育 杏林成荫

中华人民共和国成立后，北京中医界在庆祝新中国诞生的同时，期盼着国家能从此摆脱百年来的苦难，迎来民族的兴旺强盛、中医事业的复兴和发展。党和政府各项惠民政策温暖着杨医亚的心，他看到了中华民族复兴的希望。他毅然于1951年参加公职，决心为中医发扬光大而作出贡献。不久他受卫生部委派率领部分北京的中医来到石家庄，帮助医疗卫生人才缺乏的河北省卫生厅开展中医培训工作。起初他在卫生厅技术编审室负责编辑刚创刊的《河北卫生》杂志，这是一份传播医药卫生知识的综合性刊物。编辑出版《河北卫生》，对杨医亚来说是件驾轻就熟的事情。他根据卫生厅制订的办刊宗旨和省内医药卫生状况，设置了刊物栏目：卫生行政管理、防病灭病、中西医临床各科、卫生科普等，发行量达3000余份，在河北省内外都有较大的影响。

1953年“保定中医进修班”开办，杨医亚被卫生厅任命为班主任，负责教学工作，主讲伤寒、针灸和中药。学员来自河北省内临床中医界。杨医亚曾于1943年编写了《伤寒论新解》(由国医砥柱月刊社出版)，用的是通俗易懂的语言，不落“以经释经，以古释古”的旧套。这本讲义曾在华北国医学院讲过多次，又几经修改，在作为进修班教材之前，他又进行重大修订，打破了原文的条文编序，将同一类证候归为章节，综合论述，使重点突出，脉络分明，可使同一证候下的症状相互对比，易于辨证它们之间的异同之处。他的大胆改革使《伤寒论》原著中的难点不再拦路，疑惑处若见光明。因此，学员经进修后，普遍觉得学得懂，用得上。

次年，河北省卫生厅在石家庄筹建“河北省中医进修学校”，杨医亚负责学校教务工作：制订教学计划，安排课程，招生及其他教学事宜。中医进修学校的任务，是为省内各医院培训在职中医科骨干，半年一期。

杨医亚认为，在职中医已有多年的临床经验，半年之内应主要学习中医学理论，提高辨证论治能力，同时也要学习西医学基础知识及诊断处方的程序。为此，他安排课堂教学内容以中医理论为主，兼学西医；课余组织临床讨论，生动活泼，讲究实效。进修学校共办了8期，为省内各医院培训了一批中西医结合人才。

1956年，北京、上海、南京、广州、成都相继建立中医学院，标志着我国中医学高等教育迎来了快速发展时期。1957年河北中医学院建校，次年杨医亚调入该校任教。

然而就在这一年，杨医亚受到不公正的待遇而被冷落。在逆境中，他清者自清，淡泊静心，趁此机会做自己的学问。1958~1959年他编著的《新编伤寒论》和《伤寒论简明释义》等著作陆续出版，署名大多为“河北中医学院”，杨医亚把署名看作过眼烟云，只要著作出版便了却他编著书籍的心愿。这个时期本是他人生中的一段坎坷，却成为他著述的又一高峰。

古人云：“大事、难事看担当，逆境、顺境看襟度，临喜、临怒看涵养，群行、群业看识见。”杨医亚处逆境胸怀大度，宠辱不惊，平和淡泊，一以贯之做他的学问，这种对事业执著胜过个人命运的精神成就了他的大业。

1966年党和政府要求全国卫生部门把卫生工作重点放到农村并大力为农村培养医药卫生人员。河北省卫生厅组织有关人员编写半农半医医生（又称赤脚医生）培训教材。卫生部委托天津中医学院承办“半农半医学习班”，培训对象为天津市及河北省农村医药卫生人员。天津中医学院通过市卫生厅将杨医亚从河北中医学院调到该院担任学习班主讲。当时在津冀两地物色一位集中西医各科理论、临床及富有教学经验又善编写教材的专家来主管教学，此非杨医亚莫属。杨医亚也责无旁贷地担当了这个任务。

“半农半医学习班”举办地点在河北省昌黎县，学制一年。杨医亚专门为该学习班编写两本适用教材：《针灸》和《中医诊疗概要》。《中医诊疗概要》有两部分内容：第一部分介绍作为中医特点的中医诊疗疾病的理论和方法，包括关于中医怎样诊察病症，怎样分析病证，怎样开方用药等方面的基本知识；第二部分介绍常见病症的治疗，主要介绍农村常见病症78种，力求本着简、便、廉、验的原则，用浅显的文字，说明各种病症的特征和简易方的使用方法，使初学者易于理解、易于掌握、易于使用。这两本通俗教材经人民卫生出版社出版后，发行量达12000多册，被全国各地半农半医学习班购买，作为选用教材或主要参考书籍。

半农半医学习班开学后，杨医亚立即遇到各地学员文化程度、临床经验参差不齐的问题。过去办函授教育的经验，帮助他克服这类困难时显得从容不迫，游刃有余。他讲课言简意赅，少而精，以学员听得懂、记得住为度；把部分课堂时间留给学员提问、讨论，鼓励学员以自己诊治病例的体会相互讨论，最后由他总结提高。这种活泼开放、联系实际的教学形式得到学员们普遍认可；对部分文化程度高的或低的学员，他在课后答疑时分别给以深化提高或更加浅显的讲解，以满足不同文化程度学员的要求。

在昌黎学习班，杨医亚工作很忙，心情却特别愉快，因为教师只有站在这庄严的讲台上，才感到快乐和幸福，无论教室里坐的是大学生还是半农半医学员，教师的责任都是同样神圣的。他与学员住在同一栋楼里，学员时常来到他的房间，与他讨论自己临床中遇到的疑难病症，他详细地问病人的症状，然后帮他们分析辨证和处方用药中的得失。

杨医亚对这批献身于农村医疗卫生工作的学员一直怀有敬重之心，与他们相处，听取他们诉求，他感到为他们讲课总有一种义不容辞的愉快心情。培训班结束时，学员们都恋恋不舍地与他告别。

1969年，卫生部决定天津中医学院迁至石家庄与河北中医学院合并，更名为“河北新医大学”。杨医亚在该校中医系任教。

回到石家庄不久，他带领中医系65班学生赴栾城农村进行实践教学及巡回医疗。社员们听说省里派来了医疗队，纷纷从各村赶来就医。他亲自与学生一起开诊看病，常见的小病交由学生诊治，疑难杂症或多年不愈的旧病，他亲自辨证处方，由侍诊学生记录，写好的处方他亲自审核签名。实践教学结束后，当乡亲们得知杨医亚一行即将离别时，特地从四面八方赶来为他们送行，感人的情景令他激动不已。

改革开放使中医事业得到快速健康的发展。1979年杨医亚担任学校科研处副处长、中医系教授。1983年河北中医学院恢复原校名，他任中医基础教研组主任、教授。此时的他已是年届古稀之老人。

苍龙日暮还行雨，老树春深更著花。杨医亚一边担负培养青年教师的任务，一边专心致志著书立说，继续以书惠及更多的后学。

综合中西　冶于一炉

杨医亚在华北国医学院学习期间受到中医学和西医学理论的全面教育，临床师从施今墨院长，对施今墨倡导的"运用中医理论以西医学分类为纲，总结西医学各种疾病的证候规律和特点，是临床中西医汇通的一条值得探索的途径"的观点，心悦诚服。他认为施今墨指明的是一条中医复兴之路，舍此别无他途。

复兴中医须做3件大事：编书、办医院、开学校。杨医亚青年时代3件事都做了，而且都取得骄人的成绩。然而审时度势，他还是选择在临床、教学的同时，把很大的精力用在编撰著述方面。他潜心研读古今医书和各类杂志，一点一滴地梳理、考证、归纳、分析，形成自己的观点时，才敢着手写作。

《临床各科综合治疗学》是杨医亚"综合中西，冶于一炉"早年的力作。该书前编为《内科》，于1954年5月出版，后编为《新药·中药·针灸》，于1955年6月出版。

《临床各科综合治疗学》是以西医学病名分类，再论及病原、症状、治疗，先西后中，全面周到。下举外科"湿疹"为例。

本病为一种皮肤炎，这一种发炎特别侵犯皮肤，于早期在临床上现群簇性水疱，细胞内或细胞间发生水肿。

病原：本病大部分是变态反应的关系，发生原因有两种因素，一为表皮细胞有敏感性，再加上刺激的因素，就能发生湿疹。外界的刺激包括很广，有时外界各物对过敏的人都能引起敏感，如花粉、异类蛋白的鱼、虾、蟹等，或其他各种食物、化学物品等；内在的刺激如腺病质、慢性胃肠病、便秘、贫血、糖尿病、寄生虫、血液中的代谢的产物，及其他神经关系的刺激而成。

症状：（一）急性湿疹：起初时，局部发现红斑，很快地发生水疱，现红肿状态，以后则成痂，在急性时期，常在红肿的局部同时有水疱、糜烂、痂等存在，因糜烂之故，可以受化脓球菌的传染而引起继发性化脓现象。后来红肿渐消退，渗出物渐减少，现落屑现象，其主要症状，除皮肤潮红、肿胀、灼热外，即为瘙痒，在发汗与加温时更甚。夜间多不能安眠，往往能引起神经衰弱、营养不良等状态。（二）慢性湿疹：其特点为落屑，皮肤增厚，现苔藓化（即皮纹加深，皮丘加高），色素沉着，痒感甚剧，往往因抓破而致炎症更甚，亦有出血而发痛苦者。此型多发生在曲肘的屈侧面，其他为头面、乳房、手足、阴部、肛门等部位。

治疗：

一、治疗要则

急性湿疹：应先消除刺激原因，包括化学性、物理性、变态反应关系，保持局部安静，用无刺激的缓和药液、药膏或药粉等治疗之。慢性湿疹：可先用较强烈的刺激性药剂，待病机转变，再用缓和药剂。本病应注意局部治疗，极为重要，其有营养障碍及神经症状者，亦当兼治之。如发生红斑与水疱，可用扑粉剂，如发生湿润，可进清湿、解毒、消炎、消肿剂，必须按照湿疹的各型和各期，实行对症治疗。

二、新药疗法

（一）炉甘石洗剂：炉甘石12g，氧化锌12g，稀次醋酸铝12g，甘油20g，蒸馏水加至100ml，上药经振荡后，涂抹局部。（发生湿疹用）

（二）氧化锌泥膏：淀粉25g，氧化锌25g，凡士林100g，局部涂抹。（急性湿疹用）

（三）过锰酸钾液1：8000，硼酸水3%，醋酸铅液1：5000，上用纱布浸润后罨包。（红斑性湿疹，有肿胀或水疱多者用）

（四）赖氏软膏：氧化锌25g，水杨酸2g，淀粉25g，凡士林加至100g，局部涂抹。

（五）沉降硫黄20g，水杨酸2g，黄凡士林40g，为软膏，局部涂抹。（慢性湿疹用）

（六）氧化钙0.6g，蒸馏水10ml，上每日1~2次静脉注射。（减轻病灶湿润用）

（七）氧化钙0.6g，溴化钙0.6g，蒸馏水10ml，上每日1次静脉注射。（减轻病灶湿润并止痒用）

（八）硼酸3g，蒸馏水100ml，上为罨包料。（急性湿疹炎症剧烈及肿胀用）

三、中药疗法

（一）赤芍二钱，生薏苡仁三钱，赤苓、猪苓各三钱，金银花三钱，天花粉三钱，当归尾二钱，川萆薢三钱，泽泻三钱，牡丹皮三钱，木通一钱半，汉防已一钱半，海桐皮一钱半，苦参一钱半，水煎服。（清湿、解毒、消炎用）

（二）芙蓉叶一两，生大黄一两，生南星四钱，升麻五钱，上共为细末，用凡士林调膏，涂纱布上包扎患部，每日换1次。（清热、消炎、退肿、止痛，初起潮红者用）

（三）制柏散：厚黄柏合猪胆汁涂炙、研末，菜油调敷患处。（消炎用）

（四）湿疹膏：密陀僧研极细末，麻油调涂，干燥再涂，或润以麻油。（止痒收敛用）

（五）青蛤散：煅蛤粉一两，青黛三钱，煅石膏二两，轻粉、黄柏各五钱，共研细末，先用香油调成块，次用凉水调稀涂之。

（六）清上防风汤：薄荷一钱，荆芥一钱，连翘二钱，桔梗一钱半，防风一钱半，白芷一钱半，黄连六分，栀子一钱，枳实一钱，川芎一钱半，黄芩一钱半，甘草一钱，水煎服。（头部湿疹用之）

四、针灸疗法

（一）针灸穴：曲池、委中、合谷、外关、血海、膈俞、三阴交，每2~3日施术1次。

（二）脚湿疹：针委中、曲池、血海；灸天应。

（三）手湿疹：针大椎、中渚、合谷；灸天应。

（四）下腿湿疹：针外丘、三阴交、解溪。

（五）上肢湿疹：肺俞、曲池、支沟、大陵、合谷。

（六）风疹：曲池、血海、委中、肺俞。

（七）遍身生疮或瘾疹要穴：曲池、合谷、三里、绝骨、膝眼、肩髃、曲泽、委中、环跳、涌泉、血海。

河北省中医进修学校同事、名医桑林评价该书说："癸巳春，（杨医亚）执教于本校，熏陶所至，皆为春风。而三余虽短，犹复整饬所集为《临床各科综合治疗学前编》之作……今岁复取所著之妇科、外科、儿科及五官科等续成"后编"，体例无殊，仍以中西疗法及针灸为治疗之实施，而取材精当，斟选验方，尤过前编……当此继承与发扬祖国医学遗产，西医学习中医之际，则杨君之作，沟通中外古今，导入实证，有助于西医之学习，以树立我中华特有之医学事业者，兹编亦预有焉。”

中华人民共和国成立初期，中医进修班或西医学习中医班的讲义都相当缺乏，杨医亚已预见到这一需要，参加公职之后利用公余之闲暇，潜心著作3年，将初稿寄到上海千顷堂书局，约请《新中医药》编辑部钱今阳医师校审出版。《临床各科综合治疗学前编》面世后，桑林医师用“该书发行以来，不胫而走，洛阳纸贵”来形容当时热销的空前盛况。另一位同道任圣华医师说：“国内中西医同道，莫不以先睹为快，固已纸贵洛阳矣。”《临床各科综合治疗学前编》再版9次，发行量达50余万册。

1956年上海市举办西医离职学习中医班，新成区有近千名卫生工作者参加，分为6个大组。钱今阳医师负责其中一个大组，地址设在上海精神病医院。该医院陈医师亦参加学习。他告诉钱今阳，他正在学习针灸疗法，用的书就是杨医亚的这本《临床各科综合治疗学》。他说这本著作可以从西医治疗旁通中药和针灸，以作印证，多掌握一种知识。钱今阳说，事实上上海许多中医或初学针灸的西医都把这本著作作为主要学习资料，因为它提供同一种病症3种治疗方法，可以互相印证。钱今阳举一例以示证明。

李某，偏头痛病有13年，冬末、春初发作更甚，来钱今阳诊所就治。钱今阳问诊后刚欲处方，李某出示杨医亚所著的书，要求按书中处方开药。该处方为：石决明一两，白菊花三钱，生地黄六钱，紫贝齿六钱，天麻一钱半，北细辛三分，全当归三钱，紫石英六钱，蒺藜三钱，川抚芎一钱，杭白芍六钱，制何首乌六钱，嫩钩藤三钱，茺蔚子二钱。

钱今阳说：“李君凭他长时期患病服药的经验，所以能够辨认医师处方是否适合于自己的病体，由此可以说明杨兄选方的切合实用了。”

《临床各科综合治疗学前编》出版后，《新中医药》编辑部及钱今阳、杨医亚都收到各地大量来信。杨医亚认真地读过每一封信，择其中比较重要的问题在《新中医药》杂志上详细答复。他在本书后编的前言中说："这些来信给我增加了很大的勇气，提供了很多有关改进的宝贵意见，也是促进我学习的最大力量和机会，实在使我非常钦谢！根据读者来函，了解到本书对于医界同道们是有一定程度帮助的，十分欣慰。同时，同道们感到内容上某些地方应再修改补充，如中医同志们感到在'新药疗法'中应多介绍一些现已普及农村中的成药；西医同志们要求把'中药处方'的详细服法及以往用此方治疗的经过情形作详细写明等建议，这一系列的问题，不但是医务工作者当前所亟待解决的问题，也是医务工作者们目前最迫切的需要。同时更加引起了我的注意。今后自当本此方向努力，以答复同道们对我热情的支持。"

为了满足广大工农知识青年学习中医知识的需要，杨医亚编著了《临床各科综合治疗学》(工农知识青年教学读物)，篇幅比原书增加1倍多，兑现了他的承诺。

武汉名医徐鉴泉医师称:《临床各科综合治疗学前编》是新中国中西医团结下划时代的产物。冶中西医学于一炉，是我理想的临床读物。

杨医亚在该书前编的"前言"中写道："现在一般治疗书，多偏于一方面的治疗，未能综合多种疗法来战胜疾病，以解除病人的痛苦。因此，有时会使病人感到疾病的缠绵不解，而增添了一层痛苦；医生在这种情况下，或者也会有'束手无策'之感吧！个人在临床治疗当中，把体会到的比较主要的各种疗法分别摘录下来，作为参考之用，而进修中的同学们都感到这种材料很切合实用，尤其在偏僻的城镇或广大的农村中，不论中西医师，随时选用多种疗法中的一种或两种同时去进行临床的治疗工作，这样对于医学的进修和人民的保健事业，当能更有贡献。"

杨医亚编著《临床各科综合治疗学前编》的初衷，通过出版后读者、专家的赞誉，显然已得到实现。

伤寒新编　独辟蹊径

《新编伤寒论》是杨医亚精研《伤寒论》数十年，博采众长、厚积薄发、运用唯物辩证法系统阐述《伤寒论》价值的一部精品。这部著作仅有区区12万余字，但取材之宏大、论述之精深、行文之流畅、语言之严谨，显示出杨医亚的博学与胆识及脚踏实地做学问的风格。

早在20世纪40年代，来到国医砥柱月刊社附属诊所找杨医亚就诊的病人大多为伤寒温病一类，他开始重点研究张仲景的《伤寒论》及其他伤寒医籍，如《伤寒来苏集》、《伤寒贯珠集》、《伤寒明理论》等，亦阅读当时出版的中西医刊，博采各医家新知识，举一反三，触类旁通，应用于自己的临床，总结分析临床诊治的得失，不但医术得到很大提高，而且对伤寒的病理也逐渐形成了自己的观点。

1943年初，国医砥柱月刊社出版了杨医亚的著作《伤寒论新解》，这年他还不到29岁，但已显露出他不平凡的才华和胆识。《伤寒论新解》尽管还很稚嫩，但可看到杨医亚正在摆脱传统的“以经释经，以古释古”的旧路，探索用白话文体裁诠释经典的新路。

杨医亚的才华和革新精神，受到恩师施今墨的青睐。1943年夏，而立之年的杨医亚接受母校的聘任为教授，讲授伤寒学。

回到华北国医学院，杨医亚很明白，在名医荟萃、耆宿云集的母校，自己是个刚出茅庐的后辈，更应潜心读书，虚心求教。他发奋研读叶天士的《外感温热篇》、吴鞠通的《温病条辨》、薛生白的《湿热病篇》、王孟英的《温热经纬》及《祝选施今墨医案》等古今著作。读书中偶有心得便记下来；遇迷惑不解的地方，登门向前辈请教，心中不留疑问。学校中名医、名师对他的好学谦逊十分满意，往往是倾囊传授，谆谆教导，使他受益匪浅，学问也有了长足的进步。他对《伤寒论新解》做了重大修改，仍作为国医学院伤寒学的讲义。他一直想重写新作，但由于他忙于临床、教学、办刊等工作，没有余暇时间，只能暂且搁置。

1947 年南海谭次仲医师编著的《伤寒评志》寄到国医砥柱月刊社请求出版，杨医亚审读后提出一些十分中肯的意见，谭次仲看后茅塞顿开，对其书进行重大修改，并请杨医亚作顾问。这件事又引起他重编《伤寒论》的愿望，但仍因没有时间而搁下。

1958 年，党和政府号召继承和发扬祖国医学遗产，发展中医药事业。河北中医学院成立《新编伤寒论》讲义编撰小组，由杨医亚统稿、修改和审定。该讲义于 1958 年 11 月出版，1980 年 2 月修订再版，共印刷 5 次，仍供不应求。

1978 年《新编伤寒论》由武藤达吉、永冈孝子译成日文在日本出版。日本汉医学界对此书推崇备至，给予极高的评价。

从《伤寒论新解》到《新编伤寒论》历经风雨沧桑 35 年，杨医亚也由风华正茂的青年专家成长为耳顺之年的学者。

张仲景名著《伤寒论》是历代中医必读的经典。《伤寒论》原著由于文词古奥，言简意赅，因此后来各代出现很多注释的著作，先后不下百余家，大多见仁见智，各有所长，也各有所偏，也有不乏深得伤寒精义而有所发挥的论著，对于后人学习起到一定的作用。

五四新文化运动以后，国内各级学校推广白话文，大多学中医的青年缺乏深厚的古汉语根基，读原著离不开注释，往往受注释者影响；如果注释者仍“以古释古”，读书的人仍然不得其义而自已望文生义，难求甚解，同样得不到原著的精要，妨碍中医理论的进步。

杨医亚说，现有的《伤寒论》讲义，依旧跳不出“原文”、“集注”的编写体裁，虽然有的增加了语译或按语，但还不够理想，仍然满足不了课堂教学的要求。因此须在不影响《伤寒论》原著基本内容的前提下，突破原条文，经过系统整理，用现代汉语编写这本比较通俗的《伤寒论》讲义。

《新编伤寒论》中，杨医亚论述了他对仲景《伤寒论》的主要观点。

（一）伤寒与温病。在温病学说创立以后，伤寒与温病之争持续很久，寒温一体论成为主流。随后又有伤寒统温病的“伤寒温病学派”和以温病统伤寒的“广温病学派”的不同。

杨医亚认为，研究《伤寒论》，首先应该认识“伤寒”的定义。如果对定义没有一个明确的认识，往往在某些枝节问题上弄不清或者造成错误的看法。

他说，“伤寒”是病名，有两个含义：一是广义的伤寒，一是狭义的伤寒。广义伤寒，即《素问·热论》所说“今夫热病者，皆伤寒之类也”；又说：“人之伤于寒也，则为热病。”《难经》“五十八难”说：“伤寒有五：有中风、有伤寒、有湿病、有温病、有热病。”据此，“伤寒”这一名称，应该是包含着一切外感热病的统称。狭义的伤寒，即《难经》具体分类中的第二个分证。《新编伤寒论》太阳病篇里所论述的中风、伤寒、温病 3 个证候中的“伤寒”，即指外感寒邪，感而即发的狭义伤寒。

从“伤寒”含义分析，他认为《伤寒论》的“伤寒”是广义的。如果把温病与伤寒对立起来，更是极其错误的。因为二者同属于热性疾病，只是所表现的症状不同。

（二）六经的价值。历代注家在六经问题上，聚讼纷纭，见解不一。有人以“气化”来解释，有人以“经络”、“脏腑”、“部位”、“阶段”以及“证候群”来解释。虽然互有发挥，亦各有其片面性。

杨医亚认为，六经只是中医学上的术语——名词，只须认清随证以分经，那么局限于名词方面的争论，似乎大可不必。

他说：在《伤寒论》里，六经是用来作为辨证施治的纲领。《伤寒论》根据外感热病在发展过程中所出现的各种症状，并综合病位、病势、病性、病机，以及病人的体质等，予以分析，归纳为三阳（太阳、阳明、少阳）三阴（太阴、少阴、厥阴）六个不同的证候类型，作为“辨证论治，因人而施”的准则。六经是平行并列的，独立的，但也有关联性和共同性。因此对六经应该随证而定，须分看，亦须合看。

杨医亚根据“辨证论治，因人而施”的准则，对六经的价值作如下归纳：在临床时掌握三阴三阳六大纲，就是辨清六经的不同证型及其发展规律，然后依照某一方证型的范畴来决定治疗的方针，即可获得正确的途径。这就是六经的真实价值。

（三）传经的认识。有些注家，每次引用“热论”常用太阳、阳明、少阳三阳来解释伤寒六经的传变，往往遇到困难，每每不能自圆其说。杨医亚认为，其原因是引用者不知道仲景袭用《素问·热论》其名而不袭其实，因此，《伤寒论》的“传经”不能与“热论”相提并论。

杨医亚说：“传”是指病情的进展，循着一定的规律；“变”是指病情的变化，超出了一定规律。实质上，传变无非是病理变换的过程。大凡疾病的传变与否，决定于3个主要因素：一为受邪的浅深；二为病体的强弱；三为治疗的当否。“传经”有3种途径：一为循经传，就是由太阳而阳明而少阳，三阳不愈即传入三阴，依次太阴、少阴、厥阴，由表入里，由浅入深，由轻到重，由实到虚的逐步发展趋势。二为越经传，就是不按次序，越级而传。如邪在太阳不愈，既能传阳明，又能传少阳，甚至可以不经阳明、少阳而径自传三阴。三为表里传，就是指两经关系密切，互为表里，如太阳传少阴，少阳传厥阴，阳明传太阴，这就是由阳入阴，由实转虚的一方面；另一方面，如果病势化热，也可以反过来传，称为“脏邪还腑，阴证转阳”。

（四）合病和并病。两经或三经的证状同时出现，称为“合病”；一经的病证未愈，而又出现另一经的证状，叫做“并病”。“合病”分为太阳阳明合病、太阳少阳合病、阳明少阳合病、三阳合病四类。“并病”计有太阳阳明并病、太阳少阳并病二类。

杨医亚认为，合病和并病的存在，说明六经虽各有主证主方，但各经相互之间并不是孤立的，它们之间有着整体而统一的联系。他说：“合病”应当以“综合论治”，“并病”可以“分证论治”，如果机械地把六经分割对待，片面地认为某经只能出现某病证，而只能用某方治疗的话，是会犯错误的。

（五）崇尚辨证论治。张仲景的《伤寒论》始终贯穿着“辨证论治”这一朴素唯物辩证法思想，是该书的精髓。杨医亚把“辨证论治”称为中医学的基本法则，把“阴阳、表里、寒热、虚实”称为8个辨证纲领，而“太阳、阳明、少阳、太阴、少阴、厥阴”六经称为6个证候类型。

他认为《伤寒论》对疾病判断过程是：首先通过一切方法，即以望、闻、问、切四诊为基础，以阴阳、表里、寒热、虚实八纲来辨证，尽可能详细地取得疾病整个情况，并进而探求这些情况之间的相互关系和主要原因，掌握病证的发展变化规律，然后决定适当的治疗方法。杨医亚说，《伤寒论》的“辨证论治”基本法则显然是一种唯物辩证的思维过程，不但切合临床实践，而且能够纠正可能发生的任何错误措施。

他指出，运用“辨证论治”法则有3个特点：一是不仅局限于“伤寒论”，对所有疾病都适用；二是致力于病人生理机转的促进和调整，并不强求病原；三是根据全身症状，照顾到病人整体的病理、生理机转而采用相适应的综合治疗。这种科学方法的创立，使中医学理论达到相当完美的地步。

由此可见，杨医亚对《伤寒论》的研究，已不是局限于具体的证候和病原，而是站在方法论高度求索《伤寒论》的医学科学价值，用唯物辩证方法归纳规律性的结论。显然这是杨医亚对《伤寒论》一次新的探索研究，尽管还不算成熟，但对中医学后来的发展有着重要意义。

杨医亚认为，中医学的“辨证”与“论治”、“施治”的关系是：辨证是论治的根据，又是论治的必要条件；如果辨证失之毫厘，论治则谬之千里，施治则为无根之树。

他强调，辨证须精细和耐心。其内容包括现在证（如寒热、出汗、呕吐、二便、饮食、胸腹、手足、神智及其他症状），既往证（如嗜好、家庭、工作、爱好等）和伴行证（如舌苔、脉象等）。辨证时须把全部症状，分辨阴阳、表里、寒热、虚实，再配合六经脉证，区分正型、兼型、变型，以及合病、并病，加以综合、分析，运用“同中求异”、“异中求同”的方法，找出它的共同规律和不同机制，掌握关键所在，作出正确判断。这就是“辨证”的含义。例如，寒热有发热恶寒，有发热恶风，有啬啬恶寒，有淅淅恶风，有翕翕发热，有不恶寒反恶热，有日晡（申时）发潮热，有往来寒热等症状，辨证时须配合六经脉证，分辨虚实。若表虚证诊为中风，表实证诊为伤寒；若再伴有发热、自汗出、怕风、头痛、声重、干呕、脉浮缓等表虚症状，可辨证为由风邪所引起的中风初期病变。这就是辨证的程序。

杨医亚指出，“论治”的治疗思想是《素问》中的“治病必求于本”。根据这一治疗思想，可运用“调整阴阳”和“扶正祛邪”的治疗原则。由于疾病传变的复杂及证候的混同出现，必须以“随证施治”的基本精神，权衡病变的“表里先后”和“轻重缓急”，也就相应地制订出许多治疗方案，从而使“辨证论治”的特有体系更加系统、更加完备，也更切合于临床运用。

以上5条是杨医亚研究《伤寒论》的主要学术观点，也是他对中医学理论发展的贡献。此外，在《简明中医学》中他把“整体观念”和“辨证论治”视为中医学的两大基本特点，作了进一步详述。

杨医亚强调“随证施治”对临床治疗的重要作用，而掌握“表里先后”是“随证施治”成功与否的关键。他说：病有表里，治有先后，这是根据病变机转的客观趋势而决定的。一般地说，阳证先表后里，阴证先里后表；通常的阳证，有表里先后之分，亡阳的阴证，唯有急先回阳，不必再分表里。当表里证同时出现的时候，主要是看表证和里证哪一个比较严重，严重的先治，不严重的后治。这些辨识在临床上非常重要，万一处理不当，便有促进病变恶化的可能。

以太阳病为例。太阳病是一种外感热病。由于感受的风寒有深浅，因此，所表现的脉证也不同，而有表虚证和表实证两种病型的分别。表实证叫做伤寒，表虚证叫做中风。再就太阳中风证而言，凡出现头痛、发热、汗出、怕风、脉缓等许多表虚见症，就可以肯定它是太阳中风证。这是以“表里辨证”。太阳表证又可以分为有汗表虚和无汗表实两种类型，施治上同一汗法又有发汗和解肌的分别。太阳中风系属有汗表虚的一种类型，应该以解肌为主，它的代表方剂是桂枝汤。这是以“虚实”辨证。

太阳中风证，由于误治、失治，或病人素有宿疾，因而出现了某些变证或兼证，应该随证施治。根据不同的变证，随证加减主方，灵活运用，作出相应的方剂。

河北中医学院在“编者的话”中写道：“这本《伤寒论》讲义的特点，首先是看不到词句深奥的原文，完全用白话文体，简明扼要，易学易懂。其次，把所有类同的和互相联系的条文，都归并在一起编写，有分析、有对比，并且对原书中某些不够明显的地方作了必要的补充和说明，可以帮助读者理解。”

为了帮助初学《伤寒论》的读者学习张仲景原著，杨医亚等人同时又编著《伤寒论简明释义》作为辅助读物。由于仲景的原书，屡经窜改，字简义奥，初学者不易读懂，更难领悟，因此，杨医亚《伤寒论简明释义》以明代赵开美的复刻本为原书，逐条加以简明清晰的释义。凡遇到文字词句有疑义的地方，参考了诸家观点，综合比较，才敢释义；原文隐晦不明之处，加以补充和阐发，使这本经典巨著深入浅出、通俗易懂，宜于初学中医者所学、所用。举例如下：

[原文] 病有发热恶寒者，发于阳也；无热恶寒者，发于阴也。发于阳者七日愈，发于阴者六日愈，以阳数七，阴数六故也。

[释义] 在观察一般病理现象的时候，凡是发热恶寒的，多属于实热证，叫做病发于阳；无热恶寒的，多属于虚寒证，叫做病发于阴。

发于阳的七日痊愈，发于阴的六日痊愈，古人虽有此学说，但不可机械地理解。因为病程的长短与病人的年龄、身体的强弱、周围的环境、病邪的轻重，都有关系。至于阳数七，阴数六，古人都用此来解释，但有进一步研究的必要。

《新编伤寒论》和《伤寒论简明释义》无疑是杨医亚对经典的新编和释义一次新的尝试，为后学者学习多提供一种选择，既可以读经典原著，也可以读些书。读前书者多半为研究者，读后书者大多数为临床者，即便这样，后书中提出的新论及研究方法对研究者也是很有益的。

各科皆通 尤专针灸

杨医亚精研中医学各科，更钟情于《内经》、《伤寒论》，尤专针灸。

在华北国医学院求学期间，针灸名医吴彩臣、夏禹臣、牛泽华的授课和临床，常使他着迷和神驰。他发觉针灸术貌似简单但学问很深，一定是一个开采不尽的古老知识宝藏。课后，他研读针灸古籍，如宋代王惟一的《铜人针灸腧穴图经》、许希的《神应针经要诀》、金元时代滑寿（伯仁）著的《十四经发挥》及《难经》等，遇到不懂或疑惑的地方，便向3位针灸大家请教。因此，他在大学期间已得3位名医的真传，针灸学业有了长足的进步，也积累了一定的临床经验。

心高志壮的杨医亚毕业不久就创办了中国针灸研究所函授部学习班。为配合函授教育，他创办《针灸学季刊》，广邀北平内外针灸学名老中医赐稿，从中学到了许多新针灸配穴和处方。1939年，他着手编著《近世针灸医学全书》，作为当时针灸函授讲义，供函授学员自学。针灸学著作已出版不少，唯有系统通俗实用的《近世针灸医学全书》广为传播。

1943年后，杨医亚任华北国医学院教授期间，完成《配穴概论》、《针灸治疗学》、《针灸经穴学》、《针灸经穴便览》、《针灸治疗医典》等著作的编写。1949年，他把这5本书的内容重新整理归纳、删减补充，写成《实用科学针灸》3册出版。这部重要著作的问世，使他在针灸界享有很高的声望和地位。

杨医亚说：中华人民共和国成立前，中医学曾多次遭受挫折。1929年2月下旬，当时的国民政府卫生部第一届中央卫生委员会，通过了余云岫提出的《废止旧医以扫除医事卫生之障碍案》，虽遭到了全国中医界的强烈抗议，未得执行废止中医的政策，但对中医学威胁已到极点，针灸学也难逃厄运，得不到应有的发展。中华人民共和国成立以后，由于党和人民政府对中医学遗产的重视，更由于团结中西医政策的贯彻，使医务工作者消除了以往中西医间的成见，在思想上明确了为人民服务的观点，互相学习，共同研究，因而针灸学才获得了空前发展，各地医务工作者学习针灸，掀起热潮。在这种情况下，对针灸参考书籍的需要是迫切的，虽然针灸书籍已有多种，但总的来说仍是缺乏的。

1953年上海千顷堂书局出版了杨医亚翻译的日本汉医柳谷素灵新著《最新针灸治疗医典》；1954年2月修改后的《近代针灸

医学全书》出版，至1955年6月共印刷4次，热销依旧。以后《针灸秘开》、《针灸处方集》、《中医验方汇编（针灸）》、《民间灵验便方第二集（针灸）》等，至2000年9月《民间针灸三百方》出版，杨医亚共编著和审定各类针灸专著、教材约20部，占他出版的著作近一半。

日本汉医针灸专家曾将杨医亚著的《中医验方汇编（针灸）》和《民间灵验便方第二集（针灸）》译为日文合成一册，名为《中国针灸全疗法》在日本出版，被日本汉医称为"针灸专书之魁"，杨医亚又一次名扬东瀛。

在杨医亚84岁那年，《杨医亚针灸学》由中国医药科技出版社出版。耄耋老人亲自完成整理稍显力不从心，因此，此书由他的家人李竹溪、杨光原和他的学生段苦寒协助整理出版。

杨医亚在"前言"中写道："笔者1939年编写了《近代针灸医学全书》，当时为中国针灸学术研究所的函授针灸讲义，1954年为供给志愿者参考，曾删改出版，前后共再版4次，但由于内容简略和存在着不足，不能满足读者的需要，因此决定全部修订，重新编排。

1966年在昌黎举办半农半医培训班结束后，我返回天津中医学院，1970年准备重编，但又参加《中医大辞典·方剂学》，高等医药院校使用教材《中医学》及《中国医学百科全书》、《中医自学丛书》和《中医医案八十例》等多种中医书籍编撰工作，一直拖延20余年才和读者见面。"

《杨医亚针灸学》是他从事针灸理论和临床近60年成果的总结，为中医针灸学研究留下了一份宝贵的财富。

数千年来中医是结合着经络学说来诊断和治疗疾病的，尤其是针灸，在临床上离不了选穴和配经。经络学说源于《黄帝内经》，因为《素问》与《灵枢》都是以经络学说为中心，其中对于经络的记载和阐述是相当完备的。杨医亚说：《灵枢·经脉》云：

“经脉十二者，合于经水，而内属于五脏六腑”；“经脉者，所以能决死生，处百病，调虚实，不可不通”；“夫十二经脉者，人之所以生，病之所以成，人之所以治，病之所以起”，等等。这些文字的记载，已经指出经脉在人身上是很重要的，每一条经脉都有它出入和经过的地方。这完全是我们的祖先在长期观察病人针刺后的自觉感应及其变化归纳所得的结果。它不仅有物质基础，也有实际应用的价值。

在针灸临床治疗时，根据经脉来选穴刺针，例如刺委中来治腰痛，是因为委中属太阳经脉，这条经脉经过腰部；刺合谷穴治牙痛，是因为合谷属阳明经脉，这条经脉是从手上行到齿颊部的。这就证明了针下的感传和经络的关系。由此，杨医亚认为，大部分经穴发散感传的范围，都是和经络走向一致的，而且在针灸治疗上确实起着相当重要的作用。

由于生理解剖学的发展，社会上时有经络是否存在的争论。面对这些争论，他在该书“绪论”中写道：“近来有一些人否定经络学说，我们知道现代医学还在不断发展，很多事情还待于进一步认识。况且经络走行的现象也不是今天能用解剖学所能解释的，因为我们知道经络的走行，有些不是按照神经、血管、淋巴管的走向所行的。虽然有人不根据经络学说来取穴，采用局部刺激疗法可以获得一定疗效，但这些疗效远比不上经络的治疗，因此，经络治疗是传统的、有效的临床医疗方法。”又道：“《灵枢·经脉》说：‘经脉在里，络脉在表。’‘经脉十二者伏行分肉之间，深而不见，其常见者，是太阴过于外踝之上，无所隐故也。诸脉之浮而常者，皆络脉也。’因为络脉多分布在外边，就是皮肤浅层，可以观察到。”

杨医亚主张，运用针灸治疗疾病，和其他科的临床一样，必须坚持辨证论治基本法则，就是通过四诊（望、闻、问、切）、八纲（阴、阳、表、里、寒、热、虚、实）分析，辨认病变部位、疾病性质、邪正盛衰情况，再结合脏腑经络理论，得出正确诊断后，决定针灸治疗方法。并指出，针灸治病，同样须根据“辨证论治，因人而施”的准则，就是以阴阳、脏腑、经络等理论为指导思想，绝不能以医生主观臆想作判断依据，否则疾病非但治不愈，反而引起疾病传变。

例如，以发热、微恶风寒，或有汗出、头痛、鼻塞或有少量稠涕、咽喉红肿疼痛、咳嗽痰稠、舌苔薄黄、脉浮数等为主要临床表现的患者，通过四诊、八纲及脏腑经络辨证，可知病变部位在表、在肺，病变性质属热，是邪气过盛，正气尚足，应诊断为感冒（表热实证）。治疗原则是疏风解表，宣肺清热，针灸取手太阳、阳明、少阳经穴为主，如大椎、曲池、合谷、鱼际、外关。又如，以恶寒发热、鼻塞声重、喷嚏、流清涕、咳嗽、痰多稀薄，甚则头痛、舌苔薄白、脉浮紧等为主要临床表现的患者，通过四诊、八纲及脏腑经络辨证，可知病变部位在表、在肺，病变性质属寒，是邪气过盛，正气尚足，应诊断为感冒（表寒实证）。治疗原则是疏风解表，宣肺散寒，针灸取太阴、阳明及足太阳膀胱经穴为主，如列缺、合谷、风池、风门。

“表热实证”与“表寒实证”同为感冒，仅“热”与“寒”一字之差，两种病的施治原则因此而不同，如果辨证不当，治疗一定无效。

数千年来，古人在针灸临床实践中积累了许多治疗处方原则和处方程序。《杨医亚针灸学》将其归纳如下：

（一）病在上下取之，病在下高取之，病在头取之足，病在足取之腘。《灵枢·终始》说，如治疗头面的疾病刺手上的合谷穴，头痛、失眠灸厉兑穴等，都是符合这条治疗原则的。

（二）邪客于经，左盛则右病，右盛则左病。这是左痛取右、右痛取左的治疗原则。

（三）阴盛阳虚，先补其阳，后泻其阴而和之；阴虚则阳盛，先补其阴，后泻其阳而和之（《灵枢 · 终始》）。这是“盛则泻之，虚则补之，热则疾之，寒则留之”的治疗原则。

（四）通常先治其本，后治其标；急病者先治其标，后治其本。这是“标本、轻重、缓急”的治疗原则。

中医在临床时须有慈悲仁爱之心，安慰病人，观察病人的情绪变化。《素问 · 徵四失论》把“精神不专，志意不理，外内相失，故时疑殆。诊不知阴阳逆从之理”视为治疗工作中的失败原因之一。

杨医亚指出，针灸医生与病人之间建立友好的医患关系对疾病的疗效好坏是极有关系的。古人说：针灸当中须“目无外视，手如握虎，心无内慕，如待贵宾”，就是让医生在针刺时须专心致志，心无旁骛，言语温和，庄重严肃，让病人保持一种良好的心理状态。如果医生言语轻浮，行动粗鲁，很容易给病人留下一种不良的印象，亦能降低针灸治疗的效果；或者病人看到医生慌慌张张，导致害怕的心理，便易发生精神过敏，肌肉紧张，感觉紊乱。这就是为什么有人在刺针进针时出现困难，甚至发生弯针、折针事故的原因。

杨医亚发现有些医生在临床中经常表现出下面的不良行为：在刺针时以为进针后就没事了，开始忙于其他病人，不问这个病人有没有酸、麻、痒、胀、重、痛等感觉，更不观察病人面色是否有潮红，或苍白汗出，或情绪不安；有些医生进针后针也不动，留停时病人无人过问，等等。

杨医亚严肃地指出：医生的这种态度实际上是一种不负责任的表现。每个针灸医生在刺针时，应该态度和蔼，聚精会神，细心观察病情，体贴病人，使病人感到一种温暖、一种关怀，这是每个医生应尽的责任。他经常告诉他的学生，用针灸治疗，为了达到良好的治疗效果，除仔细诊断，详细检查病情，掌握手法，熟悉经穴和配穴方法，并遵守注意事项等专业性技术外，医生的态度、言语、行为都是会直接影响治疗效果的。因此医生临诊时一定要有仁爱心、关怀心和责任心。

自1939年《近世针灸医学全书》问世至1998年《杨医亚针灸学》出版，时隔60年，在这一个甲子中，杨医亚耕耘针灸学久而不辍，博采古今精华而集针灸学之大成，显示了他对针灸学的执著和热爱，为他钟爱的针灸学无私地贡献出自己一生中大部分的知识和精力。《杨医亚针灸学》已成为中医学的经典之著。

杨医亚在“前言”中说：“针灸疗法是我国劳动人民数千年来在医疗实践中的创造，是中医学宝贵遗产的重要部分。因它有独特理论，具有操作最简单、最方便、最经济和节约药品的效果，在临床应用上有很高的疗效，一直受到劳动人民的信赖，这是世界医学中所罕见的。针灸疗法在我国人民长期对疾病的斗争中，在民族保健工作方面发挥了巨大的作用，具有丰富的实践经验和理论内容。正因为它有悠久的历史，对我国民族的生存和发展有伟大的贡献，作出辉煌的成绩，具有丰富的宝贵经验，所以现在已成为世界医学所重视和研究的对象。”

针灸疗法的民族性、大众性、经济性、易学性及高疗效性的特点，使它被世界医学界所重视和推崇，远渡重洋，遍布世界，造福于各国人民。杨医亚把整理、挖掘、研究、传播针灸学作为自己一生学术研究和临床实践的主要部分，表现出他的崇高理想和鞠躬尽瘁的精神，受到国内外针灸界的高度评价。当世界针灸学会联合会第一届针灸学术大会召开时，杨医亚作为中国针灸学代表应邀参加会议并作重要学术报告，受到与会代表热烈称赞。

著述等身　简切明尽

杨医亚一生办过杂志，开过诊所，当过教授，对每一项工作，他都重实行，不尚空谈，尽力把工作做得完美。然而，观其人生，在医疗、教学、科研、编辑之外，他把主要精力用于编撰著作。据不完全统计，杨医亚独立编著或与他人合著或由他主编、审订整理出版的中医书籍有50余部，约1540余万字，对我国中医事业的振兴和发展作出了特殊贡献，在同道中可谓“著作等身，名驰遐迩”，极少有人可与他比肩。

杨医亚的全部著作大致可分为以下7类。

一、教材讲义

这类著作主要有：《中医内科学讲义》、《中医药物学讲义》、《简明中医学》及全国高等学校《中医学》教材；此外，还将清代叶天士的《外感热病篇》、吴鞠通的《温病条辨》、薛生白的《湿热病篇》、王孟英的《温热经纬》等温病专著，经归纳整理，取各书精华，熔为一炉，写成《中医热性病学》一书，曾作为河北新医大学的教材；曾为“西医离职学习中医班”编写《内科学讲义》等。他编写的教材内容充实完整，理论联系实际，由浅入深，循序渐进，便于学生学习和掌握。

二、临床通俗读物

这类著作大多是专为函授班、半农半医培训班及七二届至七六届高校工农兵学员编写。主要有：《临床各科综合治疗学》（工农知识青年教学读物）；中医中等系列函授教材，如《中医五官科》、《中医妇科学》、《中医外科学》、《针灸学》等；半农半医培训教材，如《针灸》（试行本）、《中医诊疗概要》、《中医医案八十例》等。编写特点为，以西医病名为目，中西医结合，概念简明，医案可靠，文字通俗，是中医初学者或有志于学中医的青年启蒙书籍和临床指导，因此读者甚众，遍布全国各地，发行量很大。

三、医学专著

这类著作主要有:《临床各科综合治疗学》(前后编)、《新编伤寒论》、《近世针灸医学全书》、《杨医亚针灸学》等。编著特点为，论述中医理论科学严谨，学术观点精到，理论联系实际，破“以古释古，以经释经”的传统体例，坚持中西医结合及运用唯物辩证法。

四、整理和修订近现代医著

这类著作主要有：张锡纯的《医学衷中参西录》，协助同事修订《李和医疗经验选》、《中医眼科临床实践》等，对抢救名老中医宝贵的临床经验做了大量卓有成效的工作。

五、编纂医学工具书

这类著作主要有:《简明中医辞典》(审定)、《中医经典辞典》(合著)、《中医大辞典》(中药和方剂两分册)等，该大辞典中药和方剂分册共收集词汇 7500 余条。

六、编辑类书和丛书

这类著作主要有:《中国医学百科全书》(方剂部分)、《中医百科问答》、《中医自学丛书》等。

七、其他著作

这类著作主要有:《附子之研究》(与李彬之合作)、《灵枢经校释》(二册)、《拔罐、割刺、急救方》、《医学论文指南》(审定)等。

杨医亚一生论著丰硕，大都是围绕着教学而写的，在研究和临床基础上讲课，在讲课的基础上完善成论著。因此，他每次讲课的教材不断充实新材料、新观点。他认为把最新的知识教给学生，这是教师的职责。

杨医亚的著作涵盖中医各科。他博学卓识，而且一以贯之持守“让更多的人学会中医，可以救治更多的病人”的理想，勤奋地为他们写作。他的著作“简切明尽”：文字简约而不繁冗，内容切题而不浮华，行文明畅，寓意深远而不含糊，理论尽量全面而不疏遗。他的著作因为“简切明尽”，既受中西医师的喜欢，又受广大初学中医青年的钟爱，帮助他们提高诊治水平，由此惠及普通乡镇百姓，还得到日本汉医学家的青睐，有些著作被译成日文在日本出版。

编撰论著是一件寂寞孤独的事，唯有淡泊静心，才能安下心来做编著这样的苦差事。胸中若无万卷之书，心中若无大众之心，未必能成书，更未必能坚持60年而不辍。

古人云：“立言者，未必即成千古之业，吾取其千古之心。”杨医亚著书不为千古之业，却存千古之心。这颗千古之心就是培养更多的医生，救治更多的病人而鞠躬尽瘁之心。

20世纪70年代初全国高校招收首届工农兵学员，中医院校缺少适合于这批大多数只有初中文化程度学员学习的教材。1971年人民卫生出版社请河北新医大学编撰《简明中医学》。学校组成由中青年教师为主的编写小组。当时教师已荒疏学业多年，时间又紧迫，只能草草地完成初稿。学校请杨医亚审读、修改。他重写了大部分章节，对其他章节作了文字修正。出版社几天一次电话催稿，他只能抓紧时间赶写出来，经常一天写作长达十五六个小时，保证了该书按期出版。作者署名却是“河北新医大学”。他毫不介意署名的事，他说：只要这些书能起到培养中医人才的作用，我就心满意足了。

1976年杨医亚恢复了教学工作。这年他接受卫生部下达的任务，担任《中医大辞典》编委和《中国医学百科全书》编委及该书《方剂学》分册主编。7月28日唐山发生特大地震，北京、天津、石家庄等邻近城市都有极强的震感。一时间人心慌乱，纷纷在室外空地搭起防震棚。这段非常时期，多数人已无心工作和读书，关心着震情，谈论受灾消息。

杨医亚独自生活在石家庄，家属住在北京，当得知家属平安后，他在防震棚里安放一张桌子，在暗淡的灯光下坚持完成自己的任务。防震棚外面嘈杂喧闹的声音似乎对他没有干扰，他完全沉浸在学问之中。

1977年，为撰写《中医大辞典》，杨医亚和两位同事出差到南京、上海查阅资料，首站住在南京中医学院招待所。一天在南京中医学院阅读资料时，杨医亚突然血压增高，脑血管痉挛，右腿行动不便，右手不能提笔。随行的同事十分着急，劝他病情好转后返回学校。他说，我们都是搞医的，我的病只要及时救治，不用担心，很快就会好的。经过治疗，他一面吃药，一面学着左手写字，摘录资料，一直坚持完成南京的任务才返回石家庄。

韩愈说："形成于思而荒于嬉，业精于勤而毁于随。"杨医亚一生，活到老，学到老，学无止境。做学问他下大工夫，以苦为乐；编著述他坚持革新，便于初学者读懂。平凡之中见真情。

纵观杨医亚著述生涯，60余年中，他经历贫富、贵贱、得失、荣辱的变化，但他持守"三不变"。

一不变是写书让更多的人学会中医，救治更多病人的志向不变。50余部著作中，多数是为基层中医自学而写的，包括函授教材、半农半医培训教材、工农兵学员教材及自学晋升考试辅导教材等。他体恤民间中医的辛苦，深知他们求知的渴望。中华人民共和国成立后，中国发生天翻地覆的变化，尤其改革开放以来，随着我国经济快速的发展，城乡医疗条件得到极大改善。但是我国人多地广，偏远地区或城市远郊区仍然存在看病难、看病贵的问题，很多地方基层中医依然是救治病人的主要医治力量。因此，杨医亚的心中始终关怀着百姓的病痛，心甘情愿为医疗卫生第一线的医生写书。

二不变是坚持中医革新不变。他认为，中西医结合，相互学习，取长补短，中医借助西医诊断方法，有利于相互印证，这也是中医发展的科学道路。他坚持用现代汉语编著中医著作，以西医病名列目，介绍西药并与中医辨证及方药对应，既有利中医学习，又利于借鉴西医。这种文风终生不渝。

三不变是坚持理论指导实践不变。他说："张仲景是一位理论联系实际的临床医学家，所以全书着重在诊断和治疗方面，而且特别强调指出了一切应该以'证'为凭。这就体现了从疾病本身客观现象出发，而不是从医生主观想象出发的唯物主义观点。"因此，杨医亚无论临床或著述，都强调"辨证论治"和"随证施治"，即使在操作性很强的针灸著作中也列入一章，专门分析辨证论治对针灸疗效的作用。

这"三不变"是杨医亚的治学态度。他认为，既然把教育作为自己一生为人民服务的责任，就应该做到"学高人之师，身正人之范"。

杨医亚做学问却是在"变"的。从1939年的《近世针灸医学全书》到1998年的《杨医亚针灸学》，历经60年，两本专著的读者对象没有明显的变化，而在内容、编排、论述等方面有了重大变化。他说："《近世针灸医学全书》内容简略和存在着不足，不能满足读者的需要，因此，决定全部修订，重新编排。"晚年杨医亚抱病修订了《民间灵验便方第二集（针灸）》等旧著，亲自编选《民间针灸三百方》。

一个人有点学问并不难，学问的渊博也并不甚难，难得的是有卓越见识，而卓越见识来自于求索学问的功力，并表现在走自己独特的路。杨医亚论著中的个性化特征极为明显，原因就在于他从不人云亦云，总是能够独树一帜，另辟蹊径。他的学生许占民说："杨老是院校方式传授中医的先驱者。"名医任圣华说："环顾国内，有能沟通此三种（指新药、中药、针灸）学术以便于学习之医学著作，尚寥若晨星。盖兹事体大，非学术兼备，未敢率尔操觚也，有之，则自医亚大夫之《临床各科综合治疗学》始。"

春雨无声 静水深流

杨医亚幼年丧父，家境贫寒；北平上学，打工谋生；日本人占领北平时期，一度陷狱，受尽折磨；1957年后，两次受到不公正待遇，长时间生活在孤独的底层。少年时的贫穷使他养成勤劳艰苦的习惯和自立奋斗的品德；青年时创业的艰难，使他展现了才华和智慧；中年时遭受政治上的冷落，使他磨砺了意志，能够在社会大变革中荣不喜辱不惧，静下心来做自己的学问。春雨丝丝却能润湿万木，点滴学问也是对社会有益的。他的心境变得平和、豁达、积极、上进。

在创办《国医砥柱月刊》初期，办刊条件是非常艰苦的，由于付不起印刷装订费，大年三十晚上，他不敢回家，害怕印刷厂堵门讨债。后来杂志畅销，资金周转顺利，他便自己购买一台印刷机，自办印刷厂，印刷出版一体化，在那个时代紧紧跟上了社会发展的潮流。

抗日战争爆发后，温县老家被日军占领。杨医亚在北平米市胡同买了一套房子，把母亲、婶婶、堂弟和堂妹接到北平与他家一起生活，并供堂弟杨益欧上学。后来益欧毕业于清华大学水利专业。

杨益欧回忆说："当时一大家人只有堂兄杨医亚一人工作，每月收入要负担10口人的生活，实在是不容易的。我在课余时间也帮助他写信封、装杂志、送邮局，每期的信封要写一个月，往往每晚要忙到半夜才能睡觉。"《国医砥柱月刊》发行之初，由于交通不便，订户大多在河北、河南、山东、山西、陕西等北方地区的农村和小城市，后来才逐渐扩大到南方各省，发行局面才得以扩展。

1951年杨医亚参加公职后，停办了诊所和杂志，只留下一家药房，交由夫人经营，而他率队来到石家庄河北省卫生厅工作。

20世纪80年代初，杨医亚夫妇回到河南温县老家探望乡亲。他回家的消息不胫而走，传遍方圆百里。乡亲们从安阳、漯河等地赶来求治。一时间，杨家老屋院里排起长龙。杨医亚忙得连轴转，每天只能睡两三个小时。临别前，他把乡亲送的土特产分给了当地乡亲。他说，能为乡亲做点事，心情是很愉快的。

兰耀东、刘玫在《勤奋著述 施惠于众》一文中写道："杨教授家在北京，长期以来单身一人住在河北医学院，潜心于中医学研究。为了节省时间，他不到学校食堂排队买饭，每天到附近饭馆吃上一顿便饭，晚上煮些挂面汤凑和了事。他从不追求享受，把时间与精力用于编书写书上。"

从1951~1983年河北中医学院成立32年间，他工作过8个单位，平均4年改换门庭一次。这种频繁的调动使他常常居无定所，教学、科研、临床也缺少长远安排和计划。他以平常心和责任心做好单位安排给他的每项工作。这期间，北京中医学院筹建，从各地调入名老中医任教，领导曾动员他回京，既有更好的条件展示他的才能，又可与别离已久的家人团聚。他却说把机会让给别人吧，等以后再说。

杨医亚生养五女二子七个子女，他们长期与母亲住在北京。杨夫人经营的药房，1953年公私合营后，并入同仁堂药店，她也成为同仁堂药店职工。1981年杨夫人退休后来到石家庄，在学校安上了家，夫妻团聚。杨医亚终于有了一个家，结束了长期孤身的单调生活。

杨医亚对子女教育十分严格，要求他们积极上进，服从国家需要。长女杨定一北京师专毕业后，因体质虚弱，学校原计划分配她到北京市教育局工作，其他同学都分到大兴县。后来学校问她是否愿意与其他同学一样到大兴县工作。她回家与父亲商量，杨医亚夫妇积极支持她去大兴县。杨定一说，父亲对农民怀有特别深厚的感情。父亲常说，年轻人应该到艰苦的地方去锻炼，才能更好地成长。

1977年，杨医亚作为河北新医大学的代表，出席在石家庄召开的河北省科学技术先进代表大会，他预感到科学春天的到来。

杨医亚生命中真正充满着阳光的春天，应该说是从1979年开始的，尽管这一年他已经65岁了。这一年，他被评为中医教授职称，是当时河北省唯一的中医教授，确立了他在河北省中医界的学术地位；河北新医大学任命他为科研处副处长，期望仰仗他的渊博知识及在国内中医界的声望，推动学校开展已停顿多年的科学研究工作。

1980年杨医亚向学校党组织递交了入党申请书。3年后即1983年，70岁高龄的杨医亚被批准加入中国共产党。"这个消息在河北中医学院传开，大家都为这位兢兢业业给中医学宝库增添财富的老知识分子的光荣入党而高兴。"兰耀东、刘玫这样描述当时群众的心情。

杨医亚向党组织表示："我人虽暮年，但政治上还很年轻，能多干点工作，还要尽量多干点。"

自入党至2002年辞世，杨医亚主编和参编的著作达15部，是他一生中第二个高产期。显然，暮年的杨医亚在这百花齐放的科学春天里，想抓紧时间多播一点细雨，像老树那样多开一点淡淡清香的花。杨医亚一生正直无邪、勤劳忠厚，平淡得如同清可见底的深水，静静透亮的，而在水的深处却在不停地流动；一旦需要，它便有澎湃之势，不可阻挡。杨医亚晚年担任多个重要社会职务，如中华全国中医学会理事、河北中医学会副会长、卫生部高等医药院校医学专业教材编委、中国医学百科全书编委等。

因为诸多原因，杨医亚不曾有过亲传子弟，但他所教过的学生和从他著述中受惠者却难以计数。尤其是随他巡诊或与他合作或请他作序、审校论著的年轻后学常常得到他的恩泽，终生难忘。

2002 年 3 月，杨医亚因遭车祸不幸辞世。与他合作多年的学生李彬之的挽联上写道："以教终生饱尝艰辛桃李芬芳誉满神州，著述等身呕心沥血展现业绩含笑九泉。"

另一位学生孙士彬的挽联上写道："吾师医亚，杏林昆仑，悬壶京冀，泯泯群黎得以宁康；著述等身，莘莘学子，遍以四海，惊悉噩耗青衫尽湿。昔承先生之教诲，竟惠士彬以终生。"

1994 年 11 月，杨医亚学生许占民以《老骥伏枥，志在千里》为题在《河北中医学院学报》发表文章。在文章最后，他写道："杨老的博极医源、精勤不倦的精神，无不是光辉的楷模。我们作为杨老的学生，应不断'总结前人，丰富自己，启迪后学'，为振兴岐黄医术，精心耕耘。"

杨医亚的人生原本就是一部书，一部精勤做学问、惠及群黎百姓、忘却荣辱浮沉、净化人心灵的书。

（撰稿人　吴石忠）

郭士魁卷

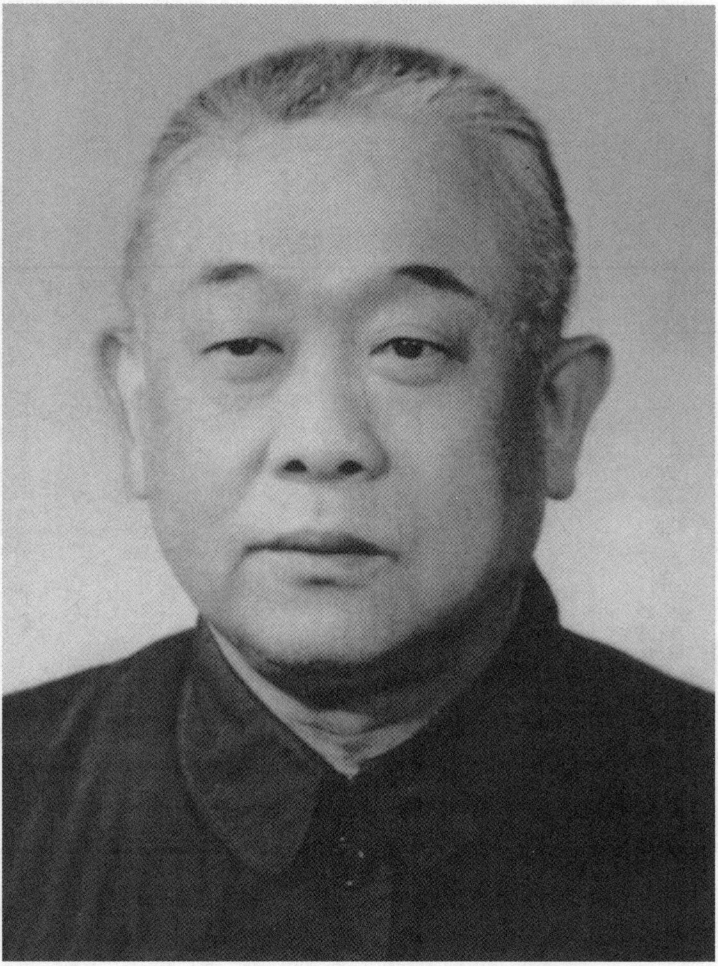

郭士魁（1915—1981）

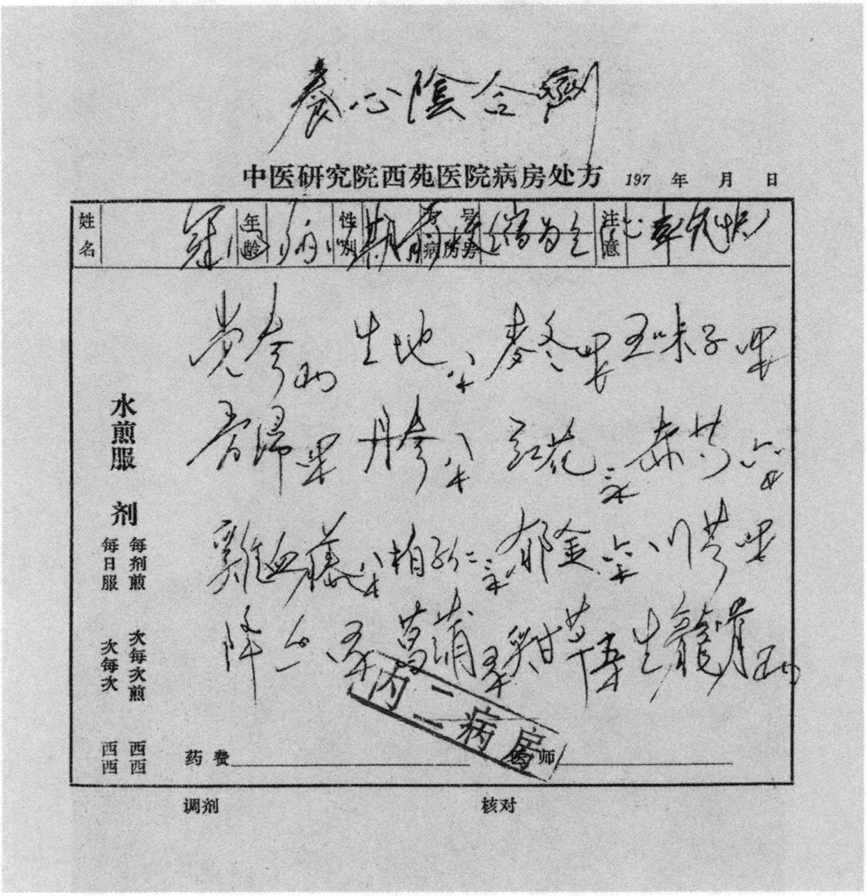
中医研究院西苑医院病房处方 197 年 月 日
姓名
年龄
性别
病房
注意
水煎服 剂
每剂煎 次每次煎 西西
每日服 次每次 西西
药费
医师
调剂
核对
内二病房

郭士魁手迹

自己的工作只有与全体人民融为一体才更有意义，只有紧紧依靠党和政府才有广阔的前途。

为了早日把药研究出来，尽快解除病人的痛苦，自己试用可以更好地观察，为了千万病人的安全，再苦也应该。

——郭士魁

郭士魁（1915—1981），北京市人，著名中医药学家。毕业于北京国医学院，师承著名中医赵树屏先生，从事中医药工作50余年。他熟读中医经典，具有丰富的临床经验，同时也是一位精读本草，熟识中药形态、习性、炮制、主治、功用的中药学专家。从事心血管病研究20余年，融合中西医，运用现代科学技术，继承并光大中医药宝库，发展了“活血化瘀”、“芳香温通”的理论和应用，是在现代内科领域应用与研究“活血化瘀”法的先驱者。他研制了“冠心Ⅱ号”、“宽胸丸”、“宽胸气雾剂”、“愈风宁心片”、“川芎嗪注射液”等治疗心血管病的著名方剂和药物，曾获得全国科学大会奖和全国医药科学大会奖，对中医药治疗冠心病是一个重大突破，在国内外产生了深远的影响，至今在临床广为应用。活血化瘀及芳香温通的治法应用至今，证实了它的效果和价值，得到广泛的服膺推重，并经后人不断深入研究，开发出许多新药，拓宽了在其他病种的应用范围。著有《心血管常见证候的中医病机和治疗》、《谈谈活血化瘀法则》等，被《人民日报》誉为“为冠心病病人造福”的人，蜚声海内外。曾任中医研究院西苑医院副院长及心血管病研究室主任，第五届全国政协委员，中华全国中医学会理事，北京医药总公司顾问，1979 年被评为全国劳动模范。

出身贫寒　以医立身

郭士魁，1915 年生于北京，出身于中药世家，从小就跟随父亲经营中药生意，当了药店的伙计，兼学兼工。在父亲的药店里，他历览了各种各样的药材，对药材的性能了如指掌，为他以后在中医药领域的卓越造诣打下了坚实基础。用他自己的话说，他的“前半生是奠基阶段，内、外、妇、儿各科的病都看，采药、制药、抓药的活儿都干”。对任何一味药，他只要将其掰开观察纹路，或者稍加品尝，就能对其质量、真伪有一个精确的判断，进而充分加以调制利用。在炮制中药时，哪些药需要晒干，哪些药需要加工，如何加工，加工到何种程度，他都心中有数，信手拈来，令人叹服。这也为他日后纯熟掌握精深的药理，负责并严格把关药材采集，亲自主持药材炮制和加工打下了坚实基础。

20 世纪 20 年代，郭士魁进入私塾学习。在家中，继母及其子女对他排挤歧视，进而发展到侮辱虐待。由于没有关爱和温暖，他感到伤心和屈辱，14 岁时经过彻夜思考，毅然决定告别父亲的药店，自行谋生。在那之后，他在北平的仁和堂药店、太和堂药店都当过学徒，收入微薄，工作劳累。这段艰辛贫寒的生活给少年郭士魁的心灵留下了创伤。饱尝困苦的经历，使他渴望家庭的温暖、人与人之间的关爱，慢慢修养成慈爱仁善、心系百姓、尽心付出、不计报酬的高尚医德，为他以后在医药学领域的精深造诣积蓄了精神力量。

离家之后，郭士魁立志奋发，一边在药店工作，一边勤奋学习，补习文化知识，提高文化修养。为了练好书法，他经常利用空闲时间到荣宝斋读帖临摹。无钱买纸时，就直接用手指在大腿上练字。功夫不负有心人，由于刻苦学习，他的书法水平进步神速。在利用抓药、采药、制药的机会学习中药知识和中药炮制技术的同时，他举一反三，融会贯通，开始对中医的系统理论知识产生了兴趣。看到疗效好的处方，他便记下来分析其配方及理论根据，继而开始阅读医书，修习医理。虽然仅有六年私塾文化底子，但他知难而进，更加勤奋刻苦，勇闯书海，攻读中医、中药的经典著作。

1937年，抗日战争爆发，日本侵略者的铁蹄很快踏进了北平城。战火纷飞的年代，在日军凶残的刺刀面前，每一个中国人的尊严都遭到践踏，平民百姓更是难得安宁。同时，日本侵略者敌视中国传统文化，妄图扼杀一切带有中华优秀文化内涵的事物，因此对中医也采取排挤、压制的政策。残酷的现实丝毫未能动摇郭士魁对于中医药事业的热爱和忧国忧民、悬壶济世的责任感。他立志刻苦修习医术，不惮以微薄之力为民众解除病苦。少年时代个人和民族的苦难，更加强烈地震撼着他的心灵。从此，他将一生都献给了中医药事业，不计得失，不顾安危，可谓是“出身贫寒，两鬓两手皆是世间疾苦；心系黎庶，一生一世全为众生操劳”。

1939年，24岁的郭士魁通过孜孜不倦的努力，考入北平国医学院学习，学制三年。北平国医学院于1930年由名医孔伯华联合京都中医界名流共倡设立，最初名为“北平医药学校”，地址在西单太平湖五道庙，后迁至丰盛胡同，更名为“北平国医学院”（自第11班开始又改名为“北京国医学院”），在中央国医馆备案。萧龙友任董事长，名医安干青、杨浩如、周介人、陈慎吾、宗馨吾、焦会元、左季云、马龙骧等均曾在该校任教。这是郭士魁第一次进入正规的医学院校，接受正规的医学教育。他非常珍惜这次机会，为了尽快、更多地学习和掌握中医中药理论，他对自己的要求十分严格，学习上极其刻苦，甚至到了废寝忘食的地步，吃饭不去食堂，拿个窝头坐在寝室里边读书边吃；同学们都睡了，他还在路灯下读书，常常是宿舍的管理员来把他赶回去休息。3年期满，他和顾日中、袁述章、陈东、陈佩兰、王为兰等日后的医界新秀一道以优异成绩毕业，完成了作为一个优秀医生必备的学历，为他日后的高超医术打下了良好基础。

1938年，国医职业公会成立，京城名医汪逢春被选为公会会长。同时《北京医药月刊》于1939年1月筹备创刊，汪逢春亲自主持笔政，并为该刊撰文，以号召倡导中医事业。之后又于1942年创办了国药会馆讲习班，地址在北京天安门内侧朝房，为中医中药界培养人才。讲习班虽是短期培训性质，但会聚的同道多数是具有真才实学的中医界大师，如瞿文楼、杨叔澄、赵树屏等都是主讲教师，王鸿士等青年才俊是讲习班学员。27岁的郭士魁因其聪敏的天资、勤勉的学风、药店工作打下的中药学基础，被视为中医界的后起之秀，也得以进入讲习班修习。学成之后，他便悬壶于京城。为了养家糊口，在行医的同时，他又回到太和堂药店去工作。

为了不断提高自己，他拜师于著名中医赵树屏门下。由于药店工作辛苦繁忙，他不能像其他师兄弟们那样整日在老师那里学习，只能在老师门诊的时候从师侍诊。故而他十分珍惜面向赵老师求教的机会，每次学习，他都坐在赵老师身边，誊抄记录，认真询问。由于他天资聪慧、刻苦钻研、为人忠厚，赵老师遂认为他有抱负、有志气，是个很有前途的可塑之材，对他格外关照。他在药店抓药时看到其他名医的处方，便用心学习，遇到困惑不解的地方，就利用晚上的时间到老师家请教。每次到老师家，他都要将老师的医案存根，逐一详细琢磨，探求究竟。

赵树屏对青年郭士魁寄予厚望，因此对他要求极为严格。赵老师曾语重心长地对他讲:“作为一个有志气的中医，绝不能只满足于处方治病，而必须高瞻远瞩，不断创新，不断发扬。医之与药，息息相关，理应相辅而行。遗憾的是我国医、药二者不相闻问。我过去写的东西里面曾涉及改进医药的问题，但在药学方面，我只能纸上谈兵，知其然而不知其所以然。如今，你既知医，又知药，应当充分利用此有利条件。”老师的教诲，让郭士魁感受到老师真诚的医风、学风和对医药事业的赤子之情，也感到了自己肩上的重担，便立志要完成老师的宏愿，取得更深的造诣以报答师恩，让中医药事业发扬光大，薪火相传。

走近革命 公而守贫

20世纪40年代的某一天，郭士魁离开北平，到山区买药。来到八路军活动的山区时，恰巧碰到了正在巡逻的八路军战士。几位革命战士向他介绍了解放区和八路军的情况，分析了中华民族的危险局面、人民的灾祸和苦难，并向他宣传了马克思主义救国救民的道理。看到这些衣着简朴、面容真诚却拥有坚定信仰和对幸福执著追求的年轻人，郭士魁不胜钦佩。除了留下回家的路费外，他将身上所有的钱全部捐给了八路军。八路军战士非常感动。因为革命军队军纪严明，战士觉得不便收取他的捐献，决定给他打一张借条。因为北平由日伪政权占据，出于安全考虑，郭士魁将这张借条藏在棉衣的夹缝里带回家中，至今还收藏在他的家里。

北平回到人民手中后，因为几十年战乱，人民亟需休养生息，抚慰战争的伤痛。人民政府需要设立一些医院、诊所，但这些部门中医藏书不足，书架空空。郭士魁急人民之所急，想政府之所想，立刻从自己家捐出一部分重要甚至珍贵的私藏医书。这些书为查找药方、收集药材、治病救人和培养青年医学工作者起到了重要的作用。郭士魁去世后，他的女婿郭志强教授在整理他的遗物时感叹说："我姥爷的医书完整无缺，可我岳父的好多医书却找不到了，都捐献给国家的医学事业了。"

由人民政府组建创办的联合诊所刚一成立，郭士魁就放弃了私人开业，参加了革命工作，进入了联合诊所，开始了冠心病和活血化瘀的临床研究工作。1954年，他参加了中医研究院的筹建工作，翌年到内科研究所工作。此时的他，在党和政府的关怀下，在党的中医政策的指导下，无时无刻不以赵树屏老师的教导勉励自己，投身中医中药治疗冠心病的研究中，并取得骄人的成果。

中华人民共和国成立初期，私人开业挣的钱比参加公职工作的工资高一到几倍，可是他并不计较这些，只是埋头工作。开始他在广安门医院上班，每月工分210分，折合人民币40元多一点。靠这些收入养活一家9口（7个孩子）是有困难的，家里的生活很艰苦。据其长女郭维琴回忆，他们家7个兄弟姐妹中，她和哥哥相差3岁，其他弟妹只相差一两岁。7个孩子上小学、上中学时，都带着窝窝头。周末孩子们就去姥姥家，一路全是农田小路，走得东倒西歪，两脚污泥，从姥姥家拿一些瓜果杂粮回家。郭士魁本人也省吃俭用，上班时经常带两个窝头作为午餐。郭士魁的妻子没有稳定的工作，经常给人纳鞋底、糊火柴盒，赚来一些钱补贴家用。但是她很能干，全部家务都是她一个人料理。在孩子们记忆里，穿的衣服、鞋子从来没有买过，都是母亲一针一线自己做出来的。这样艰苦但很充实的经历，是郭士魁艰苦作风和崇高医德的真实写照。

郭士魁不但自己积极参加革命工作，还劝导他的师兄师弟。他说："自己的工作只有与全体人民融为一体才更有意义，只有紧紧地依靠党和政府才有广阔的前途。"郭士魁在这一时期广泛进行了医务实践，内、外、妇、儿等各科病人他都看，采药、制药的活儿他都干。此时的郭士魁，博采众家之长，汇聚多年药材经验，又有革命理想和济世之心的激励，再加之辛勤的工作积累，已是年富力强、医术精湛，开始在中国现代医药事业上大显身手。

医汇中西 攻关胸痹

1955 年，在中央人民政府的统一部署下，北京成立了中医研究院，一批名老中医被从各地抽调奔赴北京，充实中医研究院的专家力量，组建中医研究的国家队。1958 年，毛泽东主席指出："中国医药学是一个伟大的宝库，应当努力发掘，加以提高。"随后全国各地广泛地开办了西医学习中医班，"西学中"逐渐形成高潮，中医学习西医也蔚然成风。一时间，祖国传统医学研究，在中华人民共和国成立的第十个年头，开始了新的纪元。

在这场中西医交流的大潮中，郭士魁以其开明虚心的姿态和孜孜不倦的努力走在了最前沿。从 40 多岁起，他就开始学习西医理论，争取和国外医家交流，广泛阅读外文医学著作或译著。为了提高英语水平，他总是随身带着英语卡片，无论是在医院、车上还是在家里，一有空闲就立刻拿出来背诵英语单词，直到 50 多岁仍坚持这个习惯。

在英语有了一定基础之后，他又以惊人的毅力和高涨的热情，刻苦学习和医学有关的现代西方科学理论知识，所有能够利用的业余时间都被他毫无保留地用在了学习上。解剖学、病理学自然不在话下，生理学和生物学、化学也不例外，他还花大力气研究心电图和心电图机，甚至为了掌握心电图机的工作原理、种类和性能，又去学习物理学，钻研物理仪器。年逾不惑的他，毫不吝惜自己的精力。节假日他从不休息，如饥似渴地用来学习。在大女儿郭维琴的记忆里，那几年父亲从未和家人一块看戏、看电影甚至游园、逛大街。对于西医理论中不懂的地方，郭士魁随时随地向周围所知者认真询问，包括年轻医生和他的徒弟以及一些学生。他在医疗及科研工作中，努力把中、西医两种医学对冠心病的认识，进行相互参照和汇通，从而为他认识和研究冠心病创造了更好的条件。

当时，有一部分中医对中医学习西医不太理解，认为年轻的中医学习西医是“西化”，中西医之间可谓壁垒森严。郭士魁对西医虚心接纳并认真研究的态度，尤其重视对重要的中药药理的“西医”解读，受到了一部分中医的质疑。但他无怨无悔，任劳任怨，继续钻研，力争利用中药的药理知识及药性、西药制剂的方法，研究出疗效快、好、准的中成药。这为他日后成功研制出享誉世界的冠心气雾剂及其他疗效显著的药剂作好了铺垫。因为他利用西医的技术及疗效评价标准，突出中医辨证施治，独树一帜，卓有成效，被称为现代中西医结合的先驱。

20世纪五六十年代，伴随世界经济和工业化发展，全世界范围内高血压、冠心病等慢性病的发病率和死亡率大幅上升，同时，世界卫生组织把心血管疾病列为世界上仅次于癌症的第二大疾病。国际发病趋势引起党中央和人民政府的高度重视，尽早研究相应对策，成为中国公共卫生安全面临的重大任务。

冠心病的危害性是郭士魁在跟随冉雪峰老师临证过程中逐渐认识到的。那时他侧重诊治一些心血管病患者，其中包括冠心病。用他的话说，实践使他深深感到“心绞痛”、“心肌梗死”这类疾病对人民群众的生命威胁极大。他亲耳听到、亲眼看到死于此病者多是生产岗位的主力、国家的栋梁，这促使他下工夫去研究冠心病，誓要将其攻克。

冠状动脉粥样硬化性心脏病，简称冠心病。郭士魁遍查中医典籍上的治疗记载，按照中医“心痛”、“心胃痛”的描述，对冠心病从症状到药理进行了较为详细的分析整理，比较清楚地查明了心痛的表征、分类和性状的关系。如他先查阅了《素问·藏气法时论》，其中描述了心绞痛的部位，并指出可放射至肩背及臂内侧。结合中医的经络学说，手厥阴心包经所循行的部位，常常是心绞痛病人所放射的部位。他又注意到，《灵枢·厥病》中提到“真心痛”及一些并发症，很可能有末梢循环不好，甚至并发心源性休克。心源性休克不但在古代，就是在现代死亡率也比较高，“旦发夕死，夕发旦死”，也就是说病情严重，一般发病在12小时左右死亡。《灵枢·厥病》根据心痛的兼症和疼痛的不同，分为肾、胃、脾、肝、肺之“厥心痛”，以此与真心痛鉴别。而《难经·六十难》则说明厥心痛是“五脏气相干”，即五脏互相影响，痛的性质不一样。汉代张仲景在《金匮要略》中称其为“胸痹”。于是他悟出西医所说的“冠心病”，相当于中医典籍中的“厥心痛”、“真心痛”、“胸痹”。《杂病源流犀烛》中讲：“卒然大痛无声，咬牙切齿，舌青气冷，汗出不休，手足青过节，冷如冰，真心痛，旦发夕死，夕发旦死。”又曰：“如但爬床搔席，面无青色，四肢不厥，痛也不至无声，即非真心痛，由心包捧心，或寒或痰，或虫或食，上干包络脂膜，紧急作痛。”但对于病理和病机，则还是有所困惑，且各家各派说法不一。郭士魁意识到，冠心病防治这条路，才刚刚开始。于是，他更加辛勤地投入到查阅经典和研究工作中。

山重水复疑无路，柳暗花明又一村。这时，一个偶然的病例使郭士魁得到启悟，帮助他破解了多年的困惑，也让中国的冠心病防治事业凸现生机。1959年冬天，中国医学科学院某附属医院收治了1个冠心病患者，他的主要症状是心绞痛，心电图很不正常。医师们使尽解数，用了多种中西医治疗办法也难以控制心绞痛发作。于是郭士魁被邀请参加会诊。他注意到，患者面色发青，舌质暗紫，脉涩。凭着多年的经验和一种直觉，他大胆提出了自己的主张，认为这是阳虚、心阳不足、阳气凝滞而致气血瘀阻的表现，而之前的治疗方法大多应用凉性药物，是否应该有所调整呢？于是，他再次求助于先贤的智慧，开始查阅典籍。他注意到，

《素问·灵兰秘典论》中讲“心者，君主之官也，神明出焉”;《杂病源流犀烛》中称“周身气血俱注于心”，又讲“十二经皆听命于心，故为君”。“十二经之元气，皆感而应心，十二经之精皆贡而养心，故为舌之本、神之居、血之主、脉之宗”。《素问·举痛论》中讲：“经脉流行不止，环周不休，寒气入经而稽迟，泣而不行，客于脉外则血少，客于脉中则气不通，故卒然而痛。”《素问·痹论》说，心痛发生的原因，是由于心脉不通，气不通则突然发作疼痛。《金匮要略·胸痹心痛短气病脉证治》中说，上焦阳气虚，胸痹心痛是由于“阳微”、“阴弦”。“阳微”原书中是指胸（心）阳虚，也可理解为若干脏器的阳虚（如脾肾亏）；“阴弦”是指四个方面的意思，即血瘀、浊阻、寒凝、气滞，是有形的物质。阳微是指功能之不足，阴弦是在阳虚的基础上产生的，因此导致血脉不通的原因是在阳虚基础上形成的血瘀、寒凝、气滞、浊阻等，但其中根本的因素是血瘀经脉不通。轻者胸中呈痛塞压闷不畅，重则心痛。多年的困惑终于迎刃而解，古代医家的经验印证了他的主张，气血凝滞、血脉运行不畅或堵塞果然是冠心病的内在本质。

同时他还把冠心病患者既有朝发夕死，又有长期带病而未遇不测的原理也查证清楚了。巢元方《诸病源候论》云：“心为诸脏主而藏神，其正经不可伤，伤之而痛为真心痛……心有支别之络脉，其为风寒所乘，不伤于正经者，亦会心痛，则乍间乍甚……”说明心脏本身有正经即大的经脉和小的脉络或是旁支，如没有伤及正经，只伤了支别之络脉，也会心痛，只是时轻时重，长期带病不发生什么危险，为“厥心痛”。如伤了正经就叫“真心痛”，这个预后是很不好的，“旦发夕死，夕发旦死”。

既然已将冠心病的实质找到，接下来就需要对症下药。郭士魁认为，汉代张仲景《金匮要略·胸痹心痛短气病脉证治》中记载：“胸痹之病，喘息咳唾，胸背痛，短气，寸口脉沉而迟，关上小紧数，瓜蒌薤白白酒汤主之。”这是比较典型的胸痹证及其主治方药。此外，“胸痹不得卧，心痛彻背者，瓜蒌薤白半夏汤主之”。“胸痹，心中痞气，气结在胸，胸满，胁下逆抢心”。由此可知，胸痹以气滞为主，形气较实者，宜用枳实薤白桂枝汤；形气衰弱者，宜用人参汤。“胸痹，胸中气寒，短气”。若属痰阻于肺者，宜用茯苓杏仁甘草汤；若属痰阻于胃者，宜用橘枳姜汤。“胸痹缓急者，薏仁附子散主之”。“心中痞，诸逆心悬痛，桂枝生姜枳实汤主之”。“心痛彻背，背痛彻心，乌头赤石脂丸主之”。主要用于寒象较重，疼痛也较重者。书中的九痛丸治疗九种心痛，这九种心痛多指心窝、胸、胃部疼痛，不一定都是心绞痛。

晋代葛洪《肘后备急方》中收录治疗卒心痛方较多，如一方为人参、桂心、栀子、甘草、黄芩，此为寒热并用。一方为附子、干姜，此方为纯热药。又一方为黄连一味，纯寒药。说明由于心痛兼证的不同，立法用药寒热亦异。唐代孙思邈《千金要方》中云：治疗寒气猝客于五脏六腑中，则发心痛，方用大黄、芍药、柴胡、升麻、黄芩、桔梗、朱砂、鬼箭羽、鬼臼、朴硝。治疗心痞诸逆悬痛，用桂心三物汤（桂心、胶饴、生姜）。治卒心痛，痛如刺，两胁支满，烦闷不易忍，用高良姜汤方（高良姜、厚朴、当归、桂枝）。治胸痛达背，用千金细辛散（细辛、甘草、枳实、生姜、瓜蒌、干生地、白术、桂心、茯苓）。《外台秘要》也讲，“寒气客于五脏六腑，因虚而发，上冲胸间则发胸痹”，用胸痛麝香散（麝香、牛黄、犀角〔现已代用〕）。金代刘完素《伤寒六书》中记载，没药散治一切心腹痛不可忍者（没药、乳香、穿山甲、木鳖子）。清代柳宝诒《柳选四家医案·继志堂医案》讲：“胸痛彻背，名曰胸痹，痹者，胸阳不旷，痰浊有余也，此病不唯痰浊，且有血瘀交阻膈间。”方用全瓜蒌、薤白、旋覆花、桃仁、红花、瓦楞子、玄胡粉，合二陈汤。清代王清任《医林改错》中讲：“胸痹……用瓜蒌薤白白酒汤可愈。在伤寒用瓜蒌、薤白、柴胡等皆可愈。有忽然胸痛，前方皆不应，用血府逐瘀汤一服痛立止。”

重温古代典籍，并进行讨论分析之后，郭士魁果断地将此患者认证为“气滞血瘀”。医师们采纳了他的建议，使用王清任的“通窍活血汤”进行治疗，果然收到较好疗效，约两周就控制了疼痛的发作。3个月之后，心电图也显示有所好转。这个结果虽然有些出人意料，却加深了郭士魁对运用活血化瘀法则治疗心绞痛的感性认识。从此之后，他就对活血化瘀法有了更强的信心，开始有目的地应用活血化瘀法进行临床实践。

他先是去掉了通窍活血汤中稀少昂贵的麝香等药物，不断根据病人的具体证候特点加减变化，辨证施治，在师弟陈可冀、学生翁维良、于英奇等骨干的通力合作下，研制了冠通汤、冠心Ⅰ号方、冠心Ⅱ号方等固定的方剂，再反馈于临床实践，病人确实反映良好，让他非常欣喜。可以说，这是郭士魁在冠心病治疗事业中取得的第一个较显著的阶段性成果，开拓了以活血化瘀法进行现代冠心病中医理论研究与治疗的新领域。

经过一段时间的临床辨证施治、典籍查阅和归纳总结，郭士魁原本比较朴素和粗糙的认识逐步得以完善，形成了一套较完备的冠心病防治理论。他提出了真心痛以气分虚损为主，因气虚而致血脉瘀阻，胸痹心痛乃“本虚标实”，不仅正气虚，而且也有血瘀、痰浊壅盛的观点。同时他强调，治疗胸痹心痛，必须明辨其虚实、标本、缓急。在此基础上，他创立了“以通为主”治疗冠心病的学术思想，自拟了益气活血汤用于临床，取得了很好的效果。他在中医中药治疗冠心病的道路上披荆斩棘，被人们称为中医治疗冠心病的开拓者。

通过大量的临床实践，郭士魁将患者分为几种类型：

一是阴虚阳亢血脉瘀阻型。症见胸痛，头晕头痛，目涩舌麻，或四肢麻木，手足心热，形气较实，面色微赤，舌质正常或暗赤，苔白或薄黄，脉弦或尺寸较弱。治宜育阴潜阳，活血息风。

方药：川芎、钩藤、菊花、葛根、丹参、玄参、茺蔚子、红花、郁金、降香、瓜蒌、黄连、薤白、珍珠母。若心前区疼痛有灼热感，酌加栀子、丹皮或加生蒲黄、五灵脂，煎汤口服。心绞痛发作时可用宽胸丸或宽胸气雾剂。

二是肝肾阴虚型。症见胸闷胸痛，头晕头痛，耳鸣健忘，疲乏无力，足跟痛，腰膝酸软，口干口渴，尿频，脉沉细而弱，舌质赤。治宜滋阴通络、活血化瘀。方药：首乌、黄精、女贞子、旱莲草、黑桑椹、黑芝麻、菟丝子、赤芍、丹参、川芎、葛根、降香、香附等。

三是气阴两虚血瘀型。症见心前区疼痛或胸骨后闷痛，并向左肩放射，有时肩臂痛或有酸麻感，心慌气短，疲乏无力，汗出口干，脉弦细，舌胖。治宜益气育阴，活血化瘀。方药：党参、生黄芪、玉竹、麦冬、五味子、赤芍、丹参、川芎、红花、香附、郁金、厚朴。合并痰浊的加瓜蒌、薤白、半夏；兼阳虚的加桂枝、良姜、细辛、附片、荜茇等。

总括他对冠心病心绞痛的治疗原则，是本着病位在心、病因为脉不通的认识，活血化瘀为治本中之本，芳香温通为治本中之标，扶正以补气，抓住要点辨证施治。心绞痛发作时，可选用宽胸气雾剂吸入或服宽胸丸、复方血竭丸、丁桂香丸，重者用心痛丸。

郭士魁曾经治疗一例急性前壁及高侧壁心肌梗死后心绞痛患者。该患者曾求助于西医，他的症状用硝酸甘油可缓解，同时经常服潘生丁、烟酸肌醇酯、冠心苏合丸等药物治疗。近一个月来，因生气后心绞痛发作频繁，每日七八次，每次持续数分钟至半小时左右，并向肩背及左上肢放射，伴有出汗、头晕、乏力、畏寒、睡眠欠佳，舌质淡有瘀斑边有齿痕，苔薄白，脉细缓，心律齐，心率72次/分钟，血压100/70mmHg。证属气虚、气滞血瘀，胸痹心痛。治以益气温阳、活血化瘀、理气止痛之剂。方用：党参、桂枝、丹参、川芎、赤芍、荜茇、细辛、良姜、陈皮、香附、红花。

患者服上方4剂后，心绞痛发作减少、减轻，每日发作1次或不发作，发作持续30秒至1分钟，精神好转，能较快入眠。但血压仍偏低，（90~100）/（58~70）mmHg，心律整，心率70~80次/分钟，舌暗有齿痕，脉沉细。上方又服四剂，3天来未发心绞痛。后来因活动量增大，劳累后心绞痛又有发生，每日发作1~3次，程度较轻，不需用药可自行缓解，睡眠仍差。至进20余剂后，症状平稳，带药出院休养。

之后，郭士魁又不断通过临床实践、辨证施治，弄清了急性心肌梗死合并低血压状态和心源性休克的病理。一般来说，急性心肌梗死合并低血压状态和心源性休克大致可分为三种类型。

第一种是精神呆滞或烦躁，面色苍白，微汗出，皮肤湿润，手足指冷，脉细弱或结代，舌胀暗紫或舌尖暗赤，薄苔或无苔少津，属于阴液不足，正气不固。治宜益气育阴，养荣活血。方用：红参、麦冬、五味子、当归、川芎、生黄芪。可合用生脉散注射液或参麦注射液5~10ml，加入5%或10%葡萄糖液500ml中静滴。

第二种是病情较重，嗜睡或神志朦胧，面色青紫，大汗如珠，四肢厥逆，手足青至节，脉微或有结代，舌质暗紫，可有褐腻苔，此为阴竭于内，阳绝于外。治宜温阳救逆，扶正养阴固脱。方用：制附片、干姜、炙甘草、红参、生黄芪、麦冬、五味子、山萸肉、当归、肉桂。可合用生脉散注射液、参附注射液、四逆注射液，选用一两种2~10ml，加入5%或10%葡萄糖液中静滴。

第三种是更重者，神志不清，面色灰暗，冷汗如油，肢体逆冷、发青，无尿，脉伏，舌卷不能伸，此为内闭外脱。治宜回阳救逆，敛阴固脱，芳香开窍。方用：红参、黄精、五味子、山萸肉、生黄芪、当归、干姜、附片、肉桂、麦冬、炙甘草、细辛，煎汤口服或鼻饲，并选用人参注射液、生脉散、参附或四逆注射液2~10ml，加入5%或10%葡萄糖液中静滴。也可选用苏合香丸、安宫牛黄丸内服，每次1丸。

急性心肌梗死若出现脉结代，且感心悸气短，口干，面色苍白，舌质暗苔白，属气阴两虚血脉瘀阻，宜用益气育阴活血复脉之剂。方用：党参、当归、生地、麦冬、玉竹、生姜、桂枝、柏子仁、五味子、炙甘草、生龙骨，煎汤口服。

急性心肌梗死若出现脉虚数无力，心悸，气短发憋，咳嗽，咯白色泡沫痰或痰中带血，汗出，手足发凉，浮肿，尿少，舌质暗胖，苔薄白或白腻，宜扶正益气、温阳利水之剂。方用：红参、桂枝、玉竹、五味子、当归、生姜、桑白皮、茯苓、大腹皮、北五加皮，煎汤口服，亦可用独参汤频服。

在郭士魁看来，急性心肌梗死一般以气虚血瘀方面的症状为主，因此治疗宜以益气活血为先，根据各人表现兼证的不同可随证加减。如五心烦热，口干明显，舌红少津，可加沙参、麦冬、五味子、生地黄、玄参等养阴之品。如恶心呕吐，腹胀明显，加用陈皮、半夏、竹茹、藿香，健脾和胃止呕。若烦躁不安失眠者，加枣仁、柏子仁、远志、夜交藤煎服。若便秘者，则加番泻叶或香黄膏（大黄、藿香）。这样，他就把冠心病医理和药理的各个方面都作了较完整的归纳总结，并通过临床施治，取得了良好的疗效，获得了阶段性的成果。

但是，很快他就听到了质疑的声音。有的西医医生和对现代科学的标准比较重视的人士，不认可郭士魁的治疗方法和效果，说是仅凭主诉，没有客观指标，不可靠；只有临床观察，没有对照组，疗效不可信。

乍听这些议论，谁都会觉得这是对中医的挑剔。但郭士魁并没有这么想。在他看来，由于历史条件的限制，中医从古至今讲疗效都是凭直观和主诉，缺乏客观标准，这在几十年、几百年前是无可非议的，但在科学高度发达的今天就不够了。于是，他开始着手将西医理论带入临床实践，更加刻苦学习，辛勤研究。

1963 年，郭士魁借中医研究院西苑医院与中国医学科学院阜外医院搞协作的机会，专门设立了5张中医病床，与西药组进行对照。对他这个半路出家的“西医”来说，这无疑是一个严峻的考验。当时就有人对他说：“郭大夫，你是一个中医，来西医院搞协作，会会诊、开个方就够了，何必自己管病房，劳累不说，弄得不好，还会被别人看笑话。”这句话虽然不好听，但确实不能不令人警醒。郭士魁十分清楚这样做的压力和风险，但在他看来，若老让中医中药当陪衬，什么时候才能闯出一条中医学自己的路呢？于是他下定决心，用冠心Ⅰ号方、冠心Ⅱ号方治疗30多例病人，反复观察、比较、记录，经与西医治疗比较，获得了西医也由衷认可的效果。可以说，这个决断和这段经历，在他应用中医中药治疗冠心病的征途上迈出了坚实的一步，也为中医药事业翻开了新的一页。

虽然利用对照的方法和客观指标阐明了疗效，但质疑声还是没有断绝。有人当着他的面说：“你用中药治疗冠心病虽然有一定的效果，但是药效慢，服用繁，价钱贵，既无法治疗急性心绞痛患者，又无法推广应用。”这句话点中了他的痛处，确实指出了冠心病中医防治中难以逾越的一道坎。1剂汤药在当时少则几角钱，多则1元多，从处方、抓药、煎药、服药到发生作用，最快也得一两个小时，怎能与价值几分钱、放在嘴里含一会儿很快就生效的硝酸甘油类药相比呢？

要解决好这个问题，郭士魁意识到，不“化繁为简”，中医就无法在防治冠心病的领域扎下根。不“变慢为快”，心绞痛、心肌梗死这样的急性病就失去治疗意义；不“变贵为贱”，再好的药也无法推广。于是，他痛下决心，攻克这3个难关。

他带着问题翻阅了古今大量文献，详细分析了《金匮要略》的九痛丸和乌头赤石脂丸以及《千金要方》的细辛散、五辛散。这些方剂共同的止痛原理就是“芳香温通”，这与他治疗胸痹心痛的指导思想完全一致。于是，他从大量的“芳香温通”方剂中选用了苏合香丸，其疗效稳定、持久、副作用少，但仍较硝酸甘油类药的效果慢，而且价钱太贵。之后，他又对苏合香丸的每一味药进行分析研究，查资料，品味道，最后决定去掉贵重的犀角和久服有毒的朱砂，加大荜茇的用量，制成了“心痛丸”。药价降低了三分之二，而临床效果与苏合香丸相同，但比西药还贵十多倍，起效速度也慢。为了“变慢为快”，他又不断地查资料，品药味，找到师兄——擅长制药的专家冉小峰合作，革新了制药工艺，将心痛丸改成了心痛乳剂，终于达到了2~3分钟就能止痛的效果，速度基本上可以同国产硝酸甘油片媲美了。可是价格仍旧是一个难以逾越的障碍。郭士魁为此昼思夜想，寝食难安。

皇天不负有心人。一个偶然的机会，郭士魁从一个治疗牙疼的“哭来笑去散”验方中得到灵感。“哭来笑去”的意思是牙痛难忍，流着眼泪进来，服了药后，满脸笑容走出去。此方药味简单，而且取材都是一些常用、低价药物，治疗也是按芳香温通治则。郭士魁从这个速效方的机理中得到启发，化裁方剂，降低成本，制成了“宽胸丸”，不但止痛效果好，起效快，服药后3~5分钟就能止痛，而且价格很低，每1粒丸药仅9厘钱。中医中药治疗冠心病“慢、繁、贵”的问题终于得到有效解决。

1971年，周恩来总理发出向“三管”（气管、心血管、胃肠管）进军的号召。郭士魁满怀喜悦地接受了防治冠心病的任务。他与多个兄弟医疗单位共同组成北京地区防治冠心病协作组，重点研究冠心Ⅱ号方治疗冠心病的近、远期疗效和宽胸丸对心绞痛的速效作用。在上级领导的关怀下，经过十多个兄弟协作单位的共同努力，冠心Ⅱ号（后制成冠心片）和宽胸丸（后改成宽胸气雾剂）经过数万人使用，证实效果很好，疗效稳定，价格低廉，成为当时治疗冠心病的首选药物。以冠心Ⅱ号为例，该方由川芎、丹参、红花、赤芍、降香5味中药组成。经协作组16个单位应用该方治疗600例心绞痛，显示其近期疗效为：心绞痛显效率 25.8%，硝酸甘油停减率 74.2%。以后又观察了其远期疗效，164 例冠心病心绞痛病人服药 1~4 年，心绞痛总有效率 89.6%~93.9%，心电图有效率 37.1%~66.6%，硝酸甘油停减率 70%~75.6%。大量的临床研究和实验研究表明，该方是防治冠心病的一个经典方剂，与国产和从美国进口的硝酸甘油片对照，二者疗效无差异，且安全，副作用少。它不仅具有扩张心血管、增强心肌营养等作用，而且具有防止血小板聚集、抗血栓形成的作用；不仅可以治疗冠心病，而且可以用来治疗闭塞性脑血管疾病；治疗急性缺血性脑血管疾病，对病人肌力的恢复优于低分子右旋糖酐。动物试验证实它还具有改善心肌缺血、消除血管痉挛的作用。之后，冠心Ⅱ号经动物实验、临床观察，出口到日本、欧美等国家和地区，大幅降低了冠心病发病率，为医学事业的发展作出了重要贡献。

在郭士魁及其同事们的不懈努力和勇于探索下，20 世纪 70 年代成为中西医结合治疗心血管疾病发展很快的时期，尤其是对冠心病、心绞痛、急性心肌梗死的治疗有了显著成就。多年的研究证明：中医药不但能进入急重症领域，而且中西医结合治疗比单纯西医治疗的疗效更佳。此后，我国各地以中西医结合方法治疗急性心肌梗死已成常规。北京、天津、上海、新疆、广州等地急性心肌梗死住院病死率均已从 20%~30% 降至 10%~15% 以下，同时减少了并发症的发生，轻、中症病例可以单纯用中药治疗。中国医学科学院阜外医院的临床表明：中西医结合治疗组（以益气活血治法为主）98 例的病死率为 8.2%，而同期病情轻重程度基本一致的北京地区，冠心病协作组单纯用西药治疗组 151 例的病死率为 29.1%。

郭士魁经过潜心钻研和刻苦努力，在他确立的“活血化瘀”与“芳香温通”的思想指导下，又确定了冠通汤、心痛丸、心痛乳剂、宽胸气雾剂、愈风宁心丸等有效方剂，为中医中药治疗心绞痛、心肌梗死这类急症开辟了新的途径，其效果之显著令人惊叹。虽然冠心病仍然是困扰我国中老年人的恶魔，甚至被比喻为现代人类健康的灾难，而现代西医的介入疗法，也就是心脏搭桥或者冠脉支架，仍然存在很多的问题，比如搭桥手术的风险和并发症，安装支架很高的再狭窄率等；但是在郭士魁确立“活血化瘀”和“芳香温通”思想之后，病人长期服用疗效肯定的中药，能有效避免急性心脏病猝死的发生。因此，至今中国对冠心病防治理念仍沿用他确立的治疗思想。

鉴于郭士魁在防治冠心病研究中的卓越成就，1978 年，他获得了全国科学大会和全国医学科学大会奖。1979 年，被评为全国劳动模范，继而被选为全国政协委员。艺术界以他的人生和医学形象为原型编写了话剧，拍摄了电影《丹心谱》，由著名演员郑榕主演。他的医学成就影响空前广泛，受到海内外许多专家、学者的关注。日本期刊《人民中国》辟专版介绍他的活血化瘀治疗冠心病的思想、方法和事迹。当时的美国总统医学顾问怀特，更是连年来华访问，和他切磋交流。

活血化瘀　独树一帜

宝剑锋从磨砺出，梅花香自苦寒来。经过艰辛地研究和临床施治，郭士魁对瘀血的认识逐渐深刻而全面。他率先开拓了当代活血化瘀之科研，广泛将其应用于多个领域，而不仅仅用其作为治疗冠心病的利器，还以治疗冠心病的名药“冠心Ⅱ号”为例，进行大量实验研究。研究表明，该方具有预防血栓形成、促进血栓溶解、改善冠状动脉循环及降低血脂等作用。它不仅可以治疗冠心病，还可以治疗脑血管疾病，是一种防治心、脑血管疾病的新药。

虽然郭士魁将活血化瘀法发挥得出神入化，名声在外，但他依然以平民医生的身份对待自己，没有一点架子，抓紧一切机会为病人看病施治。一次，郭士魁在家门口休息纳凉，一位给小区送煤的工人看见了他，说："这不是郭士魁大夫吗？"郭士魁笑着说："就是我，没有假。"那位工人立刻走过来，说："今天既然碰见郭大夫了，能给我看个病吗？"说着就伸出一双满是煤污的手来。郭士魁笑笑，让家人给工人沏茶，摸着他满是煤污的手腕为他望闻问切。此人胃脘痛，吃饭不香，体力耗费大，身体却得不到相应的食物补充，消瘦又乏力。郭士魁诊断为胃寒瘀血，给他开出药方。工人说他的经济能力有限，怕买不起药。郭士魁笑着说："那这次我先给你开5剂，去我们医院拿药。以后你只管来我们医院找我开药，不收你医药费。"工人惊道："那怎么行。"郭士魁说："总得治病吧，不够的我帮你掏了。"工人感激地拿起药方，鞠了一个躬。

以下是郭士魁为其诊治的医案。

楼某，39岁，男，工人。1963年8月25日初诊。胃脘痛两年多，每于秋冬加剧。近一周来又加重，痛处固定，拒按喜暖，舌有瘀斑，乏力，腹胀纳呆。检查：脉弦细，舌苔白腻。钡剂造影十二指肠球部溃疡。

辨证：胃脘痛（胃寒），兼有瘀血。西医诊断为十二指肠球部溃疡。

立法：温中和胃，理气止痛。

方用：党参12g，陈皮10g，半夏10g，白术12g，茯苓18g，甘草6g，香附10g，草豆蔻6g，桃仁10g，红花10g，丹参10g，炒稻芽15g，竹茹6g，玄胡粉6g，乌贼骨粉2g（后二味和匀分冲）。

1963年9月18日二诊。前方连服15剂，胃脘疼痛明显减轻，食纳好转，瘀斑减轻，脉苔同前。前方加桂枝10g，桃仁、红花、丹参各减至6g，继服15剂。

1963年10月17日三诊。胃脘痛与瘀血已基本解除，腹胀纳呆乏力明显减轻。表明主要证候已基本缓解，前方去稻芽、竹茹，继服。

在此例中，病人曾诉有其他中医为其诊治，也按胃寒下药，其药方与郭士魁的药方差别不大，服用后稍有好转，但之后又复归原态。郭士魁从他的病例发现，如有瘀血存在，不可等闲视之，如瘀血不化，则病根可能无法除去。于是他由此推而广之，除了在冠心病上运用活血化瘀疗法，也在其他病症，特别是陈年老病的临证过程中着重把握"血瘀"的有无，从瘀论治。经过一二十年的研究，终于收到奇效，效如桴鼓。

在郭士魁看来，瘀血是临床上最常见的一种病症。因为气血与人体的生命活动有密切关系，气血乃是人体生命之根本。《内经》说，"人之所以生成者，血脉也"，"人之所有者，血与气耳"。气血之间的关系十分密切，血气同源，血气互根，无血则气不生，无气则血不行。气为血帅，血为气母，气行则血行。气血充沛调达，则人体健康。《灵枢》称之为"五脏安定，血脉和利，精神乃居"。如果相反，则"气血不和，百病乃变化而生"。瘀血就是气血不和中的一种。瘀血发生在人体各个部位，能引起各种病症，如"心痹者，脉不和"，"血凝于肤者为痹"，"血凝于足者为厥"，"血凝于脉者为泣"等。

郭士魁认为，引起瘀血的原因及其表现很多，主要有以下几种。

一、寒邪。《灵枢·疽》说："寒邪客于经络之中则血泣，血泣则不通。"

二、热邪。热为阳邪，热邪盛则迫血妄行。《伤寒论》云："太阳病不解，热结膀胱，其人如狂……宜桃核承气汤。"说明了热邪结于下焦，停而为瘀引起的症状与治法。

三、离经之血为瘀血。即各种出血，如过敏性紫癜、血小板减少性紫癜。《血证论》中有"吐阻便漏，其血无不离经，凡系离经之血，与荣养周身之血已睽（分离）绝而不合"。所以离经之血，无论清凝鲜黑，应以祛瘀为先。说明出血后及时祛瘀的重要性。

四、跌打损伤。实际上也是由于外伤引起的血液离经，此乃平人出血，故急则止血，然后有瘀血者祛瘀。陈旧性出血者祛瘀为主，即瘀血留连于肌肤经络之间者祛瘀。

五、情志引起，如气滞血瘀。

六、久病、大病后脱发。发为血之余，瘀血在上焦，阻塞经络，血不能养发所致。

郭士魁认为，瘀血的临床表现十分复杂，辨证时要抓住以下要点。

一、瘀斑。血流不畅或血不循经，血液外溢均可发生瘀点、瘀斑。最常见于皮肤、黏膜、舌、唇、指甲等，一般颜色、大小、部位常与瘀血程度有关。颜色可分为紫、暗紫、紫红等，瘀点、瘀斑特别需要注意观察它的变化过程，与病情、治疗的关系，要动态观察。

二、疼痛。血流不畅或外溢均可造成阻塞不通。“不通则痛”，疼痛是瘀血的主要症状。瘀血的疼痛特点是痛有定处，时间长或反复发作，部位相对比较固定，疼痛程度与瘀血程度有关系，多数疼痛比较重，而且拒按。严重者呈刀割样、压榨性、撕裂样的疼痛，轻者痛如针刺样，或胀感，或闷痛。

三、肿块。瘀血积聚于皮肤、经络、内脏，形成“癥瘕积聚”，这种肿块有实质性的，如肝脾肿大、肿瘤，也有是气血积聚的，如腹水。

四、瘀血的其他表现。如：白斑，肌肤甲错，红斑，结节，运动障碍，精神症状（蓄血发狂），月经不调，发热，麻木，昏迷，痹痛，痈，风疹等，多种多样。因此，诊断与治疗瘀血时需要密切结合病人具体表现，抓住重点。首先要考虑瘀血的轻重、部位、夹杂症，然后才能立法处方。

郭士魁把活血化瘀药物按其临床作用分为3类。

一、活血破瘀类。为治瘀血之重剂，作用强烈，应用于重度瘀血（疼痛重，瘀点、瘀斑明显，或有痞块者），体质较壮，或用一般活血药效果不好的病人。某些病人体质虽弱，而瘀血重者，可与补气药同用。常用药物有三棱、莪术、桃仁、红花（大剂量）、穿山甲、王不留行、大黄、水蛭、虻虫、蜂房、血竭、昆布、海藻。

二、活血化瘀类。凡见各种瘀血，一般体质均可应用。如有其他兼证，可以与理气、疏肝、补气药等配合应用。常用药物：川芎、赤芍、红花（小剂量）、五灵脂、蒲黄、桃仁（小剂量）、茜草、苏木、乳香、没药、降香、山楂、郁金、益母草、姜黄、牛膝、紫草、泽兰。

三、养血活血类。此类药物活血而又养血，祛瘀而不伤正，可用于血虚而又有瘀血的病例。常用药物：丹参、当归、鸡血藤、人参、黄芪。

郭士魁在临床上喜用以下药物，并归纳总结了其基本作用：

一、当归。具有养血活血作用。

二、丹参。能活血养血安神。

三、赤芍。具有活血柔肝、养阴清热作用。

四、鸡血藤。能活血通络，略有补血养血作用。

五、川芎。是血中气药，活血作用强而不破血，理气而不伤气。与其他活血药配合治疗各种瘀血。

六、桃仁。有活血化瘀作用，量大破血，量小化瘀。

七、红花。能活血破瘀，其作用比桃仁弱。

八、三棱与莪术。均为破血药，作用强烈，合用时作用可以加强，为活血破瘀的主要药物。

九、蒲黄与五灵脂。均为活血化瘀药。二药合用作用加强。

十、王不留行与穿山甲。活血破瘀，穿山甲尚有软坚之功，对瘀血积聚常用这两种药物。

十一、大黄。也有活血祛瘀的作用，祛瘀生新常用。与其他活血药配合时能加强各种活血药的作用。

十二、乳香与没药。活血又理气止痛，对气滞血瘀者用之较好。

郭士魁临床常用的活血化瘀类方剂有：

一、七厘散（《良方集腋》）：乳香、没药、红花、血竭、麝香、冰片、朱砂、儿茶。主治：跌打损伤瘀血，以及其他瘀血疼痛。

二、生化汤（《景岳全书》）：当归、川芎、桃仁、炮姜、炙甘草。主治：产后恶露不净、小腹疼痛。

三、生肌散（《医宗金鉴》）：血竭、乳香、没药、儿茶。主治：疮口不收。

四、补阳还五汤（《医林改错》）：黄芪、当归、赤芍、川芎、地龙、红花、桃仁。主治：气虚血滞的四肢麻痹、中风后遗症、肌肉萎缩等。

五、复元活血汤（《医学发明》）：柴胡、当归、花粉、桃仁、红花、炮山甲、大黄、甘草。主治：瘀血肿痛、胸胁痛，如心绞痛、腹痛。

六、通窍活血汤（《医林改错》）：赤芍、川芎、桃仁、红花、麝香、老葱、生姜、大黄、黄酒。主治：瘀血在上焦的头痛、脱发、视力减退等。

七、膈下逐瘀汤（《医林改错》）：五灵脂、当归、川芎、桃仁、丹皮、赤芍、乌药、延胡索、甘草、香附、红花、枳壳。主治：腹部痞块、瘀血隐痛、小儿疳积等。

八、少腹逐瘀汤（《医林改错》）：小茴香、干姜、玄胡、没药、当归、川芎、肉桂、赤芍、蒲黄、五灵脂。主治：下焦瘀血，如盆腔炎、结肠炎等。

九、失笑散（《太平惠民和剂局方》）：五灵脂、蒲黄。主治：心绞痛、肝炎、脘腹痛、经闭、产后恶露不净等各种瘀血症。

十、当归芍药散（《金匮要略》）：当归、芍药、川芎、白术、茯苓、泽泻。主治：腹中诸痛。

十一、桃仁承气汤（《伤寒论》）：桃仁、桂枝、大黄、甘草、芒硝。主治：下焦蓄血。急腹症常用。

经过刻苦钻研和临床实践，郭士魁从瘀血论治多种病症，取得了良好的效果。以下是一些病例简录。

郭士魁治疗高脂血症从瘀血论治，认为高脂血为“污血”，为不洁之血及浊厚之血，血中夹有痰湿，流动缓慢易致瘀，阻于脉络。有一患者左手麻木5年，平素头痛头胀，烦热胸闷，食欲好，大便偏干，小便调，夜寐安。检查：舌质略暗，苔薄白，脉弦细，血压110/80mmHg，心率76次/分钟，胆固醇265mg%，三酰甘油170mg%。辨证：湿热内蕴，瘀血阻络。治以清热利湿，活血通络。方药：葛根、川芎、菊花、生地黄、丹参、泽泻、决明子、陈皮、茯苓、忍冬藤、全瓜蒌。前后加减治疗月余，复查血脂正常。

郭士魁治疗一位冠心病10余年，慢性心力衰竭患者。近1年来出现夜间阵发性呼吸困难，坐起后可缓解，自觉发作时心律不齐，心悸，乏力，双上肢发胀，口唇发绀，时有气短。近半月来因劳累诸症加重，遂来就诊。就诊时精神倦怠，呼吸困难，胸闷气短，心悸，动则加重，乏力，发绀，双上肢发胀，纳差，大便秘结，夜寐欠安。查体：血压105/80mmHg，心率88次/分钟，两肺底可闻及细小水泡音。舌体胖而淡暗，有齿痕，苔薄白，脉沉细，按之无力。辨证：气虚血瘀水停。治法：益气活血利水。处方：党参、生黄芪、泽兰、车前子、猪苓、茯苓、葶苈子、丹参、红花、桃仁、灵磁石、远志、炒酸枣仁、郁金、枳壳、赤芍。7剂。

二诊：药后夜间阵发性呼吸困难明显缓解，心慌减轻，睡眠好转，两上肢发胀，下垂时加重，食欲好，二便正常，苔薄白，舌质紫暗，脉沉细，血压115/80mmHg，心率92次/分钟，两肺底可闻及细小水泡音。处方：党参、生黄芪、桑白皮、泽兰、车前子、猪苓、茯苓、葶苈子、丹参、赤芍、白芍、鸡血藤、灵磁石、远志、炒酸枣仁、合欢皮、夜交藤、郁金、枳壳。7剂。

三诊：原方继进7剂，诸症悉平。

郭士魁治疗一位阵发性房颤患者。患者6年前因惊吓出现心悸，当时未予重视。两年后，因劳累心悸加重，伴胸闷，当地医院诊断为“冠心病，频发房性早搏，阵发性房颤”，住院予硝酸甘油、复方丹参片、异山梨酯、硝苯地平等药物治疗两个月，病情好转出院。出院后病情尚稳定，两个月前因劳累，病情加重，心悸、胸闷时作，持续20分钟左右，服硝酸甘油、速效救心丸能缓解。在当地医院就诊，24小时心电图提示阵发性房颤、频发房早，住院治疗1个月，静滴硝酸甘油、复方丹参注射液，口服维拉帕米、异山梨酯等，病情未见明显好转，遂请郭士魁诊治。检查：患者阵发心悸，胸闷乏力，气短，口干口苦，大便干，小便正常，舌质淡暗，苔薄黄，脉细数。辨证：气虚血瘀，热扰心神。治法：益气清心，活血化瘀安神。处方：党参、黄芪、黄连、干姜、炒蒲黄、鬼箭羽、远志、三七粉、半夏、灵磁石、琥珀粉。患者坚持治疗月余，心悸胸闷消失，症情好转，舌淡苔薄白，脉细。24小时心电图示偶发房早，无阵发性房颤。出院后上方为丸，继续服用。

郭士魁治疗病态窦房结综合征，强调在治疗中注意活血复脉的重要性，有助于提高疗效，改善症状。郭士魁曾经治疗一例晕厥患者。该患者一个月前回家途中发生晕厥，立即被送往协和医院。查心电图：窦性心动过缓，心率42次/分钟，阿托品试验（＋）。诊为“病态窦房结综合征”，建议安装起搏器。患者拒绝，遂慕名来诊。自述其每日自测心率波动于39~65次/分钟之间，静止时尤其夜间心率慢，活动后心率可达到60次/分钟以上。来诊时患者偶感心慌，并觉左胸憋闷，呈阵发性，乏力，眩晕，畏寒，夜寐欠佳，食欲正常，小便频，大便正常。查心率 48 次 / 分钟，血压 130/75mmHg。舌胖有齿痕，质暗，苔薄白，脉沉缓。当日查 24 小时心电图示：窦性心动过缓伴不齐（窦房结内游走节律），最慢心率 37 次 / 分钟，最快心率 67 次 / 分钟；窦性停搏（最长 2.37 秒，R–R 间期大于 2 秒，24 小时 98 个）；偶发房早，偶见成对出现。辨证：心肾阳虚，血脉瘀滞。治法：温补心肾，活血复脉。处方：党参、黄芪、炙麻黄、淫羊藿、补骨脂、川芎、红花、郁金、丹参、枳壳、巴戟天、菟丝子、麦冬等。以此方为基础加减用药治疗两个月后，患者自述心率 60 次 / 分钟以上，较前明显增多，活动后可达 80 次 / 分钟。已无乏力及眩晕感，精神体力增强，无明显不适感。查 24 小时心电图示：窦性心率，最慢心率 50 次 / 分钟，最快心率 83 次 / 分钟；偶发房早，24 小时 24 个。患者信心倍增。嘱其继续服药以巩固维持。

糖尿病患者尤须重视瘀血之有无，防微杜渐，早期预防糖尿病并发症的发生。郭士魁曾经治疗一例早期糖尿病患者。该患者诊断为糖尿病已 1 年，高血压病史 17 年，口干渴，尿频，易饥。时有胸闷，心前区隐痛，睡眠差，乏力，四肢麻木感，舌胖质暗，苔薄白，脉沉弦，血压 160/90mmHg，空腹血糖 10mmol/L。辨证：气阴两虚，经脉阻滞。治法：益气育阴，活血通脉。处方：党参、生地黄、黄连、川芎、葛根、丹参、鸡血藤、红花、金樱子、牡丹皮、生栀子、郁金、薤白。该方加减调治月余后，血糖平稳，后用丸药巩固。

运用活血化瘀法，郭士魁得以起大症难症，活人无数。他曾经救治一位急性脑出血患者。患者脑出血，在别的医院治疗七日后，请郭士魁会诊治疗。初诊：病人深昏迷，肢体呈强直性瘫痪，左侧肢体时有抽搐，出汗，呃逆，脉弦缓，舌质红，舌卷，牙关紧闭。病属中风中脏，由闭转脱。治宜扶正祛邪，平肝息风，芳香开窍为主，佐以益气固脱。药用：（一）天麻、钩藤、菊花、桑寄生、防风、威灵仙、秦艽、玄参、竹叶、丹皮、黄连、莲子心、石菖蒲、郁金、全蝎、蜈蚣。（二）局方至宝丹1丸，苏合香丸半丸，1日2次。（三）生黄芪、山萸肉、玉竹。水煎，日分2次服下。服药3天之后，见脱闭之症状均有好转，如牙关紧闭、四肢抽动均有减轻，出汗减少，舌能伸出，舌质稍红，脉弦缓。病情好转，仍以扶正祛邪之法为治。在原方中去菊花，加生石膏、羚羊角粉。局方至宝丹继用2天。

二诊：病人仍昏迷，不省人事，呃逆。因护理中不慎而受外感，症有发热、咳嗽、喉中痰声，脉弦缓，舌红苔黄腻。证属正衰邪重。治宜扶正祛邪，平肝息风，芳香开窍，益气固本。药用：（一）天麻、钩藤、玄参、连翘、莲子心、丹参、竹叶、陈皮、天南星、黄芩、冬瓜仁、杏仁、川贝母、百部、芦根、金银花、黄连粉。水煎至300ml，日分3次服下。（二）黄芪、山萸肉、玉竹，煎服。（三）广角（现已代用）、羚羊角粉，浓煎2次，送苏合香丸半丸，日2次服下。（四）僵蚕、全蝎、蜈蚣，研末分次冲服。

三诊：仍昏迷，神情衰弱，但体温已正常，痰减少，四肢抽动及呃逆减轻，脉弦数，舌红。治疗仍以益气固脱为主，佐以芳香开窍，平肝息风。药用：（一）生晒参、生黄芪、山萸肉、枸杞子、玉竹、当归、白术、甘草。（二）天麻、钩藤、丹参、莲子心、竹叶、丹皮、细生地、玄参、郁金、蝉衣、黄连粉、全蝎粉、蜈蚣粉、僵蚕粉。（三）羚羊角粉、广角粉（现已代用），浓煎送苏合香丸半丸，日服2次。

四诊：神志渐醒，汗多，咽喉尚有痰声，脉弦缓，舌质暗红，苔黄厚腻。正气仍虚，病在血分。治宜益气固本，平肝养血活络。药用：（一）天麻、钩藤、忍冬藤、葛根、川芎、当归、生地黄、鸡血藤、威灵仙、丹参、络石藤、郁金、珍珠母。（二）蜈蚣、僵蚕粉、羚羊角粉、广角粉（现已代用）。（三）红参、生黄芪、枸杞子、玉竹、白术、山萸肉、甘草。

五诊：昏迷87天后，神志开始恢复，肢体可以自主活动，但左侧肢体活动稍差，左眼斜视，大便干，脉弦，苔白腻。仍以前法为治。药用：（一）钩藤、菊花、忍冬藤、川芎、丹参、赤芍、红花、桃仁、菖蒲、威灵仙、络石藤、黄连粉、青葙子、僵蚕、全蝎粉、蜈蚣、天麻粉。（二）红参、生黄芪、山萸肉、枸杞子、黄精、甘草。服药后病情继续好转，能下床自己走动，讲话亦较清楚。

在郭士魁的引领下，经过北京和全国很多单位的努力，利用现代中西医理论和手段，活血化瘀法被广泛应用于多种疾病的临床治疗，帮助无数心脑血管病及其他疾病患者脱离危险，恢复健康。古老的活血化瘀法则焕发了新的活力。

不顾身危　不计所得

中医是五千年中华文化的一朵奇葩。在中医学的历史上，救苦救难的仁善之心和悬壶济世的责任感代代相传，前有上古神农尝药断肠，后有明代李时珍辞官济世。郭士魁也受到这种代代相传的精神熏陶，继承了这种坚忍毅力和崇高风骨。在用活血化瘀疗法治疗冠心病时，他为了准确掌握药效，经常守在病房里，近距离观察病人在施药前后的反应，认真记录分析，以至废寝忘食。病人感动地说："我们生一场病，郭大夫比我们受的折磨还多。"

更加令人敬佩的是，有些新药剂刚研制出来时，大家对其用量和疗效都没有把握，这时，郭士魁为了分析性地对照观察疗效，就在自己身上做试验，以观察疗效和用量。一次，一位护士发现他昏倒在一张病床上，身边散落着点滴药液的针管。护士急忙请医生一起跑过去抢救。他从昏沉中醒过来了，站起来歪歪斜斜走了几步，开口第一句话说："这个剂量太大了，我都受不了，那些危重病人怎么行？”

1972 年，郭士魁率先提出活血化瘀方药可以软化胆固醇沉积斑块的观点。因为他本人患有动脉粥样硬化，便自己先服冠心Ⅱ号。为了观察药物的剂量、毒性，他从小剂量服起，逐渐加大药量，最后服药量竟高出正常用量的三四倍。每次服药前后都要抽血化验，据不完全统计，他先后抽血化验过 30 余次。在试服过程中，他多次头晕眼花、恶心呕吐。同事们劝他不要再在自己身上做试验了，但他却说：“为了早日把药研究出来，尽快解除病人的痛苦，为了千万病人的安全，自己试用可以更好地观察，再苦也应该。”

家人知道后，很是担忧地劝说他，他就多次以出差为由住在医院里，趁家人和同事都不在场时自己偷偷以身试药。有些年轻的医生也很是担心，经常提出代他试药，但他却阻止说：“你们还年轻，我要爱护你们。”经过亲身试药，他确立了不少方剂的疗效和用量。试药中发生副作用是有可能的。虽然他试药的过程中并没有遭遇到古之神农那样巨大的危险，但还是一点点积下了药毒，给他种下了病根，摧残了他的健康。他所遭受的苦难和他崇高的医德，绝不逊色于古之名医，也无愧于中华博大医术传人的承当和使命。

因为他的造诣和贡献，他被党和政府特殊照顾，享受了较高规格的待遇和荣誉。被指定担任高级领导干部的保健治疗任务，但他并不因此自矜自傲，而是一如既往地平易近人，尽一切努力为病人治病，不怕辛劳和麻烦。

一位中共中央西北局的老领导，受迫害时在牢房里旧病复发，生命健康面临严重威胁。这位老领导的子女听说郭士魁不仅医术高明，而且医德高尚，决定请他试试。郭士魁不顾自己的安危和压力，毅然来到牢房里为老领导诊治，镇定自若地为他号脉，开出药方。患者用药后病情大为缓解，摆脱了死亡的威胁。几年之后，这位老领导让子女来请他吃饭，以表示感谢。郭士魁婉言谢绝了，回答道：治病救人可以，吃饭不能去。

某军区一位参谋长，因为患病长时间卧床，导致10个脚趾头连皮带肉烂掉。其亲友来请郭士魁治疗。虽然当时他工作繁忙，但他没有推脱，当即于深夜去了病人住所。到达之后，不顾车马劳顿，不惧患者的病情有传染的危险，立刻为病人进行治疗。经他治疗后，那位参谋长的病情得以稳定，最终基本痊愈。

郭士魁医术高明，医德高尚，得到了领导干部和广大人民群众的信赖，医院的员工也十分尊敬他，但他却不愿意享受回报和照顾，对他人的感谢也是避而远之。

因为向他求医的病人络绎不绝，他每天的用餐时间都异于常人，一般午餐都在下午一点以后，而晚上往往到七八点才有时间就餐。为了让他在劳累的诊治后能吃到可口称心的饭菜，医院领导决定，食堂每天留下一位厨师给他做饭。但他却不接受，说不能为我一个人麻烦大家，还是有啥剩菜就吃啥吧。于是他要么自己吃食堂的剩饭，要么从家里带饭，要么买面包作为午餐。一次他去军委某首长家为其诊治，结束之后，首长请他留下来吃工作餐，他借口家里已经做好饭婉拒，自己却在一颠一簸的公交车上吃面包、喝汽水。南方某军区首长为了感谢他，让他去驻京办事处领一台电视机。当时电视机可是人们生活的三大件之一，十分紧俏。虽然家里没有，他也不接受。最后他的女儿从外地买来一台，送给独自守家的母亲。有些领导派秘书或警卫员送来一些礼品，郭士魁都坚决不接受。当这些秘书或警卫员表示没法拿回去，交不了差，实在推不掉时，他就让家人买下，常常又转赠给年轻的医生。

郭士魁有一句教育后人的话：干得好是自己的能力，干不好丢人现眼也是自己的事，怪不得别人。他女儿郭维琴至今对这句话记忆犹新。郭士魁在西苑医院工作时，家住建国门外，因为距离远，生活不方便，医院领导就来做工作，要将他家人调到西苑医院工作，顺带照顾他。谁知领导刚一离开，他就对孩子们说："你们不能为了我个人调动工作，咱们不能搞特权。"有一次他病重住院，当时西苑医院有直达班车来往于中医研究院，是西苑医院职工和家属的专用车。郭维琴想搭那班车，郭士魁知道后说："你不过是家属，怎么能去坐那趟班车呢。"郭维琴无奈回答："没办法啊，我那边也很着急，普通公交车走得慢，会迟到。"郭士魁想了想，勉强答应了，但还是要求："那你就只能站着，不能占人家车上的座位。"另外，他在生前要求子女，各自的住房各自去解决，现在住的房子是西苑医院的，他走后就归还医院。郭维琴在父亲的追悼会开完之后，就把医院安排给父亲的一套三居室住宅交还给了医院。

如今，郭士魁的后人谨记他的教诲，堂堂正正立身做人，凡事靠自己的能力，绝不占公家或他人的便宜，绝不受无功之禄。

壮心不已　攻老年病

郭士魁在临床实践中一直重视对老年病的研究，在治疗老年杂症中善于融会贯通，治病求本，独树一帜，取得了较好的疗效，同时为中医药在延缓衰老、提高老年人生活质量方面的研究提供了较有见地的启示。

一般医理均认为，在人的衰老过程中，肝肾先衰，而肾之衰又为关键。肾为先天之本，是一身真阳真阴之所在，为性命之根本。肾气衰则五脏之气皆衰。所以老年人多见气虚阳虚，血亏少津，动作缓慢，思维较迟钝，各种生理功能均减退。因此在治疗用药上也应充分照顾到这些特点，用药宜清轻缓和，扶正祛邪；应温而不燥，滋而不腻，清而不寒，散而不耗气，攻而不伤正。总之，在祛邪之中不伤津耗气，补益之中注意不燥不腻，用量宜轻，中病即止，不可大散大攻。

郭士魁在继承传统医理基础上提出，对老年人要预防与治疗相结合，若等发病再治，则治不胜治。对一些衰老先兆、疾病初期或疾病尚未严重者，在治疗过程中应增加预防性治疗措施，以达到早期控制或减轻病情，推迟衰老进程。对老年疾病的治疗要在辨证基础上，辅以补肾法。

老人年迈肾阴多亏，因肝肾同源，所以易致肝肾阴虚，肝阳偏亢，血压波动不稳，或成高血压病。症见头晕眼花，项强，腰酸腿软，烦躁易怒，口干便秘，血压较高，这是老年人常见病症，甚则肝郁化火，肝气上冲，肝风内动而发生中风。轻者中经络，如见舌强语謇，半身不遂；重者中脏腑，如突然昏仆不省人事，甚则很快死亡。

肝肾阴虚、血压较高者，治宜滋补肝肾，平肝降逆。治疗常用药剂如六味地黄丸、一贯煎、百合知母地黄汤、天麻钩藤饮、旋覆代赭汤等。常用药如野菊花、钩藤、葛根、川芎、生地黄、沙参、知母、百合、草决明、黄芩、汉防己、牛膝、枸杞子、桑寄生、杜仲等。中风之治疗，急性期宜重点治标，以祛风活血通络、开窍化痰等，如有脱证则必须标本兼治，以益气育阴、回阳固脱。阳虚固脱常用参附汤，人参用量倍于附子。肾阴大亏，浮阳外越，常用地黄饮子加减，重用山萸肉（用量30~60g）以固脱。如已形成脑血栓，则用活血化瘀、通经活络法，甚至可用虫类活血药，如静脉点滴川芎嗪注射液等。口服可用川芎、红花、三棱、莪术、桃仁、水蛭、葛根、丹参、威灵仙、络石藤、牛膝、蝉衣、全蝎、蜈蚣、乌蛇肉等。中风恢复期，除活血通络外，应重在补肾，常用首乌延寿丹、一贯煎、五子衍宗丸等加减化裁，对智力及体力功能的恢复都有较好的作用。

郭士魁曾经治疗一位70岁老年男性患者。患高血压6年，平素自觉头晕头痛，四肢无力，睡眠差，血压（170~200）

/120mmHg，舌暗，苔白，脉沉弦数。证属肝肾阴虚，肝阳偏亢。治疗以养阴平肝、降逆活血之剂，药用川芎、葛根、菊花、夏枯草、黄芩、钩藤、桑寄生、草决明、生地黄、首乌藤。经过两个月的调理，病人血压平稳。

在继承传统的同时，郭士魁通过自己的归纳总结发现，补肾固然重要，但老年人因为年老气衰，脾胃运化不力，导致补肾或者其他方药事倍功半，药力不济。于是他先施以健脾补气，待脾胃稍健，再为之补肾，则效力较佳。他经临床实践，形成了自己的一套见解理论，认为人的衰老从脾胃衰老开始，比如大便秘结或稀溏。而脾胃以温为顺，补肾抗衰老需从后天脾胃入手，脾胃健则衰老慢，食、药运化皆有显著效果，只要调理得当、气血通畅，自然健康常驻。在临床施治上，郭士魁以补脾胃为主，兼补其他脏器，主要有以下药理归纳：

一、老年人多气虚。肺主一身之气、司呼吸，肺气虚为老年人常见之表现。“邪之所凑，其气必虚。”因此老年人容易罹患呼吸系统疾病，常见的如慢性气管炎、肺气肿、肺心病等。这些病对老年人来说会逐年加重而不易治愈。治疗中应注意标本兼顾，除宣肺化痰、止咳定喘外，加用扶正固本之剂。如《景岳全书》曰：“肺为气之元，肾为气之根。”脾为后天之本，也为肺气之母。因此老年人气虚同时常见肺、脾、肾三脏皆有虚。因而在治疗中常用健脾胃、补肺肾以固本，常能取得较好的效果。急性发作期可先治标或标本兼治，缓解期主要用扶正固本以防再发，巩固疗效。

郭士魁在临证中扶正固本常用黄芪、党参、白术、茯苓、防风、陈皮、半夏、当归、淫羊藿、补骨脂等。对气阴两虚者常用沙参、麦冬、人参、五味子、当归、枸杞子、女贞子、山萸肉等。

郭士魁曾经治疗一位患者，慢性咳喘15年，加重4天后入院。此前发高烧，胸闷气短，咳喘不得平卧，汗多，痰黄黏、量多、咯不出，纳差，睡眠少，体温38℃，唇甲发绀，端坐呼吸，两肺满布哮鸣音，两肺底湿性啰音，以左肺为重，心律整，心率122次/分钟，血压190/100mmHg，舌质紫暗，苔白黄腻，脉滑数。证属肺热咳喘（痰浊阻肺），肺肾两虚。治疗宜清热解毒，止咳定喘，佐以益气补肾之剂。治法是：

第一方以炙麻黄、杏仁、黄芩、蒲公英、金银花、连翘、败酱草、地丁等药组成；第二方以南沙参、山萸肉、人参、五味子四药组成。以上二方，每日各服一剂。病人服后病情明显好转，咳嗽减轻，喘止，吐痰利，体温也渐渐恢复正常。

二、老年冠心病患者中，也常并有肾虚或脾肾虚者。心主血脉，心肾相交，水火既济，阴阳平衡，乃能维持正常心脏生理功能。肾阴虚则水火不能既济，心火偏亢，可发生心烦不安、心悸失眠等；肾气虚则心气也虚，气虚则血脉鼓动无力，易发生气滞血瘀，形成心脉闭阻，易患胸痹心痛。对此，郭士魁主张心脾同治或心肾同治。临床也常见胸痹心痛者合并脾肾虚证，因此治疗中也常用此法，除理气活血、宣痹通阳等通法外，经常用益气育阴、健脾补肾法，标本兼顾。

郭士魁临证中心脾同治常用党参、白术、茯苓、陈皮、当归、川芎、红花、降香、荜茇、玫瑰花等，虚寒者加干姜、吴茱萸等。心肾同治常用六味地黄丸、一贯煎、补肾丸、八味地黄丸。养阴多用沙参、麦冬、生地黄、枸杞子、女贞子、何首乌、黑芝麻、桑椹等。温阳多用肉桂、附片、山萸肉、淫羊藿、补骨脂、细辛等。

有一患者胸闷、胸骨后隐痛6年，近月因劳累而加重，胸骨后隐痛日发3~4次，每次持续2~5分钟，伴头晕气短，乏力，腰酸畏寒，夜尿频，睡眠欠佳，舌体胖质暗，苔薄白，脉细。证属心肾两虚，气滞血瘀，胸痹心痛。治宜活血化瘀、宣痹通阳，佐补肾之剂。遣药：党参、麦冬、五味子、川芎、红花、当归、瓜蒌、薤白、降香、荜茇、枸杞子、淫羊藿、甘草。药后不仅心绞痛缓解，气短、乏力、头晕、腰酸等症也有明显好转。

三、老年人因肺脾肾皆虚，易发生水肿。如肺气虚，不能通调水道，下输膀胱，而发生小便不利。脾虚中焦运化失司，气不化水而致水湿泛滥。肾气虚，肾阳衰，肾与膀胱相表里，气虚不能温煦膀胱气化，如隋代巢元方《诸病源候论》曰："肾虚则水气流溢，散于皮肤，故令全身浮肿。"老年疾病日久常常累及脾肾而出现水肿，在治疗上均应健脾补肾。健脾他常用党参、白术、茯苓、黄芪、桂枝、干姜、木香等。补肾他常用肉桂、附片、仙茅、淫羊藿、补骨脂等。利水他常用茯苓、泽泻、车前草、益母草、萆薢等。

郭士魁曾经治疗一位 70 岁老年患者，其心悸气短、下肢浮肿 1 个月，伴胸闷憋气，经常夜间憋醒，坐起则减轻，纳少，睡眠多，乏力。检查：两肺底散在湿啰音，心率 98 次 / 分钟，心律整，心尖部Ⅱ级收缩期杂音，血压 160/100mmHg，腰背下肢呈凹陷性水肿，舌质暗，苔白腻，脉弦数。证属心悸水肿，心肾阳虚。治宜益气温阳利水。方用：党参、桂枝、茯苓、白术、当归、附片、生姜、泽泻、北五加皮。药后心衰控制，尿量增多，浮肿消退，心悸气短症状也有明显好转。

郭士魁在老年病防治上继往开来，独辟蹊径，为老年病摆脱诊视较准、药力却不济的困境作出了贡献。既补脾又补肾，先补脾后补肾，自然气血通畅，药效大增，继而本固体强，百病不猖，这是传统疗法较为合理的补充，也给了中医界崭新的思路和启示。

鞠躬尽瘁　后继有人

在老年病防治上取得显著建树后，郭士魁又提出老年病二级防治理念，把中国的老年病研究水平提升到一个新台阶，于是他继续辛勤工作，年过花甲仍认真学习外语，每天为了抢时间跑步上班。别的老年人看报、听戏、逗鹦鹉的生活从来与他无缘。长时间的过度劳累，损害了他的健康，更因为经常在自己身上试药，毒素大量积累，加之他平时勤俭节约，对于营养和休息不够重视，郭士魁的健康状况在20世纪70年代末、80年代初明显恶化。

1979年秋天，郭士魁时时感到头部疼痛，伴随肢体发麻，用活血化瘀的药物治疗，不见好转。他怀疑自己脑子里长了东西。12月24日，CT检查，没有发现异常。在这期间，他虽然头痛频发，但仍然辛劳不辍，不改以往习惯，小跑步似的奔走在门诊部、病房、研究室之间，坚持给病人看病，甚至出院会诊，工作颇为繁忙。

1980年，他去广州参加中医学术会议期间，病情突然加剧，当即乘飞机回京。之后，他的病情日重一日，加大药物用量三四倍也不管用。1980年春，在西苑医院住院期间，受脑瘤的压迫，他走路已蹒跚不稳。主治医师建议放疗或手术，但他不允许。他说："我都老了，还是把药留给治得好的人吧。"治疗、休息一段时间之后，他病情稍微稳定，就不顾家人的劝阻，依然坚持应邀到外院去会诊。

在住院期间，某首长的秘书来电话要请他为首长看病。他的女婿郭志强说："老爷子得了脑肿瘤，行动已不方便，是否请其他医生去看？"对方说："首长就信郭老，怎么办？"他们说的话被郭士魁听见了，他立刻走出来说："医生的工作就是看病，有病人就得去，怎么推三阻四的呢？"于是立刻出诊去了。为了给中央领导的健康保守秘密，也不让家人同行。那位秘书事后对郭志强说："郭老真是毫不利己，专门利人啊！看他走路都偏偏倒倒的，还坚持工作。"

到了1980年夏季，郭士魁病危，经宣武医院开颅，确诊为脑胶质细胞瘤。手术后，病情有所缓解。虽然子女没有把实情告诉他，可是他十分清楚，自己得的不是一般的病。他觉得剩下的时间可能不多了，因此对时间格外珍惜。他把在病床上的时间都利用起来，给助手讲授治疗经验，包括方剂的配伍和药物的炮制方法。同时，他还借鉴日本生产的治疗冠心病的“救心丹”，提出一个具有强心、开窍、活血化瘀等作用的新药方——“心宝”，交给北京医药总公司进行生产。

由于脑瘤作祟，郭士魁的眼球突出，睁眼困难，双目几乎失明。疼痛发作时，他痛苦万分，几乎把牙咬碎，并时时陷入浅昏迷状态。但只要精神稍一好转，他立刻开始工作，就在床头给学生们讲课。一天深夜，郭士魁从昏迷中刚一醒来，立刻请人向院长提出开会的要求，说他刚才在昏迷前对心脑血管病的问题有些考虑，需要和大家一起讨论。

在临终的前几天，由于使用了大量的脱水药和激素，郭士魁的精神忽然振作起来，他要求领导给他安排工作。他说：“祖国的医学一定要振兴。目前世界医学界正在研究防老防衰的药物，中医也应该研究用中药进行防治，迎头赶上。我曾考虑过这个问题，也准备认真研究，但是……”他当着院长和其他同事，阐述了自己的二级防治理念和思路，要求领导们一定不能忽视这些理念，要重视老年病的二级防治，尽全力避免、推迟老年人发病。

1981年2月23日，郭士魁的心脏停止了跳动，告别了他为之呕心沥血的医学事业，也告别了自己殚精竭虑苦苦寻觅的医学救世之路，永远地休息了。在他临终时，很多人围在病房门口和楼道里，久久不肯离去。在八宝山革命烈士公墓，数百人包括中央领导、军队首长和平民群众、外国朋友前来与他告别，还有许多人致电致函表示哀悼。人们用自己的行动表达了对他深深的缅怀之情，他的离世不可谓不是中国医药界的巨大损失。

巍巍华夏，悠悠医道，薪火相传，济世安民。郭士魁虽然离开了人世，但他未竟的事业自有后人继承。他的传人翁维良、女儿郭维琴、女婿郭志强等都受到他极深刻的影响。他们接过他手中的接力棒，将他未完成的事业继续发扬光大，并各自独树一帜，在不同的领域大显身手。

翁维良来自浙东，上海第一医学院毕业，后从西医转向中医。他曾先后拜三位名老中医为师，先是岳美中、赵锡武，最后一位是郭士魁。在40多年的医学研究历程中，翁维良和他的同事们一道克服了许多困难，在郭士魁创立的血瘀证与活血化瘀的理论基础上不断发展和创新，并独辟蹊径，开拓进取，把活血化瘀的治疗方法运用到脑梗死、脉管炎、心力衰竭、心肌病、心律失常等数十种疑难杂症当中，都取得了良好的效果。迄今，他共完成学术著作10多部，在国内外发表学术论文100余篇，获得国家科技进步一等奖一项（2000年）、二等奖1项（2005年），省部级、中华中医药学会、中国中医科学院等各级科研成果奖20项。

郭维琴是郭士魁的大女儿，北京中医药大学东直门医院教授、主任医师，曾任该院院长。在她看来，她得以接触中医是受父亲影响。作为中医的后代，父亲的言传身教给她留下了一种代代传承的责任感和使命感，鞭策和鼓励她一路前行。在心血管病治疗领域，她继承了父亲的温通化瘀思想，又补充了益气活血治则。郭士魁在病重期间曾提出“下一步我们该研究高脂血症了”，并设计了研究思路和治法。于是，郭维琴沿着父亲开辟的道路努力前行，力争完成父亲的遗愿。多年来，她对高脂血症进行了深入的研究，对高脂血症和动脉硬化形成了一整套的理论，研制出了一系列的方药。迄今，她已获得国家自然科学大会奖1项、卫生部奖2项、北京市及北京中医药大学科技进步奖6项，发表学术论文50余篇，出版论著8部。

郭志强是妇科名医，东直门医院教授、主任医师。他是郭士魁的学生和女婿，郭维琴的丈夫，他们一家两代三口合称“中医三郭”。受郭士魁芳香温通理念的影响，郭志强用药施治也以温补为主。他认为，阳气不通则生寒，气血遇寒则凝滞，温阳活血，则气血流畅，病痛自除。他一改“阴常不足，阳常有余”的观点，提出了阴常不足，阳亦常虚的观点，运用温通活血法，使很多疑难杂症迎刃而解。他兢兢业业探索，对回报则过问甚少，这也和郭士魁的影响不无关系。

斗转星移，时光荏苒。郭士魁离世已经30年了，但他的高尚品德和精深的医学造诣仍为后人深深缅怀。时至今日，他严于律己、宽以待人、只求奉献、从不索取的高洁品质，治病救人不问出身、不避艰险的崇高医德，精益求精、勇于探索的学术品格仍是后人学习的楷模。他在活血化瘀方面的深刻造诣和运用其原理治疗冠心病的独到方法，运用健脾补肾法防治老年病的独到见解，以及在多种医药领域的丰富成果，都是他留给后世的宝贵财富，至今仍具有十分重要的临床价值，其中活血化瘀思想现已应用于多种疾病的临床施治。他的名字和冠心Ⅰ号、冠心Ⅱ号、宽胸气雾剂、活血通络片、川芎嗪注射液、愈风宁心丸等一系列在国内外广泛应用的药品紧密相连。他培养的医界后人是祖国乃至世界人民不可或缺的医学财富。他的贡献和造诣享誉中华，泽及五洲四海。他无愧于当代名医的称谓，中华医界天空璀璨的繁星中必将有一颗铭刻上一个不朽的名字——郭士魁。

（撰稿人　苏昭穆　郭维琴　郭志强）

何时希卷

何时希（1915—1997）

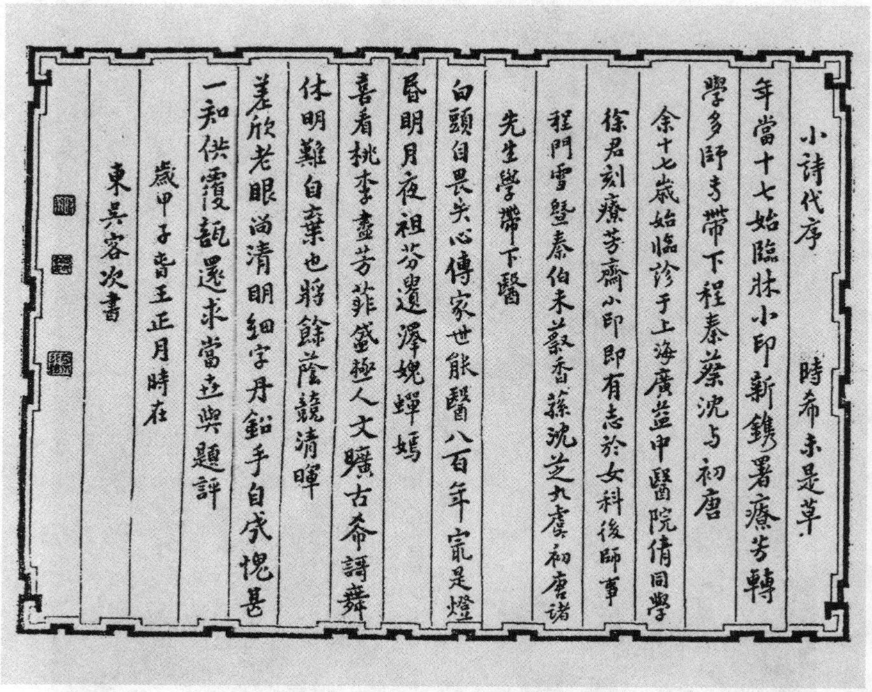
小詩代序　時希未是草
年當十七始臨牀小印新鐫署療芳轉
學多師幸帶下程秦蔡沈与初唐
余十七歲始臨診于上海廣益中醫院偕同學
徐君刻療芳齋小印即有志於女科後師事
程門雪暨秦伯未蔡香蓀沈芝九虞初唐諸
先生學帶下醫
白頭自畏失心傳家世能醫八百年宗是燈
昏明月夜祖芬遺澤媿蟬嫣
喜看桃李盡芳菲盛極人文曠古希謌舞
休明難自棄也將餘蔭競清暉
差欣老眼尚清明細字丹鉛手自成愧甚
一知供覆瓿還求當世與題評
歲甲子春王正月時在
東吳客次書

何时希手迹

白头自畏失心传，家世能医八百年，最是灯昏明月夜，祖芬遗泽媿蝉嫣。

喜看桃李尽芳菲，盛极人文旷古希，謌舞休明难自弃，也将余荫竞清晖。

——何时希

何时希（1915—1997），名维杰，笔名雪斋，上海市人。著名中医临床家、医史文献学家、京剧艺术家、文物收藏家。曾任中国中医研究院（今中国中医科学院）特约研究员、教授，上海中医学院（今上海中医药大学）学术委员会委员，上海中医文献研究所学术顾问，上海市人民政府参事等职，并曾兼任上海第一医科大学附属华山医院、上海第二医科大学附属瑞金医院、第二军医大学附属长海医院等医院的中医顾问。

何时希是江南何氏世医第28代传人，他继承家学，7岁即从祖父学医，15岁考入私立上海中医专门学校学习，毕业后留校任教，19岁时拜沪上名医程门雪为师，并在沪悬壶应诊；40岁到北京，在中医研究院工作10年后又返回上海，先后在上海中医学院中医研究所、文献所工作。他一生钻研医术，在治疗内、妇科疾病方面颇有建树，如对哮喘、硅肺、冠心病、高血压病、胃肠病、月经病、胎前产后病等的治疗有独到的见解并取得卓著的疗效。

何时希博学多才，著述丰厚，到晚年仍笔耕不辍，编著的

《何氏历代医学丛书》42种，获1985年上海市卫生局科技一等奖和上海中医学院科技一等奖。经30年辑集、于1988年完稿的《中国历代医家传录》，洋洋350万字，献给国家中医药管理局，获荣誉证书。他热爱中医，大公无私，自1984年起，将其收藏的祖传文献、文物数百件先后捐献给中国中医研究院、上海市档案馆、上海中医药大学博物馆、上海市青浦区博物馆等单位，并将获得的奖金用于成立研究生奖励基金，以冀发扬光大中医事业。他多才多艺，善诗文、书法、篆刻、戏剧、曲艺，尤对京剧小生表演艺术、京剧史研究有较深造诣，曾兼任北京戏曲研究所特约研究员。

家学渊源 医蕴深厚

青浦重固镇位于上海西郊，一派江南水乡风貌，人家傍着河流而居。江南何氏世医有一支就居住在这里，至何时希已是第28代。何氏世医迄今已绵延860余年，传承30代，世袭传承的脉络主要有5支，分别聚族而居于镇江城内、松江城内、奉贤的庄行镇、青浦的北竿山和青浦重固镇，其他有在北京、南京、扬州、常州、苏州、上海、溧阳、嘉善等地行医。据医学史料记载，何氏世医的始祖是何公务。其医术精良，是宋代德寿宫太医院医使。但何氏家谱记载，始祖是何公务的四世孙何彦猷、何楠、何易宇兄弟（宋，一世），他们的父亲是何光启，光启有子4人，彦猷、楠、易宇3人为医，是镇江一支的始祖，起于1141年。何光启的弟弟名光祖，光祖之子何沧，是何氏从汴梁（许昌长葛）迁居青浦县（青浦旧属华亭，于明代嘉靖间始建为县）青龙镇的始祖。何沧的曾孙何侃（宋，四世），是松江一支的始祖。何沧的十六世孙何应宰（明，十六世，1591—1672），是奉贤庄行一支的始祖，约在17世纪初叶。何应宰的五世孙何王模（清，二十世，1703—1783），是青浦竹竿山一支的始祖。何王模之孙何世仁（清，二十二世，1752—1806），是青浦重固一支的始祖。朱孔阳在《中华医史杂志》1954年第一期发表的《历宋元明清二十余代重固名医何氏世系考》一文中提到"重固"二字的来历。何时希即何世仁的七世孙。

何氏医学发展鼎盛，有医传可考者350余人，其中不乏太医院院使、御医等名家。五支传承脉络中，青浦重固一支对近现代影响最大，第二十二世何世仁（元长）、二十三世何书田、二十四世何鸿舫（平子）尤为著名。《青浦县志·文苑》说何书田："何元长子也，医能世其传，名满江浙。"秦伯未《清代名医医案精华》称何书田"起疾如神，为嘉道间吴下名医之冠"。何书田与民族英雄林则徐交往，为其治愈软脚病。林则徐赠对联曰："菊井活人真寿客，竿山编集老诗豪。"为禁绝鸦片，何受林委托，撰《救迷良方》，为戒烟者治疗，颇著功效。林则徐亲笔赠何氏对联："读史有怀经世略，检方常著活人书。"

何氏医学以内科、妇科见长，从现存的医著文献看，涉及的外感、内伤疾病病种繁多，其中不乏常见病、疑难病证，如肺痨、鼓胀、哮喘、中风、癫痫、痹证、妇人月经不调、胎前产后病等。对外感病的治疗，何氏医家崇尚《伤寒论》的辨治方法，并撰写了不少专著，如第六世何渊著《伤寒海底眼》，在仲景113方基础上，吸收后世方以及自己的经验方，增补至约有500方，其随证加减的药味有数百种。又第十七世何汝阈（1618—1693），著《伤寒纂要》，详论发热、发斑、温毒、疫疠等辨治，此书与同时代吴又可的《温疫论》，可称是跳出《伤寒论》框框最早的温病著作。沪上名医程门雪曾评价二十四世何鸿舫治疗鼓胀的方法，认为当时血吸虫病已蔓延于青浦县，鸿舫先生"治在肝脾，法重温疏，有规律，有变化，名家手眼，不同凡响，可云中医之宝贵材料"。十三世何继充所著《医方捷径》，记载了妇女胎、产、经、带四大病证的诊断要点和治疗选方用药，并多用歌诀形式，既概括了祖辈的医学理论和经验，又使后学者读来朗朗上口，便于学习记忆。何书田、何鸿舫在妇科诊治方面成绩亦很突出。何时希7岁时，祖父即授以家传医学，并学习《四言脉诀》、《药性赋》、《汤头歌诀》等。同时，又读6年私塾，主要学习古文，这为他日后于诗词文学等方面的发展打下了良好的基础。

何氏医家大都有书画诗词等艺术爱好，何书田不仅诗文有成就，还学山水、花鸟画，享度曲、管弦之乐。何鸿舫声誉隆盛，弟子遍及江苏、浙江、安徽等省，在其药方上列名者有34人，他的书法尤为出名，时人获其药方，珍若拱璧。民国初年，日本人对其书法特别喜爱，每到上海古玩市场大量收购，每纸有售至银元10饼，少亦有四五枚的。何时希在此熏陶下，潜移默化，亦善诗习唱，练得一手好书法。

何时希祖上老宅在青浦福泉山下，临靠重固镇河通坡塘之支流祝家浜兜（即水尽处）。福泉山被考古界誉为“东方的土建金字塔”，它是古代太湖地区在沼泽地带中的一块典型的高台墓地，完整地保留了6000年以来各时期文化叠压遗存，内有新石器时代的马家浜文化、崧泽文化、良渚文化与战国时代的遗存，是古上海的历史年表，上海的发祥地。何氏祖医选择在此定居有其道理吧。何氏老宅位于祝家浜南岸，老宅里有一建筑叫“停沤舫”，又称为“旱船”，实是临流多窗的小屋，何鸿舫常在此读书作诗。岸以平整花岗石砌成，间丈许则雕一象鼻，用以系舟，每当通坡塘中病家舟楫蚁聚，妨于往来，此处则为停客舟处，可见当初医务何等繁忙。何鸿舫的验方流传亦盛。何时希在上海中医专门学校求学时，寒、暑假还乡，必去外祖父的仁寿堂药号，帮着选酸枣仁、柏子仁，扎通草（以1寸长10根为1扎），去川贝、远志、茅根之心，并每药各做四角方整的小包。药方中有六一散外包鲜荷叶，药师告诉他：此是何鸿舫先生的方法，曾治大疫，效显。在何氏世医中不乏救死扶伤，关心民瘼，甚至染疫身死的感人事迹，这些都深深地印入何时希幼小的心灵中。正如范行准《中国医学史略》所说：“青浦北竿山何氏……他们虽无南北朝世医那样高官显爵，但论世泽之长，都远远超过此期世医，且为广大人民服务，而这些又都是世界各国医学历史上所罕见的史迹。”

中医自古道“医不三世，不服其药”。从南北朝以降，名医世传的医学现象已为人所称道。家学承传者，一般有三大优长：一是早期教育；二是随时随地接受详细的指点；三是继承绝技秘方。正是所谓“三世长者知被服，五世长者知饮食”。何时希自幼好学，医学功底深巨，国学造诣优赡，人品端正和善，都有家传的因素。

包罗群籍 思穷旁通

如果说何时希幼时在祖父的督促下能自觉或不自觉地读书、习文，那么到他15岁时进入上海中医专门学校，读书就成了生活中不可或缺的事情。他常常沉湎于书中而其乐无穷，他把上学车费用来买书读，放学路上有时坐在书摊上要读两小时，这一习惯一直保持到毕业留校当了教师。学校附近有一酒店，他把书带到店里，喝完一盅酒便舒舒服服、全神贯注地读，天黑才回家。日久小店掌柜专门在他坐的桌边放一小柜，让他放书。何时希不仅读医书，还读了许多唐、宋、元、明、清的文学笔记丛书，他认为医生的养料绝非全在医书，否则知识不广。读书要由杂而博，由博而约，由约而专，由专而深。他又将读书学习分为三个阶段，一是求多，求果腹，如蚕之“食桑”；二是稍别美恶，识其当否，以为教学所用，如蚕之“吐丝”；三是采集各家注解，如五彩纷呈，以供“织绢”。

何时希40岁那年，奉调进京。他不畏伏暑，翩然北上，虽说离别父母之邦，但是意气风发，精神无比兴奋。到北京最大的收获当属在图书馆浩瀚的书海中遨游。当时的中医研究院图书馆图书精且多，因其得天独厚，接受了满铁医书院的全部（收有大量明版医书），又有南浔刘家嘉业堂的医书部分（《嘉业堂藏书目录》是用小4号字直行排的，毛边纸印的，足有1寸来厚，其量可知）。老大夫们在诊疗之余，可于宿舍读书，只要开出书目，即可送来。还有北京的旧书店，服务亦极为周到，只要把想要的书开个书目寄去，就会一包一包地送上门。除大量医书外，在笔记小说部分，能在图书馆借到《知不足斋丛书》、《粤雅堂丛书》、《稗海》、《太平广记》、《说库》、《说郛》、《宝颜堂笔记》及唐、宋、元、明诸笔记等。何时希在这样的读书环境里如鱼得水，废寝忘食，勤作笔记，历时15年，先后著成《何氏历代医学丛书》42种、《中国历代医家传录》350万言及《历代无名医家验案》、《万医传》等书。每当回忆这段历程，他总感慨这是“得天独厚，享尽清福”的好日子，并颇为自得地称为“补读的10年”。

何时希晚年缠绵病榻之际出版的《近代医林轶事》，其成书亦与他读书广泛有关，这是他在读数百种方志时发现医林人物记传甚少，故欲裨补遗缺而作。此书除依据以往的读书笔记外，还融入了他的经历和记忆。他说《近代医林轶事》与《中国历代医家传录》不同，前者走出学术与传记的框子，而从轶事及琐谈两个天地中自由骋笔，无所拘束；后者集录医家两万余人，得近四万条目，以省府县志各家传记志表为主，取当时人记当时事，翔实可信。故前者富含趣味，可读性强；后者十分枯燥，但是为学者所需的原始资料，较系统地展示了中医各家、各派的全貌，很有学术价值。

何时希在读书学习和工作中一贯遵循“思穷而后通”的法则，认为只有通过“穷而后学，学而后通”的过程，才能达“不惑”的境地。如他治一位34岁病人，自幼就患手足狂汗，首诊思路稍困窘：汗在四肢而不在头面与身，如仅从表卫不固，则何以不见于全身？患者口渴尿少，不必从消渴想，舌淡而凛寒恶风，则阳随汗泄，是否当考虑其属汗多亡阳？由此深思，乃考之《素问·病能论》说："……懈惰，汗出如浴，恶风少气，病名曰酒风。治之泽泻、术各十分，鹿衔五分。"又《金匮要略·水气病脉证并治》防己黄芪汤治"风水，脉浮身重，汗出恶风"；防己茯苓汤治"皮水，四肢肿，水气在皮肤中"。诸条文与此例四肢汗多虽未尽合，然用药均极相宜，于是用黄芪、白术固表，防己、泽泻、茯苓利水道，再加龙骨、牡蛎、麻黄根等止汗药，病人服7剂即手足汗大减，小便增多，口渴减。此治疗思路主要在恢复其水液故道而从小便出的生理状态，使水气不行皮毛而从膀胱出，故30余年宿疾能二易方而痊愈。

"思穷而后通"给何时希带来不尽的乐趣和成就，亦抨击了读死书、死读书的弊端。学中医的人常有这样的经历：埋首于浩如烟海的医书、数以万计的药方中，殚精竭虑，常有找不到切实可用的药方，以适应于所需而至困惑无定。何时希通过好学深思、思穷而后通走出了这个困境。他从汉代张仲景经方选药的严谨洗练，及其相辅相成、相反相须、加减增损等处理中，找到了读方选药、组织主方和配伍的方法。他在所著《六合汤类方释义》一书中，取血分病主方四物汤，在此方基础上，采用药对（即二味药）的选药方法，在数十种主要妇科、内科名著中选得280组针对某病或某症有特效的药对，以适应于各种病症。他认为药对的配伍和变化当与脏腑功能相合，从而达到纠正脏腑病理改变的目的。对脏腑生理、病理的认识，何时希不囿于中医理论，常结合西医生理、病理，有独到的见解。如心主血脉，这一功能的实现，有赖于心的舒张收缩，中药里面有好多药对，舒张的药以辛芳为主，如川芎、远志、丹参、郁金、菖蒲，进而至于芳香开窍药；收缩的药以酸敛为主，如枣仁、五味子等。在常用的汤方中，仲景酸枣仁汤是川芎与枣仁为对；珍珠母丸是沉香与枣仁为对；归脾汤是远志与枣仁为对。大约远志与枣仁为对之方最多，略举之有局方镇心丹、济生养营汤，百一方补心神效丸、安神养血汤、人参琥珀丸、十味温胆汤、远志饮子等，皆可选择为舒缩心脏之用。他对自己这种事半功倍的方法常津津乐道，同时亦彰显了他好学深思、闻道则喜的精神。

教学相长 融会出新

何时希于1930年考入上海中医专门学校（后改名为上海中医学院）。毕业后，于1938年起执教于母校，历10余年之久。当时校长是丁甘仁之长孙丁济万，一批优秀的教师，如程门雪、秦伯未、谢利恒等，风度翩翩，谈笑风生，给他留下了深刻的印象，乃至60年后回忆起来仍备感亲切。老师的一言一行亦是他为人师的楷模。何时希讲授《金匮要略》，采用的教学方法是授课与读书并举，在教中学，学中教，实现教学相长。他讲课善于罗列各家学说，而取其一是；有时则融合各家学说而折衷于一是，这又好像是元代赵子昂夫人管仲姬说的“捏成一块土，塑成你和我，我身中有你，你身中有我”，不辨为哪家说了。这种融会出新的教学常使学生听得津津有味，所以1985年何时希所著《读金匮札记》完稿时，40年前曾任中国医学院教务长的吴克潜教授题赠诗云：“常忆当年共事时，俨然白袷讲经师，赢得一堂声寂静，是何语妙竟能斯。”

因当时年轻精力充沛，何时希除在母校上课外，还在中国医学院（1927年创设，首任校长章太炎）、中华国医专科学校（系“中国医学院”附设之夜校）兼金匮要略及伤寒论课，每周连续2天，每天授5节课，虽是夜课，然从学生听课肃然无声、聚精会神而言，所得或不逊于日课，其中的奥妙除与讲课精彩有关外，还与教学方法有关。何时希曾读先祖何鸿舫遗留的病案处方，一则病案记载：有一妇人患晨泻5年，起自产后，纳呆，形瘦，足浮肿，日甚一日。前医曾用培中、分利之药罔效。询系每在五更必腹中雷鸣切痛，晨起一泻之后，痛除而竟日安然。何鸿舫写到此，进一步分析道："脉已濡细，又非夹滞，其痛也始终不更，其泻也不专责于脾矣。产之时痧子杂来，产后5年中，风痧频发。个中有奥妙焉，且不道破，俟同学见之一想。"遂处方：土炒白术一钱半，煨肉果四分，荆芥炭一钱，炒防风一钱半，生甘草三分，柽柳炭一钱半，桔梗一钱，霞天曲（为半夏等药和霞天膏制成的曲剂，霞天膏是黄牛肉经熬炼而成的膏）一钱半（炒），丹皮炭一钱，小赤豆三钱（无剂数）。复诊，病人来诉：五载之累，一朝顿释。何鸿舫议论说："盖晨泻一症，腹膨胀则有之，而必雷鸣腹痛者甚少。是以不专责于脾胃，而旁敲侧击，庶得窥其真谛，信哉临证之望闻问切四字不可缺一也。药既涉想见效，不必更易方药，就原方再服10剂，可以拔其根也。"读了此案，何时希马上开动脑子思考起来，其处方以荆防败毒为主，二神为辅，从此而找原因，则"产之时痧子杂来，产后5年风痧频发"两句应属重点，痧子余毒乘产后之虚而下结肠中，5年而不清，蕴毒湿热外发则为风疹，可见虽有5年之虚，而肠中结毒不清，则痛泻终不能止，风疹之发，却是结毒之见证，诊断之凭据。所以培中但治其虚，足以滞邪，分利徒耗水液，肠中蕴毒依然。学者如以五更腹中雷鸣切痛责之脾肾虚寒，则风疹频发便无理据。关键是应从腹痛和风疹合同思考，悟其为肠中蕴毒湿热，则一切迎刃而解，所以鸿舫先生能以一方而愈5年之沉痼。他从此病案受到很大启发，对何鸿舫的教育方法甚为推崇，以后他讲课方式多采用启发式、自悟式，而不是填鸭式、灌输式。他还由此体会到何鸿舫的这种教育方式能引起学生的求知欲望，积极动脑研究，否则会使学者不肯思索，不加探讨，所谓"言者谆谆"，听者渺渺然对之，不仅受益少，且学习兴致全无。

在教学过程中，注重知识不断推陈出新，何时希曾说：今天你可以作出自己的论断，他日多读书，多体会，或学习过不同的论断，于是可以推翻你过去的论断，这不是错误，是进步，是唯物辩证法。《读金匮札记》这部书就是他从学习《金匮要略》，到讲授《金匮要略》，历50余年的反复学习，然后跳出旧框，敢有自立而成的。如书中对病种的分类、条文的归类是不拘一格的，尤其在理论上的发挥，颇有价值。比如《金匮要略·脏腑经络先后病脉证》有“上工治未病……见肝之病，知肝传脾，当先实脾”句，他由此联系《内经》“亢则害，承乃制”观点。“亢则害”三字，谓一脏亢盛，则害他脏，五行相克之道也。亢即实也，实则能传为害，虚则不传，故亢则害人而不受害。凡亢也，实也，皆不虚之义。害也（动词），传也，侮也，皆相克之义。以肝为例：肝实则克脾，木克土也，土虚而受克，则二脏有病；若肝实而脾不虚，则不受肝之侮，仅肝一脏自病。肝虚则不能传，仅肝一脏之病；若肝虚而肺实，金能克木，则二脏有病；或肝虚而肺不实，则仍为肝一脏之病。“承乃制”三字，既表示亢盛为害，而有承则不害；又谓有相生之道介于其间，则可以制其相克，使不为害。仍以肝为例：木偏胜则克土，即肝克脾，脾土虚则受克而病，此相克之常也。母以生子，子又生子，此亦相生之常，则木能生火，火又生土，脾土得母气之煦，可以抗击贼邪而不病。相克属病理，相生属生理，有致病之理，而生理自具胜复制约之功能，而得于不病。否则人日处于六淫外感之侵袭，七情内因之滋扰，加以饮食、起居、劳倦、烦躁之暗耗，五脏五行之生克，昼暮在消长盈亏中，或颓然而致病，或屹然而不病，都是因为既有五脏之相克相害，而复有五脏相生相制，以使达到平衡之故。所以说一脏或有偏胜（亢），即有克害其相胜之脏之惯性；另一方面，却自有其相生之脏之义务，得其相生之煦濡，乃能培养其抗病能力（承），此种相生相克之道，有人以家庭母子孙之关系譬之，谓母爱其子而恶其孙，常欲侮之，幸子得母爱，介于其间，煦之护之，而使孙不受侮，亦浅显近理。由此可见，何时希这番对《金匮要略》原文的发挥，既融会了《内经》的理论，又有他自己的出新见解，即提出了五脏循环相胜，有战斗，有休整，有生化，以达到动态平衡的理论。他认为五脏相生之道，必兼相克之理，复胜克，复挣扎，复平衡，此动态中之平衡，乃能战斗不息，而有生生之气；或者老子所谓“圣人不死，大盗不止”；佛家所谓“不增不减，不垢不净，不生不灭”；等等。理或相通也。

《妊娠识要》一书的编撰过程，亦可窥见何时希教学相长、融会出新之一斑。这本书从20世纪30年代开始，分5次写成，最初是1938年以后，他在上海3所中医院校教学，为讲授妊娠忌药所需而编写的几千字讲义；其二是1960年在中医研究院工作，为北京市妇产科西医学习中医班讲课所编的《胎前病讲义》，约6万字；其三是1959~1960年在中医研究院妇科组与协和医院妇产科、北京市妇产医院协作，专题研究妊娠中毒症所编《妊娠中毒症用方选辑》，约7000字；其四是1972年编成的《计划生育中医药600余种资料研究》，约13万字；最后完稿是在1983年。他自叹身虽老弱，但脑力还健敏，经整理修改，既删且补而成。他的体会是，沉湎到百余种妇科书里去钻研，再到妇科病数万诊次中去实践，最后要到内科领域去找养料，还要向西医学习，才能取长补短，拾遗补阙。可见要达到融会出新可谓不易。

少年临证 博采众方

何时希19岁时拜程门雪先生为师，次年毕业于上海中医学院，又次年悬壶济世，然事实上他17岁即开始在广益中医院、同仁辅元堂出诊。他随程门雪老师20年，经常代理诊务，对程师的学术经验知晓颇多，领悟较深，程师的医稿存留何时希处最多。他曾倾力整理出版程师的医著，约有12种，200余万字。程门雪对何书田、何鸿舫推崇备至，爱屋及乌，因而对何时希亦深加爱护，赠诗甚多，称他是“少年奇气称才华”。何时希在诊疗治病方面表现的才华确如程师所言。

初涉临床时何时希自知经验不足，故想方设法向老师学，向老前辈学。他拜师较多，除程门雪外还有秦伯未、蔡香荪、沈芝九、虞佐唐等，使他能博采众方而不囿于一家。20世纪30年代，上海医界人文荟萃，创有国医学会（丁甘仁首创），纯粹是学术团体性质，以促进中医学术的发展为宗旨。丁济万是理事长（会长）。何时希当时年方二十，即被选为该会理事。学会每两周举行一次学术聚会，常有法院交办医疗事故的诉讼仲裁及新药鉴定等文件，学会均认真讨论。最令他高兴的是一批医术高深的医家到场，如叶熙春、丁济万、张赞臣、陆士谔、陈耀堂等，使他能聆听到一些很好的经验，是他博采众方的好机会。这无论对他当时还是以后的诊疗工作都有很大的帮助。他40岁时，到北京的中医研究院工作，在全院老大夫中年龄最小，举目尽是三山五岳、五湖四海的高才，他为能受到天下英才之熏陶，再次获得博采众方的极好机会而手舞足蹈。因为年轻，领导安排给他任务最多，硅肺、慢支、哮喘病是先接受的，不到一年，增妇科的痛经、宫血、妊娠中毒等疾患，使他历练多多，学术水平得到很大提高，科研、教学、临床各方面硕果累累，成绩喜人。

何时希诊病有一套方法和思路。首先临证有规范的诊法。他晚年曾回忆自己早年诊病，每以左手诊脉，右手执笔，同时耳口闻问，这样时间是争取了，但疏忽在所难免，正犯了张仲景所批评的“按脉动息，不及五十”，“持寸不及尺”，“相对斯须，便处方药”那些坏习惯。后来到了中医研究院，当时入选的全国名医有29人，诊断各有特长，给了他良好的学习机会。其中有一位同仁，他的诊脉法是左取其右，右取其左，必以食指定寸位，所以医生与病人常需互易座位。何时希通过观察、学习，悟出“上下左右推寻”，“左右手同取”等诊脉法。然后理法方药的构思有“三步疗法”，即安排“进、守、退”三步法，具体就是“急则治标，平则调理，缓则治本”。治标是对症期，即先治今日之病；调理是缓解期，即善后之调理；治本是巩固和康复期，即治病之根，以杜复发。此种诊病思考方法贯穿了他行医诊病的一生，积累经验无数，成效丰硕。

何时希非常留恋在中医研究院工作期间与全国一流的中医专家朝夕相处的日子。有一年夏天，他与赵锡武、钱伯煊、岳美中3人一同休养于西苑医院，医院距颐和园仅一箭之遥，于是大家或步山塘七里，或登西堤六桥，涉巍巍之华阁，临渺渺之绿波，观落日于昆明湖畔，晞清露于谐趣池边，就在结伴游园时搜书论古，交流探讨。他常将夜晚批校古书遇到的疑难问题拿来与几位同仁商讨，以解义有未安之处。《女科三书评按》一书就在这样的时光流转中完成。因此他在晚年感慨说，这本书是利用养病空闲而读书，利用与同事岳美中等一同商榷的机会写成的。女科三书是指《经效产宝》、《产科备要》和《女科经纶》，前两书偏于证治方药，后一书偏于理论，何时希认为《女科三书评按》的特点是“评”与“按”，有赞赏，也有不同意见；有阐发原著精义，也有怀疑原义，而罗列别家意见以证其非的；也有折衷各家，得其中肯的；或作者自立新意，以为补充的。这种不拘一格、不囿成见的读书、著书方法，不经博采众长是很难达到的。

创立名方 跳出陈规

何时希一生从事医务工作65年，诊治病人无数，积累了丰富的经验和有效方剂，其中既融合了祖上世医的精华，又有其他中医名家的经验，更有他自己独到的认识和方法。因此，何时希诊病既循规，又不墨守，富含新意而跳出陈规，这得缘于他诊病时爱思考，喜研究。他对哮喘、冠心病、病毒性心肌炎、高血压病、萎缩性胃炎、慢性肝炎等常见病、多发病均有专门研究，有法有方，既有传统理论，又有实践经验。

何时希在中医研究院工作时曾专题研究哮喘。他发现定喘不为难事，平咳化痰亦尚易，而难在杜其复发，巩固疗效。治哮喘，中医素有发作期宜攻邪、缓解期宜扶正的说法，何时希从临床观察诊治中得出自己的认识："哮喘初发属实，久发则本元必虚。初发宜祛邪为先，稍缓即须攻补兼施，喘定急须全力进补；尤当认识进补要抢时间随时插入，此是根治之法，而不当视为善后之缓图；一失时机，则愈发愈虚，愈虚愈频了。"所谓抢时间实是与气候赛跑，寒露以后，气候节节变冷，于喘家不利，北方尤为明显，感冒咳喘，一波未平，一波又起，因此，抢时间进补，即是增加一分抵抗力，以防止复发。

基于抢时间随时插入进补治疗哮喘的指导思想，何时希制订了一张专方，名为"安金膏"，适用于咳嗽喘息，咯痰不爽，并可增强肺部抵抗力，对哮喘缓解期略存咳嗽症状者尤适。方用生黄芪240g，炒防风90g，南沙参、北沙参各120g，天冬、麦冬各120g，淮小麦300g，炒党参120g，野百合180g，炙麻黄30g，白杏仁180g，生石膏240g，生甘草120g，炙乌梅90g，北细辛60g，五味子90g，清半夏90g，化橘红90g。煎3次，取浓汁，滤净去渣，加白蜜适量收膏，似滴水成珠为度。每日早、晚分冲50~100g，合川贝末6g同冲更佳。此方有玉屏风散、生脉饮、小青龙汤3方配合之意。何时希对玉屏风散情有独钟，他认为，方中黄芪补肺固皮毛，白术（改苍术，或茅术，或於术）健脾肥肌肉，芪、术同用则密腠理而防表邪，止虚汗；配合防风，引芪、术以走表，作为引经药，又可以祛微邪。3味药虚实兼顾，相得益彰。生脉饮可润肺体，大凡久咳而肺体受伤，也减弱肺之肃降的本能，更因张口喘气，耗其上焦之津液，导致咽喉失润作喘，故润肺滋喉对根治哮喘十分重要，诸如沙参、麦冬、白蜜、冰糖、梨膏、荸荠等品均可随症选用。小青龙汤方义最妙，他十分欣赏其药物配伍有利于肺功能的恢复。肺主气，司呼吸，一呼一吸，肺气有宣有肃，肺因此有开张、有收缩，故为开阖之官。哮喘病发作时，咳喘频作则呼吸贲急，久则肺泡无以适应而受伤破坏。肺纹理增生，渐致肺气肿，减弱了呼吸功能，且咳喘者多为肺气上逆，治疗首要是增肺治节之令，复其肃降之权，用药应当具有助其开阖、肃降的作用。小青龙汤中芍药、五味子之酸以敛其肺体，桂枝、干姜、细辛之辛以强其肺用，肺的吸入、收缩功能是其"体"，肺之呼出、开阖功能是其"用"，体与用是统一的，不可偏废。此亦宗于《素问·脏气法时论》"肺欲收，急食酸以收之，用酸补之，辛泻之"。方中酸与辛合用，则肺叶之张举、肺气之耗散者能收；肺功能的开阖，使邪无逗留之余地，这真是奇妙的配合。由小青龙方法而触类旁通，则白果、胡桃肉、诃子、乌梅的酸涩，防风、紫菀、百部的辛通，均可备用。

何时希还认为，咳与喘虽出于肺，而根在肾，因肾为纳气之本也。古人所谓"肺司呼出，肾司吸入"，合之临床，正是此理。肾气弱于下者，则吸气不能至肾，至膈中而还，故吸气短；短则频频换气，而息喘促。所以哮喘的诱因，房劳、遗泄、月经失常者，皆可引起发作。而哮喘缓解后的补法，必待肾气足而后方能巩固，所以六味地黄丸、八味肾气丸、人参鹿茸丸、河车全鹿丸、左归丸、右归丸，以及黑锡丹、紫石英、钟乳石、河车、坎炁、补骨脂、五味子等，凡具滋肾、温阳、重镇、摄纳之能者，皆可采取。

20世纪70年代，何时希见有医生治疗冠心病多用《金匮要略》治胸痹的瓜蒌薤白桂枝汤等类方，活血展痹，成为风行一时的名方，而后在祛瘀药方面发展至水蛭、穿山甲等，多用“去实”一类方法去治疗，且去实也即祛瘀，一祛到底，丹参用至数年是寻常的事。然而他发现，有许多病例转为贫血（红细胞破碎不全），或抢救过来后因体力不继而终于再发再危，所以他认为，冠心病是“标实而本虚”，本体之虚是其实质，是不容忽视的重点，“虚中夹实”是最为严格合理的诊断。补气血乃至补肾阴肾阳，使脏器取得平衡，是康复最好的疗法，若仅用祛瘀一法，是只治其标，忽略其本。所以他治冠心病心绞痛频繁者，一见冷汗，即用人参；脱离险境后，即减少苏合香等香窜破气药，同时增入补气血药，以资于治实中兼顾其虚；但有可补之机会（即能纳食，咯痰减少）即虚实并顾；进一步则大补小攻（攻，指展痹祛瘀），这样必有利于康复。或边服药边上班，这一类病员最多，照样能耐受繁重与紧张的思维工作。如患者陈某，经治疗后冠心病康复，其间在边区指挥作战，破敌立功，连晋三级，可证其心脏的耐受力增强了。

通过这样的临床探索，何时希提出了治疗冠心病分下列4个阶段：一是严重绞痛阶段，取治实法，用芳香开窍走窜和祛瘀止痛之药；二是虚脱阶段，宜固脱，人参和参附龙牡汤是必要的，稍缓则生脉散、复脉汤，干姜、桂枝也在必用，阿胶性黏，此时最忌增加有凝血力的药物，不用为好；三是脱险阶段，当虚实兼顾，一般以胸痹症状为显著，须祛瘀药减量，展痹和补气血药加强；四是恢复阶段，治虚为主，以补气血图康复为要，勿全撤展痹去瘀之药。此外，冠心病能够稳定、少发乃至不发，依赖阴阳之平衡，所以应补气血为先，而补肾乃是权威之法，为巩固疗效所必要。

对冠心病脂肪斑块沉积，何时希这样理解：这是机体中的污浊，或在气血正常运转时留下的老化废物，或则痰湿的留积，机体运动中偶然的闪挫而造成的小量瘀血，几种东西并合起来，日积月累，它就在血液流动时沉积在冠状动脉中了。要祛除血管中的斑块，中医药的方法特别多，他曾提出20多种，如祛脂、行瘀、活血、通阳、利尿、开阖、止痛、开窍、行窜、化痰、解郁、复脉、柔筋、软坚、展痹、补气、养血、理气、退肿、安神、清心、育阴、补肺、补肾、平衡阴阳、温阳、固脱等，这里包括了发作期、缓解期、康复期、巩固期的用药。

何时希还特别提出“除斑块”要注意的问题。如有人曾用泽泻降脂，用量高至常用量之10倍（120g），又是久服而非暂用，结果导致肾功能衰竭。又如，既是斑块，体积恐非微小，能不能化整为零，逐步消除？若大块脱落，循血脉而行，堵塞心区则其害危急。上行至脑，则血栓形成，其祸非小。如中医用小剂量治之，然后日日消蚀之。一旦有大块脱落，必须在病房抢救。

对于病毒性心肌炎后遗症的治疗，何时希也积累了相当的经验。由于病毒性心肌炎后遗症易于反复，病程缠绵，因此患者往往失去信心，从而使疾病更加不易治愈。他曾遇一病人，是一位21岁的男青年，患病数年，屡次住院，然心悸、胸闷时痛之症状不减，心电图示早搏二联律，18次/分钟。还伴有夜热盗汗、纳食不香、咽喉时痛、口疮溃疡、睡少心烦等症。患者因此精神不振，读书游乐皆无兴致，时萌厌世之念。何时希思忖，此症不仅表现在心脏，而且出现情绪反常，产生多种幻想，意志消沉，不能振作，即使予以鼓励，也作用不大，若无疗效以挽回之，结论堪悲。回想经他治愈的许多病例，都曾有过或多或少“缺乏希望”的过程。于是他一边以长者的态度呵责青年人轻生的妄念，一边予以治疗，以良好的疗效来建立病人的信心和希望。一诊的处方是：太子参15g，天冬、麦冬各12g，南沙参、北沙参各12g，生甘草、炙甘草各6g，玄参12g，射干6g，丹皮、丹参各9g，菖蒲12g，远志6g，郁金9g，地鳖虫12g，乳香6g（包煎），五灵脂15g（包煎），7剂。二诊症状觉有好转，胸部尤觉开朗，稍有兴趣，能定心看书。诊之脉结代见少，舌边尖仍红。于是上方加入生地12g，百合15g，淮小麦30g，桃仁12g，去射干、玄参，7剂。以后随证加减，服49剂后症状基本消失，用丸药调治善后。

何时希认为，病毒性心肌炎在中医当视为风热、温热之异气所侵，其性猛，其变急，故由气入血而迅即侵入心包，虽曰实邪，热毒伤阴，久当属虚。故治后遗症，清热解毒不能作为专主之治，必须养血以补心体，宁神以安心神，解郁宽胸以展心用，方能恢复。《伤寒论》“脉结代，心动悸”之主症，一般视为汗后伤心之原因，与心肌炎后遗症得之于发热后者，病因亦自相类，炙甘草汤实为可以信用之方。

何时希曾治一老年男性高血压患者，血压波动，时高时低，伴耳鸣重听，夜尿频数，达七八次，经他诊治后效果甚佳。他分析认为，其血压之波动，在于肝虚而失持平，故用柔肝而得效；夜尿七八次乃前列腺肥大所致，未尝用消肿理气药，亦不用滋肾通关法，全见效于补肾固涩法；其耳鸣重听，得镇肝潜降而复聪。由此得出治高血压要重在治肝肾，于是他根据病情的轻重缓急，病证的寒热虚实不同，制订了“三龙三甲汤”、“四桑饮”等专方。“三龙三甲汤”由龙骨、龙胆草、地龙、石决明、珍珠母、牡蛎等6味药组成，对方中的地龙何时希尤为欣赏，认为它不仅有咸寒润下之功，且具软坚之效，又因其柔软屈曲，能伸能缩，颇具人类脉管曲张伸缩之态，于高血压、心血管疾患用之，甚为得力。如炮制得法，并无土腥之气。本方适用于肝阳上亢，头痛眩晕，面热目赤，颈项牵强，或伴心悸、不寐等症。如血压过高者，为应急计，可加羚羊角粉1~3g，吞服，日2~3次。如手指麻，四肢略有不利者，加桑枝、牛膝。如见头面热痒，烘热上升者，降阳潜阳之药，不能取得急效，可泄僭上之风热，加薄荷、蔓荆子、钩藤、桑叶等药，使上热浮风，得辛凉之药而从上以泄，即古说“鸟巢高枝，射而去之”之法。也即《内经》“在上者因而越之”，

"越"字应有催吐与发越诸义。兼心悸少眠者，配茯神、远志、枣仁，或用甘麦大枣汤（炙甘草、淮小麦、枣仁）等安神养心之法。兼尿频者，则用"四桑饮"，方中桑叶清泄，桑枝横散，桑寄生补肾，桑螵蛸涩泉。

由上可知，何时希治疗慢性高血压，一般采用介类潜降、石类镇定、引阳归下、辛凉泄风、散之四肢、清肝泄热和软坚柔脉等7法。如有兼症者治其兼症，待标症平则治其本，也有数法：一为柔肝养肝；二为滋肾清肝；三为润肺平肝，则木能受制；四为养心息火，则火不燔木。

萎缩性胃炎是临床常见病、多发病之一，中医常用的治疗方法有补脾养胃、理气活血等。然何时希考虑的重点是怎样激活萎缩的胃黏膜，所谓"降燥润枯"，一方面要补气，另一方面要推陈出新。于是他想到外科的"去腐生肌"药，如乳香、没药、五灵脂、蒲黄、血竭等。对仲景《伤寒论》中的乌梅丸，他很佩服，采用辛酸甘苦、寒热、气血等多方兼顾，复方反佐配合组成，用以促进胃酸的分泌，是可信之效方。在这样的思路指导下，又经临床实践证明疗效，他创制出一张经验方——"胃痛象乌蜜"方，药味有：象皮（研细末）30g，乌贼骨（煅去腥）50g，五灵脂50g，乳香30g，败酱草50g，生甘草30g，蜂蜜适量。诸药经研细、过细筛后，先以蜂蜜500g拌和之，过1周，药与蜜已融透，如太稠，可再加蜂蜜250g以稀释之，2周即可服用。服法：每食前半小时，以瓷匙取一匙，入口含化咽下。最好不用开水冲服，因水冲则稀释，而乌贼骨、五灵脂等粉剂，均失去附着之作用。甘草与蜂蜜甘以缓中，须使其附着于胃壁上，与诸药同起效用。甘草、蜂蜜又能解毒消炎、生肌，有助溃疡愈合的作用。本方适用于长期胃痛，吐酸（或不吐酸），痞胀，嗳嗳，西医诊断为胃炎、萎缩性胃炎、胃窦炎等病。方中用象皮，何时希对此津津乐道。象皮是外科生肌妙药，对胃、肠横纹肌的出血性、溃疡性病变有效。他首先施用于慢性胃炎、萎缩性胃炎、胃窦炎等，有意外的效果。其中有2个病例比较严重，胃镜示胃黏膜溃疡，已有间质性病变，服“胃痛象乌蜜”2周而症状全失。患者服药后感觉凉润舒服，4个月后胃镜探视，病灶已找不到了。

何时希曾自拟“一二六复方”治疗慢性肝炎病人，疗效颇佳。“一二六复方”即3张方子复合而成。这3张方子均是有名的古方。“一”是一贯煎，“二”是二至丸，“六”是香砂六君丸。此方的产生，乃缘于他发现在传染性肝炎由急性转为慢性，乃至迁延性的过程中，临床多见肝亢实证的表现，如烦躁、善怒、目赤、口苦等症，因此，一般治疗只局限于肝的“亢则害”一面，而忽略“承乃制”这更重要的一面。如此对症治疗不及他脏虚实，所以复发或缠绵不愈就难免了。而“一二六复方”确能制其传变，促其康复。

何时希认为，肝炎之后，实证已衰，肝体已虚。肝之虚在阴与血，滋肝阴之法以二至丸、一贯煎为上剂。他对魏柳洲“一贯”之取义领悟有加：首先是补肺生金，金能生水，遂能滋木，而肝体能柔；肝阴得养，肝用遂平，此相生方面之“一贯”方法；其次是木旺反侮于金，清润肺金，使复能制木，而肝遂不旺；木柔则不致侮土，而脾胃之气渐舒，水谷之精微日以化生；又用黄连以制火，则火不克金，金能制木。此相克方面之“一贯”方法，由此思之，“一贯”之义盖五脏动态平衡之理。二至丸中之女贞子，为养目之上品，肝开窍于目，肝病者多有目力酸疲之症；旱莲草养肝而具止血之功，对血小板之减弱者有益。香砂六君丸中，以四君子汤大补脾胃之中气，裕其生化之源，而能御木之侮；木香、砂仁等虽略嫌香燥，然非香无以推动胃气，少用亦无妨也。此于一贯煎之外，相生方面的又一法，为培土以生金，补土以御木。

“一二六复方”的临床应用，何时希在用量上独抒心意，一般用14味药：南沙参15g，麦冬12g，生地15g，黄连3g，金铃子9g，女贞子15g，旱莲草15g，木香3g，砂仁3g，陈皮6g，党参12g（减一等用太子参15g，或用南沙参代之亦可），白术12g，炙甘草6g（或尚有炎症而口臭者用生甘草），茯苓12g。适用于慢性肝炎之康复期，症见胁痛隐隐，纳食不香，睡眠不稳，口干苦腻，疲乏不振。

何时希曾治疗一个煤气中毒后遗症患者，从这一病案，足以见其功力。女性，35岁，煤气中毒经抢救后数月以来，以头眩、胸闷、四肢无力为主症，或呕恶，或食减，常默然，情绪低落，头沉重不能自振。有濡弱不扬之脉，淡紫不鲜之舌。经诊察后，他细细思考，煤火之气，当从口鼻吸受热邪着想，既侵于清虚之娇脏，必减其治节肃降之权，治则当先肺胃；煤气有毒，亦须清营解毒；胃为水谷之海，生化之大源，尤当醒其胃气，降其浊气。处方：细生地12g，炒赤芍9g，炒丹皮9g，金银花15g，连翘壳12g，代赭石30g（煅），桑白皮12g，生甘草9g，绿豆衣12g，炒谷芽、炒麦芽各12g，木香3g，春砂仁3g，荷叶1角，左金丸3g（分吞）。7剂。

二诊：患者纳食已有增加，颇知饥饿，胃气已醒矣。呕恶止，精神稍振。但头眩不清，低头无语之状依然。转用平肝阳、降火逆之法试之。这里为何讲"试之"？他是针对病人脉不弦数、面色仍然萎黄、无肝阳上升之确据而言的。则又何以"无的放矢"呢？因平肝清泄之品，一则可使升扰于清灵之脑府的煤气之毒，驱之下降；二则可使煤毒之物质从小便以下行，为之出路。处方：生石决明30g（煅，先煎），左牡蛎30g（煅，先煎），粉丹皮30g，灵磁石30g（煅，先煎），怀牛膝12g，细生地12g，炒赤芍9g，金银花15g，车前子12g（包），炒泽泻9g，生甘草9g，绿豆衣12g。7剂。

三诊：头眩略见好，但总觉头重懒抬，脑欠清醒，脑中如有烟雾之弥漫，巅顶如有重物之压迫，虽摇动而不能去。常欲于夜半去户外以清醒头脑，平时亦不欲闷坐室内。何时希闻此证候，思路豁然开朗，书有“鸟巢高颠，射而去之”一法，即治肝阳之升僭于上者，未升之阳可引龙火以归原，所谓“导龙入海法”；防患未然，则用滋水涵木法；夹肝火以上升者可用龙胆泻肝法；而介类之药是为必需，因其性沉潜，其味咸寒，合石类之药，则最能镇降也；其镇降而不效者，则可“因而越之”。今既潜降未见大效，当用“射鸟”之法从上而散之。于是处方：薄荷叶 9g（后下），霜桑叶 9g（后下），炒杭菊 9g（后下），嫩钩钩 15g（后下），煨天麻 9g，煅石决明 30g（先煎），煅牡蛎 30g（先煎），珍珠母 30g（先煎），焦山栀 9g，炒丹皮 9g，细生地 12g，金银花 15g，生甘草 6g，绿豆衣 12g，炒泽泻 9g。7 剂。

四诊：病人面目呆滞抑郁之态尽扫，心情愉快，与前判若两人。自言服此方两剂后，头目豁然开朗，发际略有微汗，顿觉头上如解去包裹，清爽异常；饮食本已恢复，现在头部征象彻底解除了，一切感觉正常。听了病人这番话，何时希心想，病人认为这两剂药是创了奇迹，事实上没有前面一些方法给她增加饮食，恢复体力，把血中热毒给以出路，恐不能单倚“散越”一法而解决的。对“散越”法，他临证应用时既循规，又不墨守，《内经》云“在上者因而越之”，他的体会是“越”不局限于吐法，辛凉散发也是“越”法之一。一般用逍遥散常舍薄荷而不用，因其主法是“横疏”，但他却喜薄荷之从上散越之性，佐之每生效。这个煤气中毒的病例，初起只在清营解毒上着想，继而试用潜镇，终则以薄荷、天麻为主的散越法而奏功，使脑中弥漫之毒气得到祛散。为巩固疗效，遂以原方再服 7 剂。

何时希察病治病有独特的见解和缜密的选方用药技巧，他精通中医辨证论治的理论，讲求审病于先机，分步设治，因病而选用药对，又善于把握疾病的诊治关键，结合世传祖医和自己的临证经验，创立了众多行之有效的治病大法和方剂，他以此成为一个全面的内科临床家。

擅长女科 西为中用

何时希在妇科方面以其家传，又深得名人指点，加上自己丰富的临床经验，出版了数部妇科专著，发表了多篇论文，他提出的很多理论见解，常以精辟的箴言深湛地概括出来，留下了许多宝贵的医案，不愧为当代的妇科大家。他深得《金匮要略》“妇科三篇”的要旨，又吸收历代名家名著之长和现代医学知识，以其独到的脉法、自创的效方和精细的用药，在治疗痛经、盆腔炎、不孕症、崩漏、妊娠中毒症、更年期综合征等疾病中，屡起沉疴，影响深远。

何时希幼时闻于先祖，其六世祖书田公女科最精，故他自幼便喜学女科，18岁时请同学刻了“疗方斋”一印，以志向学之愿。程门雪老师亦劝他专攻女科，并介绍两位妇科老师蔡香荪和沈芝九。蔡香荪正是学于书田公之江湾嫡派，沈芝九以善用当归生姜羊肉汤为程师激赏，且沈师对《叶氏医案》及《内经》亦富心得。后来又拜的女科之师是“宁波老宋家”之婿虞佐唐，并为虞师代诊年许，危难重症，得其指点，受益匪浅。

1954年，何时希诊治一位患慢性盆腔炎并痛经不孕的病人，由于他治痛经症既多且久，用药左右逢源，心手颇能相应，疗效甚好，使这一病人得以怀孕，乃大得西医老友瞿君之赞赏，而有志进行合作研究。初由普通门诊中筛选病人作为专题研究，在与瞿君对案会诊时，大多先经西医检验，作出诊断，相约急性发作时由西医处理，亚急性与慢性期则由何时希治之。如是逾半载，效果良显，患者怀孕渐多。在合作研究过程中，两人互相学习，取长补短。瞿君悉心以西医妇、产两科相授，使何时希获益匪浅，这不仅裨助他当时临床诊治，而且日后受聘中医研究院，与研究生有共同语言，得学术沟通之益者盖肇端于此时。

慢性盆腔炎伴不孕症变为可治之症，何时希的治疗思路是：痛者止之；阻塞者通之；其内膜粗糙不能受精者，气以煦之，血以润之；炎症者清之；带多者束之；腰膂酸者固奇脉以约之；宫寒者温煦之（一般此症寒因为少）；郁者达之。主要以疗效增加其信心，排除其怀疑，振奋其精神，挽回其颓唐失望。当月经改善，腹痛若失，而忽然有孕，则一股阳和愉悦之情不待言宣矣。对于亚急性发作，则用丹栀逍遥散合大补阴丸；又助西医治急性发作用青霉素之“单打一”，而以龙胆泻肝汤合当归龙荟丸，效亦见速。此50余年前事，可谓中西医结合之尝试。

何时希治痛经颇有心得。他认为其痛与血块不下有关，即《金匮要略》所谓：“腹中有干血着脐下”，“其癥不去，当下其癥”。痛经甚者，虽“衃以留止”，“癥着脐下”是肯定的，从西医角度看，症似子宫内膜异位症、子宫肌腺症等疾病，患者常伴有不孕症。治疗用方他自谕极平常，只在《金匮要略》及《千金方》诸方中徘徊，如《金匮要略》中的温经汤、芎归胶艾汤、桂枝茯苓丸诸法，然亦每每奏效。他体会到，治病当从整体论，如专于温下，不顾及机体中阴虚、伏热、郁火诸矛盾因素，即使宫寒得到改善，但温下之药必能助火灼阴，则虽孕而难留。所以温经汤中的丹皮、麦冬，桂枝茯苓丸中的丹皮，奇效四物汤中的黄芩，均属寒热同方，取其拮抗之意；事实上也即治疗其阴虚、伏热、郁火等次症，这是不容忽视的配合。他在临床上偏喜黄芩，因其能清上、中、下三焦之热，炒炭则入血而清血热，而丹皮则仅能清血热，适应面较狭，且须注意其行血祛瘀、落胎下胞的副作用，如症状略有怀孕可疑者，即不可用。对肥胖者须顾其痰湿阻宫，难以受孕，故用枳壳以宽宫（枳壳、甘草，唐人称为缩胎丸，实是理气宽宫）。温经用石类，乃《千金方》法，取其质重能入下焦，且引诸药下行，具有“引经”之义。但遇有怀孕的迹象时，紫石英、云母石温而重坠，以慎用为妥。后来何时希去中医研究院，与全国名医为伍，各有巧妙。他见某名医用化癥回生丹治痛经，急取《温病条辨》核之，药亦大都常用者，凡35药，其中人参、肉桂、两头尖、姜黄、公丁香、川椒、蒲黄、红花、苏木、桃仁、五灵脂、降香、归尾、没药、白芍、香附、吴萸、延胡索、茴香、川芎、乳香、良姜、艾炭、益母膏、地黄、鳖甲、大黄，皆常用药；独麝香、虻虫、水蛭、阿魏、三棱、苏子、干漆、杏仁等则自惭不擅用，然均非怪僻药，知名下自无虚士也，应当说是自己于痛经门中又学得了一手。

通因通用法治崩漏亦是何时希的攻坚之作。他尝遇漏下绵历之症，无休止者十余月，凡归脾汤、补中益气汤、杜仲丸、菟丝子丸、震灵丹、十灰丸、荆芩四物汤、胶艾汤之属，历更诸医，治之罔不如法，靡不对症，而无奏效者。其淋漓时见小血块为最平稳，若稍得休止，必有大冲随之，故病者不敢奢求遏止，但望能维持体力足矣。他冥思久之，意必有衃以留止，但体已大虚，若无荡涤而不伤正之法，欲顺水推舟而无水可顺，譬如黄河九曲，泥沙可以杂下，若河无水，又何以下泥沙，而通淤滞？问病者经期，则忘之久矣，遂嘱其细心自察，一月之中，必有数天昏昏倦懒，或如寒如热，或善怒，或悲喜无常，或抑郁不自得。若犯情志者，或腰肢酸软，困顿无力，或乳中腹中不适，一切皆若往时行经之状，则速来就诊，他时仍以归脾、补中扶益气血诸法治之。一日，病者来云：似有经临之感，而淋漓固如常也。乃遵《内经》通因通用之意，处方以胶艾四物汤、桂枝茯苓丸，加山楂、麦芽、炮姜等化瘀药为汤剂，大黄䗪虫丸三钱包煎。服后数下血衃，7日而经自止。次月如期，复与前法，而淋漓崩冲之患遂蠲。

后所遇此类症，如病者能以经期告者，施此通因通用法罔不效。医者亦须细察其经调补后体力恢复如何，能胜攻者攻之，若虚象仍甚者，俟一月亦无妨，勿操切也。

1956年在中医研究院，何时希与钱伯煊等老中医共同参与妇科病证专题研究组，曾与北京妇产医院合作研究妊娠中毒症，这段再次与西医共事的工作经历对他触动很大，他认识到作为一名中医，若囿于一家一派的成法，取一叶以蔽目，渺全林而未见，作临床应付或者尚可，若说研究，恐是不够的。他从西医同道那里又学到了许多现代医学对疾病发病原理的认识，再结合中医理论加以研究，这样重新得出的对疾病的认识程度就要比以前大大进步和深刻。当时北京妇产医院和协和医院妇产科举办西医学习中医研修班，何时希与钱伯煊等均为之授课，亦有了许多与研修生们讨论的机会。比如他在编制《妊娠中毒症发病机制图》时，集思广益，吸收了全班西医同道的意见。由于他对疾病本质的认识提高了，视野开阔了，因此，在编写《妊娠中毒症用方选辑》中，吸收了很多内科方剂，实践证明是行之有效的。在理论和实践的研究中他体会到，子痫病因中肝的疏泄功能正常与否事关重要，如肝气郁结，木旺则生火，火盛则生风。同时火热犯心，心肝风热，症见眩晕目花，头痛头热，烦躁不眠，面红目赤，肢麻筋惕，此即先兆子痫。如进一步心肝风火交炽，症见神志昏迷，痉挛口噤，角弓反张，四肢抽搐，气急痰声，或时迷时醒，是子痫重症。治当息风清火，开窍豁痰，方先用自己创制的羚珀散（由天竺黄、天麻、羚羊角、琥珀、蝉蜕、地龙等药组成），次用自制羚羊角汤（由天竺黄、鲜菖蒲、郁金、地龙、黄连、全蝎等药组成）。昏迷者加用至宝丹，痰盛者加安宫牛黄丸，热盛者加局方牛黄清心丸。

子痫病虽以心肝风热或风火实证为主，但何时希认为，火热则耗伤心血和心气，而造成心营不足，心气虚怯，这对妊娠后期的胎儿能否安固、临产的情绪能否稳定有一定的关系。另一方面子痫发作以后，除了药物治疗以外，还是要靠孕妇自己主观能动的抗病力量，这个力量，应当说是她心脏的后备力量。所以在子痫的“治本”方法中，如复脉汤、生脉散、黄连阿胶汤等养心血、补心气之品，当是重要的，而安稳其神志，镇定其惊恐，如介类、金石等药品，也是必须配用的。上述诸方中，如地黄、阿胶、五味子、麦门冬等或配合其他补肾药同用，可以收“滋水济火”之力，肾水既充，则水能济火，而心火不致炎亢，这是治本方面的一个要法。补肾滋水的另一机制，则能清肝涵木，肝肾阴虚，浮阳陡动，必以滋其真阴，为善后必需之要，在子痫发作，救急治标之后，必须进一步这样治本，方能巩固疗效和防止再发。

这种西为中用的不断尝试，解决了不少临床难治之症。比如有一次钱伯煊给妇科研修生讲“子烦”症，有西医研修生不能理解，争论不下。何时希以病理解之，并以临床病人为例，说有病人面红烦躁，辗转反侧而不眠，血压不高，定不上子痫诊断，此正“子烦”也，以清心莲子饮、清宫汤等治之而愈，此研修生乃表诚服。

妇女怀孕后都想生一个健康宝宝，如何探测，何时希有他的见解，比如他对妊脉的体会是：寸脉浮“动”、尺脉“搏”指，三部脉“弦”、“数”、“滑”，为常见的胎脉。一般在四五个月以后，胎脉可由弦紧而转为松缓，或者散大；数脉也逐渐减退，或者不数。偶然也见数至或数十至而一止的“代脉”，关中滑动如豆的“动脉”和《医学心悟》所谓流利跃动的“雀啄脉”。而调长有力，流利舒畅，生机盎然，又有冲和气象，则最为重要。如果微细无力，生气萧条，便是母体气血不足的症状，必须及早治疗，以免对胎儿成长有碍。若始终细弱短小，沉涩不畅，毫无活泼流利之象者，须防胎萎，若见沉、牢、微、细，须防死胎。但辨胎的方法，绝不能全凭脉法，必须将“望问闻切”四诊合参，中西医相结合，才能得到正确的诊断。

对于安胎的治法，何时希说，如果孕妇无病而服药，应以平稳为主，用药要注意以下几点：补则壅中，此指采用补法，在三四月胎儿需要营养不多时，由母体吸收，至四五月以后，则大半由胎儿吸收，所以“早则补母，晚则肥子”，胎儿过分肥大，于生产有碍；攻则伤胎，寒则凉胎，此恐造成胎儿萎缩不长；热则血易妄行，而防其堕胎。如因用药偏胜，造成脏腑失去平衡，产生弊端，反不如不服药了。由此可见，医者把握妊娠用药的适度宜忌是相当重要的，于是他罗列了一些胎前禁忌的药品，供孕妇有病需用药时参考。从其性能来说，主要是忌“活血、破气、下降、大热、大寒、有毒”之品。例如咳嗽避去麻黄、前胡、牛蒡、贝母、半夏、蛤壳、射干等，可用杏仁、橘红、冬瓜子、竹茹、竹沥、紫菀、款冬、百部、白前、甘草之类；如痢疾避去大黄、枳实、青皮、楂炭、神曲、麦芽、赤芍、丹皮等，可用煨葛根、黄芩炭、黄连、荠菜花、扁豆花、银花炭、马齿苋、蔻壳、砂仁、陈皮、腹皮、荷叶等药。另外，一些药在本草书的记载中，既有说能安胎，又有说能堕胎的，如丹参、当归、艾叶、补骨脂、益母草、伏龙肝、代赭石、白芷、香附、木香、川芎、赤小豆、玄明粉、鸡子、鹿角、桂枝、桃仁、泽泻、干姜、贝母、冬葵子、川椒、紫葳等药，在《神农本草经》、《金匮要略》、《本草纲目》及一些本草书中已有这些矛盾，其他多不胜举。看来，一个科目的研究，既要在书本中寻取养料，又不可“尽信书”而自困于书本之中，还要在书本外取得实践，包括吸收现代药理研究的成果，二者是相辅相成的。

值得一提的是，何时希讲妊娠忌药主要是求得胎儿的安全。他主张保胎须先保母，因为胎儿的安全，是建立在母体安全的基础之上的。如果母病危急，已到了“安胎即不能顾母，顾母即不能保胎”，无法两全的程度，这时医者就不能为“妊娠忌药”所束缚了。《内经》说：“妇人重身，毒之如何？曰：有故无殒，亦无殒也。”殒是死亡或堕胎之意，第一句是说“有病则病当之”，虽犯了用药的禁忌，不会出事故的；第二句则是告诫人们也不要无所顾忌，不加节制地去造成事故。《内经》接着又说：“大积大聚，其可犯也，衰其大半而止，过者死。”这里又可以体会出古人再三提醒之厚意：既要当机立断，权衡轻重地用毒药（即猛药峻攻之意）治病，又要斟酌情况，适可而止。这样灵活运用辨证论治，是符合“有理、有利、有节”的精神的。从何时希诊治的几个妊娠病例中可进一步证明这一点。

20世纪50年代初，何时希应虞佐唐老师之邀，为之代诊时，第一次遇到一位妊娠水肿重症患者，书脉案毕（当时处方笺俱用毛笔直行书之），借磨墨之时，沉思方药，一则“有故无殒”，“有病则病当之”，即用重药亦无忌；二则诊其脉右大于左，阳旺于阴，若为男胎而有所触损，岂不遭病家唾骂？欲保胎而不用葶苈、桂枝、附子，但用五皮饮、五苓散又觉太轻，治不了这样的急重症，似无良法，犹豫不决，遂以目视对面抄方之学生，示意其上楼请示虞师。顷刻间于虞师掌中见“白术、茯苓各一两”数字，乃豁然茅塞顿开，振笔疾书，处方付之。盖所示为全生白术散法，二味运脾利水而无所伤，以此启悟，初觉五皮饮、五苓散太轻者，得大剂量苓、术以为君，则相得益彰。另外五皮饮的桑白皮，肃肺以利水道，意义可取。五苓散之桂枝，初思不用，继以胎动不甚，得此或可振之，助膀胱气化以祛水，比之《千金方》鲤鱼汤之用当归入血活血者较胜。又天仙藤散之香附、乌药理气行水，亦为上选之药。患者经治而愈。

又曾治疗一严重妊娠呕吐（中医称“恶阻”）病人，水液无所进，唯吐黄苦水，诸医所用苦寒药为多，均不能受，甚至强灌而入，不能安胃片时。何时希察其脉濡弱无力，而细按则弦滑之意仍存。于是处方：野山参3g，煎取浓汁，取一部分，掺入冷开水使淡，慢慢服之。果然能受，又加浓些，仍冷饮，渐能进浓汁。再煎二服，能通口饮之。次日，再予野山参3g，服完而吐全止，能酣睡，睡醒则索食也。当时有诸医反对，谓水浆及诸药均不接受，人参大补，反能受乎？是不知吐伤胃气，苦寒药多用亦败胃，正须人参以补之。其脉濡弱无力是因吐伤元气，然脉有弦滑之意，说明胎儿之生气尚存，因母呕而不得营养，同现虚象也，若再用苦寒，则胃气索然而败，胎萎脉静，彼时斯不见弦滑脉，而母子两败矣。又有谓参者升也，恶阻者胃气逆上、胎气（指浊气）上升，降之清之且不暇，用人参正相反悖。是亦不知吐久伤中气、败胃气，胎气已弱，不久胎且萎死，医者千万不能执经泥书，胶于古说而不知权变救急。人参补中气、安胃气、固胎气，助其母子生生之气，药证相合，不必顾忌。

由上述病例，可见何时希治疗妊娠呕吐（恶阻），善于分析症状之间的关联和主次，从而针对主症治疗，次症可暂且不顾。这也得益于西医的一些方法，比如，只要胎儿尚好，维护母体的营养是首要的，反之，堕胎则呕吐立止。因此，症见呕吐是胎气尚健的表现，不用刻意地去止呕。同样，恶阻与胎漏（漏红）同见的治疗亦如此，此时安胎止红为第一要义，如反置泛恶纳食于第一，血不止，恶阻反止，则胎已萎，胎不举则恐难保。

对于胎漏的治疗，何时希认为“见动却安，见红即止”，是指此时的紧急处理。张仲景治妊娠胞阻、腹痛下血的胶艾汤，方中地黄、阿胶的止血，是经过千万次实验的妇科妙药，当归（炒炭可止血）、芍药、川芎、艾叶（炒炭可止血）4 味，则为治腹痛的名药，但川芎的行血、艾叶的温血，在此时则不甚适宜。十圣散（人参、黄芪、白术、甘草、四物、砂仁、续断）、安胎散（胶艾四物、甘草、黄芪、地榆）等，也是常用有效的名方。常用治法和药物还有：一、止血：荆芥炭、黄芩炭、藕节炭、细生地炭、莲房炭、竹茹、地榆炭、大蓟炭（安胎止血，而小蓟则堕胎下血，是忌药）、陈棕炭、侧柏炭等属凉性药。蒲黄炭（生用则破血消瘀，是忌药）、阿胶珠、生地炭等属平性药。龙骨、牛角腮、鹿角胶、炮姜炭、广艾炭、熟地炭等属温性药。二、补肾：熟地、杜仲、川断、狗脊、桑寄生、巴戟天、枸杞子、山萸肉、黑料豆等。三、固奇脉：金樱子、菟丝子、桑螵蛸、五味子、覆盆子、鹿茸、鹿角胶等。四、补脾统血：人参或党参、黄芪、白术、山药、炙甘草等。五、升提：升麻、柴胡、煨葛根、桔梗等。

妇人产后病何时希诊治颇多，如产褥热，曾经一天能遇数例，因此他对产褥热的辨证论治说来头头是道，要领有四辨：

一要辨病程，产后须分期，初产至7日为1期，7~14日为2期，满月为3期，百日或至1年为4期。首7日以畅行恶露、通行乳汁为第一义，此7日得恶露畅，后7日为余波，可置勿理；乳汁不多者须多饮营养流质以裕其来源，若不通而红肿、胀痛，因气血壅遏而发热，则退热须以通乳为主，虽属外科范围，服药可以通乳退热，不难兼顾。14日内如乳通，恶露渐净，似乎产后之期已入平安，所注意者风寒、夹食、夹气，是人为之事。15~30日中，亲水沐浴可以无忌，因古人卫生条件差，故须待满月，俗谓“坐月子”，即月内须坐困于室中也。至于百日与1年，则指产后留遗之肝气痞块，关节寒湿，最多者因多坐而腰痛，多言而喑哑，多听多视而致耳鸣目昏等，期以百天或1年必望治愈，否则病根痼入本原，属难治。若已根深痼里，当考虑气血之虚，肝肾之亏，补虚然后方能拔其根株，不能专于治实。

二要辨病邪，纯属外感病邪者，当分清风、寒、暑、湿、燥、火六邪而对证治之。如风邪袭肺而作咳，治咳不难，开肺可以通下窍，无碍于恶露及大、小便，但须忌哺乳，以免传及婴儿。还需注意产妇阴血不足，慎用峻汗法，因热高耗液，发汗则重伤其津。

三要辨虚实，是产后血虚、阴虚发热，还是乳汁不畅的奶积发热？前者需育阴养血退虚热，治之甚易；后者当看有无肿块灼热、焮红胀痛，如有则可确诊，治疗需注意的是恶露是否已畅，如已畅则施用寒凉药可无所顾忌了，石膏、知母、黄芩、山栀、石斛、花粉、沙参、芦根等均为清润上、中焦的气分药，用亦无妨。古人“产后忌凉”一语，当活看。

四要辨产后三大症。《金匮要略·妇人产后病脉证并治》说：“新产妇人有三病，一者病痉，二者病郁冒，三者大便难。”三大症的产生有相互关系，如产后虚汗亡阴，大便难为常见症，加上产后补充营养，常多食导致积滞热郁，气阻不通，阳气不达于上，故郁冒昏眩，甚者致痉。三症可相因而同发，通腑泻热一法可治三症，张仲景大承气汤之法何时希颇为欣赏。

妇女更年期综合征，与《金匮要略》中脏躁一证颇为相似。何时希认为此证多系心经气血两虚，血不养心则神不安而惊惕烦扰；血不濡肝则魂不安而眠不宁，则君相同炎矣。火旺则克金，木旺则反侮于金，故肺气不清，而魄不静。此所以百合病与脏躁病有相关之病理，相互配合之治法也。方药以甘平淡润为主，勿涉滋腻，勿用甘温，故仲景于甘麦大枣汤服法下有“亦补脾气”4字，意谓即甘枣与小麦已足以补脾，培土亦可生金，而不取于甘温也。脏躁以经绝期为多，与内分泌紊乱相关，故先见阴虚阳亢症，应以阴平阳秘为善后，则淫羊藿、苁蓉、巴戟之阳药，与龟板、地黄、萸肉之阴药配合，亦当为应备之一法。

何时希在诊治女科病证中心得经验颇多，因此著书亦丰，如《女科一知集》、《妊娠识要》、《女科三书评按》等，可见他不负众师（包括中医、西医）之望，亦遂了自己的心愿。

整理医籍 慷慨捐献

中医学在数千年的发展中，涌现出数以万计的医学家，并留下了浩瀚如海的医学典籍，这些都是宝贵的民族文化遗产。对这些医籍的发掘、整理和研究，是中医人的历史责任。出身于中医世家的何时希，以其深厚的专业学养和文化底蕴，对医史文献进行了大量的整理工作。何时希作为何氏世医第28代传人，在祖传书籍和文物的收集、保存和整理方面作出了重大贡献，也可以说付出了毕生的精力。

事当追溯到何时希11岁那年，祖父逝世了，父亲在上海从事教育工作，家中他是唯一的男子了。后园有3间小屋，大片空地上除一株桂花和有时开放的萱花外，都是瓦砾野草。小屋的廓尽处，有两只朱漆的大箱，是藏被褥的。上面一只棕箱，编有古图案和各种花卉，让人觉得细致可爱得很。而祖母总说里面尽是破烂之物，禁止任何人开启。一日何时希大胆打开一看，赫然见到了自家世代医学的著作和很多诗稿、诗笺、信札、字幅之类，箱底还有不少因水渍而粘成纸饼的书，由于他略知赵宧光、王梦楼是明、清的名书家，龚自珍、王芑孙、郭频迦是清代的文学家，于是肯定这一箱全是宝物，而妥善收藏起来。

1956年何时希来到北京，访得了专裱旧书的魏师傅，请求补旧缀残，把这些书全部救活了，是“金镶玉”式的装裱，四合式的布套，计60余本书，分装10余布套。魏师傅说可保百年不损，何时希十分感激，称他是这些孤本医书的大功臣。有了这些书，何时希就开始对作者（其祖先）作考证，历经六七年才完成。

何时希整理收藏有衔接无缺的家谱，历840余年绵延不断的世系，尤其从医学史的要求而言，脉络清楚，纵的方面是29代蝉联相续；横的方面，如明、清之际的十六世、十七世两代，均有三十八九人之多，雁形并肩地在江南的镇江、丹徒、松江、奉贤以及其他地区住居，各尽其救死扶伤的责任。其间形成的资料留存有明代永乐以来10余代的医学著作，这是凝结着何氏世医精湛的经验所在。还有病家对医生表示感谢的资料，何氏医家世代使用的文物，以及撰写的诗词集、书法墨迹、印章，等等。即使是残缣片楮，断阙剥泐，都经他亲手装裱，成为册页。在20世纪六七十年代，这些文献、文物能得到保护无缺，全靠他的一位郭姓学生，主动将这些物品转移到自己家里藏起来。对这位功劳巨大的学生，何时希常存感激之情。

何时希之所以下决心系统整理祖传书籍和编写《何氏历代医学丛书》，不仅与程门雪、章次公等中医前辈的重视和督促有关，还与近代医史学家朱孔阳、陈邦贤、范行准等先后在《中华医史杂志》、《上海中医药杂志》和《中国医学史略》等书刊上发表报道文章的鼓励和支持有关。如陈邦贤在其《江南二十八代世医访问记》中说："江南何氏从南宋初年到现在，八百余年间产生了350余位医生，绵延不断，世世相承地热爱自己的专业，决心以救死扶伤的技术，始终不懈地为民众服务，这种伟大而动人的事实，秦伯未曾在《健康报》作过介绍。这不仅是祖国医学史上难能可贵的资料，也将是国际医学界上少见的奇迹。"这些促使何时希在1981年写成了《何书田年谱》、《何鸿舫遗事及墨迹》和《何氏八百年医学》3书。以上简称"何氏医学三史"，后汇入《何氏历代医学丛书》42种中。这部丛书把先世自公元1141年起，绵续850年间的356位医家作了介绍，并刊印了他们医学遗著的原迹（影印）。《何氏八百年医学》中，还绘制了自宋至今的"医家世系图"；载有何氏每位医家的记传资料，逸闻轶事，嘉言懿行，诗、书、印章，以及当时诗文家、名臣如宋代朱熹、文天祥，元代杨维桢，明代沈粲、杨士奇、杨溥、杨荣，清代高士奇、李光地、尤侗、李兆洛、钱侗、梁同书、张照、林则徐、石韫玉、王昶、王芑孙、郭麟、龚自珍、张文虎等题赠的有关何氏医学的史料、文物照片（自晋代迄于清代），以及"何氏历代医职表"、"迁居及游寓考"、"室名斋号索引"、"何氏历代医学著述考"等附录。

何时希先后花了9年时间，完成了《何氏历代医学丛书》42种约400万字的编撰工作，并在1984年与学林出版社签订自费出版的合同。为完成这部丛书，他专心治学，闭门谢客，并先后迁居10余处，以求得一清静环境。为了在有生之年让祖先的学术经验早日问世，他日夜笔耕，甚至胳膊肘被玻璃板磨破出血亦不顾。回忆紧张工作的日日夜夜，他自题16字："倾家荡产，精疲力竭，鞠躬尽瘁，死而后已。"有些老友认为这样说太惨淡艰苦了，但卫生部的领导认可这种精神，并把这16字写入《中国历代医家传录》序文中。

何时希从1958年开始搜集历代医学家传记的资料，并着手撰著《中国历代医家传录》，至1988年出版，以30年的工夫，引用了"二十五史"、地方志、传记、方书、类书乃至文史笔记等各种书目凡3000余种，书载传记医家2.2万余人，起自上古，截至清末，广征博引，洋洋大观。全书350余万字，记载了各医家的生活年代、师承脉络、业之所精、突出医迹、道德操行等。所录医家之多，收集资料之丰富，均为前所未有。此书尊重原文，详注出处，内容丰富，别具特色，既是古代医家传记的总集，又是医史的重要工具书。此灿烂巨著系何时希一人完成。仅从这一部书，足以显见他的治学精神及其对医学史的贡献了。

清季以降，广大中医学者在存亡危机之秋，奋然而起，以办学校、举学社的方式，力图通过教育途径，振兴中医。所办学校各具特色，教学方式各有新意，体现了中医教育方式的出新。中医教育家们的可歌可泣，更重要的是培养了一批批人才，成为中医薪传的中坚。当年的办学方式成为中华人民共和国成立以后创办中医学院的先声。作为一代名医和当年的教育者之一，何时希深感清季、民国时期中医之办学，具有重大历史意义和学术价值，应载入史册。他先记叙了41所中医药学校的办学简况，发表在《上海中医药报》1994年第10期上，继而又撰写记载从光绪时代的温州利济医学堂至1947年时逸人在上海创办的复兴中医专门学校共162所，此文载入《近代医林轶事》。

何时希认为，任何珍贵的书籍、文物，尤其是具有文献价值的东西，由先代留传或个人所得，其珍惜，其爱玩而自藏，无可非议，自受法律保护。但经过了保管祖物的风风雨雨，他以为不如公之于人民，献之于国家，让国家来保管，人民普遍可以览赏，似乎更为妥善有益。于是在1984年10月，他将先祖遗留下来的几十部遗著孤本，以及文献、文物等400余件，毅然捐赠给中医研究院（现中国中医科学院）的图书情报中心，当时该中心表示以后将辟一专室，作为“何氏八百年医学”的长期展览，并将国家给他的奖金捐献成立该院研究生部的优秀生奖学基金，以及作为塑造图书情报研究所中国历代十大名医塑像的准备金。中医研究院举行了隆重的、值得他终生难忘的献书、捐款大会，中央电视台、中央人民广播电台和北京广播电台均有报道。后来他还将后续整理的不少文献和文物陆续捐献给上海市档案馆、上海中医药大学博物馆、上海市青浦区博物馆等单位，并将获得的奖金捐献成立研究生奖励基金。这些凝聚了何时希数十年心血乃至毕生精力的祖传书籍文物，终于得到了保护和继承。回顾从前，即使在他最困难的时候，他宁可卖身上的衣物，也不忍稍弃这些文献、文物中的一纸一物。改革开放之后，这些文献、文物更是价值不菲。由此更可见他精神的可贵。

博学多艺　情高寿长

何时希虽年逾古稀，雪发霜鬓，但皮肤白净，脸色红润，身板挺拔，精神矍铄，见过他的人都有这样的印象。在他78岁高龄时，有其曾亲自教学的弟子见面说：“先生容颜未改少年时，只是青鬓换了白银丝。”几近耄耋之年，能有这样的形象，十分令人羡慕，究其原因，与他养生有道相关。他博学多艺，兴趣广泛，在中医事业之余，常以诗文、书画、篆刻、戏剧陶冶性情。

早在上海老西门石皮弄中医专门学校读书时，何时希就对体育课情有独钟，著名的武术家、沪上武术伤科大师王子平先生是他 17 岁时学武的老师，所学得的“王家十八法”，直到 80 岁患漏肩风还十分受用，仅用“托天”、“举鼎”、“弯弓”几法，练之数月即愈。他自称是发挥主观能动力，这几招是得王老师真传的。

他嗜好文物，在中医研究院工作的那段日子，常到琉璃厂去学习文物知识，因他自幼看到先祖留下的笔筒、笔山、印缸、印章等物，常爱不释手，不胜喜欢，故渴求增长这方面的知识。他认为爱好是心态的，癖好是行动的，至于沉溺，当是程度之更深者了。他抱着“好之者不如爱之者，爱之者不如乐之者”的态度去嗜好文物，使一个整天专心于头痛发热、浮沉迟数、表里虚实、桑叶菊花中的医生，找到一种舒松其神经、丰富其情怀的方式，插入其呆板的生活，适时潇洒一回，这一方面对身体康健十分有益，另一方面促进了他对祖上文化遗产的理解。他未曾立志当一收藏家，但家藏底蕴和把玩品鉴活动的积累，却把他造就成为一个文物收藏家。比如，他对何鸿舫的印章、处方笺作了一番研究，从所存的处方中考之，发现印章有单颗和成对，大、小起首，其造语和各种形式，可称“别出心裁”，“构思新奇”。如有“重古何氏鸿舫手笺，读书不官则为医”（外圆内方，八字在外围，朱文；内方形中七字白文，此式较少见），“重古梅花庐”（细朱文、梅花形，每瓣中一字，此式甚雅）等九方均作压脚用，而起首则为纪年章，见有二十方，具有边、无边、长、方、扁、朱文、白文等各式。而最有趣味者当为双钩马形（代表午年）一印，有奋蹄疾走、振鬣长鸣之概。合以楷书木刻约四十只，其用于处方之上者，共有七十方左右，况其处方又采用十余种颜色笺，堪称艺术品。他被这样的药方笺深深吸引而陶醉。

他喜好诗文，留下数十首别具韵意的诗词名句。其原因一是源自家学，二是老师程门雪亦擅长作词吟诗，师生间经常步韵吟唱。1941 年程师赠诗何时希：

竿山诗老旧名家，后起能贤语未夸。
不负聪明冰雪质，少年奇气称才华。

何时希回诗：

年传八百世医家，老我无成尽自嗟。
有愧师门多奖饰，少年奇气称才华。

读他的诗文能了解他的经历，感受他的情感，如他写的学医过程诗：

缅怀承欢绕膝时，匆匆学舍四年移。
程门廿载曾深雪，转益多师学女医。

又如晚年的自勉诗：

正是夕阳无限好，果然霞彩有余辉。
为使晚霞散光热，要将余力比青春。

他酷爱书法，写得一手苍劲有力的毛笔字。家学时临王羲之、赵孟頫之帖，师事程门雪后也学“颜底魏面”的赵之谦。其诗联中又可见楷书功力。他所编撰的《何氏历代医学丛书》42种的封面，书名毛笔字大多是他自己书写。丛书中有不少书籍是手写楷书影印而成的，其中有多本书如《六合汤类方释义》、《女科一知集》、《女科三书评按》等均由他亲自书写。

他善笔札，回忆往事而著作，他说：追忆是有好处的，使大脑思维运动活跃，健脑之法不在补药，而在于运动。他在晚年，就是利用追忆，加上以往的笔记，写出很多书籍。如他的60年临床经验精华《医效选录》，关于20世纪三四十年代人文趣事的《近代医林轶事》等。他还认为，读书也是思维运动之一种，当坚持而不能荒废，并引宋代黄庭坚“士大夫三日不读书，则语言无味，面目可憎”之语自勉。

他尤其喜爱京剧艺术，是名闻京沪的小生名票，10余岁即喜欢上了。在他大学二年级时，上海国医学会庆祝纪念大会上，除与王子平师傅的武术表演外，他还有京胡独奏“夜深沉”及“柳摇金”，那时他已迷恋京剧。后来，又请教好多老师学习文武小生，其间最受益的是姜妙香的唱工，张荣奎、顾赞臣、瑞德宝、周传瑛的武工，渊博多能的萧长华传授给他很多失传老戏。在教学之余，不断粉墨登场，俞振飞的风流潇洒，叶盛兰的英迈荡决，都是他所心折的，但他对才子佳人戏的表演，似乎接受力不强，故藏拙于妩媚，独倾爱于英俊。

京剧艺术是他经年累月下过工夫的，亦带给他无尽的快乐。京剧与中医都是国粹，二者在取象比类、讲求程序方面有许多相同之处。京剧艺术也加深了他对中医学的理解，二者相得益彰。无论在早年的战争年代，还是后来的20世纪六七十年代，在工作之余，京剧是给了他最大安慰的艺术享受和精神寄托。因此，对于京剧，他是老而弥笃，锲而不舍。

何时希酷喜京剧，故结交了不少演员朋友，时有嗓音不佳者求治，于是他创制开音丸以供患者储备用之。方由京玄参、大麦冬、生甘草、川贝母、桔梗、射干、诃子肉、薄荷、冰硼散、青黛组成。前8味药研极细末，然后将后2味同研极匀，清蜜和丸如桂圆肉大，噙化（即口含化成液体，慢慢咽下），晨夜各1丸；或遇喑哑，可连噙2~3丸。此方大得患者之欣赏，被称为“保嗓之宝”。

1980年，他接受了北京戏曲研究所研究员的聘任，于是投入了较多精力来写作，先后写成多部戏剧著作。综合方面的著作有《京剧的形成、繁盛和衰落史》；内容来自演员方面的有《京剧史料丛编》，包括《小生旧闻录》、《票房与票友》、《戏园和戏班》、《梨园旧闻》、《芙蓉草传记》等17种。其次为《小生丛谭》，书中除有关小生的理论、演技、剧考、剧评等文字外，凡濒于失传的老戏，如雄州关、玉门关、延安关等，均写出了老一辈演员的唱谱和他自己演出的体会，以供采撷、借鉴，或是扬弃；《京剧小生唱腔集》则收集了小生唱腔40余种板式，选自徐宝芳、姜妙香、俞振飞、叶盛兰等 10 多位留传的唱片和口授，有 150 余种唱段。这些唱段通过甄选，并结合人物情绪的类别，分为雄壮、激昂、悲愤、喜悦、平淡、消沉、凄怆等，这对人们欣赏、学习、借用、编腔等方面，有一定的参考价值。以上著作总计 400 余万字。

何时希虽喜欢京剧艺术，亦收藏了许多戏剧文物，但同样的，他认为捐献给国家，让大众享受是最有意义的。1989 年 3 月，他将戏剧文物 2600 件捐献给天津戏剧博物馆，奖金亦捐该馆，作为奖励和发展基金。

何时希博学多艺，心怀坦荡，大公无私，性情超脱，康寿晚年。何时希的一生是光辉、愉快的一生，是传奇的一生。

（撰稿人 何新慧）

耿鉴庭卷

耿鉴庭（1915—1999）

耿鉴庭手迹

搞医的，顶重要的是讲医德。我们过去学医，临出徒，老师总要送两件东西，一把雨伞和一盏灯笼，就是让后人切莫忘掉医生的本分，为病人治病，要不分昼夜，闻风而动，冒雨而行。

——耿鉴庭

耿鉴庭（1915—1999），著名中医学家、医史学家、文献学家，他在所从事的每一个领域都作出了不平凡的成就，他的博学多才得到了众口一词的好评。耿鉴庭幼承家学，14 岁即完成儒学经典教育，后专习医学，遍读医宗经典并随父应诊，从而打下坚实的中医理论功底。18 岁开始独立应诊。1935 年入镇江江苏医政学院（今南京医科大学）就读，成为中西医兼通的医生，时年 20 岁。毕业后返回家乡。他对中医、西医均能认真对待，悉心研究，以治病救人为目的，尽力消除门户之见。虽取得西医临床资格，但仍以中医中药应诊为主，辅以听诊器、温度计、血压计、喉镜等医疗器械测试观察，间用西药片剂和注射剂。1955 年，奉卫生部调令，赴京参加卫生部中医研究院的建院工作，时年 40 岁，是当时从全国征召的有突出建树的中医人才中最年轻的。40 余年来，他在中医研究院（今中国中医科学院）这个国家级中医最高平台上为中医临床、科研、教学诸方面做了大量工作，取得了卓著的成绩。

耿鉴庭于 1999 年 7 月 20 日辞世，中华人民共和国主席江泽民发来唁电："惊悉耿鉴庭同志病逝，深感悲痛，谨致哀悼，并向亲属表示衷心慰问。"

六世医寓耿家巷

耿家巷是中国历史文化名城扬州的一条小巷。扬州街巷以姓氏冠名的不在少数，但以医家姓氏冠名的仅此一例。至今，耿家巷依然保留着两百年来的古巷风貌，曲折而幽静。但在 20 世纪 50 年代以前，这里每天上午总是车来人往，扶老携幼，门庭若市。更有从四乡八镇用门板担架抬来的、骑驴而来的患者，在耿家巷 32 号门内外候诊，有时担架要从门口一直排到巷尾。这里便是耿鉴庭 1955 年奉调进京以前的诊所，也是耿氏六世医药传承行道的医寓。

耿鉴庭的六世祖叫耿树初，在他 20 岁左右时，就已经精于园艺技术，同时还兼乡里的农村医生。1766 年，黄河决口，世代生息居住的山东耿家山口被洪水淹没，耿氏一家被迫举家沿运河逃难，最后落脚在当时的东南经济文化都会、长江北岸的扬州，从此揭开了扬州耿氏医药学六世传承的序幕。

耿树初到达扬州后不久，适逢万寿寺住持患急症关下喉痹已经数日，诸医束手。耿树初往诊，首先用按压穴位的以塞治塞、以结解结之法，暂缓其急迫；继用草药金锁银开煎汤含漱，以活其血，消其水肿，清其热毒；更用蜜煎导灌肠；待其稍能吞咽，又用丹栀射郁汤清其心包三焦之火。经过综合治疗，住持转危为安。由此，耿树初医名大振，耿氏喉科得以在扬州立足，并代代相传。至耿鉴庭的父亲耿耀庭，耿氏喉科已名噪大江南北，犹以医德望重乡梓，所居里巷，名之为"耿家巷"。

扬州地处长江与运河的交叉点，历史上一直是经济与科学文化繁荣的大邑，医学也比较发达。其喉科史可上溯到唐代，如广陵正师的《口齿论》、明末高邮王盘的《救荒野谱》、扬州徐尔贞的《医汇》、清初程郊倩的《医学分类类编》，都有对喉病治疗的论述。

耿耀庭生于1869年，20多岁时已是名声大噪的耿氏又一代名医。医事之余兼习文史，并擅长书法篆刻，精通昆曲、绘画艺术，受到扬州医界和文化界前辈的器重。扬州文化界耆宿翰林臧宜孙收耿耀庭为入室弟子。清代名医夏春农晚年将其孙托付耿耀庭学医，取名夏春庭。耿耀庭年逾80在房内靠椅午寐时，犹能听出儿子的医徒在诵读医书时出现的错误，扶杖而出给以纠正。耿耀庭曾任江苏省医药改进会副会长、江都县（今扬州市）国医馆馆长。中华人民共和国成立后被特邀为各界人民代表会议民主爱国人士代表，1951年病逝。公祭日，扬州各界人士以数以千计的挽联、挽诗、挽辞高度评价耿氏乐善好施、贫不受酬的医道、医术和医德。耿耀庭的医著有：《删补医方诗要》、《伤寒金匮方歌纂》、《温病方歌纂》、《外科选方歌》等。

耿鉴庭生于1915年，当时其父耿耀庭已经46岁，中年得子，欣喜自不必说。此时，耿耀庭不但医道处于鼎盛时期，得到社会的交口赞誉，而且文史素养更臻佳境，道德文章受到社会的尊敬。耿鉴庭自小便是在这样的家庭环境和社会环境中，在家长和先辈名流的呵护和熏陶下成长的。耿鉴庭有两位姑母，均终身未嫁。六姑母耿月庭、八姑母耿竹庭，她们二位对耿鉴庭的成长和事业的发展有着深刻的影响。六姑母自幼饱读诗书，娴于文墨，在耿氏医寓的后进院开设一所私塾，教授男女学童，讲习四书五经。20世纪30年代电影《中华儿女》的导演、著名画家许幸之出生于与耿家巷同街的板井巷，幼年便是这里的学童。当时耿鉴庭尚未出世。半个世纪后两人经赵朴初介绍，于1961年在北京相见，互述童年往事，结下深厚的乡谊。

1937年日军侵陷扬州，一伙日军马队盘踞耿氏医寓北侧毗邻民宅内，为寻水源饮马，爬上屋顶，窥见耿氏医寓后园中的水井，便欲破壁入园取水。在凿壁声中，六姑母与八姑母均吞服预先备下的致命药物，六姑母先死，八姑母因悲痛呕吐得免。日军闻讯以为有传染病，牵马离去，家始得保。此事在日本投降后，由陈含光撰写《贞烈耿六姑传》刻石纪念。中华人民共和国成立初期，耿鉴庭又将北邻宅基收购，辟为纪念园地，将《贞烈耿六姑传》两方刻石嵌于园壁。另请书法家李梅阁书写"耿六姑贞烈坊"镌刻石额，镶砌在园门上，永资纪念发生在耿家巷六世医寓中国难家仇的伤痛。有关耿六姑的事迹，载于《扬州文史资料》。

耿鉴庭的八姑母耿竹庭是一位专治妇女外科疾病的医生，扬州人尊称为"八先生"。她还负责耿氏医寓自制药的配制和膏药熬制。与内服药相比，中医外用药药铺出售品种相对较少，而耿氏自配自制的外用药经过六世不断实践验证，在成分的加减取舍上确有独到之处，疗效确凿。特别是耿鉴庭的祖父莹斋公毕生专擅药物炮制，积累了许多"只此一家"的经验，所以在耿氏医室里，盒盛、管贮、瓶装的自制用药有数十种之多。自制自用的原料和工具俱储存于祖父的卧室内，大大小小的乳钵、成套的筛箩、不同规格的戥子挂满壁上，摆满台面。祖父习惯在房内点油灯，电灯是为了制药才安装的。由于合药怕人打扰，一般多在晚间进行，所以一旦祖父房内的电灯亮了，必然是八姑母在专心致志地合药。不但每一种药料的分量需要用戥子精准戥出，而且单料和合料在乳钵中研磨的次数也是有标准的，最少的也得研磨120次以上，要以研至无声为度。有些块状晶体原料还要在铜捣筒内先打碎成粗末过筛。熬制膏药必须白天在天井内进行，为防止出错，一般选在下午，因为这时没有门诊患者，同时也谢绝来访。膏药的熬制一年没有几次。摊制时，将存放在铜勺中的成膏在火上熔化即可进行。

耿氏外用自制药和膏药有数十种之多，从功能上分，有消肿化瘀的、有提脓拔毒的、有生肌止痛的、有通鼻利咽的、有明目醒听的、有收水敛湿的，等等。从使用方法上分，有敷、吹、扑、抹、嗅、点、滴、蒸、熨贴等。仅敷药一种，又根据不同症状，有水调、茶调、油调、酒调、醋调和捣用鲜菊花叶、薄荷叶、虎耳草等汁液调敷等不同方法。这些可供药用的植物，在耿氏医寓的前后庭院中均有种植，兼供观赏，更备患者需求。有的提脓药还要制成药捻，插入疮口，取得直接疗效。直至耿鉴庭离扬赴京以前，这些出自八姑母之手的自制药从未短缺或减少用料，简化程序。部分原料还是八姑母自制的，如西瓜霜，每年由八姑母自己选择晚熟的白瓤西瓜，然后在一只青花白膛的瓷盆中勾兑药物炮制而成。遇有牙龈上火疼痛者，从盆中取一粒瓜子含于痛处，便可很快缓解。耿鉴庭入京后，八姑母年逾古稀，曾被接到北京居住，遍游京中名胜。一年后返回扬州耿家巷，仍为人治病，所用之药多为家中存药。晚年，八姑母一直由耿鉴庭奉养，直至1972年以92岁高龄去世。

耿家巷医寓的几代掌门传人与扬州医界、药界保持着极为融洽的关系和业务往来，他们相互尊重，时有切磋。遇有疑难杂症，主动向患者家属建议，去某某先生处诊视，这是常有的事。特别是19世纪末20世纪初，西医挂牌应诊和具有一定规模的新型医院已经在扬州出现，知名的西医界人士已取得了很好的社会声望，一些大牌西医都有着国内外高等医学教育的背景，他们的年龄均小于耿耀庭而长于耿鉴庭。耿鉴庭与他们保持着一种师友之间的情谊。对耿鉴庭来说，这也是一个深化西医知识和诊疗技术的良好机会。

耿氏医寓挂的牌是“内外喉科”，相当于现代所说的“全科大夫”。为何中医师挂牌的诊疗范围较广，耿鉴庭晚年在为《神医扁鹊的故事》一书作序时写道：“扁鹊是第一个被列入史书的医生，也是在《艺文志》里列有著作的人。他精通各科，掌握多种医疗技术……有人拿西医来衡量中医，说扁鹊是江湖骗子，一个医生不可能是精通各科的全才。的确，如果拿西医今天的分科来对比，让林巧稚去搞眼科，让黄家驷去搞耳鼻喉科，让张孝骞去搞妇儿科，岂不成了笑话。要知道，中医的特点之一是各科互通，只要掌握了基本理论，精通内科，旁及他科，不可能只通一科，这与西医的分科有显著的不同，扁鹊正是这样一位经验丰富的医家。”

耿氏应诊习惯，上午门诊，下午出诊，遇有急诊要出夜诊和早诊。上午门诊就诊人数最多的是夏季，轻重病号可达百人之多，汤剂处方有三四十张；下午出诊最多二三十家。耿家人往往是在晚餐饭桌上听到自鸣钟敲 9 下，9 点以前用餐的时候极少。1951 年以前，耿鉴庭的父亲，年逾八十的耿耀庭尚健在，扬州人均称他们为老先生、小先生。每天的晚餐桌上，是父子俩仅有的能交流的时候，谈论话题最多的是当天的病例和出诊的见闻，所以一顿晚饭往往要吃上一两个小时。

一年夏天，耿鉴庭出诊时遇到一件新鲜事，他便在饭桌上讲了起来，并引起了老先生的兴趣，老先生放下酒杯，话题勾出了一场“神”与“形”的辨析。原来耿鉴庭夏天出诊除了药箱以外，另一件必备的东西是一把折扇和一块裹护折扇的绢帕，以防手汗污损扇骨。当天随身带的折扇是画马名家戈湘岚画的一匹四蹄腾空奔跑的白马。患者是一位中年妇女，耿鉴庭走近病榻，时值病妇假寐，耿鉴庭一边端坐凝神，候其醒来号脉问诊，一边展开折扇轻摇却汗。不一会儿，病妇忽然惊醒，神态异常。病者家属问其所以，答以梦中为一匹白马踢中心口而醒。耿鉴庭亦甚惊异，当时想到扇子上的白马，遂将折扇展示于患者眼前，患者转惊为喜，说就是这匹白马。当时病妇一身透汗，病痛似已减轻不少。老先生听后，以病家多半神虚，虽似入睡，实未入眠加以解释。因此，父子二人便从古人的说梦谈到杯弓蛇影的故事，又谈到范缜的《神灭论》，并引证讲述了几则古代医案，着实热议了一番。最后，老先生得知，处方中已添加了适量镇静药，方又端起酒杯了结话题。

奉调晋京谱新章

耿家巷是扬州一处妇孺皆知的地方。1955 年当耿鉴庭将奉调赴京的消息传开后，亲朋好友前来致贺送行的固然不少，但也不乏前来劝留的。比如其至交、扬州科技界人士曹寅亮，即以耿鉴庭在扬州医界、文化界的社会影响相劝说。其实，舍弃 200 年的基业对耿鉴庭来说也是一个艰难的抉择。

要说耿鉴庭毅然离扬应调晋京工作，还得从他思想发展脉络说起。青年时代，耿鉴庭思想即趋于进步，订阅进步报刊，关心国事，其挚友多为扬州文化界进步人士，如江树峰、陆勤等人。他们经常在一起传阅进步书刊，交流文史学问。抗日战争期间常聚于友人之家，收听广播，了解战况，议论形势，并与扬州文化界书画家发起建立“涛社”学术团体，托明末遗民绘画大师石涛之名喻反抗之意。他的好友汪精一，是中华人民共和国成立后第一任苏北人民医院院长，当时开了一个“精一医室”，以此掩护从事地下工作的共产党人，通过耿鉴庭为新四军及解放区买了大量药品。在耿鉴庭的书柜中，可看到斯诺的《红星照耀中国》(中文版)、黄炎培的《延安归来》等进步书籍。

耿鉴庭有收藏折扇的爱好，抗日战争胜利后，他曾请画师林雪岩画了两个扇面，一幅是杜甫的《石壕吏》，一幅是白居易的《新丰折臂翁》。除在画面录写两诗的全文外，还在《石壕吏》画上录题清代袁枚《过马嵬坡》的诗句：“莫唱当年长恨歌，人间亦自有银河。石壕村里夫妻别，泪比长生殿上多。”用以表示愤慨的心声。1947 年他还转请戈宝权代求当时蛰居上海的郭沫若、柳亚子两位先生题诗于一合景的折扇两面。其中一面是一幅雪景山水，全文题写了柳亚子和毛泽东主席《沁园春》的咏雪诗，另一面为戈宝权叔父戈湘岚的画马，郭沫若的题诗为：“洞庭落木余霜叶，楚有湘累汉逐臣。苟与吾伊同际遇，何必憔悴作诗人。”有研究者称，此是郭老集外的一首诗，很可能作于题扇之时，或为题扇所作。1955 年耿鉴庭晋京以后，在参加中国自然科学史第三次会议期间，曾将这把插配湘妃竹骨的折扇带到会场，呈览郭老，勾起了两人往年心境的回忆。从这些集扇的故事，可以窥视当时耿鉴庭的思想境界。

1949 年后，耿鉴庭以巨大的热情在医事之余投身于扬州市政协和文化界的各种社会活动，曾担任扬州市各界人民代表会议代表、政协委员、苏北文物保管委员会常委等职，对筹建扬州博物馆、整理布置瘦西湖风景区、抢救散在民间的历史碑刻和大藏经等图书典籍更是不遗余力。其中包括在平山堂大明寺遗址开辟鉴真纪念陈列室。在此期间，他还经常应邀赴上海、南京参加各种中医史方面的学术会议，并在南京参加筹办中医药展览会，主持设计布展工作。

1954 年 6 月毛泽东主席指示，即时成立中医研究机构，罗致好的中医进行研究，派好的西医学习中医，共同参加研究工作。周恩来总理督促卫生部于 9 月 12 日派鲁之俊、朱琏、何高民负责筹建中医研究院（现中国中医科学院），并向各省征集有医疗专长、有真才实学、知名度高、能教学并能从事科研的优秀中医师。经李涛、陈邦贤教授等提名，耿鉴庭当年被选送到上海参加华东地区入选中医的培训，这一年他 39 岁，是全国范围内入选者中最年轻的。晋京后他被正式任命为中医研究院编审室编审，中华医学会北京分会医史学会主任委员。

耿鉴庭出身于中医世家，长期悬壶济世，1949 年后虽参加政协等社会活动，并受聘兼职苏北师范学校、美汉中学校校医，但仍以一个自由职业者的身份立身社会。在行将不惑之年的人生关口，在社会变革的潮流之中，他带着对年轻共和国首都的向往，毅然奉调晋京，这无疑是一个最好的选择，对他已获得的医学成就和文化素养的继续精进，拓展了一个全新的广阔空间，他有太多的畅想和课题寄希望在那里实现。

丹栀射郁挽危症

咽喉为人体饮食呼吸之门户，一旦遇有急重病证，则凶险多变，所谓“走马看咽喉”。急性会厌炎是喉科急重症之一，此病多发生在流感流行季节，病情发展极快，病死率甚高。其病理特点是会厌红肿、增厚，重者可达正常的10倍。炎症主要位于声门上组织，因会厌的血流均通过会厌根部，受到炎症浸润压迫，故易导致该处静脉回流受阻，而迅速发生会厌剧烈水肿，又因会厌软骨的舌面及勺会厌皱襞的黏膜下组织疏松，因此炎症易向四周扩散，并发喉梗阻，引起窒息，如抢救不及时可造成死亡。西医治疗是抗炎、激素、经鼻气管插管、气管切开。国外使用插管及气管切开术很普遍，如 Bottenfield 报道一组 90 例，插管率为 100%；Johnsow 报道一组 248 例，其中气管切开 184 例，占 74.2%。中医学称其为“喉痹”。《诸病源候论》云：“喉痹者，喉里肿塞痹痛，水浆不得入也……令人壮热而恶寒，七八日不治则死。”《杂病源流犀烛》卷二十四指出：“喉痹，痹者，闭也，必肿甚，咽喉闭塞……”早在《黄帝内经》中就有关于其病机之论述。《素问·阴阳别论》云：“一阴一阳结谓之喉痹”。何为一阴一阳结？王冰注释：“一阴谓之心主之脉，一阳谓之三焦之脉也。”清代名医夏春农在《疫喉浅论》一书中有更为明确的注解：“一阴谓心胞，一阳谓三焦”。《内经》的这一立论为后世医家论治喉痹提供了思路和切入点。

扬州耿氏喉科有着丰富的诊疗经验，尤其在治疗喉科急重症方面独树一帜。其家传的“丹栀射郁汤”治疗喉痹更是活人无数。耿氏最早治疗咽喉病是从喉痹开始的。当年，耿鉴庭的六世祖耿树初在山东从事园艺，经常碰到一位将斑白的长辫围绕在脖子上的老者在自家园子附近执杖携囊、弯腰俯首捡拾飘落在地上的花瓣。后来才知道，这位采集花瓣的老人是县城里的刘老医生。于是他便为老人代为收集红牡丹花瓣与栀子花瓣，及长杆金蝴蝶花根（即射干，又名乌扇）等，并经常登门叩问医理，畚方送药，十分勤恳好学，逐渐得到了刘老的赏识和传授。这就是耿氏六代医药身世口耳相传的故事所能追溯到的最早源头。而那些花瓣、花根即是为丹栀射郁汤准备的药材。

耿鉴庭在家传方技的基础上，系统地从中医理论高度对这一治疗方法进行了整理提高。关于喉痹这一病名，他对古代文献进行了详细的考证，在《黄帝内经·素问》里有8处提到，在《黄帝内经·灵枢》里有7处提到。从文献研究得知，“一阴一阳结”是喉痹的主要病因。其病机则是“火气内郁”循经上升而发病，如《素问·至真要大论》云“火气内郁……喉痹”。为此，他专门写了关于喉痹的《喉科专论》，主要讲了两方面的问题：一、中医书里有关会厌炎的记载——从《内经》和《诸病源候论》里的喉痹谈起。二、介绍了丹栀射郁汤的来源、实践和认识。他还介绍了家传歌诀：

剧痛不见肿，水谷难吞送；强咽越坡轻，拒吞呛顶重。
心烦欠安宁，颈僵怕转动；其病在关下，速治勿轻纵。
此乃急喉痹，甚至遭丧恸；须分险顺逆，悉心驭与控。
一阴一阳结，胞络三焦壅；牡丹栀子花，射干郁金共。
连翘豉赤苓，竹叶甘草从；隔年萝卜缨，集腋如无缝。
若咳或溲涩，可加前杷通；边漱边下咽，能过即能松。

倘有哮吼声，证即属喉风；风痰互纠缠，服此则无用。

喉闭是危疴，暴死真堪恐。

歌诀详细介绍了急症关下喉痹的主要症状，说明其致病之源，举出了治疗药物，同时还作了一些鉴别诊断。歌诀中的“剧痛不见肿”，并不是完全不肿，而是红肿在关下，也就是在喉咽部。疼痛很重，主要症状是妨碍吞咽，心中烦热，小溲黄赤。而张口所见之处，纵有红肿，其势甚微，与剧痛不相符合。实际上是由于当时中医无喉镜，无法直接看到喉咽部的缘故。耿鉴庭在未学习喉镜检查以前，曾以典型病例请镇江弘仁医院、江苏省立医院、医政学院附属医院等西医诊断，经喉镜检查，证实为急性会厌炎。

耿鉴庭的六世祖曾参与修缮聊城的光岳楼。冬季高空作业，工人患该病者较多，其六世祖在丹栀射郁汤的基础上，再配合金锁银开含漱，同时指压心包、三焦经穴位，并施以勒法，以塞止塞，以结解结，见效迅速。1975年耿鉴庭在北京市耳鼻咽喉科学会上对此病作专题报告时，提到冬季高空作业的建筑工人发病率高，被北京市建筑工人医院五官科主任所注意。他的团队对此方产生了浓厚的兴趣，以后再遇到此类病例时，在做好西医抢救准备的前提下，放手试用丹栀射郁汤治疗，都取得满意的疗效。1982年他对累积的66例病案进行了总结，并在第一次全国中西医结合耳鼻咽喉科学术研讨会上宣读，引起与会者的重视。66例病例均未使用抗生素与激素，仅用“丹栀射郁汤”治疗，每日服汤药2次，早晚服，共服3天，平均内服药6剂，平均治疗时间为6~7天，66例全部治愈。文章说：“丹栀射郁汤”“针对病因采用降火散结为主之法，因此，能迅速控制病情发展，达到治愈的目的。自1976年以来，我们采用该方治疗，无1例失败，足以证明该方治疗此病的疗效”。

耿鉴庭认为，中医在治疗急危重症上是有优势的，而绝不是像某些人认为的中医只能治疗慢性病。为此他对其家传经验进行了全面认真的总结，在大量临床实践的基础上，站在医史学、文献学的高度对急性会厌炎这一急危重症进行了整理，论证了“一阴一阳结”是该病的基本病机，故在治疗上无论是内服还是外治，均谨守病机，取得了良好疗效。他在所编的《咽喉方鉴》一书中首次将这一祖传方药公之于众：牡丹花瓣、栀子花、射干、黄郁金、枇杷叶、甘草、赤茯苓，加水400ml，煎至200ml，初服时难于下咽，可边漱边咽，咽下一两口，即可顺利通过。同时配以外治法：一含漱，二外敷，三吹药，四针刺，五擒拿按穴。

耿鉴庭将家传治疗急性会厌炎的方法公之于众后，全国许多耳鼻喉科医生用之于临床，均取得了良好疗效。如山东中医学院附属医院报道了7例急性会厌炎患者，单纯用“丹栀射郁汤”治疗均获痊愈；王氏等报道了以“丹栀射郁汤”加减治疗会厌炎66例，均未使用抗生素和激素，结果全部治愈；江苏宝应施氏用“丹栀射郁汤”治疗喉痹13例，取得了满意的疗效。

“丹栀射郁汤”现已成为治疗急性会厌炎的名方，它不仅临床见效快，而且使大量患者免去了插管或气管切开之苦。

一腔浑是活人心

耿鉴庭临床60余年如一日，勤勤恳恳，全心全意为患者服务。他常说，为病人解除痛苦，是医生的本分，也是中国医道的传统。他是这样说的，也是这样做的。早年在扬州行医，他以中医辨证施治为主，辅以西医手段，内、外、喉科兼治。每日应诊者多至百人。他遵循耿氏家传的一贯传统，对病人，无论贵贱贫富，一视同仁；无论白天黑夜，无论寒暑雨雪，即刻赴诊；对贫病者施诊施药，从不计较报酬。扬州城里都知道有个“耿家巷”，有个乐善好施的“小先生”。在调入中医研究院西苑医院后，耿鉴庭专攻耳鼻喉科，先后编写了《喉科正宗》、《咽喉科传灯录》等书，毫无保留地介绍了耿氏喉科的特点，尤其在医治急症、重症、危症方面独具匠心。他用金莲花治咽关红肿，用金锁银开治咽喉阻塞，特制陈萝卜缨普治咽喉诸症，用绿萼梅花柔肝生津、用芍药花瓣柔肝行血、玫瑰花理气活血，共组成“三花汤”治疗咽部异物感，零余子扶脾益肾……都有独到之处。

耿鉴庭治疗咽喉病方法比较多，除了着眼于全身的内治服药之外，还有种种外治法，如吹药、滴药、外敷、针刺、导引等等。在内治方面，对于急性病，主要是汗、吐、下与清法，尤其是吐法，能直接作用于病处，收效比较快；对于慢性病，主要是清与消法（消包括化痰与化滞）；至于急性病的末期和慢性病的虚证，又不忘记一个“补”字，但主要还是清补，温补极少用。在外治方面，值得一提的是吹药（其中包括滴药），主要用于咽部（滴药亦可由鼻道滴入），有消肿、开关、止痛、化腐、拔脓、生肌等作用。擒拿法急救开关，按压心包、三焦经之重要穴位以散结泄热，更是耿氏喉科之特色。

耿鉴庭喉科用药，除按君臣佐使等用药原则外，还体现了一个“降”字，注重了一个“开”字，抓住了一个“巧”字。

“降”即降气、利水、向下之意。降气可以降火，降气可以祛痰，降气可以消积，利水可以引热下行。他在治疗急症关下喉痹的“丹栀射郁汤”中，佐以枇杷叶，旨在消痰下气，使以甘草、赤苓既能清咽缓急又能引热下行。在治疗咽关红肿疼痛、身热畏寒的“荆防甘桔汤”中，用枳壳化滞下气，用陈萝卜缨清咽除痰，降气化滞。在治疗咽关水肿的“麻黄杏苡甘桔汤”中，使以车前子引湿下行。在治疗喉痧的“天地玄黄汤”中，以泻下药大黄为主药，荡涤邪滞，再加金果榄、甘草，往往一下之后，咽中症状亦随之而清。在治疗喉蛾的“散火清厢汤”的加减中，脘闷苔厚者加生山楂、郁金和枳壳，消积降气，气降则积消。耿鉴庭处方中体现“降”的药物屡见不鲜，如枳壳、陈萝卜缨、沉香、大黄、鸭跖草、木通、牛膝、前胡等等。

“开”即开肺气、升提、催吐、散邪之意。在治疗咽喉不利的“三香汤”中，在大队理气下行药中，使以乌扇、金橘叶，意在引诸种理气药直达咽喉，使阻塞之气得以迅速下降。在治疗喉风中，强调最好先用土牛膝探吐后，再用降气降痰的“二前汤”。在治疗悬雍下垂的“缩垂汤”、治疗咽关水肿的“消风汤”中，均注重了“开”。常用药如金锁银开、土牛膝、桔梗、升麻、荆芥、防风等。

上开下利是耿鉴庭治疗咽喉病的组方原则之一。其代表方剂“甘桔卜缨汤”就是很好的说明。桔梗开，卜缨降，而均能清咽。甘草、桔梗泡茶名“甘桔茶”，如加陈萝卜缨则更好。甘桔茶是他治疗咽痛的常用方剂。他认为，甘草生用泻火，桔梗开散滞气，凡喉证初起，疫火内伏，邪未宣透，借甘草以泻内火，借桔梗以开肺气，即上开下利之意也。如疫邪宣透，火势鸱张，毋庸再行开提，桔梗可去之，故清化诸方中多无桔梗。至于呕吐痰症，湿热蒸腾，则甘草亦当去之，恐甘草能令人满也。陈萝卜缨能降气化痰，故配合使用，可减少其弊。

“巧”即技巧、灵巧、变通之意。固有的死方对活人之病，不可能完全适合。耿鉴庭讲：“法无定法，若能体会其含义，则变通化裁，投而应手矣。”又讲：“法为规矩，机动使用，则在于巧。”例如他的“膏芩二母汤”，包括了《外台秘要》治骨蒸之石膏散、仲景治阳明经病之白虎汤、丹溪（朱震亨）治肺火之清金丸、治火旺铄金之二母散，以及《伤寒论》调理善后之竹叶石膏汤之意，而灵活变通。再如在荆防甘桔汤中吸取了《三因极一病证方论》、《卫生宝鉴》及苏州张氏、扬州包氏等众家之长变化而成。耿鉴庭的学生马洪海在跟师学习后，临证水平大有提高。他在一篇论文中写道：“最近我治疗一男性，20岁，学生，有慢性扁桃体炎病史，近日突受风寒而咽关红肿疼痛，恶寒发热，咳嗽3天，舌质淡，脉浮紧。我试投荆防甘桔汤加前胡2帖，服后霍然而愈。这充分说明耿老用药之精炼，组方之严谨，独出心裁。”

耳鼻喉系清空之窍。清者净也，空者旷也，清静无浊，空旷无塞，功能才条达，而无疾也。耿鉴庭用药有升有降，动静结合，巧于变通。上升（开肺气）下利（利水气）意使其空，故临证效若桴鼓。

鼻病是临床常见病、多发病，历代有关鼻病的治法很多，但不少患者还是因为早期治疗不及时或治疗不当，使之转为慢性病，严重影响了健康，降低了生活质量。耿鉴庭在长期的临床实践中深感鼻病给患者带来的痛苦，于是他在简、便、验、廉治疗鼻病上进行了认真的研究，积其多年临证经验，总结出鼻科汤液12法及简化使用法。他认为，鼻病的发生，或因感受外邪，或因脏腑失和，以致阴阳失调所致。治疗鼻病，一方面要重视局部症状的辨证，如辨涕：清涕多为初感风寒；黏黄涕多为感受风热；黄脓涕乃热毒蕴聚之象；血性涕多为燥火上干；臭涕乃热毒蕴藏已久，浊气弥漫；而黏涕久久不断则为脾肺俱虚，气不摄津所致。另一方面要重视全身辨证，判定其所属脏腑、经络，辨析其病性之寒热、虚实。临床以肺热、胆热、湿浊、痰垢等为多见。然后将局部辨证与全身辨证结合起来分析，在辨病的前提下辨证，在辨证的基础上治病，才能够准确抓住病变本质，从而提高临床疗效。在此认识的基础上，他编写了《中医中药防治鼻病》一书，创立了鼻科汤液12法，即疏散利鼻法、清散畅鼻法、辛温燠鼻法、排脓清窦法、清气肃鼻法、消肿阔鼻法、滋阴润鼻法、御风健鼻法、解毒拔疔法、泻白靖鼻法、清火止衄法、育阴止衄法。同时在每一法的基础上又介绍了少则1味、多则2~3味药的简化使用法，极大地方便了患者的使用。鼻科汤液12法及简化使用法发表后，由于其实用性强，方法简单，价格便宜，而受到耳鼻喉科医生的广泛欢迎，书籍、杂志的引用率很高，实现了他创立此法时的初衷。

耿鉴庭有一枚印章，上面印着“一腔浑是活人心”，这正是他为患者服务的写照。一位中年妇女因甲状腺瘤切除术事故，导致喉返神经双侧麻痹，声门只有0.2~0.3mm，呼吸困难，生命垂危。耿鉴庭详查病情，提出了“用中医疗法逐渐打开气门，保住病人生命”的方案。之后，开始定期为这位患者治病。他根据气候和病情变化，及时变换药物，并摸索疗效最佳的穴位，用针灸增强声门功能。他见病人每次均需家属请假，陪她从15公里外来就诊，便经常拄杖登门，到病人家去诊病，如此9年多，直至患者转危为安。

耿鉴庭十分推崇明末医学家李士材的一句话“进与病谋，退与心谋”。他是在用心给患者治病。一次，一位突发性耳聋患者从沈阳远道而来就诊。患者听力已完全丧失，四诊合参后，耿鉴庭认为其实象明显，于是试投缓下之剂，约其次日再来。当晚他反复查阅资料，认真研究病情。患者次日复诊，所下无多，仍见脉象洪实，舌苔厚腻，遂投峻剂。3日再诊，舌脉均有好转，但耳聋未愈。他认为此乃上壅之火未清，故取新加黄龙汤，并加入引经清耳之药。至晚，患者心烦，自认难愈，即购票登车返里。一会儿，汽笛鸣了，他忽然对家人说：“车要开了，东西带好没有？”不经意间听力恢复了。学生向耿鉴庭请教，他说，用药如用兵，这是中医特有的“围魏救赵，釜底抽薪”之法。面对疑难病症，他从不推诿敷衍，而是用心琢磨。他使用援兵法之理入医，使治疗成为一种艺术。

耿鉴庭在用药上以轻灵见长，讲究四两拨千斤的功力。他的处方看似轻轻淡淡，价格便宜，但疗效显著。他在药物的变通使用、单味药及验方的开发上下了很多工夫，写有《谈中药的变通使用》、《中草药金莲花》、《咽喉科重点用药特写》、《咽喉茶剂方》、《咽喉丸剂方》、《咽喉外用散剂方》、《咽喉药露》等文章；

在中药的煎煮上十分讲究，写有《煎药用水》、《煎药用火》等文。

关于中药的变通使用，耿鉴庭认为："中药资源相当丰富，中药品种相当繁多，我国疆域广大，过去由于交通不便，尽管是甲地易得之品，往往乙地又是一时不济现象。再则，有些药材本身就是稀少的东西。所以古代医家便想出种种解决的方法来，不但作为权宜之计，而且记录下来供后人参考。"他将此类资料进行整理，述其要者归纳成类；并把近现代在中药变通使用方面临床行之有效的新成果也归纳成类，供临床医生使用。他从限于地域的变通使用、季节性的变通使用、鲜货与干货的变通使用、不同部分的变通使用、同类品的变通使用、功效相似的变通使用、应急的变通使用等多方面进行了论述，为节省药源、方便广大基层医务工作者做了一份实实在在的工作。

耿鉴庭常年在临床一线工作，对中药的使用有深切的体会。《尚书》云："若药不瞑眩，厥疾弗瘳。"盖指有药理反应之药品，方能愈病也。他认为："药与食物有所不同，药之服用，在于治病，欲其治猝病，则每仗有毒之品，虽毒性之大小不同，用之不当，其害则一，故用时须慎。若误用错用，每致病情加重，甚至丧生，文献所载，亦不乏其例。"张仲景在《伤寒论》中即已强调"水能浮舟，亦能覆舟"之辩证观点，虽非针对药物而言，然此论点对整个医药均有指导意义。他用骑马作比喻："昔臧陶斋先生爱骑马，对控御二字深有启悟，认为两者尚须区别观之，'御'乃使其就范，稳步前进；'控'则不然，是于脱缰之时，或未全驯之下，所应采取之紧急措施。若果能控之于先，当更周全。"他认为："治病用药亦然，即使平和无毒，若不允当，亦能误人，况有毒之品乎？故药工加以炮制，一为增强药效，一为控制毒性。而医者又能针对病情，立方遣药，则患者受益良多。倘但悉药之利，未谙药之害，偏信不明，则弊端立起，可不谨诸。"耿鉴庭博览群书，他读到凌晓五（名奂，清代道咸间浙之吴兴人）编写的《本草害利》一书后，感慨良多。凌晓五“目击医人之妄投峻剂，药肆之不遵炮制，病者受害非浅，乃于晚年在其师吴古年《本草分队》之基础上，奋笔草《本草害利》一书。更可贵者，先陈其害，后述其利，既悉其害，方用其利，再详列其炮制方法，对医家、药工、患者均有裨益。虽非定稿，然仁人之言，其利甚溥，字字句句，均为治病救人着想，实为医药工作人员之明鉴，又为广大病家（尤其患慢性病，常亲药饵者）之良好读物”。但该书在昔仅有抄本，因无雕版，故流传甚少。耿鉴庭于20世纪80年代初在中医典籍研究室工作期间，将此书重新刊印，同时自费大量赠送基层医生。他就是这样一个博学勤奋、为中医事业不遗余力的人。

1977年，耿鉴庭发表了题为《漫谈煮散》的文章，内容虽是介绍一种中药汤剂将饮片加工成粗末的剂型，宗旨却是针对社会上流传的对中医用药不正确观点有感而发，如中医开药必须开二三十味的大方和投用人参、鹿茸、羚羊角、犀角（现已代用）始能见效，并以这个标准来衡量医生的优劣等等。其实耿鉴庭早在20世纪五六十年代就在报刊上倡导过小药能治大病，并写过许多文章介绍单方验方和容易被忽略但颇见疗效且常见、易得、价廉的中药。

不少学生和进修生都反映耿鉴庭用药太灵活，不好掌握，好像摸不着规律。其实，这正说明他治疗咽喉病已达到辨证精微、得心应手的境界。我们知道，咽喉病与全身脏腑有着密切的关系，要想当一个好的咽喉科大夫，必须树立整体观念，而不是仅靠几个固定的方子。整体观是中医学的灵魂，对于咽喉病的辨证和治疗除应注意咽喉部本身的特点和专用药外，还要注意全身的症状，只有这样，才能药到病除。

疾病的病因、病机以及转归是有其规律的，人类经过千百年的医疗实践，对于这些规律已有相当的认识。然而由于个体的差异、季节的不同，同一个病，每个人的表现又不尽相同。耿鉴庭在临证中，不但注意病证的规律性，也就是其共性的一面，同时也注意个性的一面，注意患者全身情况对咽喉病的影响。如曾治一慢性咽炎患者李某，患者感冒后引起咽痛已数月，时轻时重，咽干不欲饮，纳差，食后腹胀，四肢冷，二便尚可，脉沉，舌质薄，苔白滑。耿鉴庭治疗时首先注意两点，一是脉沉肢冷，一是舌质薄，苔白滑。脉沉肢冷说明肾气不足，肢冷更说明肾阳虚。舌质薄、苔白滑则是脾虚之征，咽痛咽干为肺虚湿热之征。从症之标本分析，前者为本，后者为标，根据中医学治病必求其本的原则，病已数月，当先治其脾肾。他拟冯氏全真一气汤加减（山药 15g，白术 10g，制附片 5g，熟地 10g，茯苓 10g，甘草 3g，枇杷叶 6g，桔梗 10g）治之，经服 6 剂，肢冷、脉沉、舌苔白滑、质薄等已见功。针对病情的转机，再治其标，给予橘络 10g，玫瑰花 6g，佩兰 10g，木蝴蝶 6g，香附 10g，络石藤 10g，浙贝母 10g，桑枝 10g，藏青果 6g，玄参 10g，牛膝 10g，再服 6 剂而咽痛告愈。耿鉴庭耐心教导学生，慢性咽炎虽有肺虚湿热型，但要注意全身的症状，本案就是一个例子。当然，慢性咽炎还有肺胃虚热型、肺肾阴虚型、肺气虚型、肺阴虚型、肺脾两虚型等等，由于各证型的不同，治疗的方法则不同，同时也要区分标本缓急，或先治其标，后治其本；或先治其本，后治其标；或标本同治。如本案患者属脾肾两虚，肾之阴液对各脏腑起着濡润、滋养作用，肾气对各脏腑起着温煦、生化作用。脾主运化水谷精微，上输于肺，脾肾两虚，则肺气不实，此先治其脾肾、后治肺之理也。

20 世纪 60 年代初，耿鉴庭应邀为一位上层人士诊病。病家出示 1 张处方，药味多得出奇且不说，方中还有 2 味药：雄鸡冠 100 对，鲜鹿心 1 对。耿鉴庭接过此方，为之愕然哑然。排除对症疗效和经济能力，仅方中所列药味病家就根本无法配制。也是在 20 世纪 60 年代初，耿鉴庭路过西四，顺路到长子所在的单位。

该单位某职工的妻子一胎生了 3 个女儿，其中 1 个死于胎黄（新生儿黄疸），成活的 2 个女儿胎黄未退，刚刚出院。该职工听说耿鉴庭来了，即将其请至家中。耿鉴庭为其女儿开了 1 张处方，嘱抓 3 剂。病家担心名医的方子贵，没想到孩子的父亲抓药回来后说：1 剂只花了 3 分钱。3 剂吃完，胎黄尽退。这在单位内传为美谈。

耿鉴庭用药并不排斥贵重药，也不乏用贵重药救人于危殆的病例，他是根据对症疗效、地方药源和患者经济条件综合考虑，变通使用。他从医 60 余年，面对贫病求医者甚多，深知百姓疾苦，长期临证实践，积累了丰富经验，直至今日仍具现实意义。

耿鉴庭治病最重疗效，外用药在耳鼻喉疾病的治疗中非常重要，但现成的外用药在那个年代十分缺乏，为了满足临床需要他常常自己采药。春天他去颐和园收集玉兰花瓣，秋天他到种丝瓜的人家收集丝瓜藤……就这样，他先后研制出 10 余种耳鼻喉疾病外用药。直到现在，中国中医科学院西苑医院还在大量使用他留下的中成药，如治疗慢性咽炎的“靖咽丸”、治疗过敏性鼻炎的“御风健鼻丸”及治疗单纯性鼻炎、儿童鼻炎的“甲号清窍散”、“乙号清窍散”等。在耿鉴庭的支持和努力下，传统中药西瓜霜（桂林西瓜霜）、金莲花（金莲花片）被开发出来，造福于广大咽喉病患者。耿鉴庭的行医生涯，实现了他的座右铭——“一腔浑是活人心”。

传道授业师生情

耿氏六世传医，专医药家学，采百家之长，带学生无数，延 200 余年不衰。晚清至中华人民共和国成立后，南京张泰和堂的闵小纯、镇江山巷的褚润庭等均在喉科界享有盛名，然他们的医术都是耿门所授，可见耿氏喉科桃李繁盛。扬州耿氏喉科委实是一份难得的中医学遗产。

耿鉴庭到中医研究院后，从1955~1959年，担任北京中医进修学校及北京中医学院（现北京中医药大学）的医史课主讲教师。自1956年1月起，承担北京市卫协医师会的中国医史课。1956年6月起，任北京市西医学习中医班金匮组教师。1971~1978年，担任中医研究院西苑医院全国西学中班医史课的授课工作。1978年，被中医研究院聘为首届中医研究生导师，先后带医史文献及临床研究生3批共7名。1987年，又以传统的师承方式收徒弟1名。此外，他一生在临床带教过大批进修生、实习生，桃李满天下。1990年第一批享受国务院政府特殊津贴。晚年，耿鉴庭曾说，我已如蚕开始上山结茧，要将所有的丝全部吐出来，嘉惠来者。他不顾年老体弱，在北京、山东、江苏、湖北等地举办了多期喉科讲习班，无私地将家传六世的大量宝贵经验传授给后人。他还编写了几部喉科专著，给中医喉科留下了宝贵的财富。

1960年，耿鉴庭在酒泉钢铁厂工作期间，为了培养当地的卫生人才，带教了一批学生，有诗《夏历八月十六率领实习生赴酒泉东北郊鸳鸯湖采药并狩猎》为证：

昨夜饱赏中秋月，今日浓沾破晓霜；
两字动人传朔漠，一湖蓄水号鸳鸯。
蘼蘪枸杞俱成熟，苜蓿葡萄倍吐香；
采药数车竟忘倦，跨来赤马猎黄羊。

注：余居祁连山北，海拔甚高，天际无云，故比故乡之月大而且明。

山东是耿鉴庭的祖居地，耿氏喉科源于山东，耿氏祖先从山东迁往扬州，带去了山东故乡的治喉秘方和一些独特的治疗方法，如乌扇（射干）、牡丹花瓣的配伍应用；柿霜的专科用法；丹栀射郁汤治疗急症关下喉痹的特殊疗效；青蘘（即胡麻叶，包括脂麻铃）治疗咽喉不利；嗅吸枳壳花之香气以散结通气；吸入前桔杏苏汤之水蒸气治暴瘖；蛇床子烧烟熏法通关；鲜土牛膝捣汁内服涌吐，等等。所以他对山东有一种特殊的情结。1982 年，年近古稀的耿鉴庭为了把山东当地已经绝迹的中医小科——咽喉口齿科重新振兴起来，专程赴山东举办了传习班。两年后，在当地卫生局与中医学会的主持下，召开了“发扬中医特色，昌明鼻科咽喉口齿科学术交流会”。耿鉴庭在会上指出，中医喉科是极有特色的，比如在喉科急症的内治方面，原是汗法、吐法当头，如有需要随即使用下法，至于清法（亦即所谓消炎）也不是一开始就用，而是有需清之处则清。在外治方面，除中医特有的吹药法外，还有蒸气法、熏法、滴法及吸法等。在针灸、按摩方面，有救急的擒拿法。现在中医喉科手上的功夫很少有人传授了，药物的特殊炮制方法也很少有人会了；对于慢性病，重要的在于调理，许多医生一味地消炎，致使喉科的疗效有所下降，某些精华濒于失传。因此，抢救专科，发挥传统特色，继承遗产，昌明中医是当务之急。与会者一致认为，像这样的小科短期传习班对中医的兴废续绝、继往开来很有意义，强调于继承，着眼于发扬，鼓舞了士气。有诗为证：

七十重逢甲子春，节交谷雨又经旬；
两年复晤诸同学，三日倾谈得博询。
喜见新苗多茁壮，扩观百福竟骈臻；
牡丹岂属因寒勒，或是含香待旅人。

为了将扬州的喉科发扬光大，耿鉴庭多次回故乡扬州举办讲习班。为此，他倾注了大量心血，亲自编写教材；为了使学员开阔眼界，他把中医研究院相关的 100 多本珍贵图书制成幻灯片；为了使学员们学完就能用得上，他将咽喉科常用药加工好，一袋一袋分发给学员。为了喉科的发展，他就是这样孜孜不倦地工作。

耿鉴庭临床经验丰富，验方、秘方颇多，对于这些一般认为秘不可宣的私有财产，他的态度尤为令人敬佩。他带学生时，每每不厌其详地多方介绍，公开那些对证适用的祖传秘方，毫无半点保留地反复讲解，唯恐学生不能掌握。他的经验，既继承了中医典籍的相关论著，有所本源，也是耿氏医药道术的传承与演进，是耿鉴庭作为一名中医师慈怀医德的构成元素。一次他的一位研究生的朋友患了“梅核气”，该研究生向他求教。耿鉴庭不仅将家传验方告诉她，而且叮嘱说：时下自采之物要注意农药，要反复晾晒、冲洗后方能使用。患者遵方服药，旋即病情大减，继而痊愈。学生在回忆耿鉴庭的文章中写道：“他曾经对我们讲，家传秘方都是长者在桌子上用手指蘸着水写，写一句背一句，背下来就马上擦掉，从不留墨迹传人。如今耿老却将家传秘方，及自己数十年的经验编撰成书，广布于世，《喉科正宗》、《咽喉科传灯录》等，都是他在祖传验方基础上再创造的传世佳作。”

耿鉴庭对弟子要求很严格，他以自己严谨的治学态度对弟子言传身教，一丝不苟。一次，他带一位研究生去北京医院为中央领导人会诊，由于时间紧，在写病历时，学生只把病情和他口授的方药记了下来，没有写明辨证方法。还未离开诊室，耿鉴庭就严厉地批评了学生，教导学生必须养成写完整病历的习惯。学生后来说：“对于这样审谛覃思、精勤不倦的好导师，还能说半个不字吗？”耿鉴庭经常说：医学是门仁术，性命所系，不可一丝玩忽，必须遵从先贤“博学之，审问之，慎思之，明辨之，笃行之”的至理名言，丝毫不得懈怠。

金石考古研医史

医史研究是耿鉴庭医学实践和成就的重要组成部分。他自幼在传统文化氛围和清代扬州学派流绪的熏陶下，刻苦自学，打下了文献目录、文字训诂和金石碑帖研究的坚实基础。他对医史人物的研究，除反映在他讲授医史的教材和讲稿中对经典著作的作者和著名医家有独到的解读和引证大量史料外，还对散见于历史文献中的医药相关人物多有阐扬创见。如在《夏春农和吴尚先》中讲了一个伟大出自平凡的医学家夏春农。夏春农自幼家贫，父亲是更夫，他在名医家做书僮。名医的两个儿子不喜欢读书，夏春农常常替他们背书，后得老先生赏识，让他伴读，再后收为弟子。当时喉痧（猩红热）流行，死亡率很高，他在实践中形成了一套有效的治疗方法，编成《疫喉浅论》，流传后世。另一位外治法大家吴尚先，出身于文学世家，但他肯于深入民间，接近贫苦大众，用简单易行无流弊的外治法治疗疾病。他着眼于僻乡，躬行于灾区，法稳而效宏，悦近来远，为广大患者所称道。耿鉴庭在《胡濙搜集验方的史实》中介绍了胡濙。朱棣十分器重胡濙，命他出使四方，“西北旋转于沙漠，东南经涉于海隅”，其本意是寻找侄子建文帝的下落，但胡濙“出身医家……夙承教养，尝趋孔孟之门庭，重沐熏陶，复究轩岐之事业”，他利用这一机会，前后 17 年，收集整理了 3963 个方子，编写出一本《卫生易简方》，流传至今。耿鉴庭在《文成公主与中药入藏》中提到，在文成公主入藏以前，唐代藏医大师宇妥·元丹贡布的《脉学师承记》里即有中医的三部九候脉法。文成公主入藏，带去了药方和药材，还带去了医生。松赞干布接受了文成公主的建议，整理医学著作，在藏医、汉医的共同努力下，编写了医学巨著《无畏的武器》。这是一部以中医理论体系为主，总结了藏族人民与疾病作斗争的经验，又博采蒙古医疗经验以及印度医学成就的著作。耿鉴庭又在《马可波罗行记里的中国医药见闻的记载》里谈到，马可波罗在元代宫廷里看到帝王进餐时，宫人送菜都用皮纸罩上自己的口鼻，防止把不洁之气传播扩散；在忽思慧的《饮膳正要》中可以看到防止饮食中毒的许多记载；这些说明元代宫廷十分重视饮食卫生。他还在《杜甫的采药、种药、卖药事迹》中用杜甫的诗反映了杜甫一生与药的关系，如在《寓怀》中“鄙夫到巫峡，三岁如转烛……编莲石城东，采药山北谷”；在《有客诗》中“不嫌野外无供给，乘兴还来看药栏”；在《远游》中“种药扶衰病，吟诗解叹嗟”。又如他的《太平天国医林人物传》、《太平天国兼通中西医学的一位政治家干王洪仁玕》和《元稹的咏病诗》等文章的发表，拓展了中医史研究的文化视野，丰富了中国医药与社会关系价值的认识。

耿鉴庭对历史人物的研究着力最多、时间最长、影响最大的是唐代鉴真和尚。这不能不提到耿鉴庭治学的历史文化背景。他的历史文化研究有两条主线，一条是医史文化，另一条是扬州历史文化。医史文化是他对祖国医学执著探求的延伸，是他医学成就的组成部分；而扬州的历史文化既是乡情，又是哺育他成长并得以升华的文化氛围，它铸就了耿鉴庭的人文风范。对鉴真和尚的研究，正是处在这两条主线的交结点上，成为伴随他毕生的重要课题。作为1300多年前中日文化交流的使者，鉴真的文化影响不只局限于医药学领域，而且反映在宗教、建筑、雕塑等诸多方面。当鉴真作为重要的历史人物还鲜为人知的时候，耿鉴庭从日本人藤原佐世的《日本国见在书目》及深江辅仁的《本草和名》中首次发现了鉴真大和尚曾有医术临床研究成果——《鉴上人秘方》面世，惜已失传，但他仍从丹波康赖的《医心方》所辑的脚气入腹方、鉴真服钟乳随年齿方、诃黎勒丸中，窥探到鉴真原著的博大精深。也许正是从研究《鉴上人秘方》起步，耿鉴庭确定了走近鉴真的终生目标。他进而追根溯源，找出这本医著背后鉴真青囊济世的原委。鉴别药物和善于使用单方验方两大绝招，苦心求方术、棘手去沉疴所达到的高峰，使鉴真在日本无可争辩地登上了医药始祖的地位。鉴真为光明皇太后治疗慢性病效果很好，因而受赐水田100町。特别令耿鉴庭自豪的是，他有幸与鉴真大师是同乡。于是，他穿越历史的隧道，研究的目光开始突破医学领域而涉及整个鉴真。1941年，耿鉴庭在《中华医史杂志》上发表了《鉴真和尚考》，并附有英文提要，这是国内关于鉴真研究的

第一篇专论，也是国内第一篇系统介绍鉴真大和尚东渡日本，并突出其在日本传播中国医药文化的论文，得到了医史学界的重视。著名医史学家范行准为其写了跋，揭开了鉴真学术研究的序幕，将一段中日文化交流的历史佳话，转化成促进现代中日交流的有声有色的篇章。

在晋京工作后，耿鉴庭将鉴真的事迹和自己的研究成果介绍给赵朴初，得到了国务院相关部门的高度重视，决定在扬州大明寺兴建鉴真和尚纪念堂，并请梁思成亲自规划设计方案。纪念堂于1974年建成开放。1980年日本唐招提寺鉴真遗像被迎请回国，在中国历史博物馆和扬州鉴真纪念堂巡回供奉。耿鉴庭被任命为国务院鉴真遗像迎奉委员会委员，参与盛典。他撰写的《中日科技交流史上的鉴真》一书，由楚图南题写书名。《北京晚报》于当年3月20日在头版刊登了长篇专访《同天风月弟兄邦——访鉴真通老中医耿鉴庭先生》。耿鉴庭少年时代好学，青年时代多思，好学多思贯穿一生。他晚年曾在文章中说："余喜欢畅想，但畅想也往往变为现实，如鉴真纪念堂，30年代末期即已公开呼吁，直到70年代，毕竟还是实现了。"

耿鉴庭对医史的研究，从未脱离中国科学技术史这一范畴，并汲取相关学科研究的方法和理念，除广征博引掌握文献资料外，还对医药文物进行了深入的研究，大到医史人物的故乡故里、遗踪遗迹的追寻探访，小到医药器具的铭文辨识、功能解析，在医史研究中另辟了一条蹊径。他在担任北京医史学会主任委员期间，还发起了对蒙、藏医学的研究及对道家丘处机的研究，《人民日报》、《文汇报》、《北京日报》、《健康报》等多家报纸对此进行过报道。藏医和蒙医是中国医药的一部分，但由于历史的原因，未能得到很好的交流和应有的发展，尤其在有人扬言要废止中医的年代，少数民族医学的情况更是可想而知。而在《黄帝内经》中提到的东、西、南、北、中五方，其中的西方、北方即包括了藏、蒙。从内蒙古、青海考古发掘的文物中，也有不少战国时期的文物；而内蒙古地区的特产药物肉苁蓉、甘南藏族自治州及青海高原的特产麝香，很早就编入了《神农本草经》；在汉代居延汉简里也有很多中医的医方和医案；在隋代医书《巢氏病源》中已有青藏高原特有的病——“氐羌毒候”，说明古代医家已注意到少数民族地区地方病的防治。藏医擅长灸法，对治疗高原地区的地方病和多发病有丰富的经验，他们使用的药有嗅、熏、涂、擦和内服等多种用法。藏医传入蒙古约在元代，相传因王子患病，由喇嘛藏医治愈，因而藏医在蒙古得到与佛教同样的崇尚。蒙古人以狩猎为主业之一，所以骨科病常见，因而蒙医这方面的经验特别丰富。比如他们学习“碎骨接合”法，常把一根竹筷子削成几块放在沙袋里，然后隔着沙袋，用手把它们接起来。到了明代，有少数民族医师到北京行医，如扎失列即是北京广济寺的开山祖师。寺内有一块成化庚子的碑，碑文中记载了扎失列在北京行医的情况。清代的史籍和笔记中也有很多蒙医的记载。如有关丘处机的研究，长春真人丘处机曾被成吉思汗请到撒嘛耳汗去传授养生之道，其经过由其大弟子李志常写成《长春真人西游记》。书中提到经过蒙古草原时看到的当地土特产肉苁蓉，当地人称之为“兀速草”、“爱不速”、“唆眼水”。耿鉴庭的研究成果不仅发表于业内学术刊物，而且常见于文物考古研究的学术园地，拓展了医史研究的社会空间和学术价值认知范围。

耿鉴庭在20世纪50年代即提出对清宫医案进行研究，他曾策划并组织北京医学会参观故宫博物院御药房的医药实物，与溥仪交谈过其所得疾病与医疗情况，访问过老太监集中居住之处。他亲自参与故宫宫廷医药器具的鉴定和宫廷御医档案的研究，并参与重大考古发现——河北满城中山靖王墓出土文物的研究、湖南长沙马王堆汉墓出土女尸，以及医药文物的考察研究等，且均有相关论文发表。如《关于古刺水——故宫御药房实物介绍》、医史学家在介绍中外医学交流史的时候，都要提到“古剌水”，但“古剌水”到底是什么东西？有什么用途？为什么叫古剌？对此文献上有不少记载，且众说纷纭。1962年7月，耿鉴庭有幸在故宫御药房的仓库里发现了它。又如《故宫御药房实物介绍之一——按摩器》、《故宫御药房实物介绍之二——熏眼器》、《西汉刘胜墓出土的医疗器具》、《从西汉“医工”铜盆的发现来探讨“医工”这一名词的变化使用》、《我国已发现的最早医方——帛书“五十二病方”》、《中外医学交流史上的新发现：福建泉州湾发掘出一艘宋代木造海船以及装载的大量药材》，等等。

洛阳龙门石窟药方洞开凿于北齐时代，以甬道上刻有唐代药方140多首而得名。耿鉴庭对药方洞的研究甚早，1955年在《中华医史杂志》发表了题为《医药金石过眼录》一文，其中一节专门讲述了“北齐龙门治疾方”，“龙门古验方，其治效经试，十九皆有神验”。药方涉及内科、外科、神经科、妇科、儿科及五官科等病证，剂型包括丸、散、膏、汤及外敷用药。孙思邈《备急千金方》十卷就引用了“龙门方·治赤白痢方”。“药方洞，洞外雕刻极精，日人曾摄其影，收入世界美术全集第八卷中。廿年前曾翻一影，今以旧影载出。屡经兵灾，洞不识仍其旧否？颇思前往调查，作竟日之摩挲，洗石而亲施毡蜡也。”后来终达其始愿。至今，龙门石窟的药方洞窟檐仍悬挂耿鉴庭手书的“龙门药方洞”金字匾。

金石考古与医药看似相去甚远，但在耿鉴庭的眼中，医史、医药文献离不开金石考古，而且他将中国传统文化如同中医学对人体的认识一样，当做一个完整的机体来对待。他的治学精神往往是从小处入手，从不放过任何细节。在家藏的汉碑拓本中，有他夹入的一些字条，如“某字于某代拓本中未残”，是他在故宫博物院参观后归来所记。正是这样的积累，成就了他广博的文化视野。1958年，世界和平理事会提名元代杂剧大家关汉卿为世界文化名人，北京将隆重举行关汉卿戏剧活动700周年纪念大会。耿鉴庭闻讯后即向筹备部门去信，指出《录鬼簿》中记载，关汉卿曾任“太医院尹”，元代的“医户”与太医院关系密切，并引证了关汉卿杂剧中有关医事的描写，认为关汉卿不仅是剧作家，还是一位医学家。为此，耿鉴庭以医界代表身份应邀参加了纪念活动。《录鬼簿》是元代后期钟嗣成所写的一部关于元代戏曲的史料性著作。耿氏自山东迁扬州后，世代有医余研习昆曲的爱好。耿鉴庭的父亲耿耀庭曾是清末民初扬州昆曲界的中坚人物，交往中多有医界、文化界饱学兼擅拍曲自娱的曲友；家中也不乏这方面的藏书。对关汉卿的了解，应是耿鉴庭青少年时代耳濡目染的记忆。

对传统医药典籍和医史人物的研究可以说是耿鉴庭的又一事业。1955年前，他在扬州时，邮差老张每天都要两次到耿家巷3号（今32号）送邮件。老张家住耿家巷北侧的小耿家巷，与耿氏医寓后院仅一墙之隔。遇有报纸、信件没送到，晚上出诊归来的耿鉴庭必隔墙问个究竟。当时他订的报纸多系上海出版，送到已是隔日。因为多为南京的火轮船运输，故延误之事经常有之。信件多来自沪宁一带的医药学家和文化界人士，内容多为学术探讨和医药动态情况通报，其中不乏他投稿的报刊。有一封梅兰芳的亲笔信至今保存在耿鉴庭的遗物中。原来耿鉴庭在上海参加学术会议期间，曾观看了梅兰芳的新编历史剧《战金山》，讲的是梁红玉击鼓战金山的故事。返扬州后，耿鉴庭检出扬州城砖中刻铸有“镇江水军”字样的拓片寄给了梅兰芳，并说明南宋之际增筑扬州城墙抵抗金兵，“镇江水军”即为韩世忠水师番号，正是《战金山》历史剧的文物依据。梅兰芳为此亲笔写信致谢。后来此事被梅兰芳的秘书许姬传写成文章，收在梅兰芳的文集中。

耿鉴庭对文物具有广博的视野，对医药文物的研究与阐发更是深入，并伴随他医药研究和学术活动的始终，相关著述在他的文章中占有相当比重。他以金石考古为基础进行医史学研究，勤奋耕耘，从20世纪50年代起他即以《医药金石过眼录》和《医史札记》作为总题目陆续发表了系列论文，前后达30余年。他去世后，中国中医科学院张瑞贤在《耿老我们永远怀念您》的悼念文章中写道："看到耿老的《医药金石过眼录》，很是佩服。我们医史专业的研究生毕业答辩，几乎每人都要请耿老当答辩委员，在旁听中，往往为耿老的博学所折服。耿老是医史界的老前辈，他的去世，对医史界是一大损失。"

辨章学术考源流

2008年7月23日，《中华读书报》刊载了这样一条消息："《中国中医古籍总目》撩开中医文献家底的'盖头'"。文章写道："一部由中国中医科学院主持，联合全国中医院校及各系统图书资料馆编纂，全面系统反映中国中医文献'家底'的大型工具书——《中国中医古籍总目》，在历经前后40余年编纂后，近日由上海辞书出版社出版。"这不禁让我们想起这项工作的主要发起者之——耿鉴庭。

耿鉴庭在前辈的熏陶下，少年时即开始走上学习中医和文史的道路，他如饥似渴地阅读所能见到的各种医学和文史方面的书籍。20岁时进入江苏医政学院学习，在那里接触到很多中西医名流，看到不少古今名著，这使他眼界大开。回到故乡以后，他决心学习张仲景"勤求古训，博采众方"及皇甫谧"习览经方，手不辍卷"的精神，专心致志，苦读深研，穷究博览，全面地了解祖国医学及其发展历史。当时由于家中藏书有限，扬州的藏书家又往往秘不示人，所以他便在为藏书家看病时概不收费，以借书为酬。年代久远的古书每有残缺，他便在读书时把破损处修好，对书中缺页、误字等都记下来，细加考证，使原主人得知其详。

很多藏书家因此常常主动把善本、珍本古籍借给他阅读，使他受益匪浅。耿鉴庭多年求学从医的道路，使他深知书籍的宝贵及其重要意义，同时亦痛感读书难、读医书更难。因此，在调入中医研究院工作后，他便以整理医书为己任。

1955 年，耿鉴庭被调往中医研究院编审室工作，同时兼任中华医学会北京分会常务理事、学术组副组长，被中华医学会总会聘为《医学史与保健组织》编委会委员。在此期间，他发表了大量医史文献方面的文章。1958 年 6 月，英国著名科学史专家李约瑟博士访华，耿鉴庭作为医史文献学家与他进行了广泛深入的学术交流，并留下了珍贵的照片。李约瑟博士送给他一本自己编写的《战时中国之科学》，题字“送给我的朋友耿鉴庭”。20 年后，1978 年 5 月，两位老朋友再次相见，探讨共同感兴趣的话题，这成为中国自然科学史研究上的一段佳话。

耿鉴庭认识到，中医古籍浩如烟海，自战国以来，世代相传，至今积累有万余种。但自明代殷仲春编纂《医藏书目》后，未再见有大型中医专科书目的编纂出版，因此，编纂一部中医古籍总目是非常必要的。他认为：“中医书中有很多是大同小异的，而精华所在往往在于小异，独到见解也往往寓于小异”，故“这部大典，必得把不同学说全部收集起来，除公认确实不经者外，不能有所取舍，要使看过这部书的人基本上等于浏览了万种以上的书，借以启发大家的思路，产生出更多新的成果。”于是，他在编审室工作期间，用了近两年时间，将中医研究院建院时接收的大量医药与文史图书进行了分类整理，其中医书共分为 12 大类。他又按类编成书目。1958 年，耿鉴庭作为主要发起人，以他两年来的工作为基础，与北京图书馆协作，把全国 59 家图书馆和两位私人藏书家收藏的中医图书，共 7661 种编成第一部《全国中医图书联合目录》，作为向国庆 10 周年的献礼。这项工作开启了当代大型中医专科书目编纂之先河。由于当时的客观条件所限，该书未能正式出版，但在此后的40余年中，中医文献工作者在该书的基础上做了大量工作，1991年编写了第2版，2007年以《中国中医古籍总目》正式出版。我国古籍有10万余种，中医古籍约占十分之一。到目前为止，只有中医古籍编写了总目，“家底”清楚。其中耿鉴庭功不可没。耿鉴庭晚年回忆这段往事时写道：“乙酉冬日，中华人民共和国卫生部成立中医研究院，入藏大批中医图书，余参与整理编目。因过去分类太笼统，乃先从插架入手，根据现存之书排班列队，几经移易，最后归纳为12大类。王文鼎同志嘱以地支为号，其序列则依各类代表性著作出现之时为首，其余以类相从，显示出中医书之一定特点，迄今中医研究院图书馆仍在使用。若以现代图书分类法衡之，则其中可商之处当甚多，兹不计工拙，重为印出，作为往史，备专业同仁之参考，并就正于有道焉。”业内人士指出：“《中国中医古籍总目》的出版，不但对中医学、中医文献的研究起到了‘辨章学术，考镜源流’的作用，对我国正在进行的古籍保护和古籍资源调查也不失为一部重要的参考工具书。”

1959年，耿鉴庭参加医疗队赴酒泉钢铁公司工作10个月，其间他除了日常的医疗工作外，还主编了《酒泉市中医图书联合目录》。

1978年以后，耿鉴庭主编了《广陵医籍丛刊》，遍收扬州医家及流寓扬州的外籍医家著作的各种刻本与稿本，在每项著作前都加入题跋及序，使扬州地方中医典籍的特点及成就得以弘扬，这在中医地方典籍出版史上是个首创，丰富了中医典籍宝库。

20世纪70年代末，耿鉴庭殷忧中医古籍散落的现状，奋起为组建中医古籍出版社奔走呼吁。1979年的冬天很冷，他手拄拐杖，挤公共汽车，到各相关部门游说。在他的努力下，中医古籍出版社成立了，预示着中医孤、善本的搜集整理与编纂工作开始走上专业化、系统化道路。

鉴于耿鉴庭在中医文献方面的贡献，20世纪80年代末，他被聘为国务院古籍整理出版规划小组顾问、中国中医研究院图书馆名誉顾问。

博学多才源勤奋

耿鉴庭的博学多才，有口皆碑。当学生问其原因时，他讲了这样一段话："我20多岁以后，来诊者已门庭若市，这样就使自己读书的时间相对减少了。有一次，我阅读杂志，看到两首诗，很受启发。一首是：无事学书剑，一日如两日；人活七十年，我已百四十。还有一首是：无事静眠卧，卧起日当午；人活七十年，我才三十五。《三国志》里《魏志·王肃传》裴松之注中记：魏人董遇常教学生'为学当以三余'。问其三余之意，遇言'冬者岁之余，夜者日之余，阴雨者晴之余也'。于是，更加坚定了我抓紧一切可以利用的时间读书的决心，把夜阑人静、冬寒扰寐、细雨连绵之时，作为钻研学问的大好机会。日子久了，颇有'水到自然渠成'之感。"

耿鉴庭的勤奋是一般人难以企及的。在抗战时期，日军进了扬州城，他随家人逃难到扬州乡下公道桥。在那兵荒马乱的年代，他硬是在逃难的路上背下了整本《伤寒论》。

耿鉴庭年少学医，边干边学。在他自己独立应诊后，随着求诊者的日益增多，种种疑难杂症也纷至沓来。为了解决这些疑难问题，他不停地向书本请教。他认为，"这种有针对性的学习，确是学以致用的门径。"欧阳修在《泷冈阡表》中记载了母亲的一段话："汝父为吏，尝夜烛治官书，屡废而叹。吾问之，则曰：'此死狱也，我求其生不得耳。'吾曰：'生可求乎？'曰：'求其生而不得，则死者与我皆无恨也；矧求而有得邪，以其有得，则知不求而死者有恨也。'"耿鉴庭说："治病何尝不是如此呢？假如我们遇到难治或不治之症，而不费尽心血，反复研究，以致患者失去治愈的机会，难道不会使病人与我皆为之悔恨吗？”“古人有一句诗叫做‘诗困少睡成’。为了作诗，可以牺牲睡眠，反复推敲，难道事关人命的医疗问题不应该如此吗？我正是坚持了这种医疗态度和学习方法，才使求诊者大都满意而归，学术上也不断有所长进。”

20 世纪 30 年代，西医在国内已逐步推广，开明的耿鉴庭认为，西医也有很多长处，应吸取西医的长处来弥补中医的不足。1934 年，正逢江苏医政学院（今南京医科大学）招生，他便怀着迫切的愿望去学习。学习归来后，挂牌“中西合诊耿氏医室”，在扬州开了中西医结合的先河，一时名声远扬，病人纷至沓来。扬州发电厂总工程师简及之的儿子留学美国，学成归来带回一个美国太太。这对年轻夫妇游泰州时，太太双手传染上了红疹，在扬州找了好几位名西医，却总治不好，无奈之下就诊于耿鉴庭。耿鉴庭采用中草药加西药注射的方法，为她双手的红疹除了根，使这位洋夫人深信中医。还有一次，邻居的儿子得了白喉，这在当时属重病，耿鉴庭也是以中药为主，辅以西药针剂，使之很快痊愈。病家一位留学法国从事西医的亲戚听了这件事，详细了解了耿鉴庭的治疗方案，确认耿鉴庭运用西药精确无误，并深深折服中医中药的特殊功能，十分称赞这种治疗方法。后来，邻居家登报鸣谢，在扬州城产生很大影响。

由于耿鉴庭的好学勤奋，他在扬州的名声越来越大，来就医者遍及社会各阶层，但他始终以治病救人为本，从不分贫富贵贱，其医德医风在扬州有口皆碑。1970 年，耿鉴庭的长女赴江西干校，途经扬州，到国庆路一家皮鞋店修理皮鞋。当接活的老工人看了报修单上的姓名、住址后，取下他的老花镜，仔细地端详着来客，并问：“你是老先生的姑娘，还是小先生的姑娘？”她回答说：“我是小先生的大女儿。”老工人脱口而出：“啊！几十年啦，我的这条命，多亏了你们家小先生。老先生去世后，听说小先生到北京去替人看病了。”老工人的话代表了故乡人民对耿鉴庭的深深思念。

耿鉴庭能以地道的文言文写作，也能以严谨的格律作旧体诗，虽不擅绘画，但对中国传统的书法、绘画有深刻的领悟和见解。无论是在家乡扬州，还是居京工作生活，近半个世纪中，他结识了一批文化界的人士，且情谊甚笃。他们常一起谈诗论画，并与更多的历史、文物、考古界的朋友，探讨学术，交流成果。这成为他读书、临床之外的又一爱好。郭沫若曾给他题字“好自口中出 春从手上生”。邓拓曾题词“歌吹古扬州”。章士钊的《柳文指要》付梓之时，特收入耿鉴庭《书论石钟乳书后》一文，其中对服寒石散之源流详为疏证。章老晚年，疾恙亦多延用耿鉴庭的方药。

耿鉴庭习惯用毛笔处方，且形成了一手很有特色的书体，但他从来不以书法自诩，晚年或应求以隶书题写过一些匾额和书名，如龙门药方洞的匾额、桐乡桐君庙的楹联等。有请他书写条幅扇面的他都婉言谢绝。20世纪60年代初，赵朴初由西四大拐棒胡同迁居至长安街新华门对面的胡同内，耿鉴庭集杜甫诗句成两首绝句致贺，第一首为“先生有才过屈宋，庾信文章老更成，鳞介腥膻素不食，湖月林风相与清”。第二首的末两句为“云近蓬莱常五色，高飞燕雀贺新成”。这两首绝句是将杜甫八首诗中的佳句经过重新组合而成，甚为契合朴老的诗人气质。特别是描写朴老一生茹素和新居临近中南海两句，更是信手拈来，天衣无缝，堪称妙绝。朴老读到贺诗以后甚为高兴，感佩之余，特别着人传话，希望他将贺诗写成条幅以布置新居，但他终以书法自谦而未能如约。

耿鉴庭医余所写散文作品亦甚通达切题，晓畅自然。20世纪80年代初，他曾于《北京晚报》发表纪念翦伯赞与北大其他几位教授的短文，被从未交往的著名作家汪曾祺看到，称其为难得的好文章，特别撰文推荐耿鉴庭的文风，一时传为佳话。

耿鉴庭身后所存遗墨遗稿甚多，许多著述是用毛笔蘸蓝墨水书写在废报纸上的。他有数十年的剪报习惯。他收藏的碑帖、题签、题跋都是用宣纸或与原书相同的纸墨笔小楷写成，粘贴在大小一律的碑帖拓本背面。这些碑帖的题跋考证反映了耿鉴庭在金石考古方面的功底，可惜他未能抽出空闲作系统的编辑整理，实为其平生之憾事。

有人在评价耿鉴庭的学术成就时，将其喻为中国传统医学的通才。虽有过誉之嫌，但综观他的一生，其涉猎领域之广博、问题发微之深入、学术成果之丰硕、临床实践之效验、人文视野之开阔，不愧为医家中之典范。他晚年提出编撰《中医大典》的倡议，正是站在弘扬中医文化的高度，既源自对中医药学几千年博大精深文化的认识，又对弘扬中医药学寄予了无限希望。

勤劳四肢话养生

耿氏家族是一个长寿家族，耿鉴庭的曾祖母、祖母、姑母分别活到92、94、93岁。所以，耿家的堂屋里有一块匾额，上面写着“三度九十堂”。名刻印家桑宝松还刻了一块“寿堂三度庆九十”的印章送给耿鉴庭。耿家有一句家训：“勤劳四肢百骸即能健身养生”。耿鉴庭的父亲活到83岁，一生除了看病以外，也是手不停，脚不住。在70岁那年，他自刻“古稀碌老”印一方，他说，除自用外，还要留给子孙。碌，就是忙碌与劳碌，要做利人的事。耿鉴庭70岁的时候，在一篇文章中写道：“我也70了，尽管检查起来有这样那样的上得了纲又上不了纲的小毛病，可是奔波劳碌、开会、讲学、办班、访古（医药考古），没有恐病怕死的顾虑，但有昌明中医的信念。不但要昌明中医，而且要绵延中医——能治病的传统中医。”他非常欣赏岳飞的一副对联：“日月却从闲里过，功名不向懒中求。”意思是说，要勤劳，不能懒惰，成就是不会自己送上门来的。《说文》:“勤，劳也。”《尔雅·释诂》:“劳，勤也。”这两字可以互训。耿氏高祖教育子孙，既要劳，且要勤。把劳专指动作，把勤指为有恒。养生就是把锻炼寓于工作之中，把五禽戏糅在家务劳动中进行。学五禽的动作是为了保持身体的健康，“戏”是保持心理的健康，合起来，就能达到身心健康，延长寿命。

耿鉴庭在医疗实践中十分重视“预防为主”，他对中国传统的五官保健有深入的研究。五官，古代称为七窍，是指鼻、眼、耳（均为双窍）、口（为单窍），总数为七。鼻在头面部的正中，主呼吸，与人的生命攸关，往往在五官之中首先提到它。

关于鼻，《内经》云:“肺气通于鼻”。鼻主呼吸，是吐故纳新的门户。假若鼻塞不通，冷空气由口腔进入，有可能继发肺部感染，对老年人往往还有生命危险。防止鼻塞可用热水蒸气暖鼻，以改善其气血周流；也可以用冷水洗脸，以增强抗寒能力。另外，适当做些按摩，对于鼻的保健也有很大作用。如按摩鼻两侧的迎香穴、巨髎穴。或用手指捏住两鼻翼，使它闭一会儿气，再放开。或按住一侧鼻孔，仅让另一侧鼻孔通气，这些都是强健鼻部功能的好方法。

以肢体运动为主的锻炼，大都是与呼吸相配合的。如八段锦的两手托天、左右开弓、两手攀足、摇头摆尾，等等。如果动作与呼吸配合得好，会收到更好的锻炼效果。

为了增强人们的鼻保健意识，耿鉴庭在《健康报》发表了颇为引人注目的文章——《早春，姑娘宜戴帽》。文章中说：“我在60~70年代10多年间，曾诊治了大量鼻病，尤其是冬春两季。患者以女青年为多，发病大致有两个高潮，一是入冬大风之后和气温骤降之时，二是早春气温回升之际。为什么女青年容易在这样的季节患鼻炎呢？鼻是暴露在外的器官，又是呼吸系统的门户，在气温变化较大的季节，很容易受寒……有人把长期慢性鼻病称为‘脑寒’是有一定道理的。早春时节，姑娘们常常有‘春喜着单’的心理，许多地区扎头巾也是把头顶部暴露在外，这样就很容易受寒。防治鼻病要注意顶门保温，最简单的办法是戴一顶帽子。若能在帽内对准顶门（即囟会、上星、神庭三穴的所在地）的地方缝一块手掌大小的皮子效果会更好。当然，受寒仅是鼻病的一个主要诱因，预防方法也绝非防寒一项，但临床实践证明，注意顶门保温对女同志防治鼻病是有一定作用的。”

关于口，耿鉴庭在许多场合介绍了古代养生家在口、唇、齿、舌方面的保健方法，如口的张合（上腭不动、下腭动，练颊车穴，促进血液流通）、齿的叩动（空嚼动作）、咬紧（道家认为，男子解小便时咬紧牙关有健齿益肾的作用）、舌抵上腭和抵门齿（口干时作此动作很快就能分泌唾液）、颊鼓气与内缩（增加唾液分泌），这些动作配合呼吸，对于健齿和健身均有裨益。相反，有了较严重的疾病，也会在口有所表现，如缀口（小儿破伤风、脑膜炎时口部表现）、张口（嘴合不拢，反映脑子有病）、口歪（面神经麻痹）、弄舌（小儿高烧，侵犯到神经系统）、舒舌（舌头一会儿伸出一会儿又缩回去，小儿有消化道疾病）、吐舌（舔嘴，口腔干燥）、舌卷（舌伸不直，急性传染病到了危险期），等等。在咽喉的养生方面，他特别主张要呼吸新鲜空气，吸入清气，呼出浊气，吐故纳新，同时要预防风寒与燥热的侵袭。在生活起居方面，要“开窗户以通天气，居楼下以接地气，宽松衣带，以流通血气”。

关于目，保护眼睛和保护视力在养生方面称之为养目。少消耗视力，是一个方面；锻炼视力，是另一个方面，前者俗说是闭目养神，内行话又叫做收视反听。总的说，是少消耗而已。锻炼视力的方法如清晨看远山，数树木，看屋数瓦，聚光观察细微的东西，等等。也可以把养目与锻炼结合在一起。耿鉴庭说：“在我的家乡扬州，老年无事的人，往往都要养几盆蒲草，清晨，用剪子修其枯尖，这是养目练目的良好方法。因为绿色对目是有益的，鉴别绿与枯，修去其枯而保存其绿，就是练视力，可以说是一举两得。这与蒙古草原上的老年人清晨远望草地有相同的意义。据专家研究，蒙古晨看草地的老人，其视力都能保持得很好。”

关于耳，耳朵是不能自己动的，仅个别人的耳翼能做轻微的活动。养生家每每鼓气，以使耳膜振动。如果鼓膜老是不动就会老化，听音就不灵了。耳膜鼓气，可保持听觉灵敏。老年人经常登山也是健身的好方法，在拄杖爬山时，配合着发“唉……猴……唉……猴”两个音，一是张口，一是合口，能调节耳的鼓膜，与飞机上升时嚼口香糖的效果是一样的。捂着耳朵鸣天鼓也是耳保健的好方法。“不少人自我保健往往不把方法和原理轻易示人，像上山发‘唉’、‘猴’两音，也是很长时间以后，人家才告诉我的。有一老者，曾每天清晨爬颐和园的佛香阁。我第一次问他，回答是打号子。第二次又问，他便开玩笑地说是‘唉’着学猴子。第三次，他因我是耳科医生，又研究养生学，才把真相告诉我。他发‘唉’音时落左脚，发‘猴’音时落右脚，两音以后拐杖落地，如此反复。据老人讲，这样就是到了山顶，也不气喘，不心跳，不疲乏，不腿酸。因为爬山是下肢吃力，这样便可把气提到上部来。看来，这话是有一定道理的。”耿鉴庭就是这样不断地探索养生保健的方法，并毫无保留地传授给人们。

耿鉴庭的一生，是中国传统文化所造就的典型的知识分子的一生，自幼温柔敦厚的家教，塑造出他处世正直、与人为善、宠辱不惊、自奉菲薄、豁达大度的美德。凡与他接触过的人，无不留有深刻的印象。耿鉴庭于医界以通达博雅著称，各家学说无不通晓，但从不以一宗一派自诩而囿于成见。他以弘扬中华文化为己任，乃博学多才的一代儒医。其学养之隆厚，医道之荣秀，深植于传统文化之沃壤中！

（撰稿人 耿引循 耿刘同）

俞慎初卷

俞慎初（1915—2002）

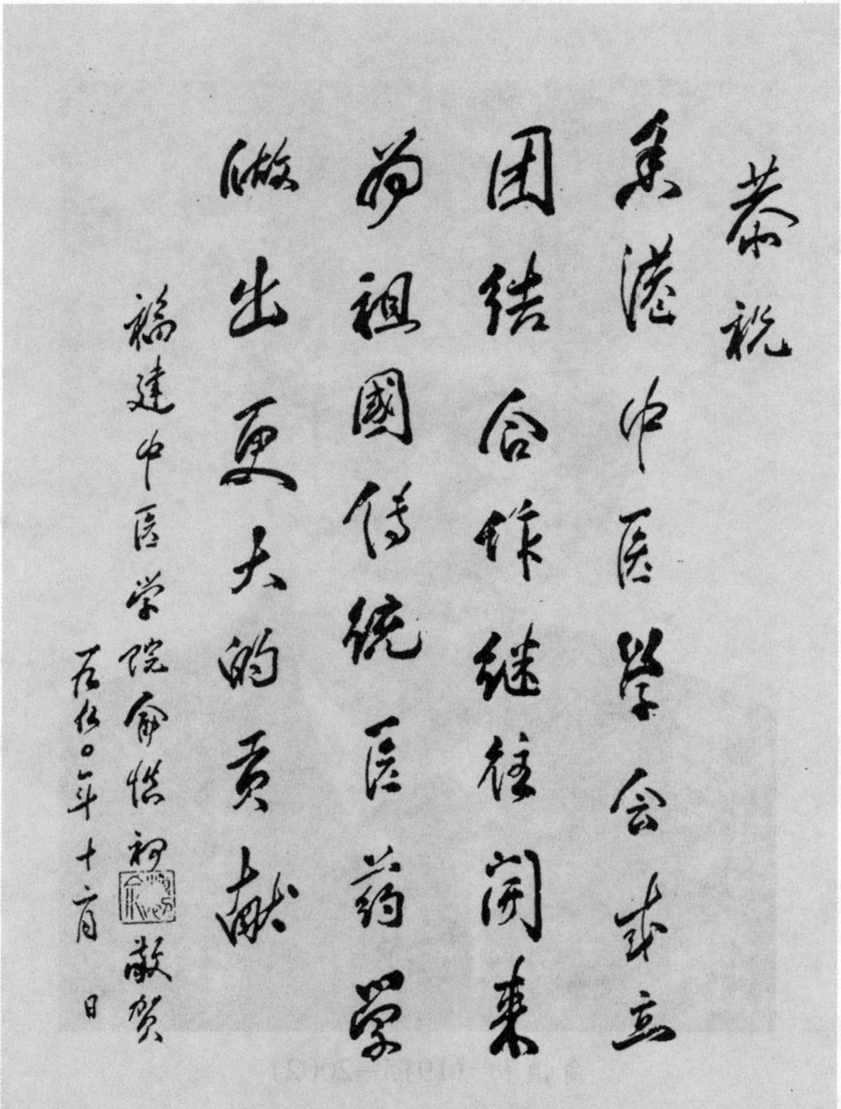
恭祝
香港中医学会成立
团结合作继往开来
为祖国传统医药学
做出更大的贡献
福建中医学院俞慎初敬贺

俞慎初手迹

严谨治医，不仅是科学态度问题，更是医德医风问题。余平生最看不惯两类医者：一为技拙骗财，没有多少医术，却挂着祖传、秘授的招牌，骗取病家的信任，牟取暴利；一为恃技敛财，凭仗自己的医术，收取高额的费用……

——俞慎初

俞慎初(1915—2002)，原名建镳，字谨，号静修。著名中医学家、医史学家、教育家，国家级中医药专家，全国首批老中医药专家学术经验继承工作指导老师，终身教授。1915年出生于福建省福清县城关镇（今福清市融城镇）的一个中医世家。1931~1933年就读于上海中医专门学校。1933年春学成返里，悬壶济世。

俞慎初一生精研医理，博览群书，数十年来，在探索岐黄之学的道路上孜孜不倦、开拓进取。学术上推崇《黄帝内经》、《难经》及仲景学说，对经方研究独具匠心；并善于发皇古义，融会新知，在广收博采诸家学说精华的基础上，总结出了“杂病从肝治”、“怪病从痰治”、“久病从瘀治”的独特见解，在医林独树一帜。

俞慎初治学严谨，一丝不苟。他甘守清贫，耐得寂寞，为发掘中医学宝贵遗产、弘扬国粹，躬耕不辍，默默奉献；他勤于实践，善于总结，学验俱丰，著述宏富，共撰著医籍20余部，发表学术论文160多篇。他潜心医学史研究凡数十年，具有很高的造诣。推崇李时珍“读万卷书，行万里路”的治学主张，注重史实的客观考证、史料的真伪鉴别和史迹的实地调查，为研究医史、考证史实，奔波跋涉，足迹踏遍大江南北、长城内外。

俞慎初深谙教育兴邦之理，从青年时代起，就热衷于兴教办学，为发展桑梓教育、振兴中医事业，到处奔走呼吁，多方募集资金，并不惜慷慨解囊，倾其所有，为奖掖后学、精育杏林呕心沥血，鞠躬尽瘁。他的师道风范，深受后人景仰。

60余载的辛勤耕耘、执著追求，俞慎初为继承发扬中医学遗产、培养中医后继人才、繁荣中医学术、促进中医药事业发展作出了卓越的贡献，取得了丰硕的成果，受到了高度的评价和赞誉：1984~1985年先后被评为福州市劳动模范、福建省“五一”劳动奖章获得者、福建省教育先进工作者；1988年被国家教委、劳动人事部、教育工会评为全国优秀教师；1990年被国家中医药管理局授予“国家级中医药专家”称号；1991年4月，被人事部、卫生部、国家中医药管理局确定为全国第一批老中医药专家学术经验继承工作指导老师，同年，享受国务院政府特殊津贴。他所撰著的《中国医学简史》获1985年卫生部重大科技成果奖乙级奖；《中国药学史纲》获1988年福建省医药卫生科技进步一等奖、1991年国家教委科技进步三等奖；《俞慎初论医集》获1994年“福建省第二届中医药优秀科技图书”一等奖、“1995年度国家中医药管理局中医药基础研究奖”（部级）二等奖等奖项。

献身中医　矢志不渝

宽嘴厚唇，皮肤微黑，身材矮小瘦削，厚厚的凸透镜片后，是一双炯炯有神的大眼睛，操一口带浓浓福清土腔的普通话；在时兴穿西装的20世纪80年代，他却仍身着褪了色、磨了边的中山装，肩背挎包，腋夹油伞（福州传统特产），脚穿解放鞋；外出办事从来都是步履匆匆、来去如风。不认识的人，谁会想到这位老先生就是名重杏林、桃李成蹊、壶中甘雨、指下春风、名闻海内外的一代大医俞慎初！

一、承三世医 究岐黄学

1915年农历十月十七，俞慎初出生于福建省福清县城关镇（今福清市融城镇）的一个中医世家。其尊翁介庵，名士耿，生于1877年（清光绪三年），幼年失怙，赖母夏氏当晒盐工抚养。因家境贫寒，仅上3年私塾便辍学了。13岁到药店当学徒，15岁随族叔俞九绩习医，刻苦钻研诸家典籍。其悟性极高，平日留意搜集民间单、验、偏方，积累了丰富的经验，医术日臻纯熟。24岁起，悬壶高山（今福清市高山镇）。时值烈性传染病鼠疫、霍乱流行猖獗，先生本救死扶伤精神，不顾个人安危，倾力救治，获愈甚众，声誉鹊起。1917年，因母老病，为奉养计，乃返城行医，屡起沉疴，声名大噪，求诊者摩肩接踵无虚日。先生为人谦和，深得业界敬重，时被推举为县神州医药支会评议员，每次讨论病案，均能独抒卓见，常令同道叹服。1935年担任县中医师公会首任会长、县国医支馆董事长等职。中华人民共和国成立后，任县中医学会主任委员，并被卫生部聘为全国血吸虫防治委员会委员（原定担任副主任委员，先生坚辞不就）。他提出的血吸虫病中医防治方案，获得推广应用，并深得各方好评。

俞慎初幼承庭训，兼之天资聪慧、才思敏捷，5岁即入私塾接受启蒙教育，先后师从晚清秀才何若溪、廪生詹伯涵、举人唐璇波诸名师。1923年2月起，就读于福清县立第一小学，因成绩优异，连连跳级，1925年2月，不满10岁即于该校毕业。1925年3月入福清县立中学，因参与学潮，又参加中共地下党外围组织——反帝大同盟，而被校方勒令退学。之后转入福建学院附中

（今福州第二中学）就学。

良好的教育，为俞慎初奠定了深厚的古文字学基础，亦为研习中医经典创造了条件；家庭的熏陶，使他耳濡目染中医治病救人的神奇功效，激发了他对中医学的兴趣和热爱；而民国初年满目疮痍的社会现状，坚定了他“愿为含灵解除疾苦”的人生志向。1928年底，才读高一的他，毅然决定随父学医。1929年初，他白天在福清城关裕济中药铺临证实习，晚上则在父亲的指导下刻苦攻读历代中医经典。两年下来，他的学业大有长进。父亲看在眼里，喜在心头。但他并不以此为满足，为了进一步提高中医学理论水平，拓宽知识面，使自己的学识不囿于一家之言、一己之见，于1931年春远离家乡，就读于上海中医专门学校，师从秦伯未、陆渊雷等沪上名医。

20世纪30年代的上海，是莘莘学子求学问业的地方。许多著名医家如恽铁樵、何廉臣、丁甘仁、曹颖甫、曹炳章、时逸人、章次公、朱小南、蔡小荪、顾筱岩、陆渊雷、秦伯未等在这里会聚，可谓耆宿云集、精英荟萃。他们兴教育，培养后继人才；办报刊，促进学术交流；建医院，解除民众疾苦。为了保存国粹、光大中医学术，他们奋力抗争，图谋发展。在这里，俞慎初如饥似渴地汲取各家学术之精华，努力探索其内蕴之瑰宝，课余还撰写了大量的文章，刊登于各专业杂志，大胆抒发个人见解，颇有一股“拼命三郎”和“初生牛犊不怕虎”的闯劲。两年多的系统学习，诸名师的悉心指点，众同道的有益启迪，良好的学术氛围，相对自由的发展空间，使他学业猛进，在人才济济的大上海，未及弱冠，便崭露头角，成为一代名医秦伯未的高足。

1933年3月起，俞慎初先后在福清城关裕济药店和福余药行坐堂。他边行医，边主编《现代医药》（月刊），直至1937年8月抗战全面爆发后被迫停刊。这一时期，尽管诊务和编务都十分繁忙，他却仍兼任多家中医杂志的特约编辑和特约撰稿人，受聘为中央国医馆名誉理事。1934 年 2 月至 1938 年 6 月，任福清中医师公会委员、编辑主任及顾问，积极参与维护中医的抗争活动，力主中医现代化与保存国粹并行不悖的观点。

1938 年 2 月，俞慎初应上海中医学院和中华国医专科学校之聘，再度赴申。为了进一步提高国学水平，以利于深入探究中医理论的精髓，勤勉好学的他边工作边学习，于是年 6 月进入国民政府立案的上海诚明文学院（1951 年并入上海学院，后并入复旦大学）深造，跟随著名经学大师蒋维乔（时为院长）攻读国学文史学。1940 年 6~7 月间，他年仅 27 岁的哥哥和年仅 22 岁的妻子不幸相继染上肠伤寒不治而亡。由于战事紧张，上海沦陷，关山阻隔，音讯中断，他在半年后始获噩耗，于是绕道浙江金华返乡。家庭的变故，痛失妻、兄的悲伤，亡妻抛下一双年幼儿女（女儿 5 岁、儿子 3 岁）带给他的种种压力，并没有动摇他在沪上继续求学问业的决心。他抚慰好年迈的双亲和新寡的嫂子，安顿好年幼的儿女，又毅然踏上北去的旅程。1941 年 6 月，俞慎初获诚明文学院文学士学位，圆了大学梦。3 年的深造，奠定了他更加坚实的国学文史学基础，为日后深入探究岐黄之学、提高学术水平铺平了道路。

1939 年，俞慎初参与由施今墨、张伯熙、时逸人、张赞臣等发起创办的上海复兴中医专科学校的筹备工作。1941 年 9 月起，被聘为校教务主任、秘书主任、校务委员、《复兴中医》杂志社编辑。其时，该校的董事长施今墨，校长时逸人，名誉校长张伯熙，副校长张赞臣，总务主任张汝伟，训育主任钱今阳，教授何云鹤、尤学周、金少陵、茹十眉、章壁如、姜春华等人，无一不是现代著名中医学家，他们均为 20 世纪中后叶中医药事业的传承与发展作出了卓越的贡献。

1943 年 8 月，俞慎初返回家乡，担任大众诊疗所中医部主任兼福清中医补习班、针灸学习班教师。此间，他曾与热心桑梓教育的社会贤达、知识界同仁，共同倾囊捐资创办私立福清文光中学（1951年后，与福清县立中学合并为福清第一中学），担任校董、总务主任、教务主任。1945年3月接任该校第二任校长，直至1950年12月请辞为止。在任期间，他积极培育人才，为发展乡邦教育事业呕心沥血。尤为难能可贵的是，他对中医事业不离不弃，边执教，边行医，先后出任福清县中医师公会理事长、中医学会会长、福建省中医联合会理事。在繁忙的校务与教务之余，仍挤出宝贵的时间，组织医界同仁开展学术活动。1946年，他还以优异的成绩，顺利地通过了国民政府原考试院举办的首次全国中医师资格考试，领取了当时卫生部和福建省政府颁发的中医师合格证书。

二、历经沧桑 执著奉献

中华人民共和国成立后，俞慎初多次谢绝海外亲友的邀请，毅然选择留在家乡，为建设祖国贡献自己的力量，并更加勤勉地为发展中医药事业努力工作。1950~1953年，他连续被推举为福清县第一、二届人大常委，中医学会会长，福清县卫生工作者协会副主委。1951年2月，闽侯专署卫生局保送他到卫生部北京中医进修学校第四期学员班进修。1952年2月回县后，担任福清县中医进修班副主任兼教务组长。1953年6月奉调福建省中医进修学校任教，1956年1月出任该校教导主任，并兼任福建省中医药学术研究委员会常务委员、福建省中医药学术研究会编辑部主任、中华医学会福州分会理事，参与筹办《福建中医药》杂志，担任主编，并经省卫生厅评定为主任中医师。同年加入中国农工民主党，任福州市委会委员、福建省中医进修学校支部主任委员。

1958年福建中医学院成立后，俞慎初先是在《福建中医药》杂志担任编辑工作，1962年2月起，他先后承担医学史、医经、各家学说、中药学等学科的教学工作。在此期间，尽管遭受了不公正的待遇，工资菲薄（每月仅50元），但他始终兢兢业业、任劳任怨，为培养中医后继人才默默奉献——编撰杂志、授课讲学、临床带教、下乡巡回医疗、到药圃种植草药……1976年底，俞慎初退休，为生活，也为他所钟爱的中医事业，到离家不远的新风街道保健院“补尾”，用自己的一技之长为当地居民服务。

1978年，中国共产党第十一届三中全会召开后，拨乱反正，各项知识分子政策逐步得到落实，历年冤假错案获得平反昭雪。1979年8月，福建中医学院通知俞慎初复职。获得重生的俞慎初欣慰无比，此时他已年逾花甲，逝去的岁月已然无法追回，唯有把65岁当做此生的开始，让有限的余生发出更强烈的光和热。他全身心地投入工作，热心开展中医学术活动，积极为中医工作出谋献策，在连续两届福建省政协委员任上踊跃提案；积极参加卫生部主持的两批重点中医古籍整理校勘工作，承担《中医大辞典》、《中国医学百科全书·医史分卷》两大工具书和《中国医学通史》的编审任务；主持《新校注陈修园医书》（16种）和《李濂医史》的整理校注；组织福建医史工作者开展对“福建医林人物”、“闽台医药发展史”、“海上丝绸之路与中医药交流”、“闽西苏区医药卫生史”、“福建少数民族卫生史”等项目的研究，为筹建福建中医学院医史研究室和医史陈列室而劳碌奔波，使福建省的医史研究工作呈现出前所未有的崭新面貌。

俞慎初先后担任福建中医学院学术委员会副主任委员、医史教研室主任、医史研究室主任、硕士研究生导师、教授、主任医师。在繁忙的医、教、研工作同时，还担任多项社会职务：福建省政协第五、六届委员；中国农工民主党第九、十届中央委员，第三届农工党中央咨监委委员；中华医学会医史学分会第七、八届委员；中国药学史学会第一、二届委员；中国中医研究院特约咨询专家；福建省中医药学会常务理事；福建省医学会医史学分会第一届主任委员；陈修园学说研究会一至四届主任委员；《福建中医药》杂志编委会副主任委员；省教委中医职称评委会评委；《福建省卫生志》编委、顾问；光明中医函授大学顾问、福建分校名誉校长；福建中医药研究促进会名誉理事长。20世纪90年代以后，他虽然退居二线，但仍担任多家学术团体的社会工作。1991年，还应邀前往印度孟买参加第三届亚洲国际传统医学会议，积极参与筹办亚太医药交流协会，并被推举为副主委。晚年的他时刻关心中医药事业的振兴与发展，继续为推动中医学术发展、促进中医药走向世界而努力。1986年5月，71岁高龄的他加入了中国共产党。

许多人都很惊讶：俞慎初教学、临床、科研任务那么繁重，年纪那么大，哪来那么充沛的精力？人们从他1984年10月5日在北京召开的"全国各民主党派、工商联为'四化'服务'双先'表彰大会"的发言中不难找到答案。在那篇题为《政策落实，老树开花》的发言中，他曾动情地说："在党的统战政策温煦阳光照耀下……春风雨露，老树亦能开花；枯木逢春，心花怎不怒放？古人有'朝闻道，夕死可矣'之说，我虽年逾花甲，但身心尚健，在三中全会精神的鼓舞下，更应以'只争朝夕'的精神，把失去的时光夺回来，珍惜晚年，老当益壮，为祖国四化建设贡献一切力量，这就是我的心愿。"1993年3月2日，他在《从医执教60周年有感》一诗中写道："老翁八秩复何求，济世救人慰白头。继往开来吾辈责，慎终追远未曾休。"这便是俞慎初这一时期思想的真实写照。

三、忠诚卫士　铁杆中医

俞慎初的一生，经历了不同的社会制度，走过了一段颇为曲折的人生道路。然而，无论道路多么坎坷，他对中医事业的热爱之心始终没有动摇，关键时刻，他还经常扮演"身先士卒"、"铁杆"中医的"卫道士"角色。

1933年秋，俞慎初担任《现代医药》（月刊）主编后，除借助杂志弘扬国粹、光大中医学术外，还拿起笔作武器，为争取中医合法权益撰写了大量文章。当国民政府废止中医的政策拟出台之际，他充分利用自己的刊物作为开展抗争活动的阵地，发表讨伐“檄文”，猛烈抨击“废医存药”的提案。在该刊第二期《全国兴办中医杂志热》一文中他写道：“民众对科学救国仍抱有很高的热情，各省兴办中医杂志众多……1929年，国民政府欲废止中医，反而导致民众掀起学习中医热潮，民众欲兴中医，从此可以感受出来。”在《各地兴办中医社团热》一文中写道：“中医历代以来，多为单干，即父子相传、师徒相授，广告中的学会、学社，是目前中医团体的雏形。民众对政府的压制，采取了反其道而行之……”又，该刊第五期登载了广东欧阳秉均的《对于日本奖励栽培汉医药与汪精卫氏废除中国医药感言》，文章对时任国民政府行政院院长汪精卫“废止中医”的言论逐一进行批驳，其中“余尝见政府朝发一令，曰‘提倡国货’；暮献一议，曰‘抵制外货’。今观其对国医药一举，其所行所为，背谬一至于此，国欲不亡，种欲不灭，得乎……”一段话，不可谓不大胆，作者笔锋犀利堪赞，而编者之胆识同样可嘉。

1935年2月，在《对于国医今后之希望》一文中，他写道：“国医有四千余年悠久之历史，其经验不可谓不丰富，治疗不可谓不特效，历代君民之信仰，史册贻垂，彰彰可见，至今仍脍炙人口，四万万同胞之生命皆仰赖保障，其价值无可掩饰。”“诚望今后医界同志，以坚定之毅力，进取之精神，为救亡图存计，要将固有之书籍整理之，空泛之学说删改之，治疗之特效阐扬之，流行之奇疫研究之。并设立学校，培养后起人才；创办医院，救济民众疾苦，则国医自有振兴之一日。”4月，他在《现代医药》上发表《整理与创作》一文，文中疾呼：“中医生命，悬于一线，若不力求自振，适应环境进化，则不免归于淘汰。然则自振者何？

一曰整理：集中优秀人才，将数千年流传之医籍，应用科学方法加以整理。不整理是非莫辨，美恶难分，斯为改进中医之大障碍，故曰中医学术有整理之必要。学术整理之后，仍须固结团体，遴选人才，二者完成，则实行考试，设立学校。”明确指出整理学术经验、创办学校和医院、开展学术研究，是振兴中医的前提。接着又写道：“二曰创作：凡发现一种特殊病症、奇异药物，应加研究，以期发明该种病症应用何药治疗为有效，该种药物对于生理上之作用，以及所以然之奏效，而完成新的创作。此二者如能努力去做，则我中医之复兴，可计日以待焉。”

1983年9月，俞慎初应邀出席“湖北各界纪念李时珍逝世390周年学术讨论会和中国药学史学会成立大会”，会议期间，与参会的福建代表陈宜根、赵正山发起倡议，全国学界同仁耿鉴庭、谢海洲、马继兴、李经纬、蔡景峰等人签名附议，回福州后即向省市有关部门及长乐县委、县政府递交了《关于改长乐县中医院为陈修园中医院的建议书》，建议长乐县委、县人民政府把长乐县中医院改称为陈修园医院，并拨款充实；尔后应逐步建立陈修园医史文献馆，修建“南雅堂”及陈修园陵园等，并列为省一级文物保护。紧接着，又与名老中医康良石向福建省政协提案。此项建议与提案很快便有了回应：福州市政府榕政综［84］628号文批复，同意把长乐县中医院改为全民所有制性质的陈修园医院，陈修园医学文献馆已开始收集文史资料……

20世纪80年代中期，各地县级中医院如雨后春笋般纷纷成立，唯独俞慎初家乡福清没有动静。一个具有悠久历史的百万人口沿海大县、著名侨乡、全国经济百强县，竟然无动于衷，俞慎初心急如焚。时值卫生部古籍整理小组白永波组长和人民卫生出版社《中级医刊》主编成德水来闽召开协调进度会，俞慎初抓住这一难得的机会，会后楞是拽着白、成二人和福建省卫生厅中医处领导，一起到福清找卫生局局长及相关人员，敦促尽快成立中医院。

1986年，俞慎初获知门生吴熙负责筹建福州市台江区中医院（今福州吴熙中医妇科医院）后，即对吴说："中医院要坚持办成具有中医特色，一定要体现中医中药的特点，千万不要西医化。不要'挂着梅兰芳的牌子，唱着现代剧的调子'；要记住中医千百年取得疗效，就是实践检验过的真理。"为了支持吴的工作，他经常风雨无阻，坚持每周两次到医院开展专家门诊，指导该院工作，在该院的初创阶段，真正起到顾问的作用。

1993年，俞慎初得知福建省医史学分会委员陈俊孙担任屏南县中医院院长的消息后，很高兴，鼓励并谆谆告诫他："当院长是好事，但搞行政不要忘了临床，院长是短期的，而医生是一辈子的职业。"又说："现在出名医太难了，原因多种，个人因素是主要的，许多中青年中医轻视经典著作，处方轻中重西，医疗水平还如何提高呢？作为中医院院长，你要重视中医，多宣传中医，教育职工多读书，多用中药，使中医院成为名实相符的中医医院。"

1997年8月，俞慎初就省卫生厅即将召开的科技成果评选活动，针对当时医药卫生界普遍存在的重医轻药和忽视传统医学的倾向，建议中医处"把1983年5月8日《健康报》发表的《怎样发展我国传统医药》一文转给厅长和科教处参阅"，并在该文的重要句段下划线，以引起有关领导的注意。如崔月犁部长关于发挥中医特色、提高目前中医水平，以及从大、中专中医教育和各级中医药人员的进修方面采取措施的讲话。钱学森关于中医现代化问题与当前自然科学水平关系的阐述，对社会上掀起的一股生搬控制论、信息论、系统论原理硬套中医理论做法的批评；以及"把名老中医的丰富经验保存下来"和"要按中医的传统方法来培养中医接班人"，"学原著，然后由老师带着看病，在临床中领会古典医著和老师处方的道理，这样不断总结、实践，慢慢地就可以变成良医”的一段话。施奠邦的“要加强医史的工作，要总结历朝历代在什么情况下医学得到了发展的经验。总结过去，可以指导我们今后的工作……但必须在中医的传统理论指导下，应用现代科学技术。发展中医一定要贯彻继承、发掘、整理、提高的方针”一番话。十多年了，俞慎初仍记得他们曾经说过的话，保存着这份报纸，充分说明他对中医工作的热切关注。

采撷百家　融会众说

俞慎初数十年如一日地精研岐黄医术，博采诸家精华，发皇古义，融会新知，理论湛深，经验宏富，学术上自成特色，在医林中独树一帜。

一、推崇《内》、《难》 师法仲景

俞慎初一生熟读中医经典，尤其推崇《内经》、《难经》及仲景学说，认为历代医书汗牛充栋，各家学说纷繁驳杂，然而不论哪个流派，哪种观点，均源自《内经》。《内经》的学术思想博大精深，是中医理论和实践经验具有总结性意义的划时代巨著，历代医家都将其奉为圭臬，是公认的“医书之祖”。自《伤寒论》开始的历代医著，都是在《内经》的基础上逐渐丰富并完善起来的，因此它是中医理论之渊薮、学术之基石、实践之指导。而《难经》则是最早的《内经》专题注释本，是对《内经》理论的进一步阐发，问世后很快便对后代医家首先是对张仲景的《伤寒杂病论》产生了重大的影响，是张仲景撰著《伤寒杂病论》的重要参考文献之一。《伤寒杂病论》自宋代以后被分为《伤寒论》与《金匮要略》，这两部书就成为继《内经》之后，对西汉以来临床经验的又一总结，其所确立的理法方药和辨证论治法则，两千多年来，一直有效地指导着后世医家的临床实践。不读仲景书，则医无准绳、

治无法度。数十年来，俞慎初对《内经》、《难经》和仲景学说的研究从未间断。

20世纪50年代，俞慎初在《浙江中医杂志》上发表了《〈黄帝内经〉的考证及其价值》一文，高度评价《内经》的实用价值和历史意义。接着又撰写了《历代治〈内经〉各家及其著作》，对汉代以后研究《内经》的代表医家杨上善、王冰、刘完素、马莳、张介宾、汪昂、张志聪、沈又彭、丹波元简（日人）等及其著作的特点逐一进行评点。80年代中期，又在《中国医学简史》一书中，再次论及《内经》的历史成就和深远影响，称之为“世界医学科学史上极有价值的著作”。1986年，他在《中华医史杂志》上发表了《近五十年来对〈内经〉理论的论争》，称《内经》“是祖国医学理论体系的基础”，必须继续深入研究，并赞成杨则民从哲学辩证法来研究、恽铁樵从《易经》和《内经》以四时为基础来研究的思想方法。呼吁要“维护《内经》理论体系的完整性和科学性”，强调《内经》不能废除的观点。而他早年撰著的《内经语法研究》一书，则以《黄帝内经》中的重点生奥难解字词、句读和语法结构为切入点进行诠释，剖析透彻，对理解《内经》原文、掌握研究《内经》的方法，具有很大的指导意义。

俞慎初对仲景学说推崇备至。认为仲景的《伤寒杂病论》“是我国医学史上影响最大的著作之一”，强调学习仲景学说主要应探索其辨证施治之大法。他认为《伤寒论》与《金匮要略》二书所载的260多首方剂，均具有很高的实用价值，是“中国医学方书的鼻祖”，是“众方之宗，万方之祖”，为后世中医临床奠定了理法方药和辨证论治的基础。他运用经方治疗内科杂病，常能收到左右逢源、灵动活法之妙。如应用《伤寒论》中治外寒内饮咳喘名方小青龙汤合三子养亲汤，易葶苈子为莱菔子治疗外感风寒、内停痰饮的支气管哮喘、慢性支气管炎、老年性肺气肿等病症；用《伤寒论》中主治阳明湿热黄疸的茵陈蒿汤加减治疗肝胆疾患，如加车前草、玉米须、白毛藤治急性传染性黄疸型肝炎，去大黄加丹参、牡蛎、鳖甲、鸡内金、三棱、莪术等治胆汁性或门脉性肝硬化合并黄疸，加金钱草、海金沙、鸡内金、郁金、柴胡、川楝子等治疗胆囊炎、胆石症。又如用《金匮要略》中治胸痹的瓜蒌薤白半夏汤加丹参、桃仁、红花、川芎、赤芍等治疗冠心病胸闷、心绞痛等症；用《金匮要略》的黄芪建中汤治疗因脾虚引起的虚羸不足，如慢性胃十二指肠溃疡、消化系统功能减退，以及病后体虚、倦怠乏力、形寒肢冷等，每获良效。

二、兼收并蓄 融会贯通

俞慎初认为，熟谙医道在于溯本穷源，明达医理，洞晓病机。他一生博览群书，尤其重视钻研历代名医著作，采撷诸家精华。他常告诫学生，既要善于汲取诸家前贤之长处，又要师古不泥，融会贯通。既不囿于一家之言，也不偏宗一家之法，更不专执一家之方。例如治疗温热暑病，多推崇清代诸温病学家的治验，善用叶天士的清淡轻灵和王士雄的清肃宣透。对于温病初起、邪袭肺卫的风热表证，每以吴鞠通《温病条辨》中的辛凉平剂银翘散宣透清解之；兼有咳嗽、身热不甚，则用吴氏的辛凉轻剂桑菊饮加枇杷叶、马兜铃、浙贝等散风清肺。夏日感受暑湿、邪遏少阳，症见寒热往来如疟者，每用清代俞根初的蒿芩清胆汤清胆热、化湿浊；热偏重者，用雷少逸的清营捍疟法出入加减；尤其推崇雷氏《时病论》的治暑诸法。而对夏日乘凉饮冷、感受寒湿，症见发热头痛、微恶风寒、心烦口渴者，每采用吴鞠通的新加香薷饮加味治疗。

俞慎初推崇李东垣之医道为“医之王道”，“有志于学医者，必尽读东垣之书，而后方可言医”；赞赏叶天士“温邪上受，首先犯肺，逆传心包”的创见。其调治脾胃，既善取李东垣“升发脾阳”之法，又重视叶天士“脾喜刚燥、胃喜柔润”的主张。既善用补中益气汤、升阳益胃汤等治疗脾胃虚弱、中气下陷引起的少气懒言、四肢倦怠、大便稀溏、脱肛、子宫下垂等症，又善以养胃滋液法治疗燥热内盛或病后胃阴损伤引起的胃脘疼痛、烦渴便结、纳欠不寐诸症，如用养胃汤治慢性萎缩性胃炎。他还常以陈修园《时方妙用》中的百合汤加川楝子、元胡索、郁金等治疗气滞日久化火之胃脘疼痛；而对脾胃虚弱夹湿出现的形体虚羸、食欲不振、大便溏薄等，则常用《和剂局方》的参苓白术散或《张氏医通》的香砂六君汤加减治疗。

至于心脏疾患的治疗，如冠心病的“真心痛”、“厥心痛”，既宗仲景瓜蒌薤白半夏汤和瓜蒌薤白白酒汤化裁以宣痹通阳，又善用王清任的血府逐瘀汤加黄芪与张锡纯的活络效灵丹加减以化瘀通络。治疗气阴不足之心悸气短、口干咽燥，多以李东垣《内外伤辨惑论》中的生脉散合仲景的酸枣仁汤；对心气不足、痰阻心络所致的心悸、胸闷、痰多、失眠，常用明代王肯堂《证治准绳》中的十味温胆汤加减，并用蒲辅周的健脾化痰和除湿宁心法通心气、化痰浊以缓解证候。

而于咳喘的治疗，则多遵清代林佩琴“实喘责在肺，虚喘责在肾”之说，治法亦每与“喘由外感者治肺，由内伤者治肾”同理。如治风寒咳喘，常用《和剂局方》的三拗汤合《韩氏医通》的三子养亲汤加减以宣肺平喘、降气消痰；对风寒外束、痰热内蕴的咳喘证，用明代张时彻《摄生众妙方》的定喘汤加葶苈子、白芥子；而对咳喘日久之肾虚，则多选用清代汪昂《医方集解》中的苏子降气汤和《医级宝鉴》的麦味地黄丸随证加减。治疗咳嗽，则力倡清代程钟龄的“（肺）过热则咳……过寒亦咳……攻击之剂既不任受”之论，常用程氏“温润平和、不寒不热”的止嗽散为基本方加减治疗多种类型的咳嗽。至于痰浊犯肺咳嗽，多采用《和剂局方》的二陈汤化裁，并自拟“前杏二陈汤”治痰多色白之咳嗽、“朴杏二陈汤”治胸闷气急咳嗽、“蒌贝二陈汤”治痰多黏稠之咳嗽等，充分体现他师古不泥、融会贯通、善于发挥的治学特点。

俞慎初尊崇清代医家王清任《医林改错》中所倡导的活血化瘀法，并灵活运用王氏治瘀名方补阳还五汤加减治疗气虚血瘀中风，常能收到满意的疗效。而对近代医家张锡纯治疗内科杂病的特色备加赞赏，对其学术主张推崇有加。如党参气温性和，实较东北人参为易用且价廉，可以常服。黄芪入汤剂，生用即是熟用，不必先以蜜炙。石膏寒而能散，治外感实热效若金丹，但宜生用，不宜煅用；因其质重，又当多用。他如山萸长于救虚脱；三七消疮肿；水蛭生用可破瘀血，不伤新血；硫黄生用可治虚寒下利；蜈蚣、全蝎定风消毒；等等，并常效法其用药特点。如以单味大剂量60g山茱萸去核浓煎灌服，救治气喘虚脱；在清肝利胆方中加鸡内金治疗胆囊炎、胆石症；用膍胵茅根汤治疗单纯性肥胖病，均取张氏“鸡内金善化有形瘀积”之说。又运用张锡纯活络效灵丹加减治疗气血瘀滞的肢体疼痛等。他认为张氏《医学衷中参西录》所列之方，方方切于实用，强调后学要重视该书的学习和掌握，并专门为之撰写《医学衷中参西录方歌集解》，以方便记诵。

俞慎初医术精湛，其治内科杂病，服膺仲景学说，每以《伤寒论》、《金匮要略》为准绳，治法融贯古今，遣方不落窠臼。对外感时病及脾胃、心肺肾脏、肝胆疾病，均积累了丰富的经验，尤对疑难杂病，每能把握不同的病机特点，善于从肝、痰饮、瘀血等方面进行辨证分析，在广收博采诸家学说精华的前提下，总结出了“杂病从肝治”、“怪病从痰治”、“久病从瘀治”的独特经验。

杂病从肝治。俞慎初认为，肝有协调脏腑之功能，与气血运行关系密切，一旦肝的功能失调，常成为内伤杂病的主要致病因素，如气滞、血瘀、痰饮、湿聚、火郁、食滞等在体内形成，临床上常见的内伤杂病多与肝的疏泄和调节功能失司有关，故临证常从肝辨证施治。如对肢体浮肿证的治疗，重视肝的疏泄功能对人体水液运行输布的影响，强调疏理气机在水肿治疗中的重要作用，多以疏肝和利湿两法配合运用，并自拟经验方理气五皮饮（带皮苓、桑白皮、地骨皮、陈皮、大腹皮、柴胡、白芍、枳壳）随证加减。水肿甚者，加地胆草、赤小豆、车前子；倦怠乏力、脾气虚弱者，加黄芪、太子参、白术等。又如大便溏泄一证，他认为，二便通调与否，不仅依靠消化器官的协同作用，而且有赖于肝气的条达、体内气机的流畅。因此临床治大便溏泄证，在运用常法治疗效果不明显时，多加疏肝理气药物，从治肝入手而取效。他常用疏肝清热法（柴胡、白芍、枳壳、白头翁、秦皮、葛根、黄柏、黄连、木香、怀山药、野麻草）、抑肝理脾法（防风、白芍、陈皮、怀山药、白术、茯苓、薏苡仁、木香、黄连）、理气健脾法（柴胡、枳壳、白芍、怀山药、白术、扁豆、党参、陈皮、莲肉）等，随证灵活运用。又如治疗反复日久的慢性偏头痛，指出此证多属肝郁化火、复感风邪、风火上扰清窍所致，常以平肝祛风法为主，方用加减清上蠲痛汤（川芎、白芷、羌活、防风、蔓荆子、细辛、钩藤、菊花、柴胡、葛根）。再如治肢体挛急震颤，则注重在育阴养血、荣筋止颤的同时，配合疏肝理气法，旨在使气机通达、血行流畅，以利肢颤的恢复，常用四逆散加当归、枸杞、熟地、麦冬、钩藤、地龙干等。阴虚甚者加龟板、玄参；震颤较剧者加全蝎梢、白僵蚕等。

怪病从痰治。俞慎初临证多遵前贤“痰生百病”、“怪病多痰”的论述，对许多疑难杂病善于从痰论治：一是以温胆汤为基本方治疗精神情志方面的疾患；一是以加味消瘰丸（玄参、牡蛎、浙贝、黄药子、夏枯草、海蛤壳、山慈菇、海藻）治痰核、瘰疬、瘿瘤等病证。如治痫证，常用涤痰汤加琥珀、远志、茯神等宁心安神药物，并配服白金丸（明矾、郁金）；治痰厥证，则针对患者平素多湿多痰的特点，运用豁痰开窍安神法，以导痰汤合甘麦大枣汤加减治疗；治惊恐证，多遵古人“心虚则惊，肝虚则动”及“惊者……痰因火动”之意，常从痰湿和心肝两脏进行辨证论治，以调理气血治其本、祛痰宁心治其标的标本并治法取效，常用药物有水牛角、石决明、地黄、白芍、丹皮、代赭石、阴地蕨、陈皮、半夏、茯苓、胆星、天竺黄等。治不寐证，指出《素问》有“胃不和则卧不安”之说，说明该证每起于胃气不和、积湿生痰、痰蕴化热、痰热上扰。素体虚弱或久病之人的不寐，亦多因兼有痰热内蕴、热扰神明而致，故常以十味温胆汤随证加减。曾用此法治愈数例病程长达数年的顽固性失眠证。其治脏躁，也多从治痰入手，并配合养心安神法取效，方选十味温胆汤合甘麦大枣汤。

久病从瘀治。俞慎初取法古代医家的活血化瘀理论，对久治不愈的疑难痼疾，多着眼于治瘀，或寓祛瘀法于他法之中。如认为迁延日久、屡治不愈的胃脘痛，每由瘀血阻滞胃络，宜在健脾理气的同时配合活血祛瘀法为治，方用香砂六君丸合活络效灵丹加减。治久痹，常以活血祛瘀与宣痹通络法合用，多采用张锡纯的活络效灵丹加味（丹参、赤芍、白芍、当归、桃仁、乳香、没药、三七粉），配合祛风散寒除湿或清热药物治疗。治脱疽证，强调血脉瘀阻的病机特点，在温阳通脉的同时重视活血祛瘀，常用药物有黄芪、桂枝、附子、丹参、归尾、桃仁、红花、乳香、没药、三七等。至于胸痹，认为其病因与气血功能紊乱有关，“气行则血行”，“气滞则血瘀”，日久不愈则血瘀之象更为突出，故应着重以活血化瘀、通络止痛法治疗，常用血府逐瘀汤或活络效灵丹合瓜蒌薤白半夏汤加减，同时应注意病情的虚实，灵活配合理气化痰、益气通阳法以标本兼治、通补兼施。此外，还善用补阳还五汤加减治疗气虚血瘀的中风后遗症等。

三、治病求本 切中肯綮

俞慎初临床重视辨证，善察阴阳，每诊一病，必详细观形察色，询问病情，诊视脉舌，然后四诊合参，细审阴阳寒热，明辨脏腑病位，权衡邪正虚实，推究疾病本源，随证立法处方，法度严谨妥帖。他常说：辨证论治是中医诊治疾病的准绳和大法，治病必求其本，这是施治的前提。治病首在辨证，只有知病识证，方能方证合拍，治疗中的，取得药到病除的效果。《素问·玉机真脏论》云："凡治病，察其形气色泽，脉之盛衰，病之新故，乃治之无后其时。"疾病变化万端，病情错综复杂，认真辨证，审因求本，尤为重要。辨证若失之毫厘，疗效则谬以千里。

因此，他在数十年的临床实践中，面对纷繁复杂、变化多端的病症，每能透过现象认清本质，辨析详明，故治疗每中肯綮，效若桴鼓。试举两案说明之。

1975 年 8 月 29 日曾治一女性患者，因急性胰腺炎住某医院治疗 10 天后，腹痛虽减，但身热不退，午后尤剧，体温持续在 38℃～39℃，神色如蒙，面色泛红，脘腹满闷，渴不欲饮，小溲短赤，大便秘结，3 天未通，脉弦数，舌红绛，苔白腻。俞慎初详审病情，细察脉舌，按压腹部，认为患者虽身热不退、大便 3 日未解，但无明显腹痛拒按体征，且舌苔白腻，与阳明腑实证之燥屎内结、邪热炽盛不同。患者发病正值盛夏，身热以午后为甚，又见脘腹满闷、渴不欲饮、脉弦数、舌红、苔白腻，此乃湿热内蕴中焦所致。治疗应从清热利湿着手，拟蒿芩清胆汤加减。

处方：青蒿 6g，黄芩 6g，竹茹 10g，法半夏 4.5g，陈皮 4.5g，碧玉散 10g（包），瓜蒌 24g，玄明粉 10g（分 2 次后入）。水煎服，配合紫雪丹 1.5g。

患者服 3 剂后，热退神清，溲利便通，胸闷亦减。继以连朴温胆汤加蒌、贝，连服 2 剂而愈。俞慎初指出：暑湿中阻之便秘，常因气机闭阻、传导失司所致，不宜以大承气汤类峻剂攻下。叶天士曾说：“伤寒邪热在里，劫烁津液，下之宜猛；此多湿邪内搏，下之宜轻。”故仅在蒿芩清胆汤中加通便导滞的玄明粉和瓜蒌，即取此意也。旨在使热清湿化，大便通畅，邪有下行之路，则诸症自解。

1990年3月12日治一例重衣不暖证。患者平素形寒畏风，易患感冒，往往气候尚未转冷，背部自上而下即顿觉一股冰凉之气袭来，虽重衣亦不觉暖。经多家医院诊治数月，曾服桂、附诸温热之品亦未能起效。时值阳春三月，气温高达27℃，患者却身穿棉衣，且精神倦怠，四肢乏力，食欲不振，少气懒言，脉缓，舌淡苔薄白。俞慎初认为患者虽身着重衣、形寒畏风，但数月来屡服桂、附诸温热之品却未能奏效，且亦未兼见腰膝酸软冷痛、四肢欠温、五更泄泻或下利清谷等脾阳虚衰证候，而以纳少体倦、畏风怕冷为主症，应属脾胃虚弱、脾阳不升、卫外不固使然。当治之以健脾益气、升阳祛寒，拟补中益气汤加减。

处方：柴胡6g，白芍10g，白术6g，防风6g，升麻6g，太子参15g，黄芪12g，淡附子3g，桂枝尖5g，炙甘草3g，麦冬15g。

患者服用5剂后，形寒畏冷明显减轻，其余症状均有改善。仍按前方稍作加减，予服12剂，诸恙悉瘥。俞慎初诊治本例，着重从健脾益气、升发脾阳入手，脾阳发，卫外固，形寒畏风自愈。足见治病欲获良效，妙在辨证准确、治及其本，且方药运用自如。

俞慎初不仅精通中医内科，还兼通妇、儿科，其于诊治妇科痛经、月经不调、带下、产后病与儿科的高热、惊厥、泻痢、麻疹、厌食及小儿杂症等方面，均积累了丰富的经验。

博极医源 精勤不倦

俞慎初从医执教60多年间，博极医源，精勤不倦，笔耕不辍，著述宏富，共撰写医著20多部，发表学术论文160多篇，在海内外享有盛誉。

一、笔耕不辍 硕果累累

俞慎初自幼信奉先哲“君子之学，或施之事业，或见于文章”及“君子之为书，犹工人之为器也”的箴言；赞赏“文章千古事”，“心生而言立，言立而文明，自然之道也”的观点。他认为读书、做学问，凡有所心得，有所感悟，就要记录下来，及时刊发出去，或提供切磋交流，或引发讨论争鸣，抛砖引玉，何乐不为！更何况还能从中求得春华秋实、自慰其心的别样情趣，实乃两全其美之事。

早在20世纪20年代，刚入县立初中就读时，小小年纪的他就开始在校刊上发表反帝、反封建、抨击时弊的文章。30年代立志学习中医后，他更加积极撰文写稿。《黄疸病病理之研究》、《精神魂魄之研究》、《虚劳浅说》、《血证之研究》等，都是他在上海中医专门学校学习、初涉岐黄之学时发表的。1933~1943年的10年间，他先后发表了50余篇论文，《饮症病理之研究与治疗》、《鼠疫症治》、《痧症浅述》、《癫狂病的研究》等，都在这一时期“出炉”，同时还出版了《中国麻风病学》（上海千顷堂书局）。其才思之敏锐、出手之快捷，常令同道叹服。写作成了他的癖好，颇有“一日不作诗，心源如废井”的感觉。他几乎每天都要动笔，大凡看到的、听到的、想到的，都随时记录下来，医学典籍、报刊杂志、参考文献、会议材料，靡不摘录，并剪贴成册，分类保存。尽管他也时常发出“岂知儒者心偏苦，饮向秋风白发生”的慨叹，但依然乐此不疲，数十年如一日，从不懈怠。

1959~1962年，在《福建中医药》杂志上，他曾以笔名发表了28篇论文，其中1959年一年就写了19篇。而这一时期，正是他身陷逆境、受尽歧视，兼之人祸频仍、环境恶劣、经济拮据、物质匮乏，并为严重的胃十二指肠溃疡所折磨，但他始终以顽强的毅力，克服重重困难，坚持创作，经常废寝忘食、通宵达旦，笔记、卡片盈筐累箧，不下千万言。饿了，啃一块福清饼（家乡的名小食芝麻光饼）或馒头干充饥；困了，泡一杯最廉价的明前茶末提神。用俞慎初的话说：写作是他排除烦恼的良药，只有在中医学的殿堂里徜徉，在经典文献的海洋中遨游，从中寻求慰藉和乐趣，他那一颗孤寂的心灵才有所寄托，人世间的许多不平才会被抛却脑后，才有勇气走过20多年的风风雨雨，迎来中国历史上的一个全新时期，也迎来了人生的第二个春天。

中共十一届三中全会后，是俞慎初创作的又一高峰期。此时，他虽已年逾花甲，但热情高涨，老骥伏枥，壮心不已。宽松的政治环境，浓厚的学术气氛，频繁的经验交流，明显好转的人际关系，不断改善的工作环境……这一切，大大拓宽了他的创作思路。尽管20世纪80年代中后期，市场经济的大潮也同样冲击着医药卫生界的“堤岸”，且谁都明白从事医史文献研究“钻故纸堆”和“爬格子”的那份寂寞与清苦，但他依然辛勤地耕耘着足下这片贫瘠的“土地”，无怨无悔。十多部、数百万字凝结着他心血与汗水、融合着他挚爱与追求的论著从他的笔端倾泻而出：《虫类药物临床应用》、《中国医学简史》、《闽台医林人物志》、《长沙方歌括》、《中国药学史纲》、《中草药作物学》、《李濂医史》（校注本）、《俞慎初论医集》等，都是这一时期的产物；近70篇具有较高学术水平和影响力的论文也在这一时期陆续刊出，可谓硕果累累。

二、通治文史 功力深厚

俞慎初一生通识经典，具有医、史、文、哲诸方面的渊博知识，不仅是一位深谙医理、精通医术的中医学家，而且是一位享有盛名的医史学家，其对中国医学史、中医各家学说的研究，以及对古汉语的研究，均达到相当的造诣，临床医疗和医史研究均成绩卓著。诚如福建中医学院陈竹友教授所赞：“精医、精史、精文，一代精诚大医；勤励、勤诲、勤耕，毕生勤恳伟成。”

他一向主张中医要“医文并重”，强调中医学的精华和历代医家的丰富治验，蕴含于浩瀚的医学典籍中，而这些经典医书，文字古奥，词义深邃，语法复杂，若无扎实的古文字学基础，则难以登堂入室，领会意旨，掌握要义。还说：中医学独特的理论体系就是医理与哲理的有机统一，是古代诸子百家学说精华的汇总与升华。扎实的古汉语与文史哲学功底，是整理、继承、发掘中医药学遗产的先决条件，要想在中医学术上取得一定的成就，唯有认真学习，刻苦钻研，深刻领悟其精髓，才能达到高深的境界。

俞慎初对训诂学、音韵学、目录学、版本学及校勘学等靡不钻研；对《尔雅》、《说文解字》、《广韵》、《佩文韵府》等运用自如；而于八闽历史、医林掌故、福州十邑人文风物如叶向高、翁正春、甘国宝等历史名人了如指掌，娓娓道来，如数家珍，引人入胜。学生们都说：听俞老谈文论史，不但收获巨大，而且是一种享受。晚年的俞慎初，闲来喜欢邀上三五诗友吟咏唱和，或参加诗社活动，写下不少诗作，有《杏苑诗存》（内部印行）留存于世。余瀛鳌所撰纪念文章中，提及当年秦伯未曾对他的这位得意门生赞不绝口，说俞慎初是“现代儒医中最具代表性的人物之一”，此话一点也不夸张。

古医籍文献的整理与校注是许多中医不屑做的“雕虫小技”，俞慎初却认为这是新时代中医“集贤校理”的历史任务。20世纪80年代，他主动承担了卫生部和福建省卫生厅下达的首批国家重点古医籍校勘任务，主持校注《李濂医史》和《新校注陈修园医书》（16种），并要求每位参校者都要认真对待这项工作，要充分利用现代交通发达、到各地藏书丰富的馆所查阅资料方便的有利条件，广收博采；遇有不解之处，可多方访求同道，直至确实无法解决时，方可“姑予存疑待考”。由于校注者能谨遵以上原则，因此所校几部古医籍质量均较高，受到同行的好评。其中《新校注陈修园医书》（16 种）1991 年获全国首届优秀医史文献图书暨中医药工具书银奖、1978~1991 年全国首届优秀古籍整理图书三等奖（当年获奖的 100 多部图书中，古医籍仅占 6 部）等奖项。嗣后，又参与卫生部主持的重点古医籍《脉经》、《神农本草经》与《针灸大成》的校勘审定工作。

俞慎初在教学、临床与科研的同时，潜心致力于医史学的研究，并取得丰硕的成果。不但撰著了被誉为“中国医学史继往开来之作”——《中国医学简史》和《中国药学史纲》，且精研历代医家名著，认真总结古代医家的学术思想与学术经验，撰写了大量研究古代名医学术成就的论文。

20 世纪 50 年代末、60 年代初，他先后发表了《巢元方撰著〈诸病源候论〉》、《宋代名医钱乙与陈自明》、《李杲的辨证用药》、《朱丹溪学说的基本观点》、《痘疹专家董汲与陈文中》、《叶天士、吴鞠通是温病学的奠基者》、《王孟英对温病学的贡献》、《虚心学习民间草药的赵学敏》等论文。80 年代后，更以争分夺秒的精神，开展了对孙思邈、刘完素、张景岳、王旭高、张锡纯、冉雪峰、蒲辅周、程门雪等古今医家学术观点的深入系统研究，并撰写了《孙思邈的学术思想及其经验》、《刘完素的临床经验及学术观点》、《张景岳的学术思想及学术论点》、《张锡纯的学术思想及临证经验》、《蒲辅周的学术观点及其临证经验》、《冉雪峰的学术思想与学术经验》、《程门雪的学术见解及临证经验》等一系列论文。同时，又对董奉、苏颂、宋慈、杨士瀛、熊宗立、陈修园等 19 位古、近代福建籍医家的学术特点进行认真的整理总结和客观评述。《杏林传佳话，医德垂千秋》，颂扬三国时期建安神医董奉的高超医术和高尚医德；《校样绘图，综核名实》，论述北宋名臣、科学家苏颂本草学研究的重大成果；《洗冤泽物，起死回生》，盛赞法医学鼻祖宋慈对世界法医学的伟大贡献；《融会贯通，独树一家》，评述南宋名医杨士瀛的学术特点；《医善专心，药贵经验》，介绍明代医家熊宗立的学术思想及其著述；《由浅入深，从简及繁》，介绍清代医家陈修园的治学方法及其对普及中医学知识的贡献，等等。在研究医学发展史及古代医家学说的过程中，汲取前贤大量宝贵经验，不断充实和丰富自己。

三、作风严谨 注重求实

俞慎初一生作风严谨，一丝不苟，对学术研究和临床医疗中遇到的疑难问题，主张必求甚解。如经典文献、医家学说、方药组成、性味功效等，若存有疑义，必追根究底，反复查证，务求明辨。临床诊病，细致认真，详察体认，分辨精审，每一细微变化，均不轻易放过。处方用药，反复推敲，药味增损，悉心斟酌，力求丝丝入扣，从不粗疏草率、马虎应付。他常告诫学生：严谨治医，不仅是科学态度问题，更是医德医风问题；医生诊病认真与否，关系到病人生命的安危。这种高度负责的精神，是他一生为医的准则。

俞慎初凡事强调实事求是，认为实事求是是史学研究的原则，也是史书的灵魂。研究医学史，仅仅从书本上获取资料是远远不够的，而应着力于对历史真实面目的考证，注重史料真伪的鉴别和史迹的实地调查。对医学史上的每一重大事件与重要医家的论述，应穷源溯流，言必有据；每立一说，必旁证互参，以丰富的史料为立足点；不能主观臆断，更反对孤证立说。凡有争议的问题，不能轻易下结论，而应留待继续查证。他尤其推崇李时珍“读万卷书，行万里路”的治学精神。他不顾年近古稀、身体瘦弱，凡外出参加学术会议，总要给自己附加调研考察的任务。从长沙马王堆三号汉墓出土的古帛书、陕西的孙思邈药王山、泉州湾的宋代古船遗迹，直至王叔和、李时珍、徐灵胎，以及闽籍医家苏颂、宋慈、陈修园故里，他都一一亲临考察，采摭无遗，反复核查，分析比较，力求做到准确无误。

在查证史实的同时，俞慎初主张要重视对今人的采访，从今人了解既往的历史。如他在撰写《中国医学简史》“现代医家”篇时，就曾多次登门拜访一些医家的后代及门生，从他们那里获取第一手资料；没有条件亲自前往的，就委托当地的医界同仁代为调查，或亲自去函核实；并对收集来的宝贵资料进行认真梳理、反复核对，有些医家的传记往往要经过十几次反复修改才最后定稿。正因为这种严谨的治学态度和一丝不苟的精神，他的《中国医学简史》和《中国药学史纲》等著作，均体现出较高的史料价值。

综观俞慎初的研究方法，具有以下几个特点：首先，他善于挖掘具有浓厚地域特色的人和事，尤其是那些鲜为人知的人和事。其次，善于从独特的角度研究独特的人物。如在《医学百科全书·医史卷》中，俞慎初写到了清末医学改良派人物力均，这是许多医史书不曾提及的，因为有关力均的史料较少。此外，还记载了一些医界鲜为人知的人物，如著名经学家、气功大师蒋维乔等。这些人物的补充，丰富了民国医学史的内容。再次，对医事、医政或医家具有独特的精辟见解。作为亲历者，俞慎初对民国年间中医发展史颇具真知灼见，因此对这一时期医学史了解的深度，可以说是许多同类书所不及的。

在工作中，俞慎初善于发扬团队精神，并善于从战略的高度构想福建省的医学史研究方向。在他的带领下，福建省的医史研究在相当长一段时间居于全国领先地位。如《闽台医林人物志》，就是俞慎初带领的团队，历经 8 年时间的广收博采而撰就的一部反映闽台历代医林人物学术思想、临床经验、医事活动的志书，全书共收录了从三国时期到清代 1700 多年间的闽台医林人物 722 名，不仅填补了福建和台湾地方志中医林人物的空白，而且对认识闽台医学发展历史进程、编著闽台医学史、医林人物传记及开展各家学说研究等，都具有重要的学术价值。通过该书的编撰，俞慎初还言传身教带出了一支老中青相结合的福建医药学史研究队伍。

扎实的功底、深湛的造诣、渊博的知识、严谨的作风、认真执著的不懈追求、甘守清贫的奉献精神，是俞慎初取得成功的重要因素。

兴学办教 鞠躬尽瘁

受教育救国思想的影响，俞慎初一生热衷于兴学办教，执教60余年，为中医界培养了大批人才，可谓桃李满天下。其中有学术继承人、研究生、本科生、进修生，有在他教诲下点石成金的，还有许多私淑弟子。他们均学有所成，其中不少人已成为中医界的中坚力量。

一、倾囊办学 复兴中医

俞慎初崇奉“建国君民，教学为先”，“成天下之才者在教化”，“教化之本，出于学校”之说。1935年2月，他在《对于国医今后之希望》一文中，倡言“设立学校，栽培后起人才”，则“国医自有振兴之一日”。1935年4月，他又在《整理与创作》一文中大声疾呼：“学术整理之后，仍须固结团体，遴选人才，二者完成，则实行考试，设立学校。”

1939年，俞慎初与时逸人、张赞臣、钱今阳等共同出资创办上海复兴中医专科学校时，已有家室之累，经济并不宽裕，但他却把妻儿托付给了老家的父母，自己的薪金收入除吃穿零花外，几乎都投到办学上。以至数十年后，每当提及此事，长女仍不无怨意地说：“我是爷爷奶奶抚育培养的。”

1941年，他在《复兴中医专科学校成立纪念》特刊上，发表了《健全中医教育的几点重要问题》。文中谈到："自'五四'以后，新文化应运而生，中国固有医学也受了影响而激起变化。新旧论争，无时或已……故欲求设备完善的中医学校而不可得。揆其原因，由于人力财力的不能集中，而教育机构亦不能健全。"又说："虽然教育部已有中医教育专门委员会的设立，列中医于教育系统，并公布规程及课程，此后中医学校有立案的途径可循。而颁布年余，迄未有呈请立案者，仍如前一样，各自为政，若长此如是，不禁为中医前途悲。"所以，"要改进中医，必须先健全中医教育"。并提出"主持者应有负责实干的精神，头脑清醒，舍私从公；筹备基金，充实经常设备等费；经费收支绝对公开；尽量容纳人才，化除成见，分工合作；依照教育部颁布课程标准，编辑教材"等5项富有改革创新的建设性意见，充分反映了他对兴教办学、培育人才的高度重视。

二、呕心沥血 精育杏林

中华人民共和国成立后，俞慎初决定从此静下心来，好好地圆自己少年时代立下的"不为良相便为良医"梦。1950年12月，他向县军管会和省教育厅呈递了请辞报告。此时两位好友正准备下南洋，他们和抗战时期已先行到印度尼西亚的老同事诚邀俞慎初到泗水行医，说该城有不少福清老乡，他若到当地行医，收入一定不菲。就在俞慎初办理赴南洋通行证期间，县军管会代表兼福清一中代理校长李毅找上门来，和他促膝谈心，诚恳地挽留他继续为祖国建设贡献聪明才智。于是俞慎初毅然谢绝了挚友的邀请，决定留下。

命运似乎注定俞慎初此生要和"教书匠"这3个字结缘。1952年春，从北京中医进修学校结业回到家乡后，俞慎初就一直担任中医教学工作，紧接着又被调往省城，而这一调，就是整整半个世纪。

对于中医教育，俞慎初可谓春蚕吐丝、呕心沥血。早年没有统编教材，他就自己编讲义，刻蜡板，印材料，经常弄得灰头土脸，但他却乐此而不疲，认为“教不严”，乃“师之惰”。他讲课从不就书论书，而是尽可能多地补充课外知识，以激发学生的兴趣和求知欲，启迪学生的思维。他常常备课到夜阑人静时。他对家人往往缺乏耐性，但对学生却总是循循善诱。他深切体会古人“学，然后知不足；教，然后知困”这一至理名言的深刻含义，常说：“不要以为当了教师，就万事皆通，教师也要不断学习、不断充电。朱熹曾说过：‘为学之道，莫先于穷理；穷理之要，必在于读书。’不读书的人，又怎能提出问题呢？而教师要为学生答疑解惑，就必须刻苦钻研学问之道，这就叫‘教学相长’。”他对上门求教的学生尤为热情，总把他们当朋友看待，“竹筒倒豆子”般地将自己的知识毫无保留地传授给他们。他曾说，只要能和学生们在一起，能让他传道、授业、解惑，就是他最大的乐趣。

晚年的俞慎初，为了夺回失去的宝贵时光，加倍地忘我工作。白天讲台授课、临床应诊；晚上挑灯夜战，认真备课、审读论文、著书立说。对学生，他总是倾力相授，有求必应，有问必答，经常为他们批改论文，不厌其烦地写回信，甚至帮他们查找资料，鼓励他们潜心做学问。每当看到他们有所进步，总是欣喜不已。他十分重视培养医史研究接班人，对他的助手和研究生倾注了大量的心血，全心全意带好班，想方设法让他们参加各种学术会议，并引荐他们拜访各地名家。每承担一个新课题，他总是亲自带领他们一起攻关，并教导他们要充分发扬团队精神，尤其是大项目，如大型古医籍丛书的整理校注，就要靠集体的智慧和力量共同完成。《新校注陈修园医书》（16种）、《闽台医林人物志》、《李濂医史》（校注本）等书的出版，走的都是团队协作攻关的路线。每出版一部新书，他总不忘赠寄得意门生，并虚心征求意见，以便日后修订再版。

俞慎初信奉“教化之本，出于学校”的名言，不仅重视中医教育，而且也重视普通教育。他曾参与创办家乡的一所中学，而且还亲自授课。

20 世纪 40 年代的福清，虽是拥有 40 万人口的大县（今 120 余万人），却无一所完全中学。学生初中毕业后，要长途跋涉到省城福州投考高中，这就给许多想继续求学的孩子带来诸多不便，尤其是家境贫寒的子弟，往往囿于经济拮据而中途辍学，失去了继续深造的机会。而许多学生出去后也少有返县谋职的。

1943 年，俞慎初从沪上返县后，即在辛亥革命志士、孙中山密友、民国国会议员、著名教育家郑忾辰的倡导下，与家乡一批热心教育事业的知识界同仁发起创办私立福清文光中学的倡议。他多方奔走，动员邑中开明绅士、社会贤达，捐献田产、店业，赞助兴学办校，并利用福清侨乡的优势，发起海外侨胞的募捐活动。1943 年 8 月 25 日，私立福清文光中学董事会正式成立，俞慎初为校董。学校的成立，解决了学生就近入学和生源流失的问题。由于成绩显著，教学质量高，1944 年夏，学校开办不到一年，就获福建省教育厅批准立案。其时正是中国历史上政治最为黑暗、人民生活最为困苦的时期，创办一年多的文光中学，很快便陷入了资金不足、难以为继的困境中。就在此时，首任校长拂袖去了台湾，董事会任命俞慎初接替校长职务。亲友们都奉劝他慎重考虑。然而一向喜欢挑战自我的俞慎初却凭着“明知山有虎，偏向虎山行”的牛劲，“知难而上”，“临危受命”，于 1945 年接下了第二任校长的重担，开始了 6 年之久的“武训办义学”式的尝试。这一年，俞慎初正当而立之年。

这一时期，通货膨胀，物价飙升，学校常常面临发不出薪金的尴尬，人心浮动。为了稳定教师队伍，俞慎初殚精竭虑，辛勤操劳，惨淡经营，团结全校员工，齐心协力，共度难关。他多方奔走，筹募资金，并带头动员新婚妻子变卖首饰给教工发薪水。

1946年夏，他亲自督工兴建新校舍，改扩建科学馆和图书馆，购置图书和教学仪器设备，为提高教学质量、提升学校知名度奠定了良好的基础，使之在困境中得以维持并发展。1947年，学校获省教育厅批准，转为普通中学。

俞慎初任职期间，大力培养人才，热心资助贫困学生，帮助他们解除失学之忧。他除担任行政职务外，还担任语文课老师。他教学认真，要求严格，常教育学生要努力学习，胸怀报效国家、奉献社会之志，把自已培养成为建设国家的栋梁之才。他对学习成绩好的学生爱护有加，尤其是成绩好的贫困生，总是想方设法支持他们完成学业。如学生罗伟因母亲患病而中途辍学，俞慎初知道后，亲自批准他免费注册入学，直到他1949年春参加闽中游击队为止。又如学生郑蒲英，因为家庭困难想退学，俞慎初得知情况后，发动教师解囊相助，终于使她顺利完成学业，并于1949年夏考入厦门大学物理系，1953年毕业后分配到中科院高能物理研究所从事高科技研究。

文光中学的历史虽然短暂，却培养了不少人才。学生中的很多人成为学有所成的专家、教授、学者、知识界精英，甚至党政要员、商界巨子、金融界首脑，为祖国的建设作出了不同的贡献。如今这些校友均已届耄耋之年，每当同学聚会，谈起他们的老校长时，无不怀着无限崇敬和感激之情。郑蒲英前些年常从遥远的首都，给老校长捎来她亲手烹制的鸡松，并经常写信来，谈到师长的培育之恩时，总不忘以“过去是您的学生，现在是您的学生，将来永远是您的学生”作为结束语。2005年11月25日，听说要举办俞慎初90诞辰纪念活动，罗伟不顾年老行动不便，硬是从福清高山赶来福州参加纪念会。而当年那些远离家乡或去了台湾的校友，至今仍然情系故乡，关心母校，铭记师恩。国门开放，两岸相通后，他们常给老校长写信、打电话、寄贺卡，从海外或台湾回乡探亲，总是念念不忘到福州看望老校长。

修己爱群 济世活人

俞慎初一生为人耿直，作风正派，洁身自好。他受父亲的影响，自学习中医开始，就十分注重医德修养，认为医乃仁术，济世活人、救死扶伤，义不容辞；对病人应不论贵贱亲疏，一视同仁。他极力推崇秦越人、淳于意、董奉、孙思邈、傅山等古代医家的医德医风与人品风范，盛赞孙思邈的《大医精诚》论，并将其作为自己立身处世的座右铭。

一、仁术济世 德劭医林

俞慎初经常将清代学者袁枚《徐灵胎先生传》中的“德之不存，艺于何有”作为口头禅，向学生灌输医德医风教育，教导学生学医先要学做人，为人一定要讲诚信，要虚怀若谷，尊师重道。他钟爱为人实在、刻苦钻研、尊老敬贤的学生；对那些华而不实、夸夸其谈、追名逐利之辈，则十分鄙视。

他一向反对将医术作为捞取金钱的资本，认为医生收取规定的诊费，是为正当收入，无可厚非；可收取诊费之后，又收受病家的红包，那就没有道理了。至于药品回扣，则完全可以视为非法收入、受贿行为……

俞慎初拒收病家礼物的事例很多。据说有一次，适逢过节，一位病家送来了两条黄花鱼，他正好不在家，家里的保姆没经过他同意代收了。傍晚俞慎初回家知道了，大发脾气，硬逼着她们把黄花鱼退还病家，把他的老母亲和保姆吓得大气不敢出。可病家是乡下来的，又没留姓名地址，上哪儿找去？之后一连几天，每提到送礼的事，他就一个劲地叨咕母亲“贪吃”。从此，她们再也不敢随意收受病人的礼物了。

1958 年，俞慎初从机关搬到居民区，从此开始和城市最底层的平民打交道，时间达25年之久。其间，他用自己的医术免费为周围群众解除疾苦，赢得了他们的信任和尊敬。他家离工业路（1958年时建立的工业区）较近，找他看病的多是工厂的女工，她们每天三班倒，工作很辛苦，收入却很低。因此俞慎初给她们开的方子中，从不随便动用贵重药品，而且能用草药单方时，尽量不开大方复方，为的是减轻病家的负担。病看好后，病人为表示感谢，有时也会送诊费或礼品，他总是婉言谢绝。他的医风医德在那一带有口皆碑。20世纪80年代在中医学院国医堂看专家门诊，他给病人开的方子，也多体现验便简廉的原则：轻药小方能治病的，不开重药大方；一般药能解决的，绝不动用贵重药。那时国医堂开始实行经济承包，药房个别人有时也会抱怨说：俞老开的药太便宜，还不够人工费。每当听到这些话，他总是正颜厉色地说："看病讲的是疗效，而不是赚钱，轻药能够治重病，有什么不好？病人生病，身心肉体痛苦自不必说，经济负担也无端加重了，做医生的就应当千方百计减轻他们的负担，就算享有公费医疗，也要从节约国家开支的角度考虑。"一席话，说得对方无言以对。

进入20世纪80年代，受市场经济大潮的冲击，学院部分教师看到临床医生收入丰厚，感到自己"吃亏"，不安心教学，都千方百计下临床或经营药品销售之类的第二职业，有的甚至把诊所开在自家的杂物间。俞慎初对此颇不以为然。当听到孩子们说起"当前全社会都在'向钱看'，老爸何不趁现在身体状况还可以的时候，多看些病，多赚几个钱，犯不着年纪一大把，视力又不好（高度近视加白内障），还要成天爬格子，又吃力又没有经济效益"之类的话时，他就来气，总是厉声斥责道："这分明是不正之风嘛，你们还当什么好经验来游说我！如果大家都只想着赚钱，谁来教学生？学校还要不要办？科研还要不要搞？如果搞教学的不好好备课，成天为捞钱下临床，势必严重影响教学质量，更何况有些教师原本就不是学临床医疗专业，没有医师执照，也混着去看病，这不是很可笑吗？要钱也不是这么个要法，君子爱财，也得取之有道啊！你们劝我这么做，难道要我身后留些钱给你们花不成！希望你们以后回来不要再跟我提‘钱’字。”真是“好心当做驴肝肺”，子女们一个个自讨没趣，发誓今后绝不跟老爹谈诸如此类的话题。

俞慎初一向廉洁奉公，无论是在县中医公会，还是在上海复兴中医专科学校，抑或在福清文光中学任职期间，都有与金钱打交道的机会，但他从来都是公私分明。正因为如此，他在复兴中医专科学校和文光中学就职时，校方都要他兼任总务主任。20世纪80年代中期，为福建中医学院建立医史陈列室，他出面请农工民主党的老朋友、福州市工艺美术学校教师、著名国画家张英画了十几幅有关历代医家医事活动的画卷，并托张英到工艺美术厂定制了20多尊医家脱胎塑像，当时仅付给对方每张（尊）20~30元的劳务费（成本费），几乎是半送半给。1984年张英在香港举办个人画展后，其国画的市场价一路飙升；不久，其画作的价格更是随着他的辞世涨到每幅2万元。至于脱胎塑像，也随着工艺品市场行情看涨，每尊卖到数百元。每当知情者参观中医学院博物馆，看到这些画像，提起当年俞慎初为购置这些展品绞尽脑汁、到处奔波忙碌，如今给学院留下了一笔宝贵财富时，都感念不已。殊不知俞慎初在购置这些文物过程中，虽然动用了他与张英的个人交情，但也是锱铢必较，目的就是为学院节省科研经费。至于他自己，却从来没有“搭车”向张英索画。

20世纪80年代中期，农工民主党福建省委会曾组织医药专家赴闽东北边远山区开展医疗扶贫。俞慎初不顾自己年迈体弱，每次都踊跃报名参加，曾先后到过寿宁、周宁、建宁等县。他认为这些边远山区缺医少药，农民看病很不容易，应该经常组织医药下乡活动，以方便群众，服务人民。他还经常带领福建中医学院农工民主党支部成员，到家乡福清开展专家门诊，所得收入全数上缴，作为支部活动经费。

二、医乃仁术 反对守秘

俞慎初历来反对把中医学术神秘化，对社会上一些人将中医学术吹得神乎其神，并以此沽名钓誉，甚至谋取钱财的行径深恶痛绝。他认为中医既然是一门科学，那就应该属于全社会，应该为广大民众解除疾苦，有好经验、好疗法、好方子，就应该公诸于世，与全社会分享；而不是藏之密室、束之高阁，甚至随着人亡而失传。他常说："中医并不神秘，关键是多临床实践，积累经验，尤其是年轻中医，要争取多跟老中医学习。中医的秘密就在于疗效，而疗效靠的就是经验。"他的这一理念始终贯穿于他的教书育人与临床实践中。

1976 年，他在给次女的信中就充分表达了这一思想。他写道："我的看法，古人著书目的有二：一为传之后代，一为公之于世。至于秘而不传者甚少。儿孙不肖，传之一两代就失传了，况今日的社会与以前不同，守秘何用……

"至于名医后代，如上海之丁（甘仁）家、马（培之）家、费（伯雄）家，数代而传，亦赖其子孙能肖则传。他们既能代代相传，自有文字之传。丁家、马家、费家均有专书出版……至于恽铁樵、谢利恒（观）、曹颖甫等，皆赖学生之传……福州就不然，我所知道的如翁启安、林可济、高润生、王德藩就没有传世的东西；而孙石溪、林笔麟、陈笃初、郑兰芬，名是传了下来，可在学术总结方面就逊色多了，这都是很令人遗憾的事。

"我可以坦诚地告诉你，你祖父的经验并无多少秘密……现在客观情况是不可能守秘的，有些经验不通过临床实践，是不能得其好处的。上海情况较好，代代相传较多，他们的后代文学修养也高，所以能够传下来。并不是放在秘箧中，变成蠹蚩残叶……这些年我把自己的经验从理论到临床记录了一些，如果有人替我抄写誊录，我都喜欢，只要他们肯学，我都欢迎。”

1992年，俞慎初得知自己是首批全国老中医药专家学术经验继承工作指导老师的消息后，心情十分激动。他在上呈院党委《关于推荐学术继承人人选的建议》的报告中写道：“这是党交给我们老一辈中医的一件大事，丝毫不能马虎。经反复考虑，我决定推荐俞鼎芬、刘德荣两位作为学术继承人……我很希望身边能有比较得力的助手协助我完成此项‘工程’，以期在有生之年将我的学术思想和临床经验尽快整理出来，奉献给人民和社会，为促进中医药事业的发展贡献力量。”后来，由于种种原因，他最寄厚望的次女俞鼎芬没能成为他的学术继承人，但他没有因此撂挑子，而是一如既往地倾心指导他的助手刘德荣。

温温恭人 慎终如初

一、患难与共 相伴一生

1934年，俞慎初奉父母之命、媒妁之约，与福清城关林家女瑞玉结为连理，时年他19岁，女方16岁。妻子虽相貌平平，但贤淑温顺，属相夫教子、侍奉公婆的旧式良家妇女，唯一遗憾的是没有什么文化，据说这也是俞慎初最大的遗憾。不高兴或说什么事，妻子不太明白时，俞慎初便丢给她一句“瞎眼牛”（“目不识丁”之意），然后忿忿走人。由于妻子脾气好，两人倒也相安无事。但这场婚姻前后不到6年，而且有两年多时间（1938~1940年）俞慎初只身在上海工作。妻子病逝时才22岁，之后许多年，俞慎初没有再娶之意。一则因为工作忙、事情多，似乎没有什么时间考虑这件事；二则在男女交往与情感方面，俞慎初曾说自己是属于不善表达、比较愚钝、粗线条的一类。

1945年春，在亲友的劝说下，经人介绍，俞慎初结识了平潭潭城籍、华南女子中学（今福建师大附中）高才生郑明荣。郑明荣时年22岁，身材匀称，大方端庄，健康活泼。她幼年丧父，家境清贫，靠兄嫂培养和当地教会资助，一路“斩关夺隘”，从平潭潭城小学考上福清毓贞女子中学初中部，之后考上福州华南女子中学高中部，1944年高中毕业后又顺利考上华南女子文理学院（今福建师范大学）生物物理系。由于家庭突遭变故，兄嫂在同一年相继去世，撇下一双年幼的儿女和年逾花甲的寡母，21岁的她，毅然放弃学业，挑起了赡养老母和抚育侄儿侄女的重担，直到认识俞慎初。

这场婚姻首先遭到来自俞慎初母亲的坚决反对，但开明的父亲却以极其平和的心态及宽广的胸怀支持儿子的选择，并接纳了亲家母一家老小。1945年4月，俞慎初与郑明荣结为伉俪。婚后俞慎初便自立门户。作为校长，他分家后做的第一件事就是送11岁的内侄去上学，说是再穷也不能让孩子不读书，尤其是男孩。无奈孩子“野”惯了，一听读书就害怕，上学没几天就开始逃学。俞慎初知道后很生气，第一次也是唯一一次狠狠揍了他一顿。后来，看他实在厌学，就用15担谷子送他跟县里最好的裁缝学艺。在大米贵如金子的20世纪40年代，俞慎初花如此高昂的代价送内侄学手艺，是因为他对知识和技术的高度重视。“家有万金，不如薄技在身”是他常挂在嘴边的口头禅。后来他的内侄成为福清缝纫厂一级缝纫手。每当提起这段往事，内侄都对姑丈充满感念之情。

郑明荣婚后便一直当中学的数学教师，育有二子三女。由于性格的原因，他们两人谈不上琴瑟和鸣、相敬如宾，倒是经常磕磕碰碰，有时还针尖对麦芒地爆发激烈的口舌之战，但两人都属性格开朗之辈，往往一阵疾风暴雨过后，很快就风平浪静、重归于好。在长达半个多世纪甘苦与共的岁月里，妻子始终支持丈夫所钟爱的教育事业和中医药事业，尤其是在俞慎初最为艰难的日子里，她不离不弃，顶住了来自政治、经济、工作、人际等方方面面的巨大压力，独当一面，顽强地支撑着一个子女众多的大家庭，全身心地将一个个子女培养成才。退休后，她又一门心思照顾丈夫，陪同他参加各种学术会议，帮他整理资料、誊稿抄方，承担了助手与“秘书”的角色。俞慎初 80 岁后，健康状况每况愈下，她更是寸步不离其左右。俞慎初晚年常充满深情地对亲友们说：“这个家，要不是夫人在最艰苦的年月里长期苦苦支撑，早就不成其家，更没有我和子女们的今天。”

俞慎初的七个子女，长子、次子皆英年早逝（这是他心中永远的痛，也是他认为天道对他最大的不公），其余四女一男，长女 1959 年厦门大学化学系毕业后即留校任教；次女 1970 年毕业于福建中医学院医疗系，1980 年调入福建科学技术出版社，从事医药科技类图书编辑出版工作；三子 1978 年考入厦门大学经济学院金融系，1985 年获经济学硕士学位，从事金融投资工作；三女毕业于泉州卫校，曾师从俞慎初 3 年，是福州第八医院临床针灸医师；幺女是福建中医学院医学史专业硕士生，毕业后东渡日本从事医业。如今俞慎初的子女们都已陆续从各自的岗位退休，虽然没有继承他的衣钵，但三个女儿或多或少都曾与中医“沾边结缘”。值得欣慰的是，他的学术继承人刘德荣教授比较完整地继承了他的学术思想与临床经验，并在临床、教学、科研诸方面都取得可喜的成绩，在医史学方面亦颇有建树，所撰写的《中医临床家俞慎初》一书深得业界好评。而他早年带出的几个研究生，如肖林榕、华碧春、吴文彦等，如今也都是中医界的骨干。

二、顺应自然　随遇而安

俞慎初一生除了有“写作癖”外，似乎没有太多的业余爱好。孩子们从来没有听他唱过歌，他极其偶然的一次醉后哼歌，却让孩子们发现老爹原来还五音不全；虽然也喜欢书法，但因未曾下过苦功，所以水平一般；至于体育，就更没兴趣，纯属四体不勤的一族。吃东西也从不讲究，能对口味、填饱肚皮即可；因为从不干家务活，根本不懂烹饪之道，自然没有权利挑食，更谈不上品评。穿着更是随随便便，甚至还有点不修边幅……正因为他的随便和随遇而安，所以在历经数十年风风雨雨、沟沟坎坎之后，仍能活到耄耋之年，长寿而终。

的确，俞慎初并没有什么高深的养生之道，更没有什么养生秘诀，诚如他刊于《福建名医养生谈》一书中题为《我的养生经验谈》一文开场白中所言："我一生撰写不少论著，唯独没有写过养生之类的书，也许因为平日我对养生并不刻意，总觉得人还是得顺应自然，虽说'与天奋斗，其乐无穷'，但是自然规律多数还是不可抗拒的。"不过这篇经验谈中的一些观点还是很值得借鉴的。比如：（一）养成规律（但不是教条）的睡眠习惯；（二）清心寡欲、淡泊名志、随遇而安的处世哲学；（三）不赌、不饮（不暴饮暴食）、不胡思（妄想、奢求）并节制房事的生活方式；（四）刻苦努力，谨遵脑勤、耳勤、眼勤、手勤、足勤等"五勤"之诫，以启迪思维、锻炼体魄的治学方法；（五）勤勉简约，衣着朴素，适应季节变换，注意防寒保暖，多穿棉布衣服，老年人少穿皮鞋、多穿布鞋的经验之谈；（六）适度喝酒，但不酗酒，冬天喝点米酒以暖身御寒、不生冻疮，夏天来点啤酒以醒脾开胃、增进食欲；（七）基本淡食，饮食不必过于讲究，只求软烂、热乎（但不可过热，以免烫伤食道）、对胃口、咸淡适中，尽量少吃姜、葱、蒜、辣椒等辛热刺激性食物，平日保持少食多餐的饮食习惯；（八）老年人上了岁数，腿脚不那么利索，又患有这样那样的毛病，出门在外诸多不便，应量力而行，减少外出；（九）提倡多饮茶，至于喝哪种茶，可结合个人喜好和体质情况而定，也可多种茶轮着喝，不必固定哪一种，但不要喝浓茶；（十）戒烟；（十一）饭后散步，早睡早起，体力劳动与脑力劳动相结合，但脑力劳动者干体力活和运动要量力而行，并掌握一定的“度”，切不可过头，本末倒置；（十二）不要与人结怨，不要把不如愿的事老放在心头，不良情绪宜及时宣泄，切不可过度抑郁，等等。最后谈到自己身患的多种老年病，如老年性白内障、慢性前列腺炎、脑梗死、脑萎缩，还有胆囊炎、胆石症等，除了服用一些该服的药外，则以坚持多饮茶水并注意保养为预防原则。他还介绍常服补中益气丸、香砂六君丸、六味地黄丸、天王补心丹、十全大补丸、周公百岁酒等，对人体脏腑功能有助益作用，尤其服用生脉散与独参汤具有良好的效果。

2001年9月8日，和俞慎初相携相伴走过56年人生之路的郑明荣夫人因患淋巴肉瘤医治无效，竟先俞慎初而故，终年79岁。9月11日夫人出殡当天，俞慎初终因经受不住这一巨大打击，胆囊炎、胆石症发作引起阻塞性黄疸并发中毒性休克，住进福建省立医院，术后因合并肺炎医治无效，在夫人逝世后5个月的2002年2月8日，走完了他87年的人生之旅。他与夫人的骨灰同时被安放于福州文林山革命陵园建国三室。

（撰稿人 俞鼎芬）

《中华中医昆仑》丛书150卷总名录

（按生年排序）

第一集	张锡纯	丁甘仁	萧龙友	王朴诚	恽铁樵
	曹炳章	冉雪峰	谢　观	施今墨	汪逢春
第二集	孔伯华	黄竹斋	吴佩衡	蒲辅周	陈邦贤
	李翰卿	李斯炽	姚国美	陆渊雷	张泽生
第三集	时逸人	张梦侬	叶橘泉	王聘贤	陈慎吾
	邹云翔	赵炳南	承淡安	余无言	刘惠民
第四集	岳美中	沈仲圭	秦伯未	赵锡武	韦文贵
	程门雪	黄文东	赵心波	董廷瑶	吴考槃
第五集	章次公	石筱山	陆南山	张赞臣	李聪甫
	刘绍武	陈存仁	朱仁康	陆瘦燕	姜春华
第六集	韩百灵	高仲山	李克绍	王鹏飞	刘春圃
	金寿山	哈荔田	何世英	周凤梧	干祖望
第七集	关幼波	王为兰	任应秋	罗元恺	祝谌予
	杨医亚	郭士魁	何时希	耿鉴庭	俞慎初
第八集	裘沛然	顾伯华	江育仁	邓铁涛	门纯德
	刘渡舟	尚天裕	朱良春	李玉奇	程士德
第九集	尚志钧	赵绍琴	董建华	米伯让	李辅仁
	张珍玉	班秀文	颜正华	于己百	颜德馨
第十集	路志正	方药中	王乐匋	黄星垣	谢海洲
	余桂清	何　任	王子瑜	程莘农	陈彤云

第十一集	焦树德	张作舟	张　琪	李寿山	张镜人
	王绵之	方和谦	印会河	王玉川	蔡小荪
第十二集	李振华	马继兴	王嘉麟	宋祚民	刘弼臣
	王雪苔	刘志明	吴咸中	李今庸	任继学
第十三集	裴学义	王宝恩	周霭祥	贺普仁	唐由之
	赵冠英	许润三	金世元	陆广莘	刘柏龄
第十四集	徐景藩	吉良晨	吴定寰	沈自尹	王孝涛
	张灿玾	周仲瑛	强巴赤列	张代钊	李经纬
第十五集	郭维淮	柴松岩	苏荣扎布	陈可冀	李济仁
	夏桂成	郭子光	巴黑·玉素甫	张学文	陈介甫

特别鸣谢

《中华中医昆仑》的出版，得到了以下多家企业、多位社会知名人士和具有远见卓识的优秀企业家的大力支持。在此，向他们致以崇高的敬意和衷心的感谢！

姚振华　李功韬　杨　钊　杨　勋　胡小林　谢秉臻

梅　伟　何伟诚　刘彦龙　周建良　邓耀华　周汉智

香港浩伟国际投资有限公司　顺丰国际(控股)有限公司

陈源池　李建军　苑　为　曹晓虹　苑牧鸽　兰　冰

崔晓浔　赵　兵　钟文心　薛蛮子　牧新明　李艾妮

张彩萍　吴力田　额尔敦　陶　莹　尹华胜　杨柳青

徐乃亮　陈经纬　伍　昕　孙　淼　王泽楷　万真扬

魏建辉　刘秀芳　魏振业　魏兴业　魏超业　魏俐娜

魏　倩　董栋华　郑仁瑞　周明海　石　岚　周天蕙

周天沁　周天洋　王汉智　汤苏云　王　娟　王　宇

郭　扬　王中华　赵　杨　王天开　王天其　李琪群

丁　健　范中杰　TCL集团　张　爽　王洪川　张平义

李少勤　翁　斌　徐建胜　柏　松　何倩明　柏景文

过以宏　张文颖　李作灵　陈　艳　邱维廉　夏秋阳

张　辉　陈广才　王凤成　贾俊飞　张国富